법률서류 작성의 이론과 실무

김 영 균 저

도서출판 동방문화사

머 리 말

우리나라는 실정법을 중심으로 해석을 하고 판례를 참고하여 법적 판단을 내리는 실정법 국가이다. 법해석의 첫째 준거는 법조문이고, 판례는 법조문의 부차적 해석자료인 것이다. 그러므로 법조문에 대한 이론적 배경과 논리를 이해하고 적용하는 방법을 연구하고 교수하는 것이 여전히 법학교육의 가장 기본적인 교육방법인 것이다. 더불어 습득한 이론을 실행하는 방법을 가르치는 것은 법학교육을 완성하는 것이다. 우리나라의 법학교육은 너무 이론적인데 치우쳐 법과대학을 졸업하고도 소송서류도 제대로 작성할 줄 모른다는 비판을 받아왔다. 아무리 좋은 이론을 암기하고 해석한다 해도 실무에서 써먹을 수 없다면 무용지물이 된다. 그러므로 이제 법학교육도 실용적인 방법을 가르치고 실무능력을 갖추는 교육이 되어야 한다. 각종의 법률문서를 실제로 작성해 보도록 하고, 단지 법률연극에 그쳤던 각종의 모의재판을 정기 커리큘럼으로 반영하여 법정공방을 몇 학기 이상 반복하게 하며, 법률임상경험을 쌓기 위하여 법률사무소에 인턴과정을 거치도록 정규과목으로 편성하여 교육할 경우 이론과 실무능력을 갖춘 법률가를 양성하는데 전혀 부족함이 없을 것이라고 생각한다. 이 책은 4년제 법과대학의 교육방식으로 실무능력을 갖춘 법률가를 양성할 수 있다는 생각에서 법률실무교육을 위한 교재로 만들어진 것이다. 각종의 법률서식을 실제로 작성해 봄으로써 이론교육에서 부족하기 쉬운 실무능력을 구비하게 하려는 것이 본서의 목적이다. 모든 법률서식을 다루어 볼 수 있게 하는 것이 바람직하다 할 것이나, 본서는 주로 소송을 전제로 하는 서류의 작성을 위한 실무능력을 갖추는데 도움이 될 수 있도록 하고자 하였다. 개강에 맞추어 출판하는 과정에서 전체적으로 민법분야에 치중된 점이 있고, 초판으로서 미비한 점이 있으나 추후 더 증보하여 좋은 실무교재가 될 수 있도록 할 것이다. 교재의 집필과정에서 곽용진 박사의 많은 도움을 받아 교재를 완성할 수 있었으므로 감사드린다.

2010. 여름

왕방산 기슭에서 저자

차　례

제1편 이론편

제1장 법률문서 작성의 기초

제2장 계약서의 작성

제4장 보전절차(가압류 · 가처분)

제1절 서 론

제2편 각종 신청서식

A. 경매신청서(강제경매, 임의경매)

B. 가압류신청서

C. 가처분신청서

D. 각종 소장

E. 공개된 인터넷상 법원 서식

제 1 편

이론편

제 1 장 법률문서 작성의 기초
제 2 장 계약서의 작성
제 3 장 강제집행
제 4 장 보전절차(가압류 · 가처분)
제 5 장 민사소송절차

제1장 법률문서 작성의 기초

제1절 법률문서의 개념

1. 법률문서의 의의

통상 문서(Urkunde, a document)란 의사소통을 위해 고안된 정보를 물리적으로 묶어 놓은 것으로 문자 또는 이에 대신할 부호에 의하여 사상과 관념을 표시한 물체이며 서류(書類) 또는 문건(文件)이라고도 한다. 오늘날 같이 과학이 발달되기 전에는 돌(비석 또는 암벽), 나무(비석 또는 목간), 풀(죽간, 파피루스), 금속, 베(피륙) 등 여러 가지 소재가 문서로 이용되었고, 컴퓨터 등의 수단이 발달하게 된 오늘날에는 일정한 형식을 갖춘 디지털 파일도 문서로서 중요한 비중을 차지하고 있다. 법률문서란 법률행위의 내용을 문서화한 것으로 문서의 名義人의 內心의 意思가 문자로서 표시되는 것이고, 문서의 종류가 어떠하던 간에 일정한 법률상의 효과가 발생하고 권리 의무에 관한 사항이 포함되어 있어 작성자에게 중요한 영향을 미칠 수 있는 권리를 발생시킬 수도 있고 의무를 부담하게 하거나 면하게 한다. 설령 그 문서 자체가 법률상의 효과를 일으키지 않더라도 장래 법률상의 효과를 발생하는데 영향을 미칠 수 있는 것을 내용으로 하고 있으므로 모든 법률행위의 최초의 해석의 준거가 되기도 하고 최종적인 해결의 근거가 되기도 한다. 이 처럼 법률문서는 대단히 중요하지만 사람들은 법률생활을 함에 있어 그 내용을 문서화 하는 것을 피하거나 문서를 작성하는데 서툴러서 나중에 분쟁이 발생한 다음에서야 잘못 작성된 법률문서에 대하여 후회하는 경우가 많이 발생한다. 오늘날과 같은 법치사회에서 국민들은 법률생활을 함에 있어 반드시 그 법률행위의 내용을 꼼꼼하게 정확하게 문서화시키고 모든 법률행위를 작성된 문서를 기초로 해석하고 실행하는 습관이 정착되어야 한다.

2. 법률문서의 종류

가. 작성주체별

법률문서는 작성한 주체에 따라서 공공기관 또는 공무원이 직무와 관련하여 작성한 公文書와 私人이 권리와 의무의 발생, 변경, 소멸에 관한 사항을 기재한 私文書가 있다. 공무원이 작성하는 문서라고 해서 모두 공문서가 되는 것은 아니며, 직무와 관련하여 작성한 것이 아니면 공문서가 아니다. 공무원이 개인채무부담의 의사로 작성한 문서는 공문서가 될 수 없고[1] 직무권한 내에서 작성된 것이어야 한다.[2] 개인적인 업무에 관련하여 작성된 私文書라도 공증사무소에서 공정증서의 계약서로 하면 공문서가 된다.

나. 문서의 내용별

법률문서의 내용에 따라서 민사문제에 관련한 것으로, 민법상의 전형계약에 관한 각종의 계약서와 약정서, 의사표시에 관한 최고 등 형성권의 요건이 되는 통지서, 최고서 등의 의사표시문서나 재산에 관련된 권리와 의무를 발생시키거나 변경 또는 소멸시키는 물권행위 또는 채권행위문서 등이 있다. 또한 혼인신고서, 입양신고서, 이혼신고서 등 신분관계 형성 또는 변동을 초래케 하는 문서도 법률관계를 내용으로 하므로 법률문서라 할 수 있다. 다음으로 형사문제에 관련된 문서로는 각종의 告訴, 告發狀, 陳情書 등 수사의 단서가 되는 문서와 형사소송절차에 관련된 각종의 청구서, 신청서와 항소이유서, 상고이유서 등의 법률문서가 있다. 행정에 관한 문서로는 각종의 행정처분을 구하는 청구서, 신청서, 의견서, 사유서와 진정서 등이 있고 각종의 행정처분에 대한 이의신청서와 소원, 심사청구서와 행정심판청구서 등이 있다. 상사문제에 관련된 문서는 회사설립과 관련된 定款, 주주총회의사록 등의 회사의 회의 및 운영에 관련된 문서, 대리점이나 위탁거래에 관련된 문서, 물품공급계약서, 은행거래약정서, 보험약관, 해상운송약관 등 상사거래의 유형만큼 다양한 문서가 있다. 기업거래에 관한 문서로는 계약이 체결되기 전에 양자가 이해한 내용을 기록한

---

1) 대판 1984. 3. 27. 83도 2892

2) 이재상, 형법각론, 박영사, 2004, 539면.

합의서인 양해각서(MOU), 계약이 성립되었음을 알리기 위하여 작성되는 계약서(Agreement), 회의록(Meeting Minutes), 통지문(Notes), 제안서(Propo -sal) 등 거래의 내용과 형태에 따른 각종의 문서가 있다.

3. 문서의 기능

문서는 사람의 의사가 물체에 고정되어 어느 정도 계속성을 가져야 하고, 그 내용을 시각적으로 이해할 수 있어야 한다. 계속성이 없으면 법률문서로서의 기능을 다 할 수 없다. 어느 정도의 계속성만 있으면 되고 반드시 영구적이어야 하는 것은 아니다. 또한 문서의 내용은 일정한 법률관계와 사회생활의 중요사항을 증명할 수 있어야 한다. 이를 문서의 증명기능이라고 한다.[3] 이러한 증명기능은 공문서와 사문서 모두에 그 개념요소가 된다. 한편 문서는 의사표시의 내용을 증명할 수 있는 의사표시의 주체, 즉 명의인이 있어야 하며, 이를 보장기능이라 한다. 따라서 투서나 전단 등에서 보듯이 익명의 사상표현은 문서라 할 수 없고, 명의인이 특정되어 있으면 되고 반드시 그 성명이 표시되어야 할 필요는 없다.

---

3) 배종대, 형법각론, 홍문사, 2010, 689면.

제2절 법률문서 작성의 기본원칙

1. 법률행위의 의미와 내용의 정확한 이해

일반적으로 법률용어 및 문장은 그 특성상 표현의 명확성을 최우선으로 고려하여야 한다. 그러기 위하여는 먼저 법률의 의미와 내용을 충분히 숙지하고 사용하는 용어와 문장을 정확히 사용하여 계약의 내용을 문장으로 표현하여야 한다. 법률문서를 작성함에 있어 먼저 문서를 작성하는 목적을 명확히 이해하고 있어야 한다. 법률행위의 종류와 내용이 다양하듯이 작성하는 목적에 따라 법률문서의 종류와 내용도 다른 것이다. 예를 들어 계약서를 작성하고자 한다면 계약당사자가 부담하는 권리와 의무의 내용을 명확히 하는 것이 중요하다. 그러나 법학을 전공한 사람의 경우에는 법률에 대하여 충분한 이해를 하고 있으나, 법학을 배우지 않은 사람의 경우 법률지식이 부족하여 법률문서를 작성하는데 어려움이 있다. 이 경우에는 법률전문 사이트를 이용하여 법률지식을 연구할 필요가 있다. 대법원공식홈페이지(http://www.Scourt.go. kr)와 법제처 공식홈페이지(http://www.moleg.go.kr/)등을 방문하여 법조문과 명령, 규칙등을 확인하고, 관련판례를 찾아 이해를 충분히 해둘 필요가 있다. 그 외에도 로 앤 비(http://www.lawnb.com/), 로마켓(http://www.lawmarket.co.kr/) 등도 법률전문사이트로서 유용한 법률지식을 제공하고 있다. 오늘과 같은 IT시대에는 관련된 전문지식을 얻는데 인터넷만큼 유용한 것은 없다. 평소에 법률전문사이트를 익숙하게 이용하는 습관을 가지면 좋을 것이다.

2. 정확한 언어와 문장의 사용

법률관계는 이해당사자 간에 첨예한 이해관계가 대립되는 경우가 많다. 법률문서는 이와 같은 이해당사자 간에 형성된 법률관계를 문서화한 것이다. 사람들은 언어를 통하여 상호간에 의사를 소통한다. 법은 언어로 되어있을 뿐 아니라 사회적 제도에 구속된다. 또한 언어는 법의 매개체이고, 주제 및 대상이기도 하다.[4] 이해당사자 간에 달성하고자 하는 목적이 법률적 언어와 문장 속에 용해되고 표현되어 있다. 그러므로 당사자가 소통하고자 하는 내용이 상호 이해가 상충되는 경우에는 사용하는 언어와 문장의 내용에 따라 분쟁으로 발전할 수도 있다. 그러므로 법률문서는 명확하고 정확하게 작성되어 훗날 법률문서의 의미와 내용을 두고 해석이 엇갈리는 일이 없도록 하여야 한다. 즉, 말하자는 의미와 내용이 상대방 간에 오해가 발생하지 않도록 작성하여야 한다.

3. 간결한 문장과 문법구조 준수

법률문장 속에 많은 내용을 포함시키려는 지나친 욕심을 버려야 한다. 한 조문 또는 문장 속에 지나치게 많은 내용을 포함시키려 할 경우에 문장이 복잡하게 얽혀서 내용이 불명료하게 되고 혼란스러워서 오해를 불러올 수가 있다. 문장 속에 주어와 술어, 목적어를 기능별로 명확히 구사하여 의미를 명확히 하며, 적절한 구두점과 단락을 구분지어 가능하면 한 문장 속에 하나의 법률적 의미와 내용이 포함되도록 하여 오해를 초래하지 않도록 하여야 한다. 가운뎃점(·)이나 반점(,)을 적절히 구사하여 문장을 끊어야 할 곳에는 끊고, 문장의 주어와 목적어를 명확히 사용하여 권리와 의무의 주체가 누구인가를 명확히 하며, 지시어가 지시하는 것이 무엇인지 명확히 할 필요가 있다. 가능하면 문장의 주어와 목적어를 생략하지 않는 것이 좋다. 주어와 목적어 사이에 지나치게 많은 술어를 사용할 경우에는 문장이 애매해지고 혼란스러워 질 수 있으므로 하나의 주어에 하나의 목적어와 그를 설명하는 술어를 사용하는 것이 좋다. 주어와 목적어가 호응하지 않거나 술어와 호응하지 않는 문장은 오해를 초래할 가능성이 많으므로 가능한 한 문맥의 앞뒤가 호응하도록 작성하여야 한다. 법적 감정을 배제하고 냉철하고 이성적인 문장과 언어로서 법률문서의 내용을 구체화 하는 것이 좋다. 문장 속에 오자나 탈자가 있거나 한자를 잘 못써서 오해를 일으켜서는 안된다.

4) Klaus Günther, Recht und Sprache, 한국법제연구원·한국법철학회·고려대법학연구원, 2001, 9. 21 학술회의 발표문, 11면.

4. 표준화된 언어와 용어의 사용

특수한 직업이나 계층에서 사용하는 용어나 문장 등은 가능하면 피하는 것이 좋다. 지방사투리나 특정직업인들이 사용하는 전문적인 용어를 사용할 경우에는 훗날 오해가 초래되지 않도록 용어의 의미를 명확히 문서화하고, 기호와 숫자 등의 경우에는 한자나 기타 언어를 병행하여 사용함으로써 보충적인 해석이 명확하게 이루어 질 수 있도록 하는 것이 좋다. 어려운 한자어와 용어는 우리말로 쓰되 문장이나 용어를 지나치게 풀어 쓰거나 간결하게 하는 것도 바람직하지 않다. 문장이 너무 길어지면 문맥에 오해를 불러 올 수도 있으므로 간결성과 함축성이 조화를 이룰 수 있도록 하여야 한다. 자연스럽지 못하거나 일상생활에서 쓰지 않는 표현, 권위적이거나 구태의연한 표현 등은 쓰지 않은 것이 좋다. 같은 말을 중언부언 하거나, 접속사, 수동태 등이 어법에 맞지 않거나 어색한 표현을 쓰지 않도록 한다.

제 2 장 계약서의 작성

제1절 계약서에 기재할 사항

1. 의 의

모든 법률행위가 성립하기 위하여는 일반적으로 요구되는 성립요건을 갖추어야 하고, 그 요건을 갖추었을 경우에도 법률행위가 효력을 발생하기 위한 요건을 갖추어야 의도한 대로의 법률상의 효력이 발생한다. 법률문서에 기재하여야 할 사항으로 중요한 것은 당사자와 법률행위의 목적이다.

2. 당사자

법률행위의 일반적 성립요건은 당사자가 존재하여야 하고, 그 당사자를 특정할 수 있어야 한다. 당사자가 명확하지 않고 또 당사자가 법률행위 당시에 확정되어 있지 않으면 법률행위는 성립될 수 없다. 따라서 법률서류를 작성하기에 앞서 당사자를 확정하는 것이 필요하고 법률문서에 법률행위의 주체가 누구인가를 나타내야 한다. 당사자의 권리능력과 행위능력에 관한 사항도 기재하여야 한다. 당사자가 행위능력을 갖춘 경우에는 단독으로 법률행위를 할 수 있으나, 한정치산자, 금치산자, 미성년자 등 행위능력을 갖지 못한 경우에는 대리인을 표시하고 위임장이나 가족관계 증명서 등의 대리관계를 확인하여야 한다.

3. 법률행위의 목적

법률행위의 목적이 존재하여야 하고, 그 목적이 확정할 수 있어야 한다. 법률행위를 하는 목적이 분명해야 하며, 법률행위를 하는 목적이 분명하지 않을 경우에는 법률행위로서 성립되지 않는다. 법률행위의 목적이 금전의 차용이면 금액과 이자를 표시하고, 금전채무의 이행조건, 변제에 관한 사항, 계약위반의 효과 등을 법률문서에 기재하도록 한다. 법률행위의 목적이 부동산의 매매라면, 부동산의 소재지, 부동산의 형태, 대금의 지급에 관한 사항 등을 문서에 기재하도록 하여야 한다.

4. 특약사항

법률행위에 조건이 부가되거나 특약이 있는 경우에는 그러한 내용을 법률문서에 기재하여야 한다. 조건부 법률행위이거나 기한부 법률행위인 경우에는 조건의 성취에 따라 법률행위의 효과가 좌우되므로 조건 및 기한을 기재하여야 하고, 관공서의 인·허가를 받아야 할 경우에는 그러한 내용을 법률문서에 기재하여야 한다. 예를 들어 담배판매점의 허가를 조건으로 상가매매를 하는 경우에 그러한 내용을 기재하고, 농지매매에 있어서 소재지관청의 토지거래허가사항 등을 기재하도록 하여야 한다. 계약서는 가능한 꼼꼼하고 상세하게 기재하는 것이 훗날 분쟁을 예방할 수 있다.

제2절 금전거래

1. 금전차용증

<table><tr><td>

차 용 증①

금100.000.000원(금일억원정)②

채 권 자(대여인) O O O (123456-1234567)
OO시 OO구 OOO동 O가 123-1 (0/0)③

채 무 자(차용인) O O O (123456-2345678)
OOO도 OO시 OO동 123④

차용인 OOO은 위 상기금액을 2010년 0월 0일까지 변제하기로 한다.
약정이자는 년 %로 하고 이자는 매월 00일 00은행 000-00-000으로 송금한다.⑤

2000. . .⑥

차용인 O O O (인)⑦

</td></tr></table>

위의 기재된 내용중 ①은 이 문서의 명칭이다. 문서의 명칭은 이 문서가 어떤 내용의 문서인가를 알아 볼 수 있도록 작성하는 것이 좋다. ②는 이 법률행위의 목적을 기재한 것으로, 이 법률문서는 금100.000.000원(금일억원정)을

차용하는 것을 내용으로 한다. ③과④는 이 법률행위의 당사자를 표시한 것이다. 차용인④이 빌려주는 사람(채권자)③으로부터 금전을 빌리는 것을 내용으로 작성된 것이다. ⑤는 이 금전대여의 변제기일, 이자 및 이자의 지급조건에 대한 것이다. ⑥은 이 문서를 작성한 날짜를, ⑦은 이 문서의 작성자를 각각 기재한 것이다. 문서의 작성일자는 차용금의 변제일과 약정이자의 起算의 기준이 되는 날짜이므로 정확히 기재하여야 한다.

제3절 부동산거래

Ⅰ. 부동산매매계약

1. 賣 買

가. 의 의

매매란 私人 간(중개업자가 있는 경우를 포함)에 당사자의 일방(매도인)이 일정한 재산권을 상대방에게 이전할 것을 약정하고, 상대방(매수인)이 이에 대하여 그 대금을 지급할 것을 약정함으로써 성립하는 유상·쌍무·낙성·불요식의 계약, 즉 재화를 금전과 교환하는 계약을 말한다(민법 제563조). 현대사회에 있어서 재화의 이동은 거의 전부가 매매에 의해서 행하여지므로 이는 계약법에서 차지하는 비중이 매우 크다.

나. 매매의 법률적 성질

(1) 유상·쌍무계약

매매에 있어서의 당사자의 출재(출연)는 서로 원인을 이루고, 대가관계에 있으므로 매매는 유상계약이다. 또한 매매계약의 성립으로 양 당사자는 서로 대가적 관계에서 채무를 부담하므로 매매는 쌍무계약이다. 매매는 유상계약 중에서도 가장 전형적인 것이어서 매매에 관한 규정은 다른 유상계약에 준용이 된다(민법 제567조).[1]

(2) 낙성계약

매매는 당사자 간의 의사의 합치만으로 성립하므로 낙성계약이다. 약정한 재산권의 이전과 대금의 지급은 매매계약의 실행 내지 이행에 지나지 아니하며 그 성립요건이 아니다.

(3) 원칙적으로 불요식계약

매매의 성립은 원칙적으로 어떠한 방식을 필요로 하지 아니하는 불요식계약이다. 다만 특별법상 예외가 있다. 예컨대 부동산 매매에 관한 부동산등기특별조치법 제2조, 제3조는 계약서작성 및 관할관청의 검인을 요구하는 경우가 있다. 부동산매매계약시 매매계약서를 작성하는 것이 보통이지만, 이는 법률행위의 성립요건이 아니며 후일 법적 다툼이 있을 때 유용한 증거방법이 될 뿐이다.

(4) 재산권의 이전 목적

① 매매의 목적은 재산권의 이전에 있다. 따라서 성질상 또는 법률상 처분이 금지되어 있어서 타인에게 이전할 수 없는 것은 재산권이라고 하더라도 매매의 목적이 되지 못한다. 경매나 공매의 법률적 성질은 학설의 다툼은 있지만 대체적으로 매매로 보고 있다. 민사집행법상(이하 "집행법"이라 한다)국유인하천, 압류가 금지된 동산(집행법 제195조)과 채권(집행법 제246조)은 압류할 수 없으며, 공무원·군인. 사립학교교직원 연금법상 각종 연금 등(유사내용은 국세징수법 제31조, 제32조, 제33조)도 압류가 금지되어 경매나 공매의 목적물이 될 수 없으므로 취득도 불가능하다.

② 매매의 목적인 재산권은 매매당시에 매도인에게 귀속하여야 하는 것은 아니며. 타인의 물건 또는 권리의 매매도 유효하다(민법 제569조). 매도인은 재산권을 이전할 채무를 부담하는 것이지 곧바로 재산권을 이전하여야 하는 것은 아니기 때문이다. 그러나 매매의 목적이 처음부터 존재하지 아니하거나 계약당시에는 존재하였으나 계약 직전에 멸실하거나 그 성질상 사람이 지배할

---

1) 대판 2001. 2. 27, 2000다20465

수 없는 목적물에 대한 매매는 효력이 없다. 이 경우는 대금감액, 계약해지, 손해배상 등 의 사유가 될 뿐이다. 매매의 목적인 재산권은 반드시 현존하여야 하는 것은 아니며, 장차 제작될 물건 같이 장래에 성립하는 재산권도 매매의 목적이 될 수 있다.

(5) 매매는 대금의 지급을 목적으로 한다

매도인의 재산권이전에 대하여 매수인은 반대급부로서 반드시 대금을 지급하여야 하며 이 대금지급이 매매의 특질이다. 금전 이외의 다른 물건이나 권리의 이전을 약정하는 것은 매매가 아니라 교환이다(민법 제596조). 대금은 강제통용력이 있는 통화임을 필요로 하지 아니한다. 즉 자유화폐로 지급한 때에도 역시 매각대금이 된다. 그러나 이조시대의 엽전 등 현재 통용하지 아니하는 것으로 지급되는 때에는 매매가 아니라 교환이 된다. 대금의 지급방법은 제한이 없다. 따라서 전자결제수단이나 어음·수표로써 할 것을 약정하여도 무방하다.

다. 매매의 성립

(1) 당사자의 합의

매매는 재산권 이전에 대하여 대금의 지급을 목적으로 하는 諾成·불요식의 계약이므로 당사자가 매매의 의사표시의 합치만으로 유효하게 성립한다. 의사표시는 구두에 의하든 서면에 의하든 기타 어떠한 방식에 의하더라도 자유롭게 할 수 있다. 따라서 매매계약의 비용, 채무의 이행시기 및 이행장소 등에 관해서는 합의가 없더라도 매매의 성립에는 영향이 없다.[2)]

(2) 성립에 있어서의 특칙

1) 특 칙

매매는 위에서 본 바와 같이 당사자의 의사의 합치로 성립하지만, 민법은 매매의 성립에 관하여 매매의 예약, 해약금, 계약비용의 부담에 관하여 특별규

---

2)곽윤직, 채권각론, 박영사, 2003, 125면.

정을 두고 있는데 이들은 매매의 성립에 관한 특칙이라고 할 수 있다.

2) 비용의 부담

(가) 매매계약에 관한 비용

계약에 관한 비용이란 매매계약체결시 일반적으로 필요한 비용으로 예컨대 목적물의 측량, 감정평가비용, 계약서의 작성에 소요되는 인지대, 공증비용 등이 있다. 각 당사자가 계약의 이행을 위하여 지출한 비용이나 부동산등기비용은 이에 포함되지 아니한다.[3] 매매계약에 관한 비용은 당사자가 별도로 약정이 없으면[4] 쌍방이 균분하여 부담한다(민법 제566조). 다만 비용의 부담에 관한 사항은 임의규정이기 때문에 당사자 간에 다른 약정이 있으면 그에 따른다.[5]

(나) 등기비용

부동산등기비용을 누가 부담할 것인가에 대하여 학설은 매수인부담설과 매도인부담설이 있지만 등기는 계약의 이행행위이기 때문에 변제비용의 부담원칙에 따라 채무자(매도인)가 부담하여야 할 것이지만, 부동산등기법(이하 "등기법"이라 한다)은 등기신청에 대하여 공동신청주의를 취하므로 결국 양자가 균분하여 부담하여야 한다(민법 제566조).

---

3) 김준호, 민법강의(제2전정판), 법문사, 2009, 1387면.;김형배, 민법강의 제7판, 新潮社, 2008, 1246면.

4) 경매나 체납처분으로서 공매는 매수인과의 별도의 계약체결이라는 개념은 없지만, 결국 그 절차비용은 법률의 규정에 의하여 채무자(체납자; 매도인)가 부담한다(비용에 대하여 경매의 경우에는 채무자가 부담한다는 집행법 제53조제1항, 제275조의 명문규정이 있고, 조세채권의 경우에도 국세기본법 제35조제1항에서 같은 해석이 가능하다고 본다). 또 경매의 결과물인 한국자산관리공사 등의 사적 매매로서의 공매의 경우에도 계약으로 비용부담의 원칙을 정하고 있다(후술 한국자산관리공사에 있어 매매계약서 참조).

5) 김준호, 전게, 1387면.

2. 매매의 효력

가. 의 의

매매가 성립하면 매도인은 매매의 목적인 재산권을 매수인에게 이전할 의무를 부담하고 매수인은 매각대금을 매도인에게 지급할 의무를 부담한다. 이는 동시이행의 관계에 있다(민법 제568조). 매매의 목적인 재산권에 하자가 있거나 또는 매매목적물에 하자가 있는 경우 매도인이 일정한 담보책임을 부담하게 한다.

나. 매도인의 의무

(1) 매도인의 재산권이전의무

매도인은 매수인에게 매매의 목적이 된 재산권을 이전하고(민법 제568조 제1항), 매수인은 매도인에게 그 대금을 지급하여야 한다. 이러한 쌍방의무는 특별한 약정이나 관습이 없으면 동시에 이행하여야 한다(동조 제2항). 그러나 부동산 매매의 경우 물권행위로서 등기이전을 하면 소유권의 변동이 생기는 것이므로 대금지급의무와 목적물 인도는 동시이행관계에 있는 것은 아니다.

(가) 권리 및 과실의 이전

① 매매의 목적인 권리가 물권인 때에는 물권행위 뿐만 아니라 기타 등기·등록 또는 인도 등의 공시방법을 갖추어야 하는 것이라면 부동산인 때에는 권리이전의 증명서류를 교부하고, 등기·등록(광업권·어업권·특허권 등)에 협력하여야 한다. 매매의 목적물이 동산인 때에는 인도를, 매매목적이 채권인 때에는 준물권행위 이외에 대항요건을 갖추기 위하여 채무자에게 통지(민법 제450조)를 하여야 한다.

② 타인의 재산권을 매매의 목적으로 한 경우에는 매도인은 이를 취득하여 매수인에게 이전하여야 한다(민법 제569조).[6] 판례는 명의신탁한 부동산을 명

6) 대판 1993.8.24,93다24445. 즉 그 매매계약이 원시적 이행불능에 속하는 내용을 목적으로 하는 당연무효의 계약이라고 볼 수 없다(대판 1993.9.10,93다20283).

의신탁자가 매도하는 경우, 명의신탁자는 그 부동산을 사실상 처분할 수 있을 뿐만 아니라 법률상으로도 처분할 수 있는 권원에 의하여 매도한 것이므로 이를 민법 제569조 소정의 타인의 권리의 매매라고 할 수 없고,[7] 부동산을 매수한 자가 소유권이전등기를 하지 아니한 채 이를 다시 제3자에게 매도한 경우(전매), 이는 민법 제569조의 타인의 권리매매라고 할 수 없다고 한다.[8]

③ 매도인은 매수인에게 목적물의 점유도 이전하여야 한다.[9] 소유권·지상권·전세권·임차권과 같이 부동산의 점유를 내용으로 하는 재산권의 매매일 때, 점유의 현실적 이전이 비록 물권변동의 효력발생요건이 아니지만, 등기 이외에 목적부동산의 점유도 이전하여야 한다. 또 매매목적물에 관한 등기·등록필증(부동산 및 이에 준하는 경우), 채권증서(채권을 매매한 경우) 등 취득한 권리의 증명에 필요한 서류(증서)도 교부하여야 한다.

④ 종물은 주물의 처분에 따르는 것이 원칙이므로(민법 제100조제2항), 특약이 없는 한 매도인은 종물 또는 종된 권리도 이전하여야 한다. 예를 들어 건물을 매매할 경우 토지이용권은 건물에 따르는 권리이므로 건물을 매도한 자는 매수인을 위하여 지상권 또는 토지임차권을 설정해 주어야 하고, 지상권 또는 토지임차권은 양도하거나 전대하여야 한다.[10]

(나) 완전한 권리의 이전

① 매도인은 다른 특약이나 특별한 사정이 없는 한 부담 없는 완전한 권리를 이전하여야 한다. 예를 들어 근저당권이 설정된 물권은 그 저당을 말소하고 이전하여 하며, 말소서류의 교부와 잔금의 지급은 동시이행의 관계에 있다(민

---

7) 대판 1996.8.20,96다18656;대판 1996.4.12,95다55245.

8) 대판 1996.4.12,95다55245;대판 1982.1.26,81다528.

9) 곽윤직,채권각론,135면(독일 민법 등 외국 법제와는 달리 민법 제563조는 매도인의 목적물에 대한 인도의무를 명문으로 규정하지는 아니하였지만, 이는 재산권의 이전의무에 포함되는 것으로 보았기 때문이며, 인도의무를 부정하는 취지는 아니다). 다만 사적자치가 지배하는 사적 매매에서는 강행법규에 위반(반사회적 질서)되지 않는 한 당사자 간에 계약내용을 정할 수 있으므로, 한국자산관리공사 등의 공매에서 당사자 간의 합의로 명도책임을 매수자로 하는 것(원칙적으로 매도인이 명도책임을 지지만)은 허용이 되며, 이 경우에는 매수인이 명도책임을 진다는 점에 유의하여야 한다.

10) 곽윤직, 채권각론, 박영사, 2003. 135면.

법 제568조제2항).[11] 이는 공평의 원칙에서 인정된 것으로 임의적 규정이므로 당사자 사이의 특약이 있거나 관습이 있으면 그에 따른다.

② 판례는 소유권이전등기청구권이 가압류되어 있어 가압류를 해제하여야만 소유권이전등기를 경료받을 수 있는 자가 그 목적물을 매도한 경우, 매수인은 위 가압류가 해제되어 완전한 소유권이전등기를 경료받을 때까지 동시이행의 항변권을 행사하여 매매잔대금의 지급을 거절할 수 있다고 한다.[12] 또 매매 목적부동산에 처분금지가처분등기 및 소유권말소예고등기가 기입되어 있는 경우, 매도인은 매수인에게 이와 같은 등기를 말소하여 완전한 소유권이전등기를 해주어야 할 의무가 있고, 이미 제3자의 처분금지가처분등기나 소유권말소예고등기가 기입되어 있는 경우에도 매매계약은 이행불능으로 되지 아니한다고 한다.[13] 매매목적 부동산에 지상권이 설정되어 있고 가압류등기가 되어 있는 경우, 비록 매매가액에 비하여 소액인 금원의 변제로써 언제든지 말소할 수 있는 것이라고 할지라도 매도인은 이와 같은 등기를 말소하여 완전한 소유권이전등기를 해주어야 한다고 한 판례도 있다.[14]

판례는 부동산매매에 있어서 특단의 사정이 없는 한 매수인의 대금지급의무와 매도인의 소유권이전등기절차이행의무는 상호 동시이행의 관계에 있다고 하지만,[15] 명도(인도)의 의무에 대하여는 특단의 사정이 없는 한 동시이행의 관계에 없다는 판례와[16] 있다고 하는 판례가[17] 있다. 학설은 동시이행의 관계에 있지 아니하다고 한다.[18]

---

11) 이러한 설명은 경매나 공매에서 취득한 부동산이 아닌 순수한 사인 간의 부동산매매의 경우이고, 전술과 같이 경매를 통하여 한국자산관리공사 등이 취득한 부동산을 되파는 경우(사적 매매로서의 공매)에는 소제주의원칙상 경매(매각)로 이미 부동산상 제 권리는 말소되었다(물론 예외적으로 흔한 예는 아니지만 유치권·대항력 있는 임차권·지상권 등이 말소되지 아니한 경우가 있을 수 있다). 다만 위 공사 등의 체납처분으로서의 공매는 경매절차와 동일하므로 매수인이 제권리의 말소여부를 판단하여야 한다.

12) 대판 2001.7.27,2001다27784.

13) 대판 1999.7.9,98다13754.

14) 대판 1991.9.10,91다6368.

15) 대판 1992.2.14,91다12349;대판 1991.9.10,91다6368;대판 1980.7.8,80다725.

16) 대판 1992.2.14,91다12349.

17) 대판 1991.9.10,91다6368;대판 1980.7.8,80다725.

(2) 과실의 귀속

① 과실은 이를 수취할 권리자에 속한다(민법 제102조). 과실수취권은 소유권의 내용이므로(민법 제211조) 과실수취권(수익권)은 원물의 소유자에게 있는 것이 원칙이다(민 제211조). 매매계약만으로는 목적물의 소유권이 매수인에게 이전되는 것은 아니므로 매수인에게 소유권이 이전되기까지는 목적물의 소유권은 매도인에게 있다고 보아야 한다. 따라서 매도인이 과실의 수취권을 가진다고 볼 것이다.[19] 판례도 같은 입장을 취하고 있다.[20] 이는 목적물을 인도받을 때까지 매수인이 대금의 이자를 지급할 의무가 없는 것에 대응하는 것으로 양자의 이익의 균형을 유지하려는 취지이다.[21] 판례는 특정물의 매매에 있어 목적물이 매수인에게 인도되지 아니하였으면 매수인이 대금지급을 지체하여도 매도인은 매수인에게 동 인도가 이루어지기 이전의 기간 동안의 목적물의 관리보존비의 상환이나 매각대금의 이자상당액의 손해배상청구를 할 수 없다고 한다.[22]

② 통설은 매수인이 대금을 이미 모두 지급하였으나 목적물을 인도하지 아니하고 계속하여 점유하고 있는 매도인은 과실을 수취할 수 없다고 본다. 과실과 대금의 이중이득을 취하는 것은 적당하지 아니하기 때문이다.[23] 판례는 특별한 사정이 없는 한 매매계약이 있은 후에도 인도하지 아니한 목적물로부터 생긴 과실은 매도인에게 속하지만, 매매목적물의 인도전이라도 매수인이 매각대금을 완납한 때에는 그 이후의 과실수취권은 매수인에게 귀속된다고 하고 있다.[24] 또 목적부동산을 제3자가 점유하고 있어 인도받지 아니한 매수인이

---

18) ,곽윤직,전게, 136면.

19) 김준호, 전게, 1389면.

20) 대판 1993. 11. 9, 93다28928

21) 즉 매도인의 지체가 있어도 대금을 지급받지 못한 동안에는 손해배상의무가 없고, 또 매수인의 지체가 있는 경우에도 매수인이 목적물의 인도를 받지 못하는 동안에는 지연이자를 지급할 필요가 없다.

22) 1915.12.21,일본 판례도 목적물의 인도전의 조세·공과금은 특약이 없는 한 매도인이 부담한다고 한다..

23) 곽윤직,전게, 136면.

24) 대판 1993.11.9,93다28928;대판 1992.4.28,91다32527.

명도소송제기의 방편으로 미리 소유권이전등기를 경료 받았다고 하여도 아직 매각대금을 완납하지 아니한 이상 부동산으로부터 발생하는 과실은 매도인에게 귀속된다고 한 판례도 있다.[25]

③ 또 판례는 가등기담보권의 실행으로 청산절차가 종료된 후에는 채권자는 채무자에 소유권이전등기청구권 및 목적물인도청구권을 가진다. 이 경우 채무자가 소유권이전등기의무 및 목적물인도의무의 이행을 지연하면서 자신이 담보목적물을 사용·수익할 수 있다는 것은 심히 공평에 반하여 허용될 수 없으므로 담보목적물에 대한 과실수취권 등을 포함한 사용·수익권은 청산절차의 종료와 함께 채권자에게 귀속된다고 한다.[26]

④ 매수인은 목적물의 인도를 받은 날로부터 대금의 이자를 지급하여야 한다. 그러나 대금지급에 기한이 있는 때에는 그러하지 아니한다. 판례도 특정물의 매매에 있어서 매수인의 대금지급채무가 이행지체에 빠졌다 하더라도 그 목적물이 매수인에게 인도될 때까지 매수인은 매각대금의 이자를 지급할 필요가 없는 것이므로, 그 목적물의 인도가 이루어지지 아니하는 한 매도인은 매수인의 대금지급의무이행의 지체를 이유로 매각대금의 이자 상당액의 손해배상청구를 할 수 없다고 한다.[27]

다. 매수인의 의무

(1) 대금지급의무

매수인은 매도인의 재산권이전에 대한 반대급부로서 대금의 지급의무를 부담한다(민법 제563조, 제568조제1항). 대금의 지급은 금전채무의 이행이므로 금전채권에 관한 규정이 적용된다. 대금지급의 시기나 장소 등은 당사자의 특약 또는 관습에 의하여 정하여지는 것이 보통이지만,[28] 민법은 이에 대하여

25) 대판 1992.4.28,91다32527.

26) 대판 2001.2.27,2000다20465.

27) 대판 1995.6.30,95다14190;대판 1981.5.26,80다211.

28) 민법 제105조는 법률행위의 당사자가 법령 중의 선량한 풍속 기타 사회질서에 관계없는 규정과 다른 의사를 표시한 때에는 그 의사에 의한다고 한다. 즉 반사회질서의 법률행위(민법 제103조), 불공정한 법률행위(민법 제104조)는 무효이므로, 이러한 내용의

다음과 같은 보충규정을 둔다.

(가) 지급시기

매매대금의 지급 시기는 특약에 의하여 결정되지만 특약이 없는 경우에는 법이 일정한 규정을 두고 있다. 매매목적물의 인도시기에 대하여만 약속한 경우에는 대금의 지급도 그 시기에 할 것을 약속한 것으로 추정한다(민법 제585조) 매매의 당사자 일방에 대한 의무이행의 기한이 있는 때에는 상대방의 의무이행에 대하여도 동일한 기한이 있는 것으로 추정한다(민법 제585조). 목적물의 인도와 대금지급은 동시에 교환적으로 행하여지고, 목적물을 받을 때까지는 대금도 지급하지 아니하는 것이 보통이기 때문이다. 그러나 이와는 다른 특약이나 관습이 있으면 그에 따르게 됨은 물론이다. 목적물의 인도와 대금지급의 그 어느 것에 관하여서도 기한의 약정이 없을 때에는 특별한 사정이 없는 한, 당사자는 계약이 성립한 후에는 언제든지 상환으로 이행할 것을 청구할 수 있다(민법 제387조제2항).

(나) 지급장소

대금의 지급장소에 대하여 특약이나 관습이 없는 경우에는 지참채무의 원칙에 따라서 채권자(매도인)의 주소에서 지급하는 것이 원칙이다(민법 제467조제2항). 즉 목적물의 인도와 동시에 대금을 지급하는 것이 아닐 때에는 채권자의 현주소에서 지급하여야 한다.[29] 그러나 민법 제586조는 거래의 관행과 당사자의 의사를 추측하여, 매매목적물의 인도와 동시에 대금을 지급할 경우에는 그 인도장소에서 대금을 지급하여야 한다(민법 제586조).

판례도 등기 후 주소를 변경한 소유자가 이를 매도하면서 매수인과의 사

계약이 아닌 한 법률의 규정보다 우선하여 적용(해석의 기준)이 된다. 따라서 문제는 이러한 당사자의 특약이나 관습이 없거나(보통 사인 간의 계약서는 이들에 대한 약정이 미흡하다) 있어도 당사자 간에 다툼이 있는 경우이고, 이때 비로소 민법의 규정이 적용된다.

29) 한국자산관리공사 등의 사적 매매로서의 공매의 경우에도 매도인의 사무실에서(또는 매도인의 구좌에 입금) 지급을 하며, 경매나 압류재산의 공매의 경우에도 같다(법원 또는 위 공사의 사무실에서 지급을 하여야 한다).

이에 소유권이전등기절차의 이행과 상환으로 매매잔대금을 지급받기로 약정한 경우, 매도인이 잔대금의 지급을 최고함에 있어 그의 주소변경등기에 필요한 서류는 제공함이 없이 소유권이전등기에 관한 서류만을 매수인에 제공하였다면 이는 위 약정에 따른 적법한 이행의 제공이 아니라고 한다.[30)]

(다) 대금의 이자

① 매매에 있어 매수인은 대금의 지급기한이 지나도 목적물의 인도를 받지 아니하는 이상 그 대금의 이자를 지급할 필요는 없고,[31)] 목적물의 인도를 받은 날로부터 대금의 이자(이자의 성질은 지연이자이며 법정이율에 의한다.[32)])를 지급하여야 한다(민법 제587조 후단). 반면 매도인은 목적물을 인도할 때까지의 과실수취권을 가져(민법 제587조 전단), 양 당사자는 이익의 균형을 이룬다.[33)] 판례도 특별한 사정이 없는 한 매매계약이 있은 후에도 인도하지 아니한 목적물로부터 생긴 과실은 매도인에게 속하지만, 매매목적물의 인도전이라도 매수인이 매각대금을 완납한 때에는 그 이후의 과실수취권은 매수인에게 귀속된다[34)]고 한다.

② 반대로 목적부동산을 제3자가 점유하고 있어 인도받지 못한 매수인이 명도소송제기의 방편으로 미리 소유권이전등기를 경료받았다고 하여도 아직 매각대금을 완급하지 아니한 이상 부동산으로부터 발생하는 과실은 매도인에게 귀속되어야 한다.[35)] 그러나 대금의 지급에 대하여 기한이 있고, 그 시기가 인도일보다 후일 때에는 그 기한이 도래할 때까지 이자를 지급할 필요가 없다(동조 단서).

---

30) 대판 1987.4.14,86다카2605.

31) 대판 1995.6.30,95다14190(특정물의 매매에 있어서 매도인은 매수인의 대금지급의무이행의 지체를 이유로 매각대금의 이자 상당액의 손해배상청구를 할 수 없다).

32) 전게,주석채권각칙1,642면. 물론 이는 지연손해금의 약정이 없는 경우를 말한다.

33) 전게,주석채권각칙1,641면;전게,곽윤직,채권각론,157면.

34) 대판 1993.11.9,93다28928;대판 1992.4.28,91다32527. 같은 취지에서 대판 2001.2.27,2000다20465는 가등기담보권의 실행으로 청산절차가 종료된 후(채무자가 목적물인도 전이다) 담보목적물에 대한 사용·수익권은 채권자가 가진다고 한다.

35) 대판 1992.4.28,91다32527.

판례도 매도인이 말소할 의무를 부담하고 있는 매매목적물상의 근저당권을 말소하지 못하고 있다면 매수인은 그 위험의 한도에서 매각대금의 지급을 거절할 수 있고, 그 결과 민법 제587조 단서에 의하여 매수인이 매매목적물을 인도받았다고 하더라도 미지급대금에 대한 인도일 이후의 이자를 지급할 의무가 없다고 한다.[36]

(라) 대금의 지급거절

① 매수인이 동시이행의 항변권을 주장할 수 있는 경우에는 대금지급을 거절할 수 있다(민법 제536조). 매매의 목적물에 대하여 제3자가 소유권을 주장하거나 지상권·전세권·대항력 있는 임차권 등이 있어 매수인이 매수한 권리의 전부나 일부를 잃을 염려가 있는 경우에는 매수인은 그 위험의 한도에서 대금의 전부나 일부의 지급을 거절할 수 있다(민법 제588조 본문). 매수한 권리에 하자가 있을 때 매수인은 매도인에게 담보책임을 물을 수 있으나 매도인에게 자력이 없는 경우에는 그 책임을 물을 수 없으므로 매수인을 보호하기 위하여 위 대금지급거절권을 인정하고 있는 것이다.

판례도 매매계약을 맺은 후에야 등기부상 매매목적물이 매도인의 소유가 아닌 것이 발견되었다면 매수인은 경우에 따라서는 민법 제588조에 의하여 중도금의 지급을 거절할 수 있고, 그렇지 않다고 하더라도 계약에 있어서의 형평의 원칙이나 신의성실의 원칙에 비추어 선행의무에 해당하는 중도금지급의무라 하더라도 그 지급을 거절할 수 있다고 한다.[37]

② 제3자가 권리를 주장하는 경우란 소유권의 주장 뿐만 아니라 용익권을 주장하는 자가 있는 경우, 담보권이 설정된 경우,[38] 채권의 매매에 있어 채무자가 채무의 존부를 부인하는 경우에도 민법 제588조(대금지급거절권)는 적용이 있다고 본다.[39] 가등기권자의 경우도 같다.

---

36) 대판 1996.5.10,96다6554.

37) 전게,곽윤직,채권각론,157면.;대판 1974.6.11,73다1632.

38) 대판 1988.9.27,87다카1029(부동산매매계약에 있어 특별한 약정이 없는 한 매수인은 그 부동산에 설정된 근저당권설정등기가 있어 완전한 소유권이전을 받지 못할 우려가 있으면 그 근저당권의 말소등기가 될 때까지 그 등기상의 담보한도금액에 상당한 대금지급을 거절할 수 있다).

③ 다른 판례도 근저당권설정등기가 되어 있는 부동산을 매매하는 경우 매수인이 근저당권의 피담보채무를 인수하여 그 채무금 상당을 매매잔대금에서 공제하기로 하는 특약을 하는 등 특별한 사정이 없는 한, 매도인의 근저당권말소 및 소유권이전등기의무와 매수인의 잔대금지급의무는 동시이행의 관계에 있다고 한다.[40] 그러나 매도인이 상당한 담보를 제공한 때에는 그러하지 아니한다(민법 제588조 단서). 즉 매수인은 대금을 지급하여야 한다. 판례는 위 담보제공이란 담보물권의 설정 또는 보증계약의 체결을 말하는 것으로서 단지 담보물권설정계약의 신청 또는 보증인으로부터의 보증계약의 신청만으로 불충분하다고 한다.[41] 즉 담보란 물적 담보는 물론 인적 담보도 가능하다.[42]

④ 매수인이 대금지급을 거절하는 경우에는 매도인은 매수인에게 대금의 공탁을 청구할 수 있다(민법 제589조). 이는 매수인이 훗날 무자력자가 됨으로써 발생하는 손해에 대하여 매도인을 보호하기 위한 것이다.[43] 매도인의 공탁청구에 대하여 매수인이 공탁하지 아니하면 대금지급거절권을 잃지만, 한편 매도인은 매수인이 권리를 잃을 염려가 없어질 때까지(매수인이 물건을 인도받을 때까지)는 공탁금을 수령할 수 없다고 본다.[44]

(2) 목적물의 수령의무

매매는 단순한 권리·의무의 대립관계가 아니라 공동목적을 달성하기 위하여 서로 협력하여야 할 유기적 관계이므로 매수인의 목적물수령의무를 인정하는 것이 타당하다(다수설).[45]

---

39) 전게,곽윤직,채권각론,191면.

40) 대판 1991.11.26,91다23103;대판 1991.9.10,91다6368;대판 1996.5.10,96다6554도 같은(지급거절) 취지.

41) 대판 1963.2.7,62다826.

42) 곽윤직,전게 158면.

43) 곽윤직, 전게 158면.

44) 전게,곽윤직,채권각론,191면.

45) 전게,주석채권각칙1,530면.;전게,곽윤직, 158면.

부동산 매매계약서

매도인과 매수인 쌍방은 아래 표시 부동산에 관하여 다음과 같이 매매계약을 체결한다.

1. 부동산의 표시검인

2. 계약 내용

제 1 조 위 부동산의 매매에 있어 매수인은 매매대금을 아래와 같이 지불하기로 한다.

대금 총액	一金 원整 ₩
계 약 금	一金 원整을 계약당시 지불하고 이를 영수함.
중 도 금	一金 원整을 20 년 월 일 지불
잔 액 금	一金 원整을 20 년 월 일 지불

제 2 조 매도인은 잔금 수령과 동시에 매수인에게 소유권 이전등기에 필요한 모든 서류를 교부하고 매매목적물의 명도는 20 년 월 일로 한다.
제 3 조 잔금 지급일까지의 제세공과금 및 기타 부금에 대한 납부책임은 매도인이 부담한다. 다만 재산세 납부는 지방세법 규정에 따른다.
제 4 조 본 계약을 매도인이 위약시는 계약금의 배액을 배상하고 매수인이 위약시는 계약금을 포기하고 반환을 청구하지 아니하며 이 계약을 해지한다.
제 5 조 중개수수료 및 실비는 본 계약체결과 동시에 중개업자에게 각각 지불한다.

위를 증명하기 위하여 계약서 3부를 작성하고 각각 서명 날인한다.

20 년 월 일

매도인

성명 :
주소 :
주민등록번호 :
연락처 :

매수인

성명 :
주소 :
주민등록번호 :
연락처

3. 전세계약

가. 전세권

민법전이 규정하고 있는 원래의 의미의 전세권이라 함은 전세금을 지급하고 타인의 부동산을 그의 용도에 좇아 사용·수익한 후 전세권의 소멸시에 목적부동산으로부터 전세금을 우선적으로 변제 받을 수 있는 권리라고 할 수 있다(민법 제303조 1항). 전세권은 부동산 소유자(전세권설정자)와 전세권자 사이에 전세권설정합의와 등기에 의하여 설정된다. 합의의 내용은 전세권자가 전세금을 지급하고 일정한 권능을 포함하는 법적 권리로서 전세권을 취득하기로 하는 것이다.[46] 다수설[47]과 판례[48]는 전세금을 전세권의 성립요소로 보고 있다.따라서 전세금의 지급이 있어야 전세권이 유효하게 성립하게 된다. 이 때 전세금은 보증금으로서의 성질을 갖는다.

나. 주택임대차보호법상의 전세권

우리나라에서는 한국전쟁으로 인한 피난민의 유입을 미처 수용하지 못하여 주택난 등을 겪게 되는 특수한 상황에서 민법상의 전세권과 다른 특수한 형태의 부동산 임대차에 유사한 전세권이라는 방식이 이용되었다. 즉 전세권이 성립함과 동시에 일정한 전세금을 전세권자가 전세권설정자(부동산의 소유자)에게 지급하면 전세권자는 일정기간동안 해당 부동산을 사용할 권리를 얻고 그 사용대가는 전세권설정자가 전세금의 이자수입으로 충당하는 것이다. 이는 종래 "임대차와 소비대차의 결합체"로서 관습상 이루어져 온 채권적 전세제도를, 현행민법이 이용권 강화라는 요청에 부응하여 이를 물권으로 신설한 것이다. 민법에서 규정한 전세권은 전세등기를 한 경우에는 물권으로서의 효력을 가진다. 임대차이면서 확정일자를 받을 경우 우선변제를 받을 수 있는 권리가 보장되는 경우가 있다. 채권이지만 확정일자를 받을 경우 우선변제권이 있는

46) 지원림, 전게 674면.

47) 곽윤직, 물권법 제7판, 2002, 258면.

48) 대판 1995. 2. 10. 94다18508.;대판 2002. 8. 23. 2001다69122

임대차이다. 이는 주택임대차보호법이나 상가건물임대차보호법과 같은 특별법에 의하여 인정되는 권리이다. 확정일자란 증서에 대하여 그 작성한 일자에 관한 완전한 증거가 될 수 있다고 법률상 인정되는 일자로서 당사자가 나중에 변경하는 것이 불가능한 확정된 일자를 말한다.[49] 민법에서 규정한 전세권의 경우 반드시 등기하여야 성립하고 전세기간이 경과하여 전세권설정자가 전세금 반환을 하지 않을 경우 별도의 판결절차를 거치지 않고 즉시 경매신청을 할 수가 있어 물권으로서의 효력이 강하다. 반면에 확정일자를 받은 임대차는 임차보증금반환소송을 거쳐 승소할 경우 강제집행을 하여 임차금을 회수할 수 있다.

다. 전세계약서의 작성

①은 문서의 명칭이다. 전세권 설정자와 전세권자 간에 전세권을 설정한 사실을 증명하는 서류이다.

②는 전세계약의 목적인 부동산을 표시한 것이다. 부동산의 표시는 부동산이 소재한 주소와 구조를 기재하고, 건물의 용도와 면적 등을 정확히 기재한다. 건물의 일부를 전세의 목적으로 하는 경우에는 도면을 첨부하여 전세의 목적물을 명확히 표시하도록 하여야 한다.

③은 전세보증금을 기재한다. 전세보증금은 한글 또는 한자와 아라비아 숫자를 나란히 적어 전세금액에 대한 착오를 방지도록 하는 것이 좋다.

④에서 임차인 또는 전세권자는 건물의 원래의 용도에 따라 건물을 사용할 수 있으며, 임대인의 승인을 받아 개축 또는 변조할 수 있으나, 계약기간이 완료되어 건물을 반환할 때에는 임차인이 자신의 비용으로 건물을 인도받을 당시의 상태로 회복하여 반환하여야 한다.

49) 대법원 2008.9.11. 선고 2008다38400 판결

No.	( ) 전 세 계 약 서①				☐ 임 대 인 용 ☐ 임 차 인 용 ☐ 사무소보관용
부동산 의표시 ②	소재지				
	구 조		용도		면적	㎡ 평
전 세 보 증 금③	금 원정 (₩)				

제1조 위 부동산의 임대인과 임차인 합의 하에 아래와 같이 계약함.
제2조 위 부동산의 임대차에 있어 임차인은 임차(전세) 보증금을 아래와 같이 지불키로 함.

계 약 금	금 원정은 계약 시에 지불하고
중 도 금	금 원정은 20 년 월 일 지불하며
잔 금	금 원정은 20 년 월 일 중개업자 입회 하에 지불함.

제3조 위 부동산 명도는 20 년 월 일로 함.④
제4조 임대차 기간은 20 년 월 일로부터( )개월로 함.
제5조 임차인은 임대인의 승인 하에 개축 또는 변조할 수 있으나 계약 대상물을 명도 시에는 임차인이 일체 비용을 부담하여 원상복구 하여야 함.
제6조 임대인과 중개업자는 별첨 중개물건 확인설명서를 작성하여 서명 날인하고 임차인은 이를 확인 수령함. 다만 임대인은 중개물건 확인설명에 필요한 자료를 중개업자에게 제공하거나 자료수집에 따른 법령에 규정한 실비를 지급하고 대행케 하여야 함.
제7조 본 계약을 임대인이 위약 시는 계약금의 배액을 변상하며 임차인이 위약 시는 계약금을 무효로 하고 반환을 청구 할 수 없음.
제8조 부동산 중개업법 제20조 규정에 의하여 중개수수료는 계약 당시 쌍방에서 법정수수료를 중개인에게 지불하여야 함.
단:

위 계약조건을 확실히 하고 훗일에 증명하기 위하여 본 계약서를 작성하고 각 1통씩 보관한다.

20 년 월 일

임 대 인	주 소					
	주민등록번호	–	전화번호		성명	(인)
임 차 인	주 소					
	주민등록번호	–	전화번호		성명	(인)
중개업자	주 소				허가번호	
	상 호		전화번호		성명	(인)

제4절 물품매매계약

1. 매매의 의의

매매란 당사자 일방이 상대방에게 재산권을 이전할 것을 약정하고 상대방은 매매대금을 지급할 것을 약정함으로써 성립하는 계약이다(민법 제563조). 매매에 있어서 당사자의 출연은 대가적 관계에 있으므로 유상계약이며, 재산권 이전의무와 대금지급의무는 상호 의존관계에 있으므로 매매는 쌍무유상계약이다. 따라서 매매계약서에는 재산권 이전에 관한 사항과 대금지급에 관한 사항이 포함되어야 한다.

2. 매매계약의 성립

매매계약은 당사자의 의사의 합치만 있으면 성립하는 諾成계약이며, 특별한 방식을 요하지 않으므로 불요식계약이다. 따라서 매매계약서는 특별히 정해진 방식은 없으나, 대체적으로 당사자, 매매대금, 대금의 지급방법, 계약위반시의 효과 또는 손해배상에 관한 사항, 매매에 관련하여 지출된 비용의 부담에 관한 사항, 매매한 물품의 하자담보책임에 관한 사항, 계약의 해제 또는 해지에 관한 사항 등이 포함되어야 한다.

3. 매도인의 의무

매매계약이 성립되면 매도인은 자기의 소유권을 매수인에게 이전할 의무와 매도목적물을 매수인에 인도할 의무를 부담한다. 소유권의 이전에 관하여는 동산의 경우에는 引渡를 부동산의 경우 이전등기를 위한 등기협력의무를 부담하게 된다. 매수인은 매매에 따른 대금지급의무와 목적물 인수의무를 부담하게 된다. 따라서 매매계약서에는 매매목적물의 인도와 소유권 이전에 관한 사항과, 매수인의 대금지급의무 및 목적물 인도를 위한 협력 등에 관한 사항이 포함되어야 한다.

4. 매매계약서의 작성

매 매 계 약 서

매도인은 '갑'이라 하고 매수인을 '을'이라 하며 갑·을 당사자간에 다음과 같은 매매계약을 체결한다.

제1조 매도인 '갑'은 매수인 '을'에 대하여 다음 물건을 아래 조항의 약정으로 을에게 매도한다.

제2조 매매대금은 ○○○원으로 하고 매수인 '을'은 매도인 '갑'에 대하여 다음과 같은 방법으로 그 대금을 지급 한다.

1. 계약금 ○○○원은 본 계약성립과 동시에 '갑'의 주소지에서 지급한다.
2. 중도금 ○○○원은 '을' 소유인 ○○○○지 소재의 ○○○○에 물품의 반입완료와 동시에 지불한다.
3. 잔금 ○○○원은 매수인 ○○○의 ○○○○에서 검수가 완료된 때에 지불한다.
4. 계약금은 잔대금의 지급에 충당하기로 한다.

제3조 매도인 '갑'은 20○○년 ○월 ○일까지 본건 OOO를 ○○○에 반입 완료한 후 ○월 ○일 매수인 '을'의 입회하에 검수 하기로 한다.

제4조 매도인 '갑'은 본건 ○○○와 일시간에 ○○○의 ○○○이 있음을 보증한다.

제5조 '갑'·'을' 양 당사자의 일방이 본건 계약을 위반할 때는 매수인 '을'은 계약금을 포기하고 매도인 '갑'은 그 배액을 제공하고 본 계약을 해약하기로 한다.

제6조 본건 계약이행에 관한 비용 기타 이 계약에 의한 매매에 관한 일체의 비용은 매도인 O의 부담으로 한다.

제7조 '갑'·'을' 양자의 일방이 본건 계약을 위반시 그 상대방은 최고 하고 본건 계약을 해제할 수있다.

제8조 이 계약의 해제로 인하여 생기는 각종 비용에 대해서는 그 손해배상을 청구할 권리가 있다.

위 계약을 체결함에 있어 후일 증명하기 위하여 계약서를 2통 작성, 날인하여 '갑', '을'이 각각 1통씩 보관한다.

20 년 월 일

주 소 :

매 도 인 : (인)

주 소 :

매 수 인 : (인)

제5절 근로계약

1. 근로계약의 의의

"근로계약"이란 근로자가 사용자에게 근로를 제공하고 사용자는 이에 대하여 임금을 지급하는 것을 목적으로 체결된 계약을 말한다.(근로기준법 제2조 1항 4호). 당사자 한 쪽(노무자)이 상대방에 대하여 근로 내지 노동력을 제공할 것을 약정하고, 상대방(사용자)은 이에 대하여 보수를 지급할 것을 약정함으로써 성립하는 계약을 민법상의 고용계약이라 한다(민법 제655조). 그러나 근대사회에서 자본주의의 발달에 따라 근로자와 고용주가 평등한 처지에 있는 것이 아니라 사용자가 노동자에 대한 지배자가 되어 노동자위에 군림하게 되었고, 노동자는 부당한 조건 아래에서 그의 생존과 생활을 위협받으면서 노동력을 착취당하였다. 현대국가는 이러한 현실에 직면하여 노동자의 권리를 보호하고 사람다운 생존을 보장하기 위하여 근로계약의 조건의 중요한 사항에 관하여 최저한도의 법적규제를 꾀하고 있다.

2. 근로계약상의 용어

근로기준법에 따른 근로계약에서 사용되는 용어 중 "근로자"란 직업의 종류와 관계없이 임금을 목적으로 사업이나 사업장에 근로를 제공하는 자를 말한다(동법 제2조 1항 1호). 또한 "사용자"란 사업주 또는 사업 경영 담당자, 그 밖에 근로자에 관한 사항에 대하여 사업주를 위하여 행위하는 자이다(동법 제2조 1항 2호). "근로"란 정신노동과 육체노동을 포함하며(동법 제2조 1항 3호), "근로계약"이란 근로자가 사용자에게 근로를 제공하고 사용자는 이에 대하여 임금을 지급하는 것을 목적으로 체결된 계약을 말한다(동법 제2조 1항 4호). "임금"이란 사용자가 근로의 대가로 근로자에게 임금, 봉급, 그 밖에 어떠한 명칭으로든지 지급하는 일체의 금품을 말한다(동법 제2조 1항 5호). 7. "소정(所定)근로시간"이란 제50조, 제69조 본문 또는 「산업안전 보건법」 제46조에 따른 근로시간의 범위에서 근로자와 사용자 사이에 정한 근로시간을 말한다(동법 제2조 1항 7호).

3. 근로계약서에 포함할 사항

가. 근로시간

사용자는 1주 간의 근로시간은 휴게시간을 제외하고 40시간을 초과할 수 없으며(동법 제50조 1항), 1일의 근로시간은 휴게시간을 제외하고 8시간을 초과할 수 없다(동법 제50조 2항). 당사자 간에 합의하면 1주 간에 12시간을 한도로 제50조의 근로시간을 연장할 수 있으나(동법 제53조 1항), 당사자 간에 합의하면 1주 간에 12시간을 한도로 제51조의 근로 시간을 연장할 수 있고, 제52조제2호의 정산기간을 평균하여 1주 간에 12시간을 초과하지 아니하는 범위에서 제52조의 근로시간을 연장할 수 있다(동법 제53조 2항). 사용자는 특별한 사정이 있으면 노동부장관의 인가와 근로자의 동의를 받아 제1항과 제2항의 근로시간을 연장할 수 있다. 다만, 사태가 급박하여 노동부장관의 인가를 받을 시간이 없는 경우에는 사후에 지체 없이 승인을 받아야 한다(동법 제53조 3항).

나. 연장 · 야간 및 휴일 근로

사용자는 연장근로(동법 제53조·제59조 및 제69조 단서에 따라 연장된 시간의 근로)와 야간근로(오후 10시부터 오전 6시까지 사이의 근로) 또는 휴일근로에 대하여는 통상임금의 100분의 50 이상을 가산하여 지급하여야 한다(동법 제55조).

다. 휴 게

사용자는 근로시간이 4시간인 경우에는 30분 이상, 8시간인 경우에는 1시간 이상의 휴게시간을 근로시간 도중에 주어야 한다(동법 제54조 1항). 근로자는 휴게시간을 자유롭게 이용할 수 있다(동법 제54조 2항).

라. 휴 일

사용자는 근로자에게 1주일에 평균 1회 이상의 유급휴일을 주어야 한다(동법 제55조).

4. 근로계약서 작성례

(가) 당 사 자

사용자(갑)	성 명		사업종류	
	사업체명칭			
	소 재 지			
근로자(을)	성 명		생년월일	년 월 일생
	주 소		주민등록 번 호	

(나) 근 로 조 건

(1) 임 금 : 일급. 월급. 도급금. 원

(2) 근로시간 : 1 일, 시간 (1주간, 시간)

(3) 휴게시간 : 분 (시. 분부터, 시, 분까지)

(4) 휴 일 : 주 (또는, 월) 회

(5) 취업장소 : 직종

(6) 기타 근로 조건 : 당사 취업 규칙 및 관례에 의함.

(다) 근 로 장 소

(라) 근로계약(고용)기간 : 20 . . . ~ 20 . (개월간)

위와같이 근로 계약을 체결함.

20 . . .

갑 : 사용자 ㉞

을 : 근로자 ㉞

제6절 약관에 의한 계약

1. 약관의 의의

「약관의 규제에 관한 법률」(이하 "약관법"이라 한다)에 의하면 "약관"이란 그 명칭이나 형태 또는 범위에 상관없이 계약의 한쪽 당사자가 여러 명의 상대방과 계약을 체결하기 위하여 일정한 형식으로 미리 마련한 계약의 내용을 말한다(약관법 제2조 1항). 약관은 어떤 종류의 계약을 표준화, 정형화함으로써 대량적·집단적·반복적 거래에 따른 번거러움을 해소하고 신속하고 합리적인 계약의 체결을 가능하게 하여 기업의 영업활동의 원활을 도모할 수 있어 많이 활용되고 있다. 그러나 약관은 사업자가 법률적 수단에 의하여 경제적·사회적 우월적 지위를 유지·강화할 수 있다는 점 때문에[50] 약관을 규제하는 경향이 있다. 우리나라는「사업자가 그 거래상의 지위를 남용하여 불공정한 내용의 약관을 작성하여 거래에 사용하는 것을 방지하고 불공정한 내용의 약관을 규제함으로써 건전한 거래질서를 확립하고, 이를 통하여 소비자를 보호하고 국민생활을 균형 있게 향상시키는 것을 목적으로」 1986. 12. 31 「약관의 규제에 관한 법률」을 제정하였다.[51]

2. 약관규제법의 적용 대상

약관규제에 관한 법률은 사업자와 사업자 간에 적용될 뿐만 아니라 사업자와 소비자 간의 모든 거래에 적용된다. 이 점에서 독점규제 및 공정거래에 관한 법률이 사업자와 사업자 간에 적용되는 것과 비교된다.

3. 약관의 요건

약관으로 인정되기 위하여는 일정한 요건을 갖추고 있어야 된다. 약관으로 인정되기 위하여는 첫째, 장래 체결될 사업자와 고객 사이의 계약의 내용이 될

---

50) 이은영, 약관의 규제에 관한 법률, 박영사, 1994, 75면.

51) 법률 제3922호 1986.12.31 「약관의규제에관한법률」(제정)

사항을 포함하고 있어야 하고, 둘째, 쌍방 당사자가 협의해서 결정한 내용이 아니라 일방 당사자가 계약체결 이전에 미리 동종·다수의 계약을 위하여 마련한 것으로서 개별약정이 아니어야 한다.[52] 셋째, 약관은 일반적으로 대량적 거래를 위하여 사전에 작성되는 특성을 지니고 있다. 약관의 명칭은 약관의 인정 여부에 영향을 미치지 않는다. 대체적으로 계약서에 미리 인쇄되어 있는 것을 특히 定型契約書라고 한다. 또한 반드시 조문의 형태를 띠어야 하는 것은 아니다. 사업자가 고객에게 계약의 내용으로 그 약관을 채택할 것을 제안하는 것은 약관의 요건은 아니다.[53]

4. 약관의 작성 및 설명의무

약관의 규제에 관한 법률에 의하면 사업자는 계약을 체결할 때에는 고객에게 약관의 내용을 계약의 종류에 따라 일반적으로 예상되는 방법으로 분명하게 밝히고, 고객이 요구할 경우 그 약관의 사본을 고객에게 내주어 고객이 약관의 내용을 알 수 있게 하여야 한다. 다만, 다른 법률에 따라 행정관청의 인가를 받은 약관으로서 신속한 거래를 위하여 필요하다고 인정되어 대통령령으로 정하는 약관에 대하여는 그러하지 아니하다(약관법 제3조 2항). 사업자는 약관에 정하여져 있는 중요한 내용을 고객이 이해할 수 있도록 설명하여야 한다. 다만, 계약의 성질상 설명하는 것이 현저하게 곤란한 경우에는 그러하지 아니하다(약관법 제3조 3항). 이는 사업자가 고객에게 약관의 존재를 인식시키고, 그 내용을 충분히 알려준 경우에만 계약의 내용으로 할 수 있고, 그렇지 않은 경우에는 계약의 내용으로 할 수 없다는 것을 명시한 것이다. 사업자가 고객에게 약관의 내용을 제시하고 중요한 내용을 충분히 설명하지 않은채 계약을 체결한 경우에는 해당 약관을 계약의 내용으로 주장할 수 없도록 하여 법의 실효성을 확보하고 있다(약관법제3조 4항).

---

52) 이은영, 약관규제법, 박영사, 1994, 58면.

53) 이은영, 전게, 58면.

5. 개별약정의 우선

개별약정우선의 원칙이란 어떤 법률문제에 관하여 약관조항과 개별약정이 각각 다르게 정하고 있는 경우에는 개별약정을 우선적으로 계약의 내용으로 하고 약관은 그와 상반되지 않는 부분에 한하여 적용한다는 원칙을 말한다.[54)] 약관은 통상 사업자와 고객 간에 일반적으로 해당할 수 있는 것을 계약의 내용으로 예정하고 있으나, 계약은 고객에 따라 각각 다른 사정이 있거나 상이한 조건이 있을 수 있으므로 모든 고객과의 거래가 동일하게 같이 적용될 수 있는 것만은 아니다. 이 처럼 고객의 개인적 사정이 다른데도 불구하고 그러한 사정을 감안하지 않고 동일한 약관의 사용을 강제하는 것은 오히려 계약의 현실성을 해치는 결과가 될 수 있다. 따라서 약관규제법은 약관에서 정하고 있는 사항에 관하여 사업자와 고객이 약관의 내용과 다르게 합의한 사항이 있을 때에는 그 합의 사항은 약관보다 우선할 수 있도록 하여 개별적 사정을 계약에 반영할 수 있도록 하고 있다(약관법 제4조).

6. 불공정약관조항

가. 일반원칙

약관법은 신의성실의 원칙을 위반하여 공정성을 잃은 약관 조항은 무효로 하고 있다(약관법 제6조 1항). 그러나 신의성실의 원칙이란 너무 추상적이어서 어떤 경우에 신의성실의 원칙을 위반하였는가를 획일적으로 정하기가 어렵다. 이러한 문제점을 해결하기 위하여 약관법은 고객에게 부당하게 불리한 조항이거나, 고객이 계약의 거래형태 등 관련된 모든 사정에 비추어 예상하기 어려운 조항, 계약의 목적을 달성할 수 없을 정도로 계약에 따르는 본질적 권리를 제한하는 조항 등은 약관의 공정성을 잃은 것으로 추정하여 무효로 하고 있다(약관법 제6조 2항 각호)

---

54) 이은영, 전게, 126면.

나. 면책조항의 금지

면책약관은 채무불이행책임, 하자담보책임, 불법행위책임 등 대체적으로 법률이 규정해 놓은 사업자의 책임을 사업자가 부담하지 않기 위하여 책임을 배제하거나 책임범위를 제한하는 것을 약관에 포함시키려는 것으로서, 고객의 책임은 추궁하면서 사업자의 책임은 부담하지 않겠다는 조항의 효력을 규제하는 것이다. 우리 약관규제법은 계약 당사자의 책임에 관하여 정하고 있는 약관의 내용 중 다음 각 호의 어느 하나에 해당하는 내용을 정하고 있는 조항은 무효로 하고 있다(약관법 제7조 각호).

① 사업자, 이행 보조자 또는 피고용자의 고의 또는 중대한 과실로 인한 법률상의 책임을 배제하는 조항,

② 상당한 이유 없이 사업자의 손해배상 범위를 제한하거나 사업자가 부담하여야 할 위험을 고객에게 떠넘기는 조항,

③ 상당한 이유 없이 사업자의 담보책임을 배제 또는 제한하거나 그 담보책임에 따르는 고객의 권리행사의 요건을 가중하는 조항,

④ 상당한 이유 없이 계약목적물에 관하여 견본이 제시되거나 품질·성능 등에 관한 표시가 있는 경우 그 보장된 내용에 대한 책임을 배제 또는 제한하는 조항 등이다. 따라서 약관에 위와 같은 면책조항이 포함되어 있는 경우에는 그 약관은 무효가 된다. 그러므로 사업자가 제시하는 약관에 의하여 계약을 체결하고자 하는 경우에는 위와 같은 내용의 면책조항이 있는가를 따져보아야 한다. 사업자에 대한 면책조항은 사업자의 이행보조자의 고의·과실에까지 확장된다.

다. 손해배상액의 예정

당사자가 계약을 이행하는 과정에서 순조롭게 잘 이행이 되면 문제가 될 것이 없겠으나 채무불이행, 이행지체, 불완전 이행 등의 사유로 계약의 내용을 실현할 수 없는 경우에는 손해의 배상이 문제가 된다. 이 경우에 고액의 손해배상예정금이나 고율의 연체이자를 부과하는 내용을 약관에 포함시킬 수 없도

록 하고 있다. 즉, 약관법은 「고객에게 부당하게 과중한 지연 손해금 등의 손해배상 의무를 부담시키는 약관 조항은 무효로 한다」(약관법 제8조)고 규정하여 과다한 손해배상액을 예정하는 것을 금지하고 있다. 따라서 할부판매거래에 있어서 약관이나, 아파트분양계약, 전자제품판매 등에 있어서 약관에 의하여 계약을 체결할 경우 과다한 손해배상액을 포함하고 있을 경우 그 약관은 무효가 된다. 이 때 손해배상액의 예정에는 채무불이행에 따른 지연손해의 배상, 전보손해와 위약벌 또는 불법행위에 기한 손해배상금, 기타 명칭 여하를 불문하고 어떠한 명목의 손해배상금이 포함된다.

라. 계약의 해지·해제의 제한

계약의 解除는 유효하게 성립하고 있는 계약의 효력을 당사자 한 쪽의 의사표시에 의하여 그 계약이 처음부터 성립하지 않았던 것과 같은 상태로 돌아가게 하는 것이다. 계약의 해제권은 일종의 형성권으로 당사자 일방에 의한 계약해제의 의사표시가 있으면 그 효과로서 새로운 법률관계가 발생하고 각 당사자는 그에 구속된다.[55] 계약의 해지는 계속적 계약의 효력을 장래를 향하여 소멸케 하는 일방적 행위를 말한다. 계속적계약이란 계약의 내용인 급부가 일정한 시점에 행하여지는 것이 아니라 일정한 기간 동안 계속해서 행하여지는 채권관계라고 한다.[56] 전자제품의 할부매매, 보증, 任置, 정수기의 사용대차 등의 거래와 같이 계속적 거래관계가 있는 경우에 고객이 사용료나 할부료를 제때 내지 못할 경우에 사업자가 일방적으로 계약을 해지하거나 해제할 경우 고객은 불이익을 당할 수 밖에 없다. 따라서 약관법은 사업자의 부당한 계약의 해제 또는 해지를 제한하고 있다. 법률에 따른 고객의 해제권 또는 해지권을 배제하거나 그 행사를 제한하는 조항을 두고 있는 약관(약관법 제9조 1호), 사업자에게 법률에서 규정하고 있지 아니하는 해제권 또는 해지권을 부여하여 고객에게 부당하게 불이익을 줄 우려가 있는 조항을 두 고 있는 약관(약관법 제9조 2호), 법률에 따른 사업자의 해제권 또는 해지권의 행사 요건을 완화하

---

55) 대판 2005. 7. 14, 2004다67011

56) 지원림, 민법강의 제7판, 홍문사, 2009, 1335면.

여 고객에게 부당하게 불이익을 줄 우려가 있는 조항을 두고 있는 약관(약관법 제9조 3호), 계약의 해제 또는 해지로 인한 원상회복의무를 상당한 이유 없이 고객에게 과중하게 부담시키거나 고객의 원상회복 청구권을 부당하게 포기하도록 하는 조항을 두고 있는 약관(약간법 제9조 4호), 계약의 해제 또는 해지로 인한 사업자의 원상회복의무나 손해배상의무를 부당하게 경감하는 조항을 두고 있는 약관(약관법 제9조 5호), 계속적인 채권관계의 발생을 목적으로 하는 계약에서 그 존속기간을 부당하게 단기 또는 장기로 하거나 묵시적인 기간의 연장 또는 갱신이 가능하도록 정하여 고객에게 부당하게 불이익을 줄 우려가 있는 조항을 두고 있는 약관(약관법 제9조 6호)은 무효이다.

마. 채무의 이행에 있어서 불공정한 약관

약관의 내용이 사업자에게 일방적으로 유리하고 고객에게 불리한 조항이 포함된 경우에 그 약관은 무효이다. 즉, 상당한 이유 없이 상당한 이유 없이 급부(급부)의 내용을 사업자가 일방적으로 결정하거나 변경할 수 있도록 권한을 부여하는 조항을 두고 있는 약관(약관법 제10조 1호), 상당한 이유 없이 사업자가 이행하여야 할 급부를 일방적으로 중지할 수 있게 하거나 제3자에게 대행할 수 있게 하는 조항을 두고 있는 약관(약관법 제10조 2호)은 무효로 한다.

바. 고객의 권익을 침해하는 약관

고객의 권익에 관하여 정하고 있는 약관에서 법률에 따른 고객의 항변권(항변권), 상계권(상계권) 등의 권리를 상당한 이유 없이 배제하거나 제한하는 조항을 두거나(약관법 제11조 1호), 고객에게 주어진 기한의 이익을 상당한 이유 없이 박탈하는 조항을 두는 경우(약관법 제11조 2호), 고객이 제3자와 계약을 체결하는 것을 부당하게 제한하는 조항을 두는 경우(약관법 제11조 3호), 사업자가 업무상 알게 된 고객의 비밀을 정당한 이유 없이 누설하는 것을 허용하는 조항을 두는 약관은(약관법 제11조 4호) 무효가 된다.

사. 의사표시의 의제

약관에서 일정한 作爲 또는 不作爲가 있을 경우에는 고객의 의사표시가 표명되거나 표명되지 아니한 것으로 보는 조항을 두는 경우에는 그 약관을 무효로 한다(약관법 제12조 1호). 그러나 고객에게 상당한 기한 내에 의사표시를 하지 아니하면 의사표시가 표명되거나 표명되지 아니한 것으로 본다는 뜻을 명확하게 따로 고지한 경우에는 무효가 되지 않는다. 부득이한 사유로 고지할 수 없는 경우에도 무효가 되지는 않는다(약관법 제12조 1호 단서). 그러나 고객의 의사표시의 형식이나 요건에 대하여 부당하게 엄격한 제한을 두는 조항을 두는 경우(약관법 제12조 2호), 고객의 이익에 중대한 영향을 미치는 사업자의 의사표시가 상당한 이유 없이 고객에게 도달된 것으로 보는 조항(약관법 제12조 3호), 고객의 이익에 중대한 영향을 미치는 사업자의 의사표시 기한을 부당하게 길게 정하거나 불확정하게 정하는 조항(약관법 제12조 4호)을 두는 경우에는 그 약관은 무효가 된다.

아. 대리인에게 책임을 지우는 약관

통상 계약은 본인이 직접 체결하는 경우가 대부분이다. 그러나 불가피 한 경우에는 대리인이 계약을 대리하여 채결할 수 있다. 이와 같이 계약이 고객의 대리인에 의하여 계약이 체결된 경우 고객이 그 의무를 이행하지 아니하는 경우에는 대리인에게 그 의무의 전부 또는 일부를 이행할 책임을 지우는 내용의 약관은 그 조항을 무효로 한다(약관법 제13조).

자. 소제기의 금지 등

사업자가 일방적으로 작성하여 제시하는 약관은 관할합의를 남용하여 사업자에게 유리한 관할합의를 하는 경우가 있다. 주로 물품운송계약서, 보험약관, 할부매매계약서, 아파트분양계약서 등에서 흔히 볼 수 있다. 민사소송법상 소를 제기함에는 원칙적으로 소장이라는 서면을 제1심 법원에 제출할 것을 요한다. 訴를 제기하게 되면 피고에게 소장부본 송달시에 訴訟係屬이 생기게 되고, 이에 따라 중복제소의 금지 등의 절차법상의 효과와 시효중단, 연 25%의 소송이자의 발생, 선의점유자의 악의의 의제 등의 효과가 발생한다. 그러나 사업자가 이러한 소송법상의 효과를 배제하기 위하여 고객에게 부당하게 불리한 소송 제기 금지 조항 또는 재판관할의 합의 조항을 두는 경우가 있다. 사업자로서는 자기의 본점소재지 법원을 관할법원으로 하기 때문에 유리하지만, 먼 거리에 거주하는 고객의 입장에서는 소제기 및 응소에 어려움이 있어 권리주장을 포기할 경우도 많이 있다. 이와 같은 당사자 간에 부당한 관할의 합의를 막기 위하여 할부거래에 관한 소송은 매수인의 주소지(동 법률 16조), 방문판매자와의 계약에 관한 소송은 소비자의 주소지(동 법률 제57조)를 관할 하는 지방법원의 전속관할로 하였다. 나아가 약관법은 고객에게 부당하게 불리한 소송 제기 금지 조항 또는 재판관할의 합의 조항을 두는 약관이나 상당한 이유 없이 고객에게 입증책임을 부담시키는 약관 조항은 무효로 하고 있다(약관법 제14조). 약관에 의한 계약서를 작성할 때에는 약관의 내용이 약관법에 위반되는 조항은 없는지를 검토하여야 한다.

7. 약관에 의한 계약 예시

백화점 임대차계약 표준약관

공정거래위원회 권장 표준약관 제10011호

주식회사 ○○백화점 대표이사 ○○○(이하 甲이라 칭함)와 ○○○ (이하 乙이라 칭함)간에 ○○백화점 ○○점의 매장사용에 관하여 다음과 같이 임대차 계약을 체결한다.

□ 임대차 목적물의 표시

시 구 동 번지 층 코너(별첨 도면표시 부분)

□ 임대차 매장

점유면적 ㎡ (평)

공유면적 ㎡ (평)

계 ㎡ (평)

□ 임대차 기간

19 년 월 일부터 19 년 월 일까지

□ 임대 보증금

일금 원정 (₩)

□ 월 임대료

일금 원정 (₩)

□ 업 종 :

(취급상품 및 용역의 명세는 별도 작성)

제1장 임대차 계약

제1조(임대차 계약) 갑은 전기 표시 임대차 목적물을 을에게 임대하고 을은 별첨의 ○○백화점 사(점)규와 본 계약 조항에 의하여 임차한다.

제2조(임대차 목적물 사용권)

① 을은 제1조의 임대차목적물을 임차함에 있어서 임대보증금 전액을 갑에게 지급한 때로부터 임대차목적물을 사용·수익할 수 있다.

② 을은 본 임대차 목적물에 관하여 임차인으로써 점유·사용하는 권리이외에는 다른 일체의 권리를 보유하지 못한다.

제3조(업종 및 취급상품)

① 을은 갑으로부터 임차한 매장에서 약정한 업종과 별지에 작성된 취급상품에 한하여 상행위를 할 수 있다.

② 을은 제1항의 업종 및 취급상품을 변경하고자 할 경우에는 이 를 서면으로 신청하여 갑의 사전승인을 얻어야 한다.

③ 을은 항시 상품구색을 완비하고 우량품만을 취급하여야 하며 위생상관리를 철저히 이행하고 고객에 대한 상품교환, 반품, 수리 등 판매관리 일체를 일반 상관례에 따라야 한다.

제2장 임대보증금 및 월 임대료

제4조(임대보증금)

① 을은 약정한 납부일 이내에 임대보증금 전액을 갑에게 납부하여야 한다.

② 임대보증금을 납부일 이내에 납부치 못할 경우에는 납부일 익일로부터 기산되는 연체기간에 대해 제32조에 규정된 연체료를 함께 납부하여야 한다. 다만, 임차인의 책임없는 사유로 임대목적물을 인도받지 못하는 경우에는 그러하지 아니하다.

③ 을은 임대보증금으로서 월임대료 기타 각종비용의 지급에 대체할 수 없다.

④ 임대보증금에 대한 이자는 인정하지 아니한다.

제5조(임대보증금의 반환)

① 임대차 계약의 종료 또는 해지시 을이 갑에게 납부한 임대보증금은 임대료, 관리비 등의 각종 비용과 기타 갑에게 지급해야 할 비용일체를 상계하고 임대차 목적물의 명도와 동시에 반환한다.

② 을에게 손해배상, 기타 본 계약상의 채무가 있을 경우에는 갑은 그 내용을 을에게 통지하고 임대보증금중 일부 또는 전부로써 변제에 충당할 수 있다.

③ 제1항의 경우 관리비 등 통상적으로 명도일까지 계산이 불가능한 비용은 전월을 기준하여 2개월분의 관리비 등을 상계한 후 추후 정산한다.

제6조(월 임대료 계산)

① 월 임대료는 앞에서 표시한 금액으로 한다.

② 본 계약에 의한 월 임대료는 갑과 을이 합의한 영업 개시일로부터 기산한다. 다만, 을의 귀책사유없이 합의한 영업개시일로부터 영업하지 못하게

된 경우에는 그러하지 아니하다.

③ 월 도중에 임대차 계약이 시작되거나 종료되는 경우에는 당해 월의 임대료는 일수에 따라 계산한다.

제7조(월 임대료 납부)

① 을은 매월 ( )일까지 당월 임대료를 납부하여야 한다.

② 납부기한을 경과하여 임대료를 연체할 경우에는 제32조에 규정된 연체료를 함께 납부하여야 한다.

③ 을은 임대차계약 유효기간 동안 임대차 목적물을 사용하지 않았을 경우에도 소정의 월 임대료를 납부하여야 한다. 다만, 갑의 귀책사유로 임대차 목적물을 사용할 수 없게 된 경우에는 그러하지 아니하다.

④ 본 계약에 의한 계약기간이 만료되거나 계약기간중 계약조건의 변경으로 재계약하여야 할 경우 쌍방의 합의가 되지 않은 상태에서 영업이 계속되다 철수하는 경우 상당 배상금은 다음 각호와 같이 계산 납부하여야 한다.

1. 영업일수는 본 계약만료 익일부터 갑의 매장에서 철수하는 당일을 포함하는 기간으로 한다.
2. 징수임대료는 갑이 제시한 본 계약 평당 단가를 기준하여 영업일수로 계산한다.

제8조(임대보증금 및 임대료의 변경) 갑과 을은 본 계약 유효기간 중이라도 임대차 목적물에 주변 환경의 현격한 변화, 물가, 기타 경제여건의 변동 등 부득이한 사유가 발생할 경우, 사정 변경의 원칙을 적용 그 사유를 상대방에게 통지하고 쌍방 합의하여 임대보증금 또는 월 임대료를 변경할 수 있다.

제9조(관리비 및 시설 사용료)

① 을은 다음 각호의 각종 비용을 실비를 기준으로 하여 갑이 산정한 방법에 의거 매월 ( )일까지 납부하여야 한다.

1. 직접비(전기, 가스, 상하수도, 냉난방, 공조, 전화료, 교환대사용료, 제반 공과금 등의 각종 비용)

2. 공익비(통로, 계단 등 공용부분의 전기, 수도, 냉난방, 공조, 주차장 사용료, 소모품비, 보안, 경비, 청소, 위생, 점포안내, 공용잡비, 기타 공익을 위한 제반시설에 소요되는 각종 경비 및 복리후생에 소요되는 각종 비용)

② 을은 갑이 설치한 점포의 고정성 장치·장식 및 매장의 유지 관리상 필요한 비품을 차용함에 있어 갑의 산정기준에 따라 일정금액의 시설 사용료를 지정 기일내에 매월 납부하여야 한다.

③ 제2항의 차용품의 자연마멸 및 정기보수 비용은 갑이 부담하며 을의 부주의에 의해 발생한 각종 보수비용은 을이 부담한다.

④ 을은 본 계약 유효기간중 임대차 목적물을 사용하지 아니하였을 경우에도 전항의 관리비 및 시설사용료를 부담하여야 한다.

⑤ 을은 갑으로부터 부과내역서를 첨부한 납부통지서를 받아 매월 (　)일까지 제1항 및 제2항의 관리비 및 시설 사용료를 납부하여야 한다.

제10조(경비 지급 기준일)

① 모든 경비의 지급은 매월 (　)일을 기준으로 하며 (　)일이 갑의 휴무일일 경우에는 그 익일까지 납부하여야 한다.

② 을이 본 계약상 지급하여야 할 금액중 미납금이 있을 경우에는 갑이 을에게 지급하여야 할 일체의 대금중에서 을의 미납금을 상계할 수 있다.

제3장 관리 및 준수의무 사항

제11조(시설의 설치 및 변경) 을은 다음 각호에 해당하는 경우에는 일주일 전까지 도면을 첨부한 승인신청서를 제출하여 갑의 사전승인을 받아야 하며 그 비용은 을의 부담으로 한다. 이 경우 건물의 통일성을 기하기 위하여 갑이 지정한 책임자가 시공에 관한 관리감독을 할 수 있다.

1. 임대차 목적물 내의 칸막이, 창호, 내장 등의 신설 또는 모양변경
2. 전등·전원의 신설 및 이전, 전압의 변경, 전화가설 기타 설비의 시설, 증설, 이전, 변경
3. 금고 기타 중량물의 고착
4. 갑이 설치한 시설이외의 비품 등의 설치
5. 임대차 물건의 외곽(출입문, 외벽, 유리 등)에 간판 및 광고물의 시설, 기타 표시 부착

제12조(선량한 관리자로서의 주의의무) 을은 임대차목적물 및 갑으로부터 대여받은 시설물 일체를 사용·수익 및 유지·관리함에 있어 선량한 관리자로서의 주의의무를 다하여야 한다.

제13조(피용인의 채용 및 교육 등)

① 본 임대차 계약에서 을의 피용인이라 함은 임대차 목적물내에서 을의 업무에 종사하는 점원, 고용원 및 기타 을의 영업에 관련된 일체의 종사원을 칭한다.

② 을이 그 피용인을 채용할 시에는 임대차 목적물 내에서의 근무에 적합한 자를 채용하여야 한다.

③ 을과 그 피용인은 갑이 별도로 정하는 교육훈련에 갑과 을이 협의하여 참석하도록 하며 그 비용은 을의 부담으로 한다.

④ 을과 그 피용인은 본 계약 및 별첨한 갑의 제반규정을 준수하여야 한다.

⑤ 을은 그 피용인에 대하여 노동법규 및 민·형사상 일체의 책임을 진다.

제14조(상품관리)

① 을은 을의 취급상품을 자기 책임하에 보관하고 폐점후에는 각 진열장에 시건장치를 하여야 한다.

② 을은 불의의 사고에 대비하여 반드시 을의 소유상품 및 비품가격 전액을 손해보험에 가입하여야 한다.

③ 천재지변 등의 불가항력으로 인한 사고 또는 을의 귀책사유로 인한 사고 등으로 발생한 손해에 대하여 갑은 그 일체의 책임을 지지 아니한다.

④ 갑의 고의 또는 중대한 과실로 인한 화재 또는 도난 등의 경우 그 책임은 갑에게 있다.

제15조(임대차 목적물 내의 출입권한)

① 갑은 건물의 보존, 각종 시설의 조작, 점검, 방화, 위생, 구호등을 위하여 필요한 경우 임대차 목적물내를 출입할 수 있으며 특별한 사유가 없는 한 을은 이를 거부할 수 없다.

② 갑 또는 갑의 피용인이 사전에 을의 양해를 구할 시간적 여유가 없는 비상사태 또는 건물 관리상 급박한 경우에는 을이 부재시라도 을의 임대차 목적물내에서 상기 사항에 대처할 수 있다.

제16조(금지 행위) 을은 다음 각호에 해당하는 행위를 하여서는 아니된다.

1. 공중에 대하여 불쾌감을 주거나 공용시설물에 방해가 되는 간판·광고물 등을 설치하거나 상품 등을 방치하는 행위
2. 폭발물 등 위험성이 있는 물질 또는 인체에 위해하거나 불쾌감을 주거나 재산을 파손할 우려가 있는 물품 등 갑이 그 사용을 금지한 물품을 반입 또는 보관하는 행위
3. 냉난방용 기재 및 채열을 위한 연료를 반입 또는 사용하는 행위
4. 소란스러운 행위, 악기사용, 애완동물 사육행위
5. 매장내 주거시설의 설치행위 또는 기거·숙박 행위를 하거나 임대차

목적물을 본계약상의 사용 목적이외로 사용하는 행위

6. 당국이 정한 부정외래품을 취급하거나 판매하는 행위
7. 매장운영상의 이해관계를 위하여 갑의 피용인에게 금품을 제공하는 행위
8. 갑의 명예와 신용을 훼손하는 행위
9. 기타 본 계약사항에 위반하는 행위

제17조(통지의무) 을은 다음 각호에 해당하는 사실이 발생한 경우에는 지체없이 필요서류를 첨부하여 갑에게 서면으로 통지하여야 한다.

1. 주소, 상호, 대표자 및 정관이 변경된 경우
2. 자본구성에 중대한 변경이 있는 경우
3. 사업자등록증에 관한 사항 중 어느 것이라도 변경이 있는 경우
4. 개인 사업자가 법인으로 변경되거나 법인이 개인사업자로 변경된 경우
5. 기타 을에 중대한 변경이 있는 경우

제18조(조사권) 을이 법령 또는 계약조건을 위반하여 갑의 명예와 신용에 중대한 손상을 초래할 우려가 있다고 인정되는 경우 갑은 필요한 조사를 실시할 수 있으며 특별한 사유가 없는 한 을은 이에 응하여야 한다.

제19조(지시, 통지의 전달) 본 계약에 관하여 갑이 을에게 통지하는 제반 사항은 구두 또는 서면으로 을의 피용인에게 전달함으로써 을에게 전달한 것으로 본다. 다만, 본 계약과 관련하여 을에게 재산상 이해관계가 있는 중요한 사항은 서면으로 통보하여야 한다.

제4장 각종 영업행위

제20조(영업시간, 휴무일)

① 을의 영업시간 및 휴무일은 갑이 별도로 정하는 영업 규칙에 따른다.

② 을은 갑이 지정한 영업시간내에 한하여 상행위를 하여야 하며 갑이 지정한 시간외에는 특별한 사유가 없는 한 출입을 금한다.

제21조(금전등록기 설치) 을은 주무 관청의 방침에 따라 갑이 지정한 금전등록기를 설치, 운용하여야 하며 이에 의한 영수증을 발급하여야 한다.

제22조(인·허가)

① 을이 주무관청의 허가 또는 등록을 요하는 업종을 영위하거나 상품을 판매할 경우에는 영업허가 또는 등록은 을의 명의로 제출하고 영업상 일체의 대외적 책임은 을에게 있다.

② 을은 갑의 명의로 된 허가, 면허 등에 의해 영업행위를 할 때에는 이에 대한 면허세, 영업세, 조합비 등을 부담하여야 한다.

③ 을의 부주의 또는 허가, 면허 조건상의 의무 불이행 등으로 갑 소유의 허가, 면허 등이 취소되는 경우에는 을의 책임으로 이를 복구하여야 하며, 위 허가 또는 면허 복구가 불가능할 경우 갑은 본 임대차 계약해지 및 손해배상을 청구할 수 있다.

④ 을이 전항의 의무를 소홀히하여 갑의 운영상 차질을 초래할 우려가 있을 경우에는 갑이 이를 처리할 수 있으며 그 소요경비는 을이 부담한다.

제23조(판촉활동)

① 을은 을의 영업활동상의 선전을 위하여 행하는 광고, 선전 등 각종 광고(PR)행위에 대해 갑의 사전승인을 얻어야 한다.

② 광고전단(POP)제작, 장치·장식 및 유니폼, 쇼핑백, 포장박스, 안내문의 제작·작성 등은 갑의 사전 승인을 얻어야 한다.

③ 제2항에 의거 제작·작성된 광고물 및 포장물은 갑의 점내에서만 사용

하여야 한다.

④ 단체광고, 판촉활동 등에 소요되는 비용 중 을이 관계되는 부문에 대한 비용은 수익자 부담원칙에 의거 을이 부담하여야 한다.

제24조(신용카드)

① 을은 갑이 발행 또는 관리하고 있는 신용카드를 가급적 취급하여야 하고 제반신용판매 수칙을 준수하여야 하며, 카드취급에 필요한 기자재는 갑이 영업에 지장이 없는 기종을 을의 비용으로 구입한다.

② 을은 신용카드 매출액의 ( )%를 카드취급 수수료로 갑에게 납부하여야 한다.

③ 제2항의 카드취급수수료는 신용카드대금 지급시 공제한다.

제25조(유사상품권의 발행금지) 을은 갑 또는 을의 명의로 물품교환증, 상환권 및 이와 유사한 일체의 유사상품권을 발행할 수 없다.

제5장 계약변경, 해지 및 명도

제26조(임대차 목적물의 변경) 갑은 건물의 관리·운영상 또는 매장 운영상 부득이한 경우에는 을과 협의하여 임대장소를 이전하거나 위치 및 면적을 변경할 수 있다. 다만, 이로 인한 임차인의 손실에 대하여는 보상하여야 한다.

제27조(계약 위반시 해지)

① 다음 각호에 해당하는 사유가 발생하였을 경우 갑은 을에게 상당한 기간(14일 이상)을 정하여 그 이행을 최고하고 그 기간내에 이행하지 아니한 때에는 본 계약을 해지할 수 있다.

1. 계약자인 을과 실운영자가 상이하거나 동업할 경우
2. 을의 영업준비가 미비하여 지정된 영업개시일에 개점이 지연되거나 개점이 불가능하다고 인정되는 경우
3. 갑의 사전 승인없이 무단으로 영업을 중지하거나 폐점하는 경우
4. 을이 갑에게 발행, 배서, 인수, 보증, 교부한 어음 또는 수표가 부도된 경우
5. 을이 공정거래관련법규 또는 식품위생법 등 제반 법규를 위반하여 갑의 매장운영을 현저히 저해하는 경우
6. 을이 갑의 사전승인 없는 선동행위나 가격·품질표시 의무를 불이행하여 갑의 매장운영에 있어 공익성을 현저히 저해하는 경우

② 다음 각호에 해당하는 사유가 발생하였을 경우 갑은 본 계약을 해지할 수 있다.

1. 갑의 사전 승인없이 명의변경 또는 제3자에게 매장 사용권을 양도, 전매, 전대하는 경우
2. 을이 파산 또는 지급 불능상태에 빠지거나 을에 대한 회사정리 절차의 신청이 있거나 채무로 인하여 당해 점포내의 상품, 비품 및 갑과 을 사이에 발생된 일반매출채권에 대하여 강제집행 (가압류, 가처분

포함)을 받거나 경매신청을 받았을 경우

3. 보증금 또는 임대료 등을 2개월 이상 연체할 경우

제28조(중도 해지 및 위약금 부과)

① 본 계약을 중도해지코자 할 경우에는 갑은 6개월전에, 을은 1개월전에 상대방에게 서면 통지하여야 한다. 단, 제27조의 경우에는 그러하지 아니하다.

② 제1항 또는 제27조에 해당하는 사유로 계약이 해지될 때의 위약금은 총 사용료(계약기간동안의 임대보증금에 대한 정기예금 이자분과 월 임대료를 합산한 총액)의 10%에 상당하는 금액으로 약정하고, 그 귀책사유있는 자가 상대방에게 지급하기로 한다.

제29조(명도 및 원상회복)

① 을은 본 계약 유효기간 만료로 명도하는 경우에는 유효기간 종료일까지, 중도해지 하는 경우에는 서면 통지된 중도해지일까지 자기의 소유물, 시설물 등의 재산을 임대차 목적물로부터 반출하여야 하며, 갑의 재산을 을의 비용으로 원상복구하여 명도하여야 한다.

② 을의 사정으로 인하여 제1항의 규정을 위반한 경우, 을은 본 계약 종료일 익일로부터 기산하여 명도 또는 복구된 날까지에 대한 통상 임대료 및 기타 각종 비용을 갑에게 지급하여야 한다.

제30조(명도대행)

① 을이 본 계약 종료후에도 자기 소유물을 반출하지 아니할 경우 갑은 을의 책임과 비용부담아래 본 임대차 계약서에 기재된 을의 주소 또는 거소로 이를 반출 할 수 있다. 단, 특별한 사정으로 인하여 을의 주소 또는 거소로 반출할 수 없는 경우에는 갑은 을의 책임과 비용부담 아래 제3자에게 보관케 할 수 있다.

② 제1항의 경우로 인하여 발생한 각종 손실에 대하여 갑은 그 책임을 지지 아니한다.

③ 제1항의 경우 을은 본 계약 종료일 익일로부터 기산하여 반출일 또는

제3자에게 보관하게 한 날까지의 기간에 대한 통상임대료 및 기타 각종 비용을 갑에게 지급하여야 한다.

제31조(계약의 갱신) 갑과 을은 임대차 유효기간 만료 1개월전까지 당사자 어느 일방으로 부터든지 서면으로 별도의 의사표시가 없는 경우에는 본 임대차 계약과 동일조건으로 임대차 계약을 1년간 연장하는 것으로 한다.

제6장 보 칙

제32조(연체료) 을은 본 임대차 계약에 의거 갑에게 지급해야 할 금전채무를 연체한 경우에는 연체 일수에 대하여 연체금액의 연 24%에 상당하는 연체료를 가산 납부하여야 한다.

제33조(연체금의 상계 등) 을이 임대료 등을 1개월 이상 연체할 경우 갑은 을의 매상액중에서 연체료를 포함한 연체에 상당하는 금액을 우선적으로 입금토록 조치하거나 신용카드 대금 지급시 상계할 수 있다.

제34조(손해배상)

① 을 또는 을의 피용인의 고의, 과실로 인하여 갑 또는 제3자에게 손해를 입힌 경우 을은 그 손해를 즉시 배상하거나 원상복구 하여야 한다.

② 을의 고객 또는 방문자가 갑 또는 제3자에게 손해를 입힌 경우 을은 지체없이 갑에게 통지하여야 한다.

③ 손해액의 산정은 손해발생 당시의 시가에 따라 결정한다.

제35조(연대보증인) 을의 연대보증인은 본 임대차 계약조항에 의거 임대차 계약기간중 갑에 대해 을이 부담하여야 하는 임대차와 관련한 채무에 대하여 을과 연대하여 책임을 진다

제36조(일반법령의 적용 등)

① 본 계약에 정하지 아니한 사항은 일반법령의 규정과 임대차계약 관습을 따르기로 한다.

② 본 계약 각 조항의 해석상 갑, 을간에 의견이 서로 다를 경우에는 신의성실의 원칙에 의하여 쌍방협의하여 결정하며, 상호 일치하지 아니하는 부분에 대하여는 일반 상관례에 따른다.

제37조(분 쟁) 본 계약으로 발생하는 갑, 을간 소송의 관할법원은 임대차 목적물의 소재지 관할 법원으로 한다.

본 임대차 계약을 증명키 위하여 갑, 을 쌍방은 상기 계약조항을 확인하고 서명 날인하여 각각 1통씩 보관한다.

19 년 월 일

갑 : (인)

을 : (인)

8. 여행계약

공정거래위원회 권장 표준약관 제10021호

국외여행표준약관

제1조(목적) 이 약관은 ○○여행사(갑)와 여행자(을)가 체결한 국외여행계약의 세부 이행 및 준수사항을 정함을 목적으로 합니다.

제2조(여행업자와 여행자 의무)

① 여행업자는 여행자에게 안전하고 만족스러운 여행서비스를 제공하기 위하여 여행알선 및 안내·운송·숙박 등 여행계획의 수립 및 실행과정에서 맡은 바 임무를 충실히 수행하여야 합니다.

② 여행자는 안전하고 즐거운 여행을 위하여 여행자간 화합도모 및 여행업자의 여행질서 유지에 적극 협조하여야 합니다.

제3조(용어의 정의) 여행의 종류 및 정의, 해외여행수속대행업의 정의는 다음과 같습니다.

1. 기획여행 여행업자가 미리 여행목적지 및 관광일정, 여행자에게 제공될 운송 및 숙식서비스 내용(이하 '여행서비스'라 함), 여행요금을 정하여 광고 또는 기타 방법으로 여행자를 모집하여 실시하는 여행.
2. 희망여행 여행자(개인 또는 단체)가 희망하는 여행조건에 따라 여행업자가 운송·숙식·관광 등 여행에 관한 전반적인 계획을 수립하여 실시 하는 여행.
3. 해외여행 수속대행(이하 수속대형계약이라 함) 여행업자가 여행자로부터 소정의 수속대행요금을 받기로 약정하고, 여행자의 위탁에 따라 다음에 열거하는 업무(이하 수속 대행업무라함)를 대행하는 것.

1) 여권, 사증, 재입국 허가 및 각종 증명서 취득에 관한 수속
2) 출입국 수속서류 작성 및 기타 관련업무

제4조(계약의 구성)

① 여행계약은 여행계약서(붙임)와 여행약관·여행일정표(또는 여행 설명서)를 계약내용으로 합니다.

② 여행일정표(또는 여행설명서)에는 여행일자별 여행지와 관광내용·교통수단·쇼핑횟수·숙박장소·식사 등 여행실시일정 및 여행사 제공 서비스 내용과 여행자 유의사항이 포함되어야 합니다.

제5조(특약) 여행업자와 여행자는 관계법규에 위반되지 않는 범위내에서 서면으로 특약을 맺을 수 있습니다. 이 경우 표준약관과 다름을 여행업자는 여행자에게 설명해야 합니다.

제6조(계약서 및 약관 등 교부) 여행업자는 여행자와 여행계약을 체결한 경우 계약서와 여행약관, 여행일정표(또는 여행설명서)를 각 1부씩 여행자에게 교부하여야 합니다.

제7조(계약서 및 약관 등 교부 간주) 여행업자와 여행자는 다음 각 호의 경우 여행계약서와 여행약관 및 여행일정표(또는 여행설명서)가 교부된 것으로 간주합니다.

1. 여행자가 인터넷 등 전자정보망으로 제공된 여행계약서, 약관 및 여행일정표(또는 여행설명서)의 내용에 동의하고 여행계약의 체결을 신청한데 대해 여행업자가 전자정보망 내지 기계적 장치 등을 이용하여 여행자에게 승낙의 의사를 통지한 경우
2. 여행업자가 팩시밀리 등 기계적 장치를 이용하여 제공한 여행계약서, 약관 및 여행일정표(또는 여행설명서)의 내용에 대하여 여행자가 동의하고 여행계약의 체결을 신청하는 서면을 송부한데 대해 여행업자가 전자정보망 내지 기계적 장치 등을 이용하여 여행자에게 승낙의 의사를 통지한 경우

제8조(여행업자의 책임) 여행업자는 여행 출발시부터 도착시까지 여행업자 본인 또는 그 고용인, 현지여행업자 또는 그 고용인 등(이하 '사용인'이라

함)이 제2조제1항에서 규정한 여행업자 임무와 관련하여 여행자에게 고의 또는 과실로 손해를 가한 경우 책임을 집니다.

제9조(최저행사인원 미 충족시 계약해제)

① 여행업자는 최저행사인원이 충족되지 아니하여 여행계약을 해제하는 경우 여행출발 7일전까지 여행자에게 통지하여야 합니다.

② 여행업자가 여행참가자 수 미달로 전항의 기일내 통지를 하지 아니하고 계약을 해제하는 경우 이미 지급받은 계약금 환급 외에 다음 각 목의 1의 금액을 여행자에게 배상하여야 합니다.

가. 여행출발 1일전까지 통지시 여행요금의 20%

나. 여행출발 당일 통지시 여행요금의 50%

제10조(계약체결 거절) 여행업자는 여행자에게 다음 각 호의 1에 해당하는 사유가 있을 경우에는 여행자와의 계약체결을 거절할 수 있습니다.

1. 다른 여행자에게 폐를 끼치거나 여행의 원활한 실시에 지장이 있다고 인정될 때
2. 질병 기타 사유로 여행이 어렵다고 인정될 때
3. 계약서에 명시한 최대행사인원이 초과되었을 때

제11조(여행요금)

① 여행계약서의 여행요금에는 다음 각 호가 포함됩니다. 단, 희망여행은 당사자간 합의에 따릅니다.

1. 항공기, 선박, 철도 등 이용운송기관의 운임(보통운임기준)
2. 공항, 역, 부두와 호텔사이 등 송영버스요금
3. 숙박요금 및 식사요금
4. 안내자경비
5. 여행 중 필요한 각종세금
6. 국내외 공항·항만세

7. 관광진흥개발기금
8. 일정표내 관광지 입장료
9. 기타 개별계약에 따른 비용

② 여행자는 계약체결시 계약금(여행요금 중 10%이하 금액)을 여행업자에게 지급하여야 하며, 계약금은 여행요금 또는 손해배상액의 전부 또는 일부로 취급합니다.

③ 여행자는 제1항의 여행요금 중 계약금을 제외한 잔금을 여행출발 7일전까지 여행업자에게 지급하여야 합니다.

④ 여행자는 제1항의 여행요금을 여행업자가 지정한 방법(지로구좌, 무통장입금 등)으로 지급하여야 합니다.

⑤ 희망여행요금에 여행자 보험료가 포함되는 경우 여행업자는 보험회사명, 보상내용 등을 여행자에게 설명하여야 합니다.

제12조(여행요금의 변경)

① 국외여행을 실시함에 있어서 이용운송·숙박기관에 지급하여야 할 요금이 계약체결시보다 5%이상 증감하거나 여행요금에 적용된 외화환율이 계약체결시보다 2% 이상 증감한 경우 여행업자 또는 여행자는 그 증감된 금액 범위 내에서 여행요금의 증감을 상대방에게 청구할 수 있습니다.

② 여행업자는 제1항의 규정에 따라 여행요금을 증액하였을 때에는 여행출발일 15일전에 여행자에게 통지하여야 합니다.

제13조(여행조건의 변경요건 및 요금 등의 정산)

① 위 제1조 내지 제12조의 여행조건은 다음 각 호의 1의 경우에 한하여 변경될 수 있습니다.

1. 여행자의 안전과 보호를 위하여 여행자의 요청 또는 현지사정에 의하여 부득이하다고 쌍방이 합의한 경우
2. 천재지변, 전란, 정부의 명령, 운송·숙박기관 등의 파업·휴업 등으로

여행의 목적을 달성할 수 없는 경우

② 제1항의 여행조건 변경 및 제12조의 여행요금 변경으로 인하여 제11조 제1항의 여행요금에 증감이 생기는 경우에는 여행출발 전 변경 분은 여행출발 이전에, 여행 중 변경 분은 여행종료 후 10일 이내에 각각 정산(환급)하여야 합니다.

③ 제1항의 규정에 의하지 아니하고 여행조건이 변경되거나 제14조 또는 제15조의 규정에 의한 계약의 해제·해지로 인하여 손해배상액이 발생한 경우에는 여행출발 전 발생 분은 여행출발이전에, 여행 중 발생 분은 여행종료 후 10일 이내에 각각 정산(환급)하여야 합니다.

④ 여행자는 여행출발 후 자기의 사정으로 숙박, 식사, 관광 등 여행요금에 포함된 서비스를 제공받지 못한 경우 여행업자에게 그에 상응하는 요금의 환급을 청구할 수 없습니다. 단, 여행이 중도에 종료된 경우에는 제16조에 준하여 처리합니다.

제14조(손해배상)

① 여행업자는 현지여행업자 등의 고의 또는 과실로 여행자에게 손해를 가한 경우 여행업자는 여행자에게 손해를 배상하여야 합니다.

② 여행업자의 귀책사유로 여행자의 국외여행에 필요한 여권, 사증, 재입국 허가 또는 각종 증명서 등을 취득하지 못하여 여행자의 여행일정에 차질이 생긴 경우 여행업자는 여행자로부터 절차대행을 위하여 받은 금액 전부 및 그 금액의 100%상당액을 여행자에게 배상하여야 합니다.

③ 여행업자는 항공기, 기차, 선박 등 교통기관의 연발착 또는 교통체증 등으로 인하여 여행자가 입은 손해를 배상하여야 합니다. 단, 여행업자가 고의 또는 과실이 없음을 입증한 때에는 그러하지 아니합니다.

④ 여행업자는 자기나 그 사용인이 여행자의 수하물 수령, 인도, 보관 등에 관하여 주의를 해태(懈怠)하지 아니하였음을 증명하지 아니하면 여행자의 수하물 멸실, 훼손 또는 연착으로 인한 손해를 배상할 책임을 면하지 못합니다.

제15조(여행출발 전 계약해제)

① 여행업자 또는 여행자는 여행출발전 이 여행계약을 해제할 수 있습니다. 이 경우 발생하는 손해액은 '소비자피해보상규정'(재정경제부고시)에 따라 배상합니다.

② 여행업자 또는 여행자는 여행출발 전에 다음 각 호의 1에 해당하는 사유가 있는 경우 상대방에게 제1항의 손해배상액을 지급하지 아니하고 이 여행계약을 해제할 수 있습니다.

1. 여행업자가 해제할 수 있는 경우
   가. 제13조제1항제1호 및 제2호사유의 경우
   나. 다른 여행자에게 폐를 끼치거나 여행의 원활한 실시에 현저한 지장이 있다고 인정될 때
   다. 질병 등 여행자의 신체에 이상이 발생하여 여행에의 참가가 불가능한 경우
   라. 여행자가 계약서에 기재된 기일까지 여행요금을 납입하지 아니한 경우
2. 여행자가 해제할 수 있는 경우
   가. 제13조제1항제1호 및 제2호의 사유가 있는 경우
   나. 여행자의 3촌 이내 친족이 사망한 경우
   다. 질병 등 여행자의 신체에 이상이 발생하여 여행에의 참가가 불가능한 경우
   라. 배우자 또는 직계존비속이 신체이상으로 3일 이상 병원(의원)에 입원하여 여행 출발 전까지 퇴원이 곤란한 경우 그 배우자 또는 보호자 1인
   마. 여행업자의 귀책사유로 계약서 또는 여행일정표(여행설명서)에 기재된 여행일정대로의 여행실시가 불가능해진 경우
   바. 제12조제1항의 규정에 의한 여행요금의 증액으로 인하여 여행 계속이 어렵다고 인정될 경우

제16조(여행출발 후 계약해지)

① 여행업자 또는 여행자는 여행출발 후 부득이한 사유가 있는 경우 이 여행계약을 해지할 수 있습니다. 단, 이로 인하여 상대방이 입은 손해를 배상하여야 합니다.

② 제1항의 규정에 의하여 계약이 해지된 경우 여행업자는 여행자가 귀국하는데 필요한 사항을 협조하여야 하며, 이에 필요한 비용으로서 여행업자의 귀책사유에 의하지 아니한 것은 여행자가 부담합니다.

제17조(여행의 시작과 종료) 여행의 시작은 탑승수속(선박인 경우 승선수속)을 마친 시점으로 하며, 여행의 종료는 여행자가 입국장 보세구역을 벗어나는 시점으로 합니다. 단, 계약내용상 국내이동이 있을 경우에는 최초 출발지에서 이용하는 운송수단의 출발시각과 도착시각으로 합니다.

제18조(설명의무) 여행업자는 계약서에 정하여져 있는 중요한 내용 및 그 변경사항을 여행자가 이해할 수 있도록 설명하여야 합니다.

제19조(보험가입 등) 여행업자는 이 여행과 관련하여 여행자에게 손해가 발생한 경우 여행자에게 보험금을 지급하기 위한 보험 또는 공제에 가입하거나 영업보증금을 예치하여야 합니다.

제20조(기타사항)

① 이 계약에 명시되지 아니한 사항 또는 이 계약의 해석에 관하여 다툼이 있는 경우에는 여행업자 또는 여행자가 합의하여 결정하되, 합의가 이루어지지 아니한 경우에는 관계법령 및 일반관례에 따릅니다.

② 특수지역에의 여행으로서 정당한 사유가 있는 경우에는 이 표준약관의 내용과 달리 정할 수 있습니다.

년 월 일

갑 상 호 :
대표자 :

전화번호 :
주소 :
여행업등록번호 :

을 이름 :
전화번호 :
주소 :

9. 위 임 장

위 임 장

O O O (123456-123567)
**시 **구 **동 ***번지

상기 O O O에게 다음사항을 위임합니다.

다 음

위임 하는 사항
경기도 포천시 00동 00번지 산 00번지의 1 임야 000m3의 매매에 관한 권한

년 월 일

위임인 OO시 OO구 OO동 OO번지

권 0 0 (인)

10. 내용증명

(1) 내용증명의 의의

내용증명이란 등기취급을 전제로 우체국창구 또는 정보통신망을 통하여 발송인이 수취인에게 어떤 내용의 문서를 언제 발송하였다는 사실을 우체국이 증명하는 특수취급제도로서 우편법 제15조에서는 우체국이 부가우편역무를 제공할 수 있도록 하고 있다. 내용증명은 단지 우편물의 발송사실만을 우편관서에서 증명해줄 뿐이고 법적효력은 인정되는 것은 아니며, 법적 효력은 없으며, 내용증명은 본안소송 제기에 앞서 의무의 이행을 촉구하거나 증거력을 확보하기 위한 수단으로 개인상호간에 주로 이용되고 있다.

(2) 내용증명의 취급

우편법 시행규칙 제216호(2007.4.20)의 제46조에 따르면 내용증명우편물은 한글 또는 한자로 자획을 명료하게 기재한 문서(첨부물을 포함한다. 이하 같다)인 경우에 한하여 취급하며, 공공의 질서 또는 선량한 풍속에 반하는 내용의 문서 또는 문서의 원본(사본을 포함한다. 이하 같다)과 등본이 같은 내용임을 일반인이 쉽게 식별할 수 없는 문서는 이를 취급하지 아니한다(시행규칙 제46조 1항). 이 문서(이하 "내용문서"라 한다)에는 영자(고유명사와 첨부물에 한한다)·숫자·괄호·구두점 기타 일반적으로 사용하는 단위등의 기호를 함께 기재할 수 있다(시행규칙 제46조 2항).

(3) 내용증명의 원본 및 등본

내용증명을 발송하고자 하는 자는 내용증명의 원본 및 등본 2통을 제출하여야 한다(우편법 시행규칙 제48조 1항). 우체국은 제출받은 등본중 한통을 우체국에서 발송한 다음날부터 3년간 보관하고 나머지 한통은 발송인에게 이를 돌려준다. 다만, 발송인이 등본을 필요로 하지 아니하는 때에는 제1항 및 제2항의 등본은 한통을 제출할 수 있다.(제48조 3항). 동문내용증명 우편물인 경우에는 각 수취인별·내용문서 원본과 수취인 전부의 성명 및 주소를 기재한 등본 2통을 제출하여야 한다(우편법 시행규칙 제48조 2항). 2인 이상의 수취인에게 동일한 내용의 우편물을 내용증명으로 보낼 수 있다. 이를 동문내용증명이라 한다(우편법 시행규칙 제46조). 동일한 내용의 내용증명을 보낼 경우에 유용하다.

(4) 내용증명문서의 정정

내용증명을 작성하여 우체국에서 발송하기 전에 내용문서의 원본 또는 등본의 문자나 기호를 정정·삽입 또는 삭제하고자 할 때에는 "정정"·"삽입" 또는 "삭제"의 문자 및 자수를 난외 또는 말미여백에 기재하고 그 곳에 발송인의 인장이나 지장을 찍는다(제50조 제1항). 이 때 정정 또는 삭제된 문자나 기호는 명료하게 판독할 수 있도록 남겨두어야 한다(제50조 제2항). 그러나 내용증명우편물을 접수한 후에는 발송인 및 수취인의 성명·주소의 변경, 내용문서원본 또는 등본의 문자나 기호의 정정등을 청구할 수 없다(법 제50조 제3항).

(5) 발송인 및 수취인등의 성명 · 주소

내용증명우편물의 내용문서 원본, 그 등본 및 우편물의 봉투에 기재하는 발송인 및 수취인의 성명·주소는 동일하여야 하고(법 제51조 1항), 다수인이 연명하여 동일인에게 내용증명우편물을 발송하는 때에는 연명자중 1인의 성명·주소만을 우편물의 봉투에 기재하여야 한다(법 제51조 2항).

(6) 내용문서의 증명

내용증명우편물을 접수할 때에는 접수우체국에서 내용문서 원본과 등본을 대조하여 서로 부합함을 확인한 후 내용문서 원본과 등본의 각통에 발송연월일 및 그 우편물을 내용증명우편물로 발송한다는 뜻과 우체국명을 기재하고 통신일부인을 찍는다(법 제51조 1항). 수취인에게 발송할 내용문서의 원본, 우체국에서 보관할 등본 및 발송인에게 교부할 등본 상호간에는 통신일부인으로 계인하여야 한다(법 제51조 2항) 증명한 내용문서의 원본은 우체국의 취급직원이 보는 곳에서 발송인이 수취인 및 발송인의 성명·주소를 기재한 봉투에 넣고 이를 봉함하여야 한다(법 제51조 4항).

(7) 등본의 열람청구

내용증명우편물의 발송인 또는 수취인은 우편물을 발송한 다음 날부터 3년까지는 발송우체국에 특수우편물수령증·주민등록증등의 관계자료를 내보여 동 우편물의 발송인 또는 수취인임을 입증하고 내용문서 등본의 열람을 청구할 수 있다(법 제55조).

(8) 내용증명 작성 예시

(가) 대여금반환촉구

내 용 증 명

수 신 ○ ○ ○ (주민등록번호:)

○○시 ○○구 ○○동 ○○번지

제 목 : 빌려준 돈 반환 청구에 관한 건 내용

1. 귀하의 가정에 평안하심을 기원합니다. 다름이 아니라 본인이 서울시 영등포구 영등포동 ○○번지 김 ○○에게(귀하에게) 2010. 0. 0 금 參佰萬원(3,000,000)원을 빌려주고 이자 월 2%, 갚는 날은 2010. 0. 0.로 정하였습니다만 이미 갚을 날짜가 지났는데도 불구하고 귀하께서는 원금은 물론 이자까지도 갚지 않고 있습니다.
2. 그 금전은 빌려드릴 당시 2010. 0. 0 본인의 건물중도금 용도가 예정되어 있다는 말씀을 드린바 있고, 차질이 있을 경우 막대한 손해를 입을 수 있다는 말씀도 드렸습니다.
3. 따라서 귀하께서 2010. 8. 30 까지 00은행 000-00-00-000으로 입금하시거나 직접 오셔서 위 원금을 지급하여 주시기 바랍니다. 만약 위 기간을 어길 경우에는 법적조치를 하겠으니 이점 양지하시기 바랍니다.

20 . . .

발신 ○○○ (인)

○○시 ○○구 ○○동 ○○번지

전화번호: (자택)

(핸드폰)

(나)부동산매매계약해약통보

내용증명서식(부동산 매매계약 해약통보)

수신 : 서울시 ○○구 ○○동 ○○○○○
○ ○ ○

제목 : 부동산 매매계약 해약통보(해제통보)

〈해약(해제) 부동산의 표시〉

서울시 ○○구 ○○동 ○○○○ 대지 (면적 ○○○평)
소유자 : ○○○

〈계약내용〉

매매금액 : 伍千萬원정(₩50,000,000)
계약금 : 伍百萬원정(₩5,000,000) 2020 . . 계약일에 지급
중도금 : 貳千伍百萬원정(₩25,000,000) 2010 . . 에 지불키로 한다.
잔 금 : 貳千萬원정(₩20,000,000) 2010 . . 에 지불키로 한다.

위와 같이 계약을 체결하고 중도금 및 잔금을 지불하기로 약속하였으나 지급하지 않아 계약 이행을 요구하면서 전화로 2 . . 과 . 에 회에 걸쳐 중도금 이행을 촉구하였으나 2010. . .까지 지급하겠다는 약속을 지키지 않아 잔금 지급일인 2010 . . 까지 3차에 걸쳐 전화로 중도금 및 잔금의 지불을 요청하였으나 약속을 지키지 않고 거짓말만 하고 있습니다. 그 후 20 . . 까지 중도금 및 잔금을 지불하여 주지 않으면 계약 해제하고 계약금은 본인의 소유로 된다는 것을 통보하였습니다. 통지에도 불구하고 금일 현재까지 귀하측에서 계약일체의 예약을 이행을 하지 않았으므로 더 이상 본 계약을 이행할 생각이 없어 20 . . 자로 계약을 해지합니다. 이 계약을 해약되면서 계약금도 해약과 동시에 본인(매도인)의 소유로 되었다는 것을 알려드립니다.

20 . . .

주소 : 서울시 000구 000동 000번지

통지인 000 (인)

○ ○ ○ 귀하

제 3 장 강제집행

제 1 절 초보자를 위한 개념정리(총론)

1. 서언

가. 기술범위와 목적

“법률서류작성 실무”라는 과목은 법률분야의 한 전문분야임에도 강의의 특성상 제한된 시간(따라서 그 내용과 분량에서 제한이 된다), 전공과목이 아닌 교양과목이라는 점 때문에 매우 제한된 내용과 분량으로 기술될 수밖에 없는 한계가 있다. 이하에서는 “법률서류작성실무”라는 점에 착안하여, 여러 양식의 법률서류 중에서 주로 “민사소송”의 소장에 한하고, 또 실무라는 점을 중시하여 다양한 소장을 학생들이 직접 작성하여 볼 수 있도록 기술하였다. 또 상당부분의 민사소송은 당사자의 경제활동의 결과물이며, 대부분의 경제활동이 “부동산”을 매개로 발생한다는 점에 착안하여 부동산을 대상으로 하였다.

일상 모든 일이 그러하듯 다양한 학생(독자)들이 생소한 분야를 처음 접한다는 것은 매우 어렵게 느껴질 것이므로, 본서의 내용 중 이해되지 아니한 부분은 생략하고, 여건이 된다면 반복적인 복습을 권한다. 타인의 경험 예를 참고하는 것도 본서 내용을 이해하는 좋은 방법이다.

나. 강제집행의 의의

①강제집행이란 국가권력에 의하여 사법상의 청구권의 강제적인 실행을 말하며, 그 실현을 목적으로 하는 법규를 강제집행법이라 한다.[57] 일반적으로 개인의 권리를 보호하는 방법은 재판을 통한 판결과 판결의 결과를 실행하는 집행절차가 있다. 채권은 특정인이 다른 특정인에 대하여 특정의 행위를 청구

57) 한종열, 민사소송법(하), 대학출판사, 1995, 27면.

할 수 있는 권리이다. 모든 채권은 청구적 효력 내지 청구력을 가지며, 이 청구력에 의하여 특정의 채무자의 의사에 어느 정도 압박을 가하여 채무를 이행하도록 강제적으로 요구하게 되어 채권의 목적을 실현하게 된다. 그러나 우리 민법의 체계하에서는 自力救濟가 허용되지 않으므로 이 청구력도 채무자의 자유의사에 달려있다. 따라서 채권이 청구력에 의하여 실현되지 못할 경우에는 다시 강제적 수단으로서 「訴權」을 인정하고 있다.[58] 소권이란 어떤 사람이 법원에 소를 제기하여 판결을 구하는 것을 그 자의 권리로 인정하는 것으로, 판결청구권이라고 한다. 이 판결청구권에 의하여 법원은 그 사람에게 급부를 이행하라는 판결을 얻어 채무자로 하여금 이행하도록 강제하고, 판결에 대하여 자발적으로 급부를 이행하지 않을 경우 국가권력이 채무자의 급부의무를 강제적으로 실현하게 된다.

② 특히 부동산은 고가의 재산으로 원매자의 사소한 부주의나 관련법률에 대한 무지가 재산상 큰 손실과 직결된다는 점을 유의하여야 하며, 또한 결코 국가의 제도나 법률은 자신이 그 내용을 모른다고 하여 적용에 예외를 두지 않는다(예컨대 헌법에 규정된 국민의 납세의무나 국방의무에 대한 조항을 모른다고 하여, 납세의무나 국방의무가 면제되는 것은 아니다)는 점이 일상의 친교행위와 다르므로, 어떤 제도를 이용하려고 하는 한 독자 스스로가 그 제도에 익숙하여야 하는 것이지 어떤 제도가 자신에게 맞추어 오는 것은 아니다. 특히 후술할 내용들(민사집행법상 경매, 국세징수법상 공매)은 중개업자를 통한 부동산 거래(사적 매매)와는 상당히 다른 부분이 있다는 점을 유념하여야 한다.

경매나 공매(공적 매매)절차에서의 부동산의 매수는 이를 관련 직업으로 하지 아니하는 한 매우 어려운 분야로서, 이는 장래 발생빈도가 낮음에도 불구하고 각종 사고를 대비하여 보험을 드는 준비성의 예에서와 같은 이치로 실수 없는 부동산매수를 위하여서는 이에 필요한 지식을 사전에 습득하여야 한다.

---

58) 곽윤직, 민법총칙, 박영사, 2010, 13면.

2. 부동산과 법률

가. 경제활동과 법률

① 우리는 다수가 모여서 공동체 생활을 하고 있기 때문에 이들 모두에게 적용되고 효력을 가지는 제도와 틀인 공동체규약이 있어야 하는 바, 이는 국가의 발달에 따라 법 규정 형식으로 국가의 강제력에 의하여 그 실현이 보장되게 되었다. 또 개인에 의한 집행은 금지(자력구제금지원칙) 되었으며, 국가만이 강제력(집행력)을 전유하게 되었고 개인의 권리실현은 국가의 도움으로 집행한다. 따라서 개인은 법 규정과 유리된 생활을 할 수는 없으며, 또 법은 그 구성원 모두에게 동일한 의미를 가져야 하는 성질 때문에 우리는 그 내용을 알지 못하는 법 규정에 의해서도 타인과 동일하게 규율되고 있다. 즉 인간이 사회생활을 한다는 것은 필연적으로 제도권 속에서 각종 제도를 이용하면서 타인과 협력 또는 경쟁하며 경제생활을 한다는 것을 의미한다.

이러한 현실을 인정한다면 자신이 미처 경험하지 못하여 알지 못하는 분야가 오히려 대부분임에도 불구하고 인간의 이기심과 감정적인 행동은 경제적인 손실을 초래하게 하고 이를 후회하는 경우가 많음을 경험한다. 특히 새로운 부동산제도의 소개나 부동산투자의 성공사례에 대한 각종 신문 등의 기사내용에 대하여, 신중한 고려가 없는 초보자의 충동적인 부동산매수(투자)는 후회의 첫 걸음이 된 예가 된다. 결코 세상살이가 어수룩하지 아니하고 성공 또는 실패의 결과에는 반드시 그 원인이 있기 때문에 부동산을 통한 투자의 성공은 반드시 그 제도의 특성을 잘 알고 발로 뛰면서 스스로를 검증할 수밖에 없다.

② 위에서와 같이 법은 우리 생활의 일부임에도 불구하고 관련 법률을 전문적으로 공부하지 아니한 대부분의 일반인은 법에 대하여 무관심하고 또한 잘 알지도 못하는 것이 보통이다. 법언에 "약속은 지켜져야 한다"는 것은 당사자의 임의이행을 전제로 하는 것이지만, 현대사회는 생활관계가 복잡·다양하고 준법정신이 약화되어 자발적인 이행은 기대하기 어렵게 되었기 때문에 국가는 공권력(강제력)을 사용하여 사권보호의 책무를 다하려고 한다. 따라서 법언처럼 사회 있는 곳에 법이 있고 법률의 존재를 몰랐다거나 잘못 알았다고

하여 결코 용납되지 아니하며, 이는 우리 경제행위 예컨대 부동산의 매수행위와 같이 상당 부분이 법률행위라는 점을 감안한다면 법에 기초하지 아니한 경제행위는 곧 경제적 손실을 예고하고 있으므로, 이를 예방하기 위하여서도 자신이 목적하는 경제행위와 관련된 최소한의 관련 법 규정을 알 필요성이 있고 전문가의 도움이 필요하다.

나. 강제집행제도와 법률의 이해

(1) 법률의 이해

① 부동산의 한 매수방법(장소)인 경매나 체납처분에 의한 공매절차는 그 신청의 원인행위가 발생(채무나 체납사실의 발생)하면 채권자에 의하여 신청(공매의 경우 신청이 아닌 자력집행)이 되고, 신청이 되면 관련 법 규정에 의하여 그 절차가 진행된다. 따라서 이러한 원인이 된 법률행위를 이해하기 위하여서는 경매의 경우에는 특히 민법(물권법)을, 그 절차진행을 이해하기 위하여서는 민사집행법의 이해가 선행되어야 하고, 체납처분으로서의 공매의 경우에는 실체법인 국세기본법과 그 절차법인 국세징수법의 이해는 필수적이며, 사적 매매로서의 공매는 민법(채권법)의 이해를 전제로 한다. 예컨대 경매의 경우 채권·채무관계가 무담보인 경우에는 채무자의 소유재산에 대하여 가압류(보전집행)를 한 후, 소송을 제기하고 이행판결을 받아 이를 집행권원으로 하여 강제경매신청을 할 것이므로 이에 관한 법률적인 이해를, 담보물인 경우에는 임의경매신청을 위한 담보권에 관한 기본이론의 이해가 선행되어야 한다.

② 위 경우에도 부동산 위의 권리자가 1인인 경우에는 채권자에게 매각대금을 교부함으로서 절차가 종료될 것이므로 크게 어려운 문제가 없으나, 이러한 경우는 오히려 예외적인 경우이고 대부분의 경우에는 서로 같거나 다른 채권자들이 부동산 위에서 충돌·경합하고 있어,[59] 법률은 그 이해관계를 조정·해결하여야 하므로 권리간의 효력순위를 결정하기 위하여서는 민사실체법에서 정하는 법률내용을 반드시 이해하여야 하고, 국세징수법에 의한 체납처분(공

---

59) 보통 강제집행은 복수의 이해관계인과 복수의 행위가 중복된 국가적인 법적 절차이다.

매)절차에서도 그 절차나 취지는 같다. 즉 경매나 공매절차에 대한 이해를 위하여서는 관련법률의 이해가 필수적이다.[60]

(2) 실체법과 절차법

① 민법과 같은 실체법상 권리는 궁극적으로 민사소송법 또는 민사집행법과 같은 절차법에 의하여 실현이 된다. 이와 같이 절차법관계는 실체법상 청구권(채권)을 실현하는 절차이므로, 그 원인이 된 실체법 내용은 물론이고 많은 관련법률(실체법, 절차법)의 이해 없이는 법정의 절차를 이해할 수는 없다.

② 법에 의한 분쟁해결 예컨대 임의경매와 관련해서는 환가권의 원인이 된 민법(저당권), 공장저당법, 민사집행법(이하 "집행법"이라 한다)과 배당과 관련해서는 상법(선박우선특권), 근로기준법(임금채권), 주택임대차보호법(이하 "보호법"이라 한다) 및 상가건물임대차보호법(임차보증금), 국세기본법(조세채권우선원칙), 국세징수법(이하 "징수법"이라 한다), 각종 등기와 소유권이전을 위하여서는 부동산등기법(이하 "등기법"이라 한다) 등의 내용을 잘 알아야 하고, 강제경매의 경우에도 집행권원을 얻는 절차인 재판절차와 그 집행절차인 강제집행을 이해하기 위하여서는 민사소송법(이하 "민소법"이라 한다) 및 집행법은 물론이고, 위에 예시한 법률들도 이해를 하여야만 절차의 이해가 가능하고, 그 절차(경매나 공매)를 통하여 원매자는 부동산을 매수할 수 있다. 그러나 이러한 절차법 관련 규정들은 그 성질상 많은 경우를 상정(예정)하여 자세히 법률에 규정할 수 없는(즉 간단한 수개의 조문이기 때문이다) 특징이 있기 때문에(예컨대 집행법과 징수법의 관련 조문 수를 비교하면 전자는 312개 조문, 후자는 88개 조문), 결국은 관련 법 규정을 해석하여야만 하는 어려운 문제에 봉착하게 되고, 이러한 과정은 정치(精緻)한 법 이론과 실제의 경험을 필요로 함을 알게 된다.

이상의 예에서와 같이 가장 단순한 부동산거래에서 약속이 지켜진다면 문제는 없으나, 현실은 오히려 약속이 지켜지지 아니하여 법에 의한 분쟁해결을 하여야 하는 경우가 많고, 또 법정의 절차에 의한 부동산취득을 더 선호한다는

60) 곽용진,판례로 본 경매실무,법률서원,5면.

점이고, 이러할 경우 법률문제는 변호사·법무사 등 전문가의 상담·조언이나 조력을 받아야 해결될 문제가 많다.

다. 부동산과 법률

(1) 부동산의 거래제도

부동산의 거래(매수의 측면. 이하도 같다)는 국가제도의 측면에서 세 가지로 대별할 수 있다. 즉 법원의 경매, 세무서나 지방자치단체 등의 공매절차(이상 공적 매매제도) 및 사적 매매를 통하여 거래될 수 있다. 따라서 각 절차에 있어 그 제도의 특징과 토지나 부동산 관련법률(특히 거래에 대한 공법상 규제나 제한사항)을 잘 알아야 할 경우가 많다. 그러나 위 제도는 매수자(원매자), 채권자, 채무자, 압류관서, 부동산 위의 제권리자, 체납자(채무자) 등 제도 이용자의 입장에 따라 그 논점(관심을 가지는 분야)을 달리하여 설명하여야 하지만, 모든 면을 감안한 부동산관련 제도를 소개하는 것은 불가능하고 더욱 정확하게 설명하는 것은 매우 어려운 일이므로, 여기서는 부동산에 한하여 원매자를 중심으로 설명하며 경매의 경우에도 부동산을 매수한다는 관점에서 설명하고자 한다.

(2) 부동산과 법률

(가) 의의

① 최근 다양한 언론매체를 통하여 부동산에 대한 성공적인 재테크사례가 소개되고 있고, 이는 많은 경우에 우리에게 잘만하면 부동산을 통한 재테크가 쉽게 성공할 것 같은 착각에 빠지게 하지만 현실은 그렇지 못하며, 극소수의 성공사례를 보여주는 것으로 보는 것이 옳다. 즉 부동산재테크는 위험과 책임이 따르게 된다. 또한 이러한 재테크가 아니더라도 우리는 누구나 일생에 한번쯤은 부동산을 매수할 기회가 있으며, 이때 부동산은 고가로서 자주 매수할 수 있는 물건은 아니므로 거래할 때 실수가 없어야 한다는 점을 경험하였을 것이고, 이를 전제로 부동산은 거래되고 있다. 이와 같이 부동산은 우리 경제생활

과는 매우 밀접한 관계를 가지고 있으나 그 위험성 때문에 흔히들 쉽게 접근하기 어려운 것으로 생각한다.

② 이러한 점을 감안하여 본서는 부동산을 재테크의 관점이 아닌 실수요자의 입장에서 "안전한 부동산거래"라는 점에 중점을 두어 가능한 한 쉽게 쓰려고 하지만, 부동산거래가 국가의 제도적 산물이라는 점에서 어려운 법률관계를 언급하여야 하고, 이 경우에도 부동산을 둘러싼 모든 경우를 설명할 수 있는 것은 아니므로 부동산이라는 물리적 특성에서 파생되는 문제를 제외한 일반거래의 대상으로서 부동산매수에 따르는 여러 문제 즉 안전한 부동산의 매수방법과 절차, 각 부동산시장에 있어서의 매수방법과 그 장단점, 부동산관련법률, 부동산거래시의 유의할 점 등 흔히 예견되고 경험할 수 있는 사례를 중심으로 기술하고자 한다. 위에서와 같이 법은 우리 생활의 일부이고 본서에서 다룰 경매와 체납처분으로서의 공매는 강제집행의 결과물(강제집행의 대상물)이며, 강제집행의 대상으로는 부동산(이에 준하는 물건 포함), 동산 기타 채권 등 다양할 것이지만 그 주된 물건은 부동산이 그 대상의 대부분을 차지하며, 집행법 등은 부동산집행에 관하여 정치한 규정을 한 후 이를 다른 물건의 강제집행에 이를 준용하고 있다.

③ 부동산은 채무자의 일반재산 중에 비교적 가치가 높고 중요한 재산이며, 채무자의 생활의 기반이 되거나 영업의 본거를 이루고 있는 경우가 많다. 또한 부동산은 담보물권과 용익물권[61] 등 많은 권리관계나 집행관계가 집적되어 다수의 이해관계인이 복잡하게 뒤엉킨 경우가 많은 재산이므로 부동산에 대한 강제집행은 경매의 경우 집행법원이 집행기관이 되어 필요한 법률판단을 하여 복잡한 이해관계를 조정하고 신중하고 적정한 집행을 효율적으로 수행하기 때문에 매우 정치(精緻)한 절차규정이 규정되어 있다(체납처분으로서의 공매의 집행기관은 세무서 등이다). 즉 금전집행에 있어서 부동산의 중요성(특징)은 교환(환가)가치가 크고 금전집행에 가장 적합하여 가장 중요하므로 자세하

61) 용익권과 용익물권; 용익권과 용익물권은 타인의 소유물을 사용·수익한다는 면에서는 동일하며, 특히 용익권에는 용익물권과 임차권 등이 포함된다. 용익권은 타인의 토지(전세권의 경우에는 건물도 가능)를 사용·수익하는 제한물권으로 민법상 지상권·지역권·전세권이 있다(특별법상 광업권·어업권·입어권도 이와 유사한 권리이다).

게 규정하고 다른 절차(동산·채권집행)에 준용되며, 그 사용가치 때문에 용익권과의 조정(예컨대 저당권과 전세권의 조정)의 문제가 제기될 수 있고, 또한 수익집행(강제관리)이 가능하며, 또 부동산은 고정성과 공시성(물권의 변동을 부동산등기부등본에 등기하여야만 한다)을 갖는다. 그러나 구체적인 경우 부동산과 동산 및 채권집행의 경우 설명이 다른 경우가 있음에 주의를 요한다.

④ 어떤 사람이 부동산을 매수하여 일정기간을 보유한 후 매도하는 경우를 그 단계별로 본다면 부동산을 매수하는 단계, 보유하는 단계, 매도하는 단계의 각 법률관계가 있고, 각각 다른 특징과 그 의미를 가지고 있다.

(나) 부동산의 유통단계

1) 부동산의 매수단계

① 어떤 사람이 부동산을 매수하려는 경우, 그 시장(매수 장소)은 중개업자에 의뢰하는 경우, 채권자 등 공공기관의 공매제도를 통하여 매수하는 경우, 법원의 경매나 세무서(한국자산관리공사[62]) 등의 체납처분절차(공매)에서 매수하는 경우가 있을 수 있다. 우선 중개업자의 도움을 받아 매수하거나 채권자 등 사인과의 매매에 의하여 부동산을 매수하려는 경우, 양 당사자(매수인과 매도인)가 전혀 이의를 제기하지 아니하고 자신의 채무이행(매도인의 부동산명도와 이전등기, 매수인의 대금지급)을 하는 가장 단순한 형태가 있을 수 있고, 양 당사자 중 1인이 채무를 불이행(또는 이행불능)하여 이를 이행시키거나 손해가 발생한 경우의 배상문제가 제기된 경우와 같은 복잡한 법률문제가 제기되는 경우도 있다. 그러나 이들 사적 매매는 공적 매매(경매나 체납처분절차)보다는 매수자의 입장에서는 편리하고 단순한 면이 있다.

공적 매매(공경매 또는 공매매. 법원의 경매나 세무서 등의 공매)의 경우에는 관련 법령의 내용을 잘 이해하여야 할 것으로 사적 매매보다는 상당히 다른 원리에서 절차가 진행된다. 즉 매수하려는 부동산시장에 따라 적용되는 법률(매수인이 알아야 하는 주의할 점)이 다르고,[63] 또한 매수하려는 부동산의

62) 국세징수법 제61조제1항 단서 등에 의하여 한국자산관리공사가 체납처분절차로서의 공매를 대행하는 경우에는 위 공사가 환가(공매)·배분 및 소유권이전절차를 대행한다.

종류(예컨대 대지인지 건물인지, 대지인 경우에도 田인지 林野인지 등)에 따라 다르며, 부동산에 대한 입장(보는 시각) 예컨대 채권자와 매수인의 입장에 따라서도 보는 관점이 다르게 된다.

② 둘째, 일반인이 법원의 경매나 세무서 등의 공매를 통하여 부동산을 매수하려는 경우에는 비록 이들 절차의 목적 실현과정에 부동산이 매개되지만 이는 채권자(國도 공적 채권인 조세채권의 채권자이다)의 채권회수의 한 방법으로서, 법원·세무서 등 집행기관이 강제집행의 방법으로 목적물을 강제환가(매각; 현금화) 하는 법의 집행절차이다. 따라서 이들 절차는 집행법이나 징수법 등과 같이 관련 법 규정이 정한 바에 따라서 진행되므로, 관련 법령을 잘 이해하여야 하며 매수자의 입장에서는 동일한 부동산을 매수의 대상으로 하지만 사적 매매와는 매수단계에서 매우 큰 차이점이 있다. 즉 매수인의 입장에서는 부동산을 산다는 의미에서는 모두 동일하다고 생각할 수 있으나 그렇지는 아니하고, 어느 시장에서 부동산을 매수하느냐에 따라서 그 절차와 방법이 다르며 또한 매수인의 입장에서는 어느 시장이 반드시 유리하다고 할 수도 없으므로 자신에게 가장 적당한 시장에서 매수를 하여야 할 것이다.

③ 다시 말하면 자신이 사고자 하는 부동산시장에서의 절차와 방법을 잘 모르고서는 제도이용을 하지 않는 것이 좋다. "친구 따라 강남 간다"는 속담은 본래의 다른 의미도 있겠지만 우리가 새로운 제도를 이용하기 위하여서는 그 내용을 완전히 알아야 실수를 막을 수 있는 것과 마찬가지로 자신의 주관이나 확신 없이 남이 하니까 따라서 하는 것을 경계하는 경구도 될 것이다. 다만 현실은 법률적으로 절차가 더 어렵고 복잡한 경매나 공매(체납처분절차)에서의 부동산매수에 원매자는 더 많은 관심을 가지는 것이 사실이며, 여기에서 문제가 야기된다. 즉 법원의 경매나 세무서 등의 체납처분절차는 국가가 소유자의 부동산에 대한 처분권을 박탈하여 소유자의 의사에 반하여 강제로 부동산을 처분하는 일련의 법의 집행과정이므로 그 절차와 방법이 모두 법으로 규정되어 있기 때문에 그 절차에 참여하는 매수인은 관련 법 규정을 알아야 하지만,

---

63) 공적 매매는 법의 집행(채권자의 채권회수절차)에 부동산 등이 개입되는 것이므로, 관련법률에 따라서만 절차가 진행된다.

일반인이 법 규정을 알기란 쉬운 일이 아니므로 실수가 많은 절차인 반면 참여자(경쟁자)가 적어 절차를 이용할 수 있는 자는 상대적으로 부동산을 싸게 살 수 있는 시장이라고 할 수 있다.

그러나 채권자, 한국자산관리공사 등의 사적 매매로서의 공매는[64] 법원에서 이들 기관들이 매수한 부동산을 일반인에게 되파는 절차이므로[65] 모든 복잡한 법률관계가 이미 해소되어(집행법과 징수법상 경매나 공매절차에서 부동산을 매수하는 경우 소제주의를 취한 결과이다), 부동산을 안전하게 살수는 있으나 경쟁자를 의식하여야 한다. 중개업자를 통한 일반적인 부동산의 거래는 매수인의 입장에서는 가장 편하고 쉬운 방법이지만 가격이 높아지는 단점이 있고, 또 공적 매매에서와는 다른 규제(예컨대 토지거래허가) 등이 있는 경우가 있을 수 있다.

④ 이상을 정리하면 부동산을 매매라는 측면에서 분류하면 사적 매매로서의 공매와 공적 매매로 나눌 수 있고, 공적 매매 즉 강제집행은 집행법에 의하는 경매(임의경매와 강제경매. 형식적 경매를 포함)와 징수법에 의하는 체납처분으로서의 공매로 나눌 수 있으며, 양자는 공개하여 경쟁하는 매매라는 의미에서는 동일하다.[66]

2) 부동산의 보유단계

매수한 부동산을 보유하는 단계에서는 부동산에 대한 제세금, 소유권이전등기, 공법상 제규제(개발제한·각종 인허가 등) 등이 문제로 될 것이고, 보유하려는 목적(단순한 주거용인지 투자용인지 등)에 따라서 매수장소와 그 대상이 달라질 수도 있다. 또 부동산의 종류에 따라서는 임대문제, 이용강제(예컨대 농지법상 농업인이 아닌 자의 이용강제)의 문제도 있다.

---

64) 국세징수법상 체납처분의 환가절차로서의 공매와 동일하게 "공매"라는 표현(용어)을 사용하지만 이는 그 성질이 매우 다른 제도이다.

65) 이들이 채권자인 경우에는 이들은 금융업이 설립목적이지 부동산업이 그 목적은 아니므로, 이들 기관이 경매과정에서의 부동산매수(이를 유입이라고 부른다)나 매수한 부동산을 다시 매각하는 것 역시 대출채권회수의 한 과정이다.

66) 주석채권각칙1,한국사법행정학회585면;곽윤직, 최수정,채권각론(민법강의Ⅳ),박영사,184면도 같은 취지.

3) 부동산의 매도단계

부동산을 매도하려는 경우에는 매수시장을 불문하고 매도인의 입장에서는 이제 모두 사적 매매로 되며, 제부동산세금 등과 같이 사적 매매에서 야기되는 제문제가 있다.

3. 채권자의 권리실현 대상으로서 부동산

채권자로서는 채권의 소멸시효가 문제로 된다.[67] 현실의 법률관계는 예컨대 은행에서 대출을 받는 경우, 상법은 거래 당사자 중 1인이 상인이면 상법의 적용을 받으므로(상법 제3조) 상법상 상사채권의 시효개념도 알아야 한다. 시효는 민사시효의 개념이 기본이 되는 것이 사실이지만, 현실은 오히려 어음·수표 등 상사시효개념이 더 중요하고 필요한 경우가 많고(개인이 돈을 빌려주는 업을 하는 예는 극소하다), 또 사인이 채권자의 지위에 있는 한 경매절차의 한 당사자가 되어야 한다. 즉 위에서와 같이 채권자의 권리보전(예컨대 경매절차)은 그 신청의 원인행위의 발생(채무의 발생)에 의하여 신청이 되고, 신청이 되면 관련 법 규정에 의하여 절차가 진행된다. 따라서 이러한 원인이 되는 법률행위를 이해하기 위하여서는 경매의 경우 민법(특히 물권법)을, 절차진행을 이해하기 위하여서는 집행법의 이해가 선행되어야 한다.

---

67) 예컨대 채권자(사채권자인 私人이나 조세채권자인 國家 등)의 압류 등(임의경매나 강제경매, 소송의 제기, 체납처분에 의한 압류 등)에 의하여 채권소멸시효가 중단된다. 즉 시효중단을 위하여도(물론 채권회수의 목적도 있지만, 그 절차에서 채권전액을 회수할 수 있는 것은 아니므로) 강제집행신청을 한다.

제2절 공적 매매제도

1. 의 의

① 공적 매매 즉 경매나 공매(체납처분. 이하 본 절에 있어서도 같다)절차는 모두 3단계의 절차로 구성된다. 제1단계는 압류의 단계, 제2단계는 환가(현금화)의 단계, 제3단계는 환가한 현금을 배당(배분)하는 단계가 있고, 부수절차로서 소유권이전절차의 단계가 있다. 경매나 공매를 위하여 압류한 재산은 금전인 경우를 제외하고(환가 자체가 금전화 하는 절차이므로)는 원칙적으로는 이를 매각(현금화)한 후, 그 대금으로 채권자가 만족(채권의 회수)을 얻는다.

② 전술과 같이 국가제도로서의 공적 매매인 집행법에 의한 경매(광의의 의미. 불특정 다수의 원매자를 모집하여 매수가액의 자유로운 경쟁에 의하여 매각하는 방법)나 징수법에 의한 압류재산의 공매는 그 매각방법으로 집행법 및 징수법상 경매의 방법(협의의 의미. 집행법 제103조제2항은 이를 호가경매라고 하며, 집행관의 면전에서 구술로 매수신청을 한다)과 입찰의 방법(일정서식에 의하여 매수신청을 한다)에 의할 수 있으나(국세기본법 제2조제18호의 규정에 의한 정보통신망을 이용한 것을 포함한다. 징수법 제67조제1항),[68] 실무상 경매나 공매의 방법은 입찰의 방법만에 의하고 있다.[69] 따라서 경매, 압류재산공매, 사적 매매로서 한국자산관리공사 등의 공매는 모두 입찰의 방법에 의하여 부동산을 매각하고 있으므로 위 입찰상 유의점들은 이들 모두에게 적용되는 개념이다. 다만 후술하는 바와 같이 한국자산관리공사의 모든 공매(압류재산공매포함)는 2004.10 이후 인터넷에 의한 공매만으로 하며, 인터넷상의 일정서식에 기재하는 방법으로 응찰한다.

---

68) 경매의 경우에도 채권자의 경매신청에 따라 집행방법은 집행법원이 정하고(집행법 제78조제1항), 부동산의 매각방법도 집행법원이 정한다(집행법 제103조제1항).

69) 즉 경매라는 용어는 광의로는 국가제도로서의 경매제도를 말하고, 그 매각방법으로서 협의의 경매방법과 입찰의 방법이 있다. 경매는 경매방식이 원칙이지만 경매에 갈음하여 입찰을 할 수 있고, 공매의 경우 징수법 제67조제1항은 공매의 방법으로 경매와 입찰의 방법이 있다는 점만을 규정하고 있을 뿐이며, 징수법 제73조와 국세청의 압류재산매각대행업무처리요령 제13조제1항은 입찰방법에 의하여 공매함을 전제로 하는 규정이 있다.

2. 강제집행제도

가. 의 의

(1) 강제집행의 의의

① 강제집행이라 함은 국가권력에 의하여 사법상의 청구권의 강제적인 실행을 말하며,[70] 그 절차에 관하여 규정한 것을 강제집행법이라 한다. 즉, 강제집행이란 채무자가 자발적으로 채무이행을 하지 않을 경우 채권자의 신청에 의하여 국가의 집행기관이 국가공권력에 의하여 채무자의 재산에 대하여 압류한 후 공개하여 경쟁매각을 한 후 그 매각대금을 부동산 위의 이해관계인에게 권리의 순위에 따라 배당하는 법적 절차라고 정의할 수 있다.

이를 정리하면 강제집행은 청구권의 실현을 목적으로 국가권력에 의하여 강제적으로 집행하고 그 대금을 순위에 따라 분배하는 절차이다. 현대국가에서는 원칙적으로 자력구제를 금지하고 국가의 소송제도를 통하여 구제를 받으며, 예외적인 경우에만 자력구제를 인정하고 있다. 이는 자력구제가 인정할 경우 필요한 정도를 넘어서 의무자의 권리를 침해할 수 있기 때문이다. 그러나 국가가 강제집행을 한다고 해도 국가의 일방적으로 할 수 있는 것은 아니고, 권리자의 신청이 없으면 할 수 없다. 권리자의 이러한 신청권을 강제집행청구권 또는 집행청구권이라 한다.[71]

② 강제집행의 흐름을 보면, 강제경매는 보전단계(가압류) → 소송단계(집행권원의 취득) → 집행단계, 임의경매는 신청채권자, 저당권자는 저당권을 집행권원으로 하여 집행법원에 신청하며, 행정상 강제집행절차인 징수법상 체납처분은 국가 또는 지방자치단체가 가지는 자력집행권에 의하여, 집행권원 없이(법원에 신청하지 아니하고) 직접 압류를 하여 만족을 얻는다.

---

70) 한종열, 민사소송법(하), 대학출판사, 1995, 27면.

71) 한종열, 전게, 30면.

(2) 강제집행의 종류

① 집행의 대상으로 한 분류[72)]

강제집행의 종류는 집행의 대상을 기준으로 할 경우 일반적 집행과 개별적 집행으로 분류할 수 있다. 일반적 집행은 채무자의 전 재산에 대하여 총괄적으로 행하여지는 집행이며, 개별적 집행은 채무자의 개인의 재산에 대하여 개별적으로 행하여지는 집행이다. 우리 민사소송법상의 집행은 개별적 집행이다. 한편 채무자 자신을 집행의 목적물로 보아 그의 노동력 또는 육체 등에 의하여 의무의 실현을 도모하는 것을 인적집행이라 하고, 채무자의 재산을 의무실현의 자료로 사용하는 집행을 물적집행이라고 한다.

② 집행방법을 기준으로 하는 분류

강제집행은 집행방법을 기준으로 직접강제와 간접강제 및 대체집행으로 분류할 수 있다. 직접강제라 함은 채무자의 의사를 개입시키지 않고 집행기관의 행위에 의하여 직접 또는 채무자의 협력 없이 권리의 내용을 실현하는 집행방법을 말한다. 간접강제라 하면 채무자에 대하여 배상, 벌금부과, 구금 등의 방법으로 채무자에게 심리적인 압박을 가하여 채무자 자신이 자발적으로 채무를 이행하도록 강제하는 방법이다. 대체집행이라 함은 작위의무로서 채무자 자신이 반드시 하지 않더라도 그 목적을 달성할 수 있는 소위 대체적 작위의무의 집행방법이다. 집행에 의한 의무의 실현을 어떠한 형태로 하는가에 따라 실체적 청구권의 내용을 그대로 실현하는 본래적 집행과 청구권의 종류와 내용에도 불구하고 금전형식으로 전환하여 실현하도록 하는 代償的이 있다.

③ 집행의 효력을 기준으로 한 분류[73)]

채권자에게 종국적으로 채권의 만족을 주는 본집행과 가집행 있는 종국판결을 채무명의로 한 집행으로서 상급심 등에서 가집행선고 있는 집행이 취소 또는 변경되면 그 한도 내에서 실효될 염려가 있고 재판이 확정되기까지 채권자에게 가집행적·잠정적인 만족을 주는데 불과한 가집행이 있다. 한편 보전집

---

72) 한종열, 전게, 35 이하.

73) 한종열, 전게 38면.

행은 청구권이 강제집행의 가능성을 보장하기 위하여 본 집행 전에 본집행의 장애발생을 예방하기 위하여 현상을 보전할 것을 목적으로 하는 집행이다. 현행 법은 가압류(민사집행법 제276조)와 가처분(민사집행법 제300조)을 인정하고 있다.

④ 실현될 권리를 기준으로 한 분류[74)]

청구권은 금전채권과 기타의 청구권으로 나누어지며, 집행도 금전채권에 관한 강제집행과 금전의 지불을 목적을 하지 않는 채권에 대한 강제집행으로 구분된다. 부동산에 대한 집행, 선박·자동차·건설기계·항공기 등에 대한 집행 및 동산에 대한 집행으로 구분되며, 동산에 대한 집행은 다시 유체동산에 대한 금전집행과 채권 그 밖의 재산권에 대한 금전집행으로 구분된다.[75)] 한편 비금전집행은 금전채권 이외의 물건의 인도를 구하는 청구권의 집행과 작위, 부작위, 의사표시를 구하는 청구권의 집행으로 나누어 진다.[76)]

(3) 강제집행과 부동산취득

① 경매나 공매는 사채권자 또는 국가(공적 채권자)가 채권회수를 위하여 채무자(체납자) 소유의 특정재산을[77)] 관계법령에 의하여 압류하여 매각한 후 그 채권에 충당한다는 점, 즉 국가의 강제력에 의한, 소유자의 의사에 반하는 강제적 환가절차라는 점에서는 동일하다. 체납처분절차 역시 강제집행이지만, 國家 등의 조세채권과 개인간의 사채권의 존재이유가 다른 것과 같이, 위 법원에 의한 경매와 공매제도는 그 목적이 다르다.

② 경매와 공매절차는 근거법률도 다르고 존재목적도 다르다. 양 제도는 상호불간섭원칙에 의하여 동시에 경매 및 공매절차의 진행이 가능하고, 먼저 종료한 절차가 우선하며 매수인은 우선하여 소유권을 취득하게 되므로,[78)] 양

---

74) 한종열, 전게, 38면.

75) 곽용진, 민사집행법, 부연사, 2007, 43면.

76) 곽용진, 전게, 44면.

77) 채무자 재산 전체를 집행의 대상으로 하는 것이 아닌, 예컨대 강제경매를 하는 재산 또는 임의경매를 하는 재산과 같이 특정한 재산만을 상대로 집행을 하는 경우의 채무자의 재산을 말한다.

절차의 조정법률이 없는 한 체납자 및 조세채권자는 곤혹스러울 수밖에 없다. 그러나 매수인의 입장에서는 양 제도의 차이에서 오는 불이익은 전혀 없지만 공경매(공적 매매)와 사적 매매의[79] 차이점은 많으므로 주의를 요한다.

나. 강제집행의 대상과 그 방법

① 강제집행이란 법이 요구하는 상태를 권력적으로 규정하는 것을 말하며, 그 목적은 채권자에 대한 급부청구권의 실현을 도모하기 위한 것이고 급부청구권은 보통 사법상 청구권이지만, 법 규정이 있으면 공법상 청구권도 가능하다. 즉 국세·지방세 등 조세채권과 국세 또는 지방세체납처분의 예에 의하여 집행하는 공과금청구권 등은 공법상 청구권이지만 그 강제적 만족은 강제집행의 방법에 의한다.

② 강제집행에 의하여 만족을 받을 수 있는 급부청구권을 집행채권이라고 하며, 집행채권은 원칙적으로 청구권이므로 청구권이 아닌 물권 기타 지배권, 형성권, 인격권, 사원권 등은 그 자체 내용실현에 대하여 강제집행을 요하지 아니하며 집행채권이 될 수 없으나, 그 권리에서 파생되는 손해배상청구권 등은 당연히 집행채권이 된다. 강제집행청구권은 공법상 공익유지를 위하여 인정되는 공법상 권리이고 채무자에 대하여 인정되는 사법상 권리는 아니므로, 특별한 규정이 없는 한 국가에 대한 관계에서는 당사자의 의사에 의하여 처분할 수는 없으며, 그 청구권의 성질에 따라 금전의 급부를 목적으로 하는 금전집행과 그 이외의 청구권을 목적으로 하는 비금전집행으로 구분한다.

③ 금전은 현대 경제생활의 필요불가결의 요소이므로 금전집행이 강제집행의 대부분을 차지하고, 체납처분절차는 성질상 금전집행에 한하며,[80] 민사집행의 경우에는 비금전집행도 가능하다. 또 원칙적으로 환가성과 양도성이 있는 재산이 집행의 대상이 되지만 금전채권의 목적에 의한 성질, 정책적 이유에서

78) 대판 1959.5.19,4292민재항2;대판 1961.2.9,4293민상124 등.

79) 중개인을 통한 사적 매매는 강제집행과는 전혀 무관하지만, 한국자산관리공사나 채권자의 공매에서 부동산의 매각은 강제집행의 산물이므로 이들 기관이 어떠한 원칙과 이유에서 부동산을 매수하여 다시 매각하는지 알 필요가 있다.

80) 전게,곽용진,국세징수실무해설,77면.

집행(압류나 양도)이 금지되는 경우가 있다.

④ 강제집행은 재산의 종류에 따라 그 집행수단과 방법이 다르다. 즉 강제집행에 의하여 만족하는 청구권이 금전을 목적으로 하는지 아닌지에 따라서 금전집행과 비금전집행으로 나눌 수 있고, 전자는 그 집행대상(경제적 측면에서 재산적인 가치)의 성질에 따라 부동산·동산, 부동산에 준하는 것, 채권 및 그 밖의 재산권으로 나눌 수 있으며 이에 대응하는 절차방식이 다르다. 또 재산권은 경제생활 및 법률생활의 발전에 따라 차츰 다양화되었기 그에 따라 집행방법이 분화되었고, 각종 재산은 성질 및 그 공시방법이 다르므로 그에 따라 집행방법이 다르게 된다. 즉 부동산과 이에 준하는 것에 대한 원칙적인 민사집행의 방법은 강제경매와 강제관리(수익집행으로서 실무에서는 그 예를 보기가 어렵다) 이며, 임의경매의 경우에도 이에 준하고 동산과 채권 그 밖의 재산권은 전자와 현저한 차이가 있다.

⑤ 금전채권에 관한 규정은 실체법에도 산재하여 있으며 부동산에 관한 금전 채권에 대하여 상세한 규정을 하여 이를 다른 집행에 준용하고 있다. 또 집행대상인 재산의 구분은 민법 기타 실체법상 그것과 일치하는 것은 아니지만(강제집행과 체납처분절차에서의 구분도 다름에 유의), 집행방법이 정하여지면 이제는 절대적인 기준이 된다.

3. 강제집행의 3단계

(1) 의 의

민사집행의 3단계는 소유자의 처분권을 박탈하는 압류단계, 압류에 의하여 확보된 재산을 금전화 하는 환가단계, 환가에 의하여 얻어진 금전을 만족(각 채권자의 이익을 조정하는)시키는 배당의 단계가 있으며, 어느 한 단계는 다음 단계의 기초가 되고 후의 단계는 전의 단계를 전제로 하여 시작·발전·종료하는 연쇄(連鎖)의 절차로서(즉 어느 한 단계가 없거나 유효하지 못하면 다음 단계로 나아갈 수 없다), 재화의 유통을 필요(필수)적 수단으로 하는 오늘날의 경제생활관계는 권리와 의무라는 법질서 형태로 나타나므로 강제집행은 현실의 경제사회에서 재화유통에 직접적으로 개입을 한다.

이를 행위라는 측면에서 보면 부동산에 대한 강제집행은 환가권의 징수(압류), 환가권의 행사(환가), 환가금의 교부(배당)의 3단계로 구성되며,[81] 민사집행에 대한 기본법인 집행법은 금전채권에 대한 집행에 있어 부동산 등에 대한 기본적인 환가방법으로서 집행권원에 의하는 강제경매에 관하여 규정하고, 이를 임의경매에 준용하고 있으므로(집행법 제268조), 강제경매의 절차규정은 부동산 등에 대한 환가절차의 기본모델이 된다.

(2) 압류단계

① 압류란 금전집행에서의 필수적 1단계 절차로서 집행기관이 채무자(조세채권의 경우 체납자. 이하도 같다) 경매나 공매의 대상물인 소유의 일정한 재산을 구속하고, 채무자에 의한 처분을 금지하는 집행처분으로서 환가절차를 위한 준비단계이다. 즉 집행법에 의한 경매나 징수법에 의한 공매는 부동산 자체의 교환가치(매매)를 실현하여 채권자의 만족(대출채권의 회수)을 얻을 목적으로 집행하므로 목적달성을 위하여 일단 개시된 절차의 속행은 그 후의 사정에 의하여 방해받지 아니할 법적 수단의 강구가 필요하며, 그 수단으로 채무자의 목적물(환가대상)에 대한 처분권을 박탈하는 것으로서 이를 압류의 효력 내지 처분금지효력이라고 한다.[82] 처분금지효력이란 채권자의 만족을 보장하고 채무자의 처분권능을 박탈하는 것으로 강제환가절차의 자기 보존능력에 기초한 제도라고 할 수 있다. 경매는 절차개시(경매개시결정)를 할 때 채권자를 위하여 압류명령을 하여야 하고(집행법 제83조제1항), 공매(체납처분절차) 역시 압류에 의하여 절차가 개시되므로 양 절차에서의 압류의 효력은 동일하다.

---

81) 즉 강제집행은 채무자·체납자의 책임재산에 대한 처분권을 집행기관이 취득(압류)하고, 이 압류된 재산을 환가하여 금전적 가치를 실현하고(환가), 그 결과로 금전화 된 것을 가지고 채권자(개인 및 국가·자치단체)의 만족에 충당하는(교부 또는 배당) 직접강제방식으로 각종 목적재산의 특성(종류)에 따라 위 기본절차를 자세하게 수정한 각종 집행절차가 법률에 규정되어 있다.

82) 전게,곽용진,국세징수실무해설,81면. 처분금지의 효력은 압류효력의 본질적인 부분이며, 다른 압류효력에 대하여는 전게,곽용진,판례로 본 경매,78면 이하;전게,곽용진,국세징수실무해설,468면 이하가 자세하다.

② 위에서와 같이 압류의 본질은 채무자나 소유자의 특정한 집행목적의 재산(담보물이나 압류된 부동산)에 대하여 국가의 특별한 지배관계를 만드는 의사표시로서 국가는 그 특정 압류재산에 대하여 처분권한을 취득하므로 소유자의 의사에도 불구하고 강제로 처분(즉 경매나 공매)을 하고 소유자가 압류물을 제3자에게 처분하더라도 압류권자에게는 대항할 수 없다. 이러한 압류는 압류재산의 종류(동산·부동산)에 따라 그 모습을 달리하며, 위 처분금지의 위반효과에 대하여 절대적 무효라고 하는 주장과 상대적 무효라는 주장이 있었으나 현재 절대적 무효설을 주장하는 자는 없다. 결국 압류는 채무자에게 상대적인 양도금지효력이 생기는데 불과하고,[83] 채무자의 처분은 집행채권자(압류권자)에게는 효력이 없다.[84]

③ 즉 압류는 채무자에게 상대적인 양도금지의 효력을 생기게 하는데 불과하므로 채무자의 처분은 집행채권자에게는 효력이 없다. 따라서 담보권자가 집행채권자인 경우 압류효력발생 이후의 목적물의 양도는 경매절차진행에 영향을 미치지 아니한다(그 처분은 무효이다). 따라서 압류 이후에 목적물을 양수받은 새로운 소유자는 압류권자에게 대항할 수 없어 목적물의 궁극적인 소유권을 취득할 수 없으므로 특히 주의를 요한다. 예컨대 체납처분에 의하여 압류만 되어 있는 부동산을 개인간의 거래에 의하여 매수한 경우에는 체납된 세금이 납부되어 압류말소가 되지 아니하는 한 언젠가는 공매로 매각되어 소유권을 잃을 수 있다(체납처분에 의한 압류의 경우에는 경매와는 달리 압류시 경매처럼 절차개시의 등기가 되지 아니하므로 특히 조심하여야 한다).

위에서와 같이 압류의 본질적인 효력은 처분금지효력이지만 그 외에 시효중단의 효력, 종물과 과실에 압류효력이 미치는 효력(따라서 매수인은 주물만

---

83) 전게,곽용진,국세징수실무해설,81면(독일 강제경매강제관리법(ZVG) 제23조제1항, 독일 민법(BGB) 제135조).

84) 독일 민법 제135조제1항은 어떠한 목적물에 대한 처분이 특정한 사람의 보호만을 목적으로 하는 법률상의 양도금지에 반하는 경우, 그 처분은 그 사람에 대하여서만 효력이 없다. 강제집행 또는 가압류에 의하여 행하여지는 처분은 법률행위에 의한 처분과 동일시된다고 한다. 예컨대 담보권자가 집행채권자인 경우 압류효력발생 이후의 목적물의 양도는 경매절차의 진행에 영향을 미치지 아니하므로(ZVG 제26조) 경매의 진행이 가능하다.

을 매수하는 것이 아니고 종물·부합물과 과실까지도 매수하는 것이므로 자신이 취득한 부동산의 범위를 정확하게 알아야 한다)과 조세채권에서의 우선변제 등의 효력이 있다.

④ 압류의 방식은 유체물에 대한 금전집행의 경우에는 권리이전의 성립요건(부동산 등의 경우 등기나 등록, 동산인 경우는 점유)을 강제적으로 실행하는 형태로 향하여 진다. 즉 부동산 등 등기나 등록을 하는 경우에는 채무자의 동의 없이 압류의 취지를 등기나 등록을 하는 방법으로 압류를 하고, 유체동산의 경우에는 집행기관이 점유를 현실로 취득하는 방법으로, 채권 그 밖의 집행의 경우에는 채무자에게 권리행사를 금지시키고 제3채무자에게는 집행채무자에 대한 변제를 금지시키는 재판을 하여 그 효과로서 압류목적을 달성하는 방법으로 행한다.[85]

(3) 환가단계

환가란 집행기관이 그 국가공권력에 기하여, 스스로 또는 보조자를 사용하여 강제적으로 압류한 채무자소유의[86] 금전 이외의 재산권을 매각(양도)[87] 또는 기타의 방법으로 금전화 하는 절차이다.[88] 금전채권의 경우 압류하였을 때에는 반드시 경매할 필요가 없으므로 곧 채권자에게 인도하면 된다. 그러나 금전채권 이외의 권리에 대하여는 금전화를 위하여 환가절차가 필요하다. 환가의 원칙적 방법은 경매이다.[89] 환가는 채무자의 의사에 반하여 채무자의 소유

---

85) 전게,민사집행법,사법연수원,118면.

86) 부동산강제경매나 공매의 경우에는 반드시 채무자(체납자)소유의 재산이 환가의 대상이 될 것이지만, 임의경매나 납세담보에 의한 공매의 경우에는 제3자가 담보를 제공할 수 있어 채무자(체납자)소유의 재산이 환가의 대상이 아닐 수도 있어 양자는 반드시 일치하는 것은 아니다.

87) 경매로 인한 부동산의 매각방법은 집행법원이 정한 방법에 의하고(집행법 제103조제1항), 동 매각방법은 호가경매, 기일입찰, 기간입찰의 3방법에 의한다.

88) 전게,민사집행법,사법연수원,118면(압류물을 현금화하는 방법은 유체물의 경우에는 집행기관이 그 대상물을 매각하여 그 대금을 취득하는 형태로 환가하고, 채권 그 밖의 재산권의 경우에는 추심권을 채권자에게 부여하는 방법, 매각, 전부 또는 양도명령 등 다양한 방법으로 환가를 한다). 이 절차가 집행법상으로는 경매절차이며, 징수법상으로는 공매절차이다.

권을 강제적으로 이전시키는 처분행위 또는 절차로서, 채무자의 권리를 상실하게 하는 중요한 처분이므로 그 방법과 절차는 법률에서 엄격하게 정하고 있다. 집행기관이 그 대가를 얻고 압류목적물을 타인에 양도하는 것이므로 민법상 매매에 준하고, 민법에 관한 제규정이 원칙적으로 적용되지만,[90] 다른 면에서 매각은 국가기관인 집행기관이 강제집행권에 의한 강제환가 방식으로 하므로, 사인 간의 매매와는 다른 본질을 가진다. 환가 후 매각대금을 집행채권자 등에 배당하면 경매절차는 종료한다.

(4) 배당단계

① 배당 즉 만족이란 압류 또는 환가에 의한 결과물인 금전을 이해관계인들에게 법률규정에[91] 의한 권리의 순위에 따라 배분하는 절차로서 배당과 교부의 두 종류가 있다. 매각대금의 교부란 변제받을 수 있는 금액에 대하여 채권자간에 다툼의 여지가 없는 경우, 예컨대 채권자가 1인거나 2인 이상인 경우에도 집행비용을 포함한 채권 전액을 만족할 경우에 허용되는 간이한 배당방법이고, 배당은 변제받을 수 있는 수액에 대하여 채권자간에 다툼의 여지가 있는 경우에 하는 것이므로 절차가 보다 엄격하다.[92]

② 금전채권은 채무자의 총재산을 집행의 대상으로 하기 때문에 동일 재산에 대하여 다수 채권자를 위한 집행이 경합하는 경우 또는 그 집행에 관하여 배당요구나 교부청구 등에 의하여 채권자가 경합하는 경우가 많다. 이 경우 채무자의 재산을 환가한 매각대금으로 각 채권자의 채권 및 집행비용 전부를 변제할 수 있을 때 또는 채권자가 1인인 경우에는 배당이의의 문제는 없으므로 반드시 배당절차를 개시할 필요는 없다. 따라서 이 경우에는 배당표를 작성하

---

89) 한종열, 민사소송법(하), 대학출판사, 1995, 147면.

90) 자세한 경매나 공매의 법률적 성질에 대해서는 전게,곽용진,국세징수실무해설,96면 이하.

91) 집행법 제145조제2항 및 징수법 제85조제4항은 다른 법률, 예컨대 민법(저당권 등), 상법(선박우선특권 등), 기타 세법(조세채권), 근로기준법(임금채권), 보호법 및 상가건물임대차보호법(주택 또는 상가건물의 임차금) 등의 규정에 따라 권리의 순위를 정하여 배당을 하도록 규정하고 있다.

92) 전게,곽용진,국세징수실무해설,81면.

지 아니하고 단순히 매각대금교부계산서를 작성하여 변제금을 채권자에 교부한 후에 잔여가 있으면 채무자에게 교부하면 될 것이다. 그러나 매각대금으로 경합하는 각 채권자의 채권을 만족시킬 수 없는 경우에는 채권자가 우선변제권을 갖지 아니한 이상, 채권은 성립 전후를 불문하고 평등한 효력 밖에 없으므로 엄격한 배당표를 작성하는 배당기일을 개시하여 각 채권자가 가지는 채권액에 비례하는 평등배분을 하기 위한 배당절차를 밟아야 한다. 다만 현실로는 배당을 하여야 할 경우가 대부분으로 결국 배당절차란 매각대금으로 각 채권자를 만족시키지 못하거나 각 채권자간에 합의가 되지 못한 경우, 민법·상법 그 밖의 법률에 의하여 공평·평등하게 배분을 하는 재판상 절차로서 채권의 성질에 따라 그 우열이 있는 경우에는 그 순위에 따라서 배당하고, 동순위의 경우에는 채권액에 안분하여 평등하게 배당을 한다.

③ 배당은 법률에 의한 형식상 절차에 의하여 매각대금을 채권자에 배분하는 절차이므로 채권자의 채권을 실질적으로 확정하여 매각대금을 교부하는 것은 아니다. 매각대금을 교부하는 것은 배당절차에서 집행법상 배당할 수 있는 상태에 있기 때문에 법원은 직책상 매각대금을 배당할 뿐이므로, 배당행위는 실체상의 권리를 확정하는 효과는 없다. 즉 배당절차가 종료되어도 다른 소송행위로 배당결과에 불복할 수 있다. 배당은 민법·상법 그 밖의 법률(가등기담보 등에 관한 법률, 보호법, 근로기준법, 국세기본법, 징수법, 지방세법)에 의하여 배당한다(집행법 제145조는). 따라서 실체법상 우선권이 없는 일반채권자는 압류권자인 경우라도 가장 후순위로 배당을 받고, 실체법상 우선권을 가지는 채권이라고 하여도 배당받을 채권자의 범위 이내가 아니면 배당을 받을 수 없다.

(5) 부수절차

경매나 공매의 부수절차로서 소유권이전의 절차란 법원 등이 매수자를 위하여 직권으로[93] 매수인에게 소유권이전 및 제권리의 말소를 등기소에 촉탁하는 절차이다.

---

93) 집행기관이 소유권이전절차를 취하는 경우 매수인이 취득한 부동산상 제권리의 말소와 소유권이전을 위하여 제세금의 납부 등 매수인의 협력을 필요로 하므로, 실무적으로는 매수인의 신청에 의하여 동 절차가 진행된다.

(4) 청산(배분; 배당)단계

(가) 의 의

압류(금전 자체를 압류한 경우) 또는 환가에 의하여 얻어진 금전을 채권자에게 교부하거나 배분하는 만족절차이다. 징수법상 배분 또는 청산이라는 용어를 사용하고 경매의 경우 배당이라는 용어를 사용하고 있으나 동일한 의미이다. 특히 배분과 관련하여 종래 공매부동산 위의 제권리자는 배당요구를 하여야 하는지에 대하여 징수법상 규정이 없었으나,[94] 2002.12.26 징수법 제83조제1항 후단을 신설하여 배분대상자는 배분계산서를 적성하기 전까지 배분요구를 하여야 한다고 하였지만, 이는 해석상 문제점이 많으며 자세하게는 후술한다.

(나) 배분절차의 중요성

강제집행절차와 체납처분절차의 궁극적인 존재목적은 연체(체납)된 채권의 강제적 회수에 있기 때문에 합법적이고 정당한 법집행이 되어야 하므로,[95] 징수법 제81조제4항은 "…민법 기타 법령에 의하여 배분할 순위와 금액을 정하여 배분하여야 한다"고 한다.[96]

---

94) 다만 대판 1998.12.11,98두10578 등은 채권계산서 미제출에 의한 채권액 보충의 실기에 관한 규정인 집행법 제254조제2항이나 배당요구 및 그 시기에 관한규정인 집행법 제88조는 체납처분에서의 청산(배분)절차에 관하여 이를 준용할 수 없고, 따라서 세무서장으로서는 징수법 제81조제1항의 채권자에게 배분할 금액을 직권으로 확정하여 배분계산서를 작성하여야 한다고 한다.

95) 이는 합리성이 보다 중시되는 행정행위(공매)와 법률행위(경매)의 차이점이지만, 행정공무원은 일반적으로 합법성의 인식정도가 합리성보다는 낮다고 본다.

96) 경매에 대하여는 집행법 제145조제2항도 징수법 제81조제4항과 같이 규정한다. 다만 집행법은 그 밖의 "법률", 징수법은 기타 "법령"이라고 표현하고 있지만, 채권자간의 우선순위는 국민의 권리에 대한 것으로서 집행법상 표현인 "법률"로 하여야 할 것으로 본다(대통령령이 포함되지 않은 국회에서 제정한 법률에 한한다는 의미).

4. 경매와 체납처분에 의한 공매

가. 법원의 경매

(1) 채권자가 경매(공매)신청을 하는 이유

① 전술과 같이 채권자(예컨대 채권자)가 경매를 신청하는 이유는 국가공권력(집행법원)의 조력을 받아(국가가 개인 스스로의 자력집행을 금지하므로) 사채권의 강제회수를 위하여 신청하는 것이고, 공매의 경우에는 국가나 지방자치단체 등이 조세채권·공과금 등의 공적 채권의 회수를 위하여 스스로의 자력집행권에 의하여(법원에 신청하는 것이 아닌) 강제집행을 하는 것이다.

② 즉 私人간에 담보권이 있는 경우에는 근저당설정계약에 의거 민법 제363조제1항(저당권자는 그 채권의 변제를 받기 위하여 저당물의 경매를 청구할 수 있다), 민법 제318조(전세권설정자가 전세금의 반환을 지체한 때에는 전세권자는 집행법이 정하는 바에 의하여 전세권의 목적물의 경매를 청구할 수 있다), 기타 민법 제322조제1항의 유치권 경매, 제338조제1항의 동산질권 경매 등을 신청할 수 있고, 집행법이 정하는 절차에 따른다. 또 다른 형태로는 조세채권(공적 채권)회수를 위하여 징수법이 정하는 바에 의하여 체납처분절차에 의한 공매가 있다. 양자는 사채권과 공적 채권의 차이점에서 파생되는 법률적 성격상 차이에서 양 절차 또한 다른 점이 많다.[97)]

③ 경매는 원칙적으로는 채권자의 입장에서는 금전채권(빌려준 돈)을 회수하는 절차이지만, 부차적으로 원매자의 입장에서는 경매과정 중 부동산이 매개되므로 부동산시장이 되며 우리나라에서 가장 큰 시장이다. 따라서 경매는 법의 집행이고 원매자는 반드시 경매관련 법률내용을 잘 알아야 하며, 이는 일반인이 중개업자를 통하여 부동산을 매수하는 경우에도 최소한의 거래관행을 알아야 하는 것과 같은 이치이지만, 현실의 경우에는 반드시 그러한 것만은 아닌 것 같다. 다시 말하면 부동산거래는 고가의 거래행위로 일정한 절차와 방식을 요하는 계약에 의하므로 어려운 법률과 경제용어를 사용하고 있어 일반인이 쉽게 이해하기 어려운 점이 많다.

---

97) 전게,곽용진,판례로 본 경매,115면.

(2) 경 매

① 채권자는 빌려준 돈을 확실하게 회수하기 위하여서는 담보물 이외에 연대보증을 요구하기도 하며, 이때 채무자가 약속을 이행하면(변제) 문제가 없으나, 그러지 못할 경우에는 위 담보물이나 연대보증을 통하여 빌려준 돈을 강제로 회수하여야 하는 바, 담보물인 부동산을 법원에 강제적으로(소유자의 의사와는 무관하게) 매각 신청하여 현금화 하고, 이 현금을 통하여 변제충당 하는 절차를 임의경매절차라 하고(즉 임의경매는 私人 간에 담보권이 있는 경우로서 근저당설정계약(민법 제363조제1항, 제318조 등)을 그 신청원인으로 집행법이 정하는 절차에 따른다), 이는 민법 제363조가 채권자는 법원의 경매를 통하여 담보물의 매각대금에서 채권을 회수하도록 규정하였기 때문에 부득이 경매신청을 하는 것이며, 특히 담보물이 아닌 연대보증인의 재산이나 채무자의 담보물 이외의 소유재산에서 강제적으로 채권을 만족(변제충당)받는 절차를 강제경매절차라고 하고, 강제경매신청 전에 소송을 통하여 집행권원(판결문, 공정증서 등)을 얻는 등 소정의 요건을 갖추어야 한다.[98]

② 이는 사적 매매로서의 공매가 한국자산관리공사 등에서 반복적으로 진행되기 때문에 내부적으로는 매각에 관한 조건이나 절차·방법 등이 사전에 정해져 있고, 누구나 문의를 하면 최소한의 부동산매수에 필요한 자료와 절차·방법 등을 안내(설명)받을 수 있는 점과는 차이가 있다.[99] 이러한 의미에서 중개업자가 사인 간의 부동산거래에서 매수인과 매도인의 부족한 정보와 지식을 보충하는 것과 유사하지만, 경매나 체납처분에 의한 공매는 원매자 스스로가 그의 책임 하에 절차나 조건 등을 알아서 판단하여야 하는(즉 사전에 관련내용을 알고 응찰하여야 하는) 점에서는 차이가 있다.

98) 경매나 공매절차는 국가제도로서 강제환가(채권회수)절차에 채무자의 재산권(부동산 등)이 매개되는(대상으로 하는) 공통점도 있으나 사채권(사법관계)과 공적 채권의 회수(공법관계)라는 차이점에서 파생되는 절차상·성격상의 차이점도 많아 공적 매매제도를 이해하기 위하여서는 강제집행제도의 이해가 선행되어야 한다.

99) 또 권리분석이 불필요하고 절차 등은 내규로 정하므로 설명이 가능하다. 다만 한국자산관리공사의 공매 중에는 압류재산의 공매와 같이 경매와 동일한 법의 집행인 경우가 있어 원매자에 따라서는 질문에 대한 상담원의 설명은 한계가 있을 것이다.

이러한 설명은 간단한 것 같지만 실제로는 매우 복잡하고 구체적으로는 많은 차이가 있음에 유의하여야 하며, 또 최근 원매자들이 경매나 공매에 대하여 관심이 고조되고 있고, 신문 등 각종 매체를 통한 경매나 공매에의 성공적인 투자사례소개 등은 극히 소수 사람의 경우이며, 이들 제도에 대한 전문가의 조언에 따랐거나 전문가에 버금가는 사람들의 투자사례일 뿐, 그 반대의 사례도 많을 수 있다는 점도 유의하여야 한다.

나. 세무서 등[100]의 공매(행정상 강제집행)

(1) 의 의

①광의의 강제집행은 민사상 강제집행(민사집행)과 행정상 강제집행으로 나눌 수 있고, 민사상 강제집행은 다시 임의경매와 강제경매로 세분할 수 있다. 경매를 민사상 강제집행(즉 민사집행)이라고 한다면 행정상 강제집행으로서 체납처분절차는[101] 조세채권의 강제적 만족을 위하여 國 등이 스스로 가지는 자력집행권에 의하여 체납자의 소유재산을 압류하고, 압류재산의 매각(처분: 현금화)은 공매(징수법 제61조)와 수의계약(징수법 제62조)의 방법으로 하며, 공매의 경우에는 강제집행에서와 동일하게 경매나[102] 입찰의 방법에 의하므로(징수법 제61조, 제62조, 제67조) 강제집행에서의 강제관리의 방법(수익집행. 집행법 제163조 이하)은 채택하지 아니한다. 경매는 다수의 사람이 직간접적으로 경험하고, 일반인에게도 잘 알려진 제도이며 도서나 판례 등 자료 또한 풍

100) 공매의 주체는 國(세무서)과 지방자치단체이지만, 징수법 제61조제1항 단서(지방세의 경우 지방세법 제28조제4항의 준용규정)에 의하여 한국자산관리공사에 공매대행을 의뢰할 수 있다. 다만 실무적으로는 세무서나 지방자치단체의 직접 공매는 극소하고 대부분 위 공사에 공매대행을 의뢰하고 있다.

101) 징수법에 의한 체납처분절차를 지칭하는 표현은 다양하다. 이상태,개정판 물권법,법원사,74면은 공경매에는 민사집행법의 강제집행절차에 의한 경매(통상의 강제경매, 담보권실행의 경매 즉 임의경매)와 징수법에 의한 경매(즉 공매)가 있다고 하여, 양자 모두를 경매라고 표현한다. 곽윤직,신정수정 물권법(민법강의Ⅱ),박영사,151면 이하도 같은 취지이다.

102) 국가제도로서의 광의의 경매가 아닌, 매각의 한 방법으로서(서류에 기재하여 하는 방법인 입찰에 대칭하여 부르는) 집행관의 면전에서 입찰자가 구술로 하는 경쟁매매의 방법을 말하며, 집행법에서는 호가경매라고 부르고 있다.

부하지만 공매의 경우에는 징수법 제61조제1항 단서 등에 의거 한국자산관리공사만이 그 업무로서 수행하고 있어 일반인에게 상대적으로 덜 알려진 제도이며, 관련자료 또한 풍부하지 못하므로 지면으로 독자들에게 알기 쉽게 공매제도를 소개하는 것은 매우 어려운 일이다.[103)]

② 즉 행정상 강제집행이란 행정상 급부의무(예컨대 조세채무)의 이행확보를 위하여 행정권 스스로에게 자력집행권이 인정되는, 통치권에서 나오는 행정권(법원이 아닌)에 의한 강제집행을 말한다. 이러한 절차의 예에 따르는 각종 공과금채권 기타 행정상 징수권에 대한 강제집행 또한 동일하지만, 이러한 강제집행도 민사집행과 집행대상 및 절차구조는 같다. 다만 위와 같이 자력집행이 가능함에도 국가 또는 행정청과 이에 준하는 공공기관이 집행권원을 얻어 집행법상 강제집행을 할 수 있는지는 다툼이 있으나 긍정적으로 해석한다.[104)]

③ 조세채권 등과 같은 공법상(행정상) 청구권에 대한 실현(공법상 의무에 대한 강제이행의 방법)은 징수법 또는 행정대집행법, 기타 법률규정에 의하여 집행되므로 민사집행절차와는 다르지만, 공법분야에서 가장 민사집행에 근접한 것으로는 행정대집행절차(민사절차에 있어 대체집행에 해당)와 국세 등의 체납처분절차(민사집행에 있어 금전채권의 강제집행에 해당)를 들 수 있다. 즉 공법상 금전급부의무에 관한 일반법인 징수법에 의하여 행정기관 자신이 자력집행권의 행사로서 공법상 청구권에 기한 급부청구권에 대하여 강제적으로 실현하는 법률관계인 체납처분은 압류에 의하여 압류물의 처분권이 국가에 이전되며, 이에 의하여 집행하므로 별도의 집행권원에 의하는 강제경매와 다른 민사

---

103) 물론 가장 근본적인 이유는 경매나 공매가 법의 집행이므로 이를 이해하기 위하여서는 기본적인 법률지식과 상당한 경험이 선행하여야 하기 때문이다. 다만 2003.3.12 법무사법 개정으로 법무사의 업무에 집행법에 의한 경매와 징수법에 의한 공매사건(기타 법령에 의한 공매사건 포함)에서의 재산취득에 관한 상담 등이 포함되어, 원매자는 어려운 경매나 공매절차에서의 부동산매수시 법무사의 도움을 받을 수 있고, 또 2005.7.29 공인중개사의 업무 및 부동산 거래신고에 관한 법률(부동산중개업법을 명칭변경과 함께 전면 개정) 제14조제2항을 신설하여, 공인중개사의 경우에도 집행법에 의한 경매와 징수법에 의한 공매대상 부동산에 대한 권리분석 및 취득의 알선과 매수신청대리를 할 수 있도록 하였다.

104) 전게,곽용진,판례로 본 경매,315면;전게,곽용진,국세징수실무해설,88면.

집행인 임의경매와도 성질은 다른 면이 있다.

또 민사집행과 행정상 강제집행을 압류의 본질의 측면에서 보면, 압류란 채무자나 소유자의 특정 집행목적 재산에 대하여 국가의 특별한 지배관계를 설정하는 의사표시로서, 국가는 그 특정재산의 처분권한을 취득하지만 목적재산의 종류(부동산·동산)에 따라 압류의 양태가 다르며,[105] 민사집행은 경매개시결정에 의한 압류에 의하여(집행법 제83조, 제94조), 체납처분 역시 압류에 의하여 절차가 개시되고 양 절차에 있어서 압류의 효력은 동일하다.

④ 체납처분은 금전집행으로서 기능적으로는 민사집행에 근접하는 제도이며 집행기관과 집행요건의 측면에서는 민사집행과는 차이가 있으나,[106] 국가권력에 의한 청구권의 강제적 실현으로는 본질이 같다. 따라서 체납처분도 일반의 금전집행절차와 많은 부분이 공통하므로 양 절차의 경합가능성이 많고 또한 절차조정의 필요성이 많지만,[107] 우리나라는 양 절차의 조정법률이 없어 양 절차관계의 합리적인 해석에 어려움을 가지고 있다.

(2) 경매와 공매의 비교

(가) 같은 점

양 절차는 각각의 근거법률(집행법, 징수법)에 의하고, 공권력의 행사에 의한 강제력에 의하여 채무자(체납자) 소유부동산에 대한 처분권을 박탈하여 환가(현금화)를 하고, 환가한 금원을 이해관계인에게 배분을 하는 점에서 양 절차는 동일하다(법에 의한 법률의 집행, 즉 강제집행이라는 점에서 동일). 따라서 양자 모두 법률규정에 의한 물권변동(민법 제187조)으로 등기 없이 소유권을 취득하며, 매수희망자의 입장에서는 동일한 부동산시장이 된다(다만 각 그 법률이 다르고 다른 법리에서 작용하므로 주의를 요한다).

---

105) 전게,곽용진,판례로 본 경매, 316면.

106) 예컨대 강제경매의 집행개시요건은 집행권원·집행문·송달증명원이 필요하지만, 체납처분을 개시하기 위하여서는 독촉장·공매통지서 등이 송달만 되면 된다.

107) 전게,곽용진,판례로 본 경매,316면;전게,곽용진,국세징수실무해설,89면

(나) 다른점[108)]

① 경매는 집행법에 의한 사채권의 권리실현을 위하여 채권자의 신청에 따라 법원의 공권력행사로 진행이 되며, 공매는 징수법에 의한 공법상 채권인 조세채권의 만족을 위하여 스스로의 강제력에 의하여 국가 등에 의하여 행사된다. 즉 집행채권의 성질, 집행기관, 집행권의 성질, 근거법령, 법의 제정목적에서는 다르지만, 채무불이행(체납)된 채권을 강제로 회수하기 위하여 국가 등이 공권력을 개입하여 강제적으로 채무자(체납자)의 소유재산을 압류하여 환가(현금화)한 후에 이해관계인들에게 배분하는 방법에 의하는 점에서는 공통점이 있다.

② 세부적으로 경매는 불특정다수의 원매자가 구술로 매수의 청약을 하고, 그 중 최고가매수신고인에게 매각하는 경쟁체결에 의한 매매(경매나 공매의 법률적 성질은 매매이다)로서 물적 책임의 강제적 실현인 임의경매와 인적 책임의 강제적 실현인 강제경매로 나눠지만, 어느 절차이든 집행법원의 법률에 의한 강제적 환가인 점에서는 모두 같다. 경쟁체결에 의한 매각방법인 다른 하나인 공매는 징수법(이 법률을 준용하는 법률 포함)에 의한 공법상 금전채권의 강제적 실현절차로서, 위에서와 같이 경매와는 근거법령 등이 다를 뿐, 매수자의 입장에서는 대상물건 등 그 실질적 내용과 절차가 유사하고, 양 제도는 집행행위의 성질에 있어서는 차이가 없다.[109)]

③ 체납처분절차의 법 규정 형태는 조세채권 중 국세는 징수법에 의하여, 지방세는 국세기본법 및 징수법을 준용하거나(지방세법 제82조) 국세체납처분의 예에 의한다(동법 제28조제4항)는 형식으로 국세에서와 동일하게 취급하고, 기타 공과금의 경우에도 국세 또는 지방세의 체납처분 예에 의한다는 형식을 취한다.

---

108) 자세하게는 곽용진, 부동산권리분석론, 부연사, 58면 이하.

109) 서정우, 재판자료 제17집, 법원행정처(조세징수절차와 부동산경매, 조세사건의 제문제)는 체납처분절차의 성격, 경매절차와의 차이, 조세채권과 다른 권리자의 관계 등이 자세하고, 서정우, 공경매에 있어서의 몇 가지 문제, 부동산거래의 제문제, 민사판례연구회, 355면 이하는 위 3가지 강제환가방법을 공경매라 하여 3개 절차를 절차의 성질, 집행권원의 요부, 일반채권자의 배당요구의 요부 및 배당절차, 이의 및 불복절차, 이해관계인의 범위, 각 절차의 상호 경합관계 등을 논하고 있다.

즉 강제집행과 체납처분에 의한 압류의 본질은 동일하지만 그 기능은 차이가 있는, 제도목적과 집행행위의 성질이 유사한 제도라 할 수 있다.[110] 환가절차는 징수법과 이를 준용하는 지방세법 기타 관련법률상 國 등의 조세채권과 각종 공과금을 회수하기 위한 절차로서 입찰의 방법에 의하여 공매절차를 진행한다(징수법 제67조). 판례도[111] "체납처분도 강제집행의 일종으로서 양자의 성질은 동일하다"고 한다.[112]

(다) 도표에 의한 경매와 공매의 비교

구 분	경매	압류재산의 공매
법률적 성격	학설상 사법상 매매설	좌동
배당요구의 종기	첫 매각기일 이전 법원이 정하는 날(민사집행법 제84조제1항)	배분계산서 작성 전까지 (국세징수법 제83조제1항 후단)[113]
농지취득자격증명[114]의 제출기한(실무)	매각결정 전(미제출시에는 매각결정취소)까지 제출(취득요건)	소유권이전등기촉탁신청 전까지 제출 (등기에 필요한 서류)
임대차와 현황조사 매각예정가격의 체감	집행법에 의한 집행법원의 명령에 의하여 집행관이 임대차 등 현황조사보고 집행법 제119조는 최저매각가격을 상당히 낮춘다고만 하여, 집행법원의 재판(경매명령)에 의하여 가격체감을 한다. 실무상 전차가격의 20%씩 체감한다.	국세징수법상 관련 규정 없음. 실무상 감정인의 임대차조사 내용을 참고하여야 한다. ①2회차부터 1회차 매각예정가격의 10%씩 체감하여 50%까지 진행(법률이 체감율을 규정한다. 국세징수법 제74조제4항) ②6회차 공매(1회차 매각예정가격의 50%)에도 매각되지 아니한 경우에는 압류관서와 협의(매각예정가격의 50%를 기준으로 10%씩 체감. 즉 최초를 기준하면 5%씩 체감)

110) 전게, 곽용진, 국세징수실무해설, 142(강인애, 조세법 I, 조세통람사, 236면 이하는 양 제도의 비교 및 체납처분의 특수성에 대하여 언급한다).

111) 조고판 1935.4.19, 청림각, 판례총람 6권 1211면; 전정구, 체납처분과 강제집행의 경합, 판례를 중심으로 한 한국조세법의 제문제, 조세통람사, 159면.

112) 강제환가제도의 분류에 대하여 일본 국세징수법 제2조제12호는 ①체납처분절차(그 예에 의한 경우를 포함), ②강제집행, ③임의경매, ④파산절차, ⑤기업담보권의 실행절차로 분류하여(深谷和夫 외5, 조세징수실무강좌2, 교유세이, 177면), 체납처분절차(그 예에 의한 경우를 포함한다)와 강제집행절차가 강제환가제도임을 분명히 한다.

대금지급방법	대금지급기한.[115] 민사집행법 제142조, 민사집행규칙 제78조에 의거 실무상 매각결정을 한 후 30~40일 후로 지정된다.	좌동. 국세징수법 제75조, 동법 시행령 제76조에 의거 매각결정일로부터 1,000만원 미만은 7일 이내, 1,000만원 이상은 60일 이내, 지연시에는 10일의 최고기한이 있다
대금지급의 효력	등기 없이 소유권을 취득 (민사집행법 제135조)	좌동(국세징수법 제77조)
잔대금 불납시 입찰보증금의 처리	배당할 금액에 포함됨(다만, 재매각기일 3일 전까지 납부하면 유효하다)	체납처분비, 압류와 관계되는 국세·가산금 순으로 충당하고 잔액은 체납자에게 지급함(헌법불합치결정. 2010.1.1 국세징수법 제65조제4항 및 제78조제2항 후단을 개정)
대금불납시 전매수인의 매수자격의 제한	매수할 수 없음 (민사집행규칙 제59조제1호)	제한규정이 없음(입찰가능)
저당권부채권의 상계가능성	법률이 상계를 인정한다. (민사집행법 제143조제2항).	판례는 상계를 불허한다.[116]
공유자의 우선매수권	우선매수청구권 있음 (민사집행법 제140조)	좌동. 2006.10.27 신설. 국세징수법 제73조의2.
차순위매수신고제도	있음(민사집행법 제114조)	없음
부동산인도명령제도	있음(민사집행법 제136조)	없음
배당금의 공탁	있음(민사집행법 제160조)	없음[117]
개시결정의 등기	있음(민사집행법 제94조)	별도의 개시절차가 없음[118]

113) 배분요구의 종기인 동조 후단은 2002.12.26 신설되었으나, 해석상 의문점이 많다. 체납처분은 배분계산서를 작성함으로써 종결된다(국세징수법 제83조제2항).

114) 농지취득자격증명에 대하여 경매실무는 매각결정일까지 구비하여야 할 농지취득의 요건으로, 공매에서는 소유권이전시 필요한 첨부서류로 보고 있다.

115) 민사집행법 제142조제2항. 종래 경매의 경우에는 대금지급기일이었다.

116) 대판 1996.4.23,95누6052.

117) 다만 예외적으로 가압류권자의 경우, 대판 2002.3.26,2000두7971은 국세징수법 제84조에 따라 배분금을 예탁하라고 하지만, 파생되는 문제점이 많다(판례평석은 김찬돈,국세징수법상 공매대금 배분에 있어서 근저당권 보다 앞선 가압류채권이 배분의 대상이 되는 채권인지 여부,재판과 판례 13집,대구판례연구회,495면-522면).

118) 체납처분에 의한 압류등기가 이에 대신하지만, 실무상 압류로부터 공매의 개시까지에는 시차가 있다.

5. 강제집행과 다른 절차와의 구분

가. 판결절차·강제집행절차와 체납처분절차

강제집행은 사권의 사실적 형성을 위한 절차로서 관념적 형성을 목적으로 하는 판결절차와는 성격이 다르며, 확정된 권리를 사실적으로 실현하는 것이다. 따라서 강제집행은 능률적·합목적인 권리의 실현방법이 고려되어야 하므로 채권자의 채무자에 대한 우월적·능동적인 지위가 인정되고, 집행절차에서는 판결절차에서와 같은 당사자 사이의 무기의 평등이 관철되지 아니한다. 이와 같은 강제집행의 특징은 집행권원에 의하지 아니하고 자력집행권에 의하여 집행하는 체납처분절차 역시 행정행위로서 특성상 능률과 합목적성이 중시되는 절차라는 점에서 공통의 분모를 가지고 있다. 즉 판결절차는 신중·공평이라는 이념이 지배하고, 집행절차는 합목적성의 추구라는 행정작용적 이념(능률성, 신속성)이 우위에 서므로, 집행의 본질은 행정작용이라고 할 수 있다. 특히 강제집행은 채무자의 재산권 내지 사생활에 권력적 개입을 하고, 채무자의 지위는 권리구제의 측면에서 채권자에 비하여 반드시 유리한 것만은 아니며, 채권자의 신청이 형식적으로 適式(적식)의 신청인 한 집행법원에 거부되지 아니하므로 가혹한 집행결과를 초래하여 채무자의 생활이 파괴될 수도 있어, 이를 조정할 필요가 있고 이는 행정행위의 공정력에 의하여 같은 결과가 될 수 있음도 집행행위로서 공통되는 문제이다.

나. 민사집행과 체납처분절차

체납처분이 강제집행인가에 대한 언급은 아직 우리 문헌상 취급사례는 찾기 어려우나, 일본자료를 보면 민사집행과 체납처분과의 관계는 "인접하는 제도, 채권자의 다른 권리실현절차, 금전채권의 만족을 위한 강제환가절차로서 공통의 성질을 가지므로 양자를 준별(峻別)하여 취급하는 것은 타당하지 아니하다"고 하거나, 또는 "조세채권을 위한 체납처분은 금전채권을 위한 강제집행의 다른 하나의 예인 것은 부정할 수 없다"거나, "체납처분절차는 행정상 강제집행, 압류의 본질에 있어 동일하다, 공법분야에서 가장 민사집행에 근접한 것은 민사절차의 대체집행에 해당하는 행정대집행절차와 민사집행에 있어 금전채권의 강제집행에 해당하는 국세 등의 체납처분절차로 양자는 채무자 재산에 대한 강제환가절차로서 전자는 사법상청구권인 사채권, 후자는 공법상 조세채권을 위한 절차"라 하거나, "강제경매와 징수법에 의한 체납처분과의 관계는 강제경매와 담보권의 실행과의 관계와 같다", "강제집행과 징수법에 의한 체납처분도 금전집행으로서 그 본질 및 구조는 동일하다고 할 수 있으므로 압류경합 문제가 발생한다"고 하고 있으나, 이는 모두 동일한 내용을 다른 시각에서 표현한 것이 불과한 것으로 체납처분절차를 광의의 강제집행으로 보는 것에 대하여 이의가 없다. 이와 관련 일본 국세징수법 제2조 제12호는 강제환가절차로서 체납처분, 담보권실행을 위한 경매 및 파산절차를 열거하고 있어 체납처분절차를 강제집행이라고 명문으로 규정하여 의문의 소지가 없고, 우리 역시 후술하는 바와 같이 판례가 양 절차의 준별을 원칙(상호불간섭주의)으로 하나, 체납처분도 강제집행임을 전제하고 있고 양 절차의 경합시 그 선후의 구분 없는 집행을 허용한다.

전술한 바와 같이 강제집행은 사법상 청구권이 원칙이지만 공법상 청구권도 포함되고 공법상 청구권의 실현은 징수법이나 행정대집행법에 의하여 행하여지나, 공법상 청구권 중 특히 벌금·과료 등 재산형 집행(재정상·경찰상 강제집행, 벌금, 科料, 過料, 몰수 등)은 민사집행법 기타 강제집행절차에 관한 법령에 따라 행하여지나(민소법, 비송사건절차법 제249조, 형사소송법 제477조, 기타 가사심판법 등), 민사집행법의 범위 밖이므로 강제집행의 원칙이 어떻게 적용될 것인가는 문제이다. 환가절차에 관한 규정을 적용하는데 대하여는 거의 문제가 없으나 집행문, 집행문부여에 대한 이의, 청구이의의 소 등 총칙관계의 적용이 있는가에 대하여는 논의가 있을 수 있고 적어도 집행문부여, 집행문부여에 대한 이의 등에 대해서는 적용의 여지가 없다고 본다.

6. 집행기관

가. 의 의

집행기관이란 국가의 민사집행권을 행사하는[119] 국가의 사법기관으로서 집행법상 집행관(집행법 제2조), 집행법원(동법 제3조, 제79조, 제224조 등), 제1심 법원(동법 제260조, 제261조)의 세 종류가 있으며,[120] 집행당사자와 함께 민사집행의 주체이다. 집행은 간이 신속을 중요시하며, 권리의 종국적인 확정을 목적으로 하는 것이 아니므로 재판기관과 분리 구별된다.[121] 집행절차를 판결절차로부터 제도적으로 분리한 결과 제1심 법원은 예외적으로만 집행기관이 된다. 집행기관의 수권에 의하여 집행행위를 보조하는 제3자, 예컨대 집행관의 강제집행을 원조하기 위하여 출동하는 경찰 또는 국군(집행관의 강제력 사용. 집행법 제5조제2항), 경매신청의 기입등기를 하는 등기관(동법 제94조, 제268조), 대체집행에 있어서 수권결정에 의하여 대체집행을 하는 자(동법 제260조) 등은 집행기관에 종속하여 비독립적으로 집행기관의 집행을 보조하는 경우로서 집행기관이 아니다. 그러나 집행보조기관의 행위의 흠은 바로 집행기관의 행위의 하자로 된다.[122]

나. 집행기관의 분리

(1) 재판기관과 집행기관의 분리

권리의 관념적 형성을 담당하는 재판기관과 사실적 형성을 담당하는 집행기관과는 그 담당사무의 성질이 다르기 때문에 별개의 기관이다. 재판기관에는

---

119) 근대국가에서 민사집행권은 국가가 독점하고 있으며 이는 국가통치권에 속하는 民事司法의 한 작용을 이루고, 채권자는 국가에 대하여 민사집행권의 발동촉구를 신청할 수 있는 지위에 있을 뿐이다(주석민사집행법 I,한국사법행정학회,53면).

120) 집행기관을 집행법원과 집행관으로 구분하여 설치하는 2원주의와 구분하지 않고 일원적으로 설치하는 1원주의가 있다. 2원주의를 취하는 예로는 일본을 들 수 있고, 오스트리아·이탈리아·벨기에·스위스 등은 1원주의를 취하고 있다.

121) 한종열, 민사집행법(하), 대학출판사, 1995, 39면.

122) 박두환,민사집행법,법률서원,23면.

보다 신중하고 정밀한 판단이 요구되고 집행기관은 신속·확실한 집행이 요구되므로 양 기관을 분리·별개로 하는 것이 재판절차나 집행절차를 위하여 적당하다. 따라서 집행의 신속을 도모하기 위하여 집행기관을 재판기관으로부터 분리하여, 청구권의 존부 등 실체관계의 조사·판단은 집행기관의 권한에서 빼고, 집행기관은 적법한 집행권원의 제시가 있으면, 오직 이를 바탕으로 하여 그에 표시된 청구권을 실현하도록 하고 있다.

(2) 집행기관의 구분

위에서와 같이 집행기관을 재판기관에서 분리할 뿐만 아니라 집행기관을 3원화 하여 집행행위의 다양성에 따라 집행기관 자체를 여러 가지로 구분시킬 필요가 있다. 사실적 행동과 실력행사의 요소가 많고 비교적 간단한 절차의 집행은 이를 집행관의 직무관할로 하고,[123] 독립한 법률적 판단이 요구되는 것은 법원이 담당하도록 하되 관념적인 명령행위(재판)로 족한 채권에 대한 집행이나 신중한 절차를 요하는 부동산에 대한 집행은 집행법원의 직무관할로, 집행할 청구권과 집행방법 사이에 상당한 재량판단을 요하는 행위는 제1심 법원의 직무관할로 하여, 법원이 담당하는 집행 중에도 다시 종류를 나누어 배분하였다. 즉 유체동산에 대한 집행(경매)과 동산 및 부동산의 인도집행은 집행관이(집행법 제2조, 제189조 내지 제222조, 제257조, 제258조), 부동산에 대한 강제경매와 강제관리 및 채권에 대한 강제집행은 집행법원이(동법 제78조 내지 제171조, 제223조 내지 제256조), 작위나 부작위채무의 강제집행 즉 대체집행과 간접강제는 제1심 법원(동법 제260조, 제261조)이 담당하도록 한다.

---

123) 전게,민사집행법,사법연수원,9면. 직무관할이란 집행기관 상호간에 강제집행의 영역을 배분함으로써 각 집행기관이 집행권한을 가지는 범위를 말하고, 토지관할이란 동종의 집행기관 중에 어느 곳의 집행기관이 집행을 담당할 것인가를 규정한 것이다. 토지관할은 개개의 집행행위를 신속·확실하게 할 수 있는 장소를 그 관할구역 내에 가지고 있는 기관에 맡기도록 정하여져 있다.

7. 집행권원

가. 의 의

① 집행권원이란 국가의 강제력에 의하여 실현될 실체법상 이행청구권의 존재 및 범위를 표시하고 그 청구권에 집행력을 부여한 공정의 문서로서, 강제집행을 위한 필수불가결의 기초가 된다. 즉 집행권원은 강제집행의 근거가 되는 문서라고 말할 수 있다. 구민사소송법에서는 채무명의라 하였으나 신법에서 집행권원이라고 하였으며 강제집행의 근거문서임이 틀림없다면 이 용어가 더 타당하다고 한다.[124] 어떠한 증서가 집행권원으로 되는지는 정책적 고려에 의하여 집행법 및 그 밖의 법률에 규정한다. 주로 재판 및 이에 준하는 효력을 가지는 조서가 집행권원으로 된다. 그 외에도 당사자의 진술(의사)에 기한 공정증서(공증인 또는 공증인가합동사무소 및 법무법인이 작성)도 집행권원이 된다. 집행권원은 사법상 이행청구권을 표시하여야 하므로 그러한 표시가 없는 형성판결이나 확인판결은 집행권원이 될 수 없다.[125]

② 집행권원에 기하여 발생한 집행청구권의 행사를 위하여서는 원칙적으로 집행문을 부여받아야 한다(집행법 제28조). 따라서 집행권원이 집행청구권의 요건이라면, 집행문은 집행청구권의 행사요건이다.[126] 집행권원으로 인정되는 것은 법이 제한적으로 열거하는 것에 한한다. 그러므로 사인 간의 합의에 의하여 만들어 낼 수는 없다.

나. 집행권원의 종류

집행권원은 민소법과 집행법에서 규정하는 것과 다른 법률에서 규정하는 것이 있으며, 또한 증서의 형식, 작성기관의 종류, 기판력의 유무 등 여러 가지 관점에서 분류할 수 있다.

---

124) 이시윤, 신민사집행법 제3판, 박영사, 2006, 99면.

125) 전게,이시윤,96면;전게,주석민사집행법Ⅱ,58면;강대성, 민사집행법, 산영사,30면.

126) 전게,이시윤,96면;전게,주석민사집행법Ⅱ,71면.

(1) 판 결

(가) 확정된 종국판결

① 강제집행은 확정된 종국판결이나 가집행선고 있는 종국판결에 기초하여 한다(집행법 제24조). 종국판결이란 소에 의하여 계속된 사건의 전부(민소법 제198조) 또는 일부(동법 제200조)를 그 심급으로서는 마치는 판결을 말하고, 변론 없이 하는 판결도 포함한다(동법 제257조). 중간판결은 집행권원이 될 수 없다. 종국판결인 한 전부·일부·추가판결 모두 집행권원이 된다.

② 종국판결은 형식적으로 확정되면[127] 원칙적으로 집행권원이 된다. 확정이란 판결을 통상의 불복방법 즉 상소(항소, 상고, 이의신청)에 의하여 취소할 수 없게 된 상태를 말한다(민소법 제498조).[128] 판결의 확정시기는 판결마다 다르지만 통상의 경우에는 상소기간의 만료(상소기간의 도과, 상소의 취하, 상소각하)시 이다. 즉 강제집행은 원칙적으로 판결이 확정된 경우 이지만, 확정되기 전이라면 판결에 가집행선고가 있어야 한다.

③ 집행이 가능하고 또한 허용되는(집행에 적합한) 집행력 있는 이행판결만이 집행권원이 된다. 확인판결이나 형성판결에는 집행력이 없다.[129] 강제집행을 위하여서는 집행문(집행법 제30조)이 필요하며, 판결의 확정증명(민소법 제499조)은 강제집행의 개시를 위하여서는 불필요하지만, 강제집행의 일시정지(민소법 제500조), 확정판결로서 의사를 진술한 것으로 보는 경우(집행법 제263조) 등에 쓰인다.

---

127) 대판 1974.6.25,73다1471(원고가 피고의 주소를 알고 있었음에도 불구하고 허위의 주소로 하여 소를 제기하고 판결을 받은 경우라도 그 판결이 재판장의 공시송달명령에 의하여 송달되고 항소기간이 도과되었다면 그 판결은 형식상 확정되었다). 전게,이시윤, 100면.

128) 한종열, 전게 61면.

129) 전게,주석민사집행법Ⅱ,85면. 모든 이행판결이 집행이 가능한 것은 아니며(예컨대 동거를 명하는 판결, 사망자에 대판 판결 등 집행을 할 수 없는 경우), 확인판결이나 형성판결은 그 효력의 발생에 의하여 목적이 달성되므로 강제실현의 필요가 없다.

(나) 가집행선고 있는 종국판결

① 가집행선고가 있는 종국판결도 집행권원이 있다(집행법 제24조). 가집행선고란 미확정의 종국판결에 확정된 경우와 동일한 집행을 주는 형성적 재판을 말한다. 즉 소송이 종료되지는 아니하였지만(예컨대 상소심에 계류 중인 경우), 집행이 가능한 경우이다. 이는 패소자가 절차지연을 위한 상소권을 남용하는 것을 방지 하기 위한 것으로, 승소한 채권자의 신속한 권리실현에 이바지한다. 재산권상의 청구에 관한 판결로서 널리 집행을 할 수 있는 것이면, 상당한 이유가 없는 한 직권으로 가집행선고를 하여야 한다(민소법 제213조). 비재산권상의 청구나 의사표시를 하여야 할 의무에 관한 이행판결(집행법 제263조제1항, 민법 제389조제2항)에는 가집행선고를 붙일 수 없다.

② 가집행선고 있는 판결은 선고 즉시 집행력이 발생한다. 따라서 이행판결이라면 바로 집행권원이 되며, 이의 집행력을 배제하기 위하여서는 청구에 관한 이의의 소를 제기하는 것이 아니라, 그 판결에 대한 상소를 제기하여야 한다. 다만 피고의 상소로서 그 집행력에 의한 집행이 정지되지 아니하므로 별도의 강제집행정지신청(민소법 제500조제1항, 제501조)을 하여야 한다.

③ 가집행선고 있는 판결에 의한 강제집행은 종국적인 권리의 만족인 만족집행인 점에서 확정판결에 기한 본집행과 같지만 다만 그 효과가 확정적이 아닙니다.[130] 상소의 제기결과 상소심에서 변경이 되면(예컨대 원고승소에서 패소) 가집행선고는 그 한도에서 효력을 상실하고 집행력도 소멸하지만(민소법 제215조제1항), 집행이 완료된 경우에는 그 집행처분은 효력에 영향을 받지 아니한다(즉 가집행선고의 실효는 소급하지 아니한다). 가집행선고 있는 판결에 기한 강제집행은 확정판결에 기한 경우와 같이 본집행이므로 상소심의 판결에 의하여 가집행선고의 효력이 소멸되거나 집행채권의 존재가 부정된다 하더라도 그에 앞서 이미 완료된 집행절차나 이에 기한 매수인의 소유권취득의 효력에는 아무런 영향을 미치지 아니한다 할 것이고, 다만 강제경매가 반사회적 법률행위의 수단으로 이용된 경우에는 그러한 강제경매의 결과를 용인할 수 없다. 예

130) 확정판결에 의한 집행과의 차이점은 전게,이시윤,107면;전게,주석민사집행법Ⅱ,89면 이하.

컨대 丙이 가집행선고에 기한 경매절차에서 피고 乙소유의 부동산을 매수한 경우, 丙은 아무런 영향 없이 유효하게 그 부동산의 소유권을 취득한다.[131] 이 경우에는 당사자 사이에 부당이득의 반환청구 또는 불법행위에 의한 손해배상의 문제가 남을 뿐이다.

(다) 외국법원의 판결에 대한 집행판결

외국법원의 판결에 기초한 강제집행은 우리나라 법원에서 집행판결로 그 적법함을 선고하여야 할 수 있다(집행법 제26조제1항). 즉 집행판결이란 외국판결 또는 중재판정에 관하여 이를 근거로 강제집행을 할 수 있음을 선언하는 판결이다. 따라서 당사자는 외국법원의 판결에 기초한 강제집행을 구하려면 집행판결을 구하는 소를 제기하여야 하고(동법 제26조제2항, 제27조), 이 경우 집행판결을 구하는 소의 법적 성질에 대하여 다툼이 있으나 다수설은 외국법원의 판결은 당연히 우리나라에서 집행력을 가지는 것이 아니고, 외국법원의 판결에 기초한 집행은 우리나라에서 집행력을 부여하였기 때문에 가능한 것으로 이해하여, 이를 소송법상 형성의 소(학설 중 형성소송설에서는 외국판결에 본래 가지지 아니한 집행력을 부여하는 판결을 구하는 소라고 한다)로 본다.[132] 따라서 집행판결과 외국판결(중재판정)이 결합되어 집행권원이 되는 것이다.

(2) 판결 이외의 집행권원

(가) 집행증서

① 집행증서란 공증인이 그 권한 내에서 작성한 증서로서 법정의 요건(집행법 제56조제4호, 제57조, 공증인법 제56조의2 제1항[133])을 구비하여 집행력

---

131) 대판 1993.4.23,93다3165. 전게,박두환,116면;전게,이시윤,108면;전게,주석민사집행법Ⅱ,89면.

132) 전게,이시윤,109면;전게,주석민사집행법Ⅱ,119면(학설의 설명이 자세하다);전게,강대성,40면;방순원 외1,제2 전정판 민사소송법 하,68면;전게,민사집행법,사법연수원,28면.

133) 공증인은 어음·수표에 부착하여 강제집행을 인낙하는 취지를 기재한 공정증서를 작성할 수 있다. 집행증서로서의 요건을 구비하지 못한 경우에는 집행력이 없음은 당연하다. 따라서 이러한 집행증서에 집행문을 부여한 경우 채무자는 집행문부여에 대한 이의로서 다툴 수 있다.

이 인정된 공정증서를 말한다. 그러나 집행증서에는 기판력은 없으므로 증서에 기재된 청구가 처음부터 불성립 또는 무효이면 청구에 관한 이의의 소를 제기할 수 있다(집행법 제59조제3항). 이와 같이 공증인이 작성한 공정증서 중 집행권원이 되는 것을 특히 집행증서(즉 집행력 있는 공정증서를 말한다)라고 부른다. 이는 주로 법원의 관여 없이 채권자가 소송에 따르는 시간과 비용절약을 하고, 자기의 권리를 신속하게 실현시킬 수 있는 장점이 있는 반면(특히 금전소비대차 등에 널리 이용된다), 채무자가 타인과 담합하여 가장채권에 대한 집행권원을 만들어 배당요구를 할 수 있으며(평등주의의 폐해), 우월적 지위를 이용한 사채업자의 집행권원을 만드는 수단이 된다는 문제점도 있다.[134]

② 위 공증인이란 공증인법에 의한 임명공증인, 변호사법에 의한 법무법인·유한법무법인, 공증인가법무조합의 3원화로 되어 있고, 각 적용되는 법률이 다르다. 공정증서(집행증서)는 공증인법 제35조에 따라 작성하여야 한다. 다만 어음·수표의 공증은 그 어음·수표의 뒤에 부착하여 공정증서를 작성한다(공증인법 제56조의2).

③ 공정증서에는 일정한 금액의 지급이나 대체물 또는 유가증권의 일정한 수량의 급부를 목적으로 하는 특정의 청구를 표시하여야 하므로(따라서 특정물의 인도에 관하여는 집행증서를 작성할 수 없다), 청구는 정확하게 구체적으로 기재되어 다른 청구와 구별될 수 있어야 한다. 즉 지급할 금액수량이 증서상 특정되어야 한다. 따라서 이자의 청구라면 그 이율과 기간이 결정되어 있어야 한다. 판례도 공정증서상 지연손해금채권에 대하여 아무런 표시가 없는 경우에는 그에 대하여 강제집행을 청구할 수 없다고 한다.[135] 또 공증증서에는 만일 변제기에 변제하지 못하면 즉시 강제집행을 당해도 좋다는 채무자의 의사표시가 기재되어야 한다.

---

134) 전게,이시윤,117면.

135) 대판 1994.5.13,94마542(강제집행에 있어서 채권자가 채무자에 대하여 가지는 집행채권의 범위는 집행권원에 표시된 바에 의하여 정하여 지므로 집행권원, 즉 집행력 있는 공정증서정본상 차용원금채권 및 이에 대한 그 변제기까지의 이자 이외에 변제기 이후 다 갚을 때까지의 지연손해금채권에 대하여는 아무런 표시가 되어 있지 않는 한 그 지연손해금채권에 대하여는 강제집행을 청구할 수 없다).

(나) 판결 이외의 결정·명령

1) 항고로만 불복할 수 있는 재판

① 판결 이외의 재판인 결정이나 명령 중 법률에 의하여 항고로만 불복신청을 할 수 있는 성질을 가진 결정이나 명령의 내용이 이행을 명하고 있고 강제집행에 적합한 것, 예컨대 소송비용액의 상환결정(민소법 제107조제1항, 제2항), 소송비용액의 확정결정(민소법 제110조제1항), 부동산인도명령(통설. 집행법 제136조제1항, 제3항), 강제관리개시결정(집행법 제164조제1항), 간접강제에 있어서 금전배상을 명하는 결정(집행법 제261조제1항) 등은 집행권원이 된다(집행법 제56조제1호, 제57조). 위 항고는 보통항고이든 즉시항고이든 불문하지만 특별항고(민소법 제449조)의 대상이 되는 것은 제외가 된다.

결정이나 명령은 항고가 제기되더라도 즉시항고가 제기된 때에 한하여 집행이 정지되고(민소법 제447조) 보통항고의 경우에는 집행이 정지되지 아니하며, 강제집행절차상의 재판에 대하여는 즉시항고의 경우에도 집행이 정지되지 아니하므로(집행법 제15조제2항), 이 경우에는 항고법원이 집행의 정지 그 밖의 필요한 처분을 명할 수 있다(민소법 제448조).

② 결정이나 명령이 집행권원이 되는 때에는 그 성질상 정본을 송달하여야 한다. 판례는 결정·명령이 집행권원이 되는 등 그 성질상 정본의 송달을 필요로 하거나 또는 특별한 규정이 있는 경우를 제외하고는 결정·명령의 송달은 같은 법 제178조제1항에 따라 그 등본을 송달하는 방법에 의하더라도 무방하고, 반드시 정본으로 송달하여야 하는 것은 아니라고 한다.[136)]

2) 확정된 지급명령

채권자에게 신속한 집행권원을 얻게 하기 위한 독촉절차로서 지급명령제도가 있다(민소법 제462조 이하). 채권자의 지급명령신청에 의하여 법원은 지

136)판례는 그 이유에 대하여 "민소법 제224조제1항 본문에 의하면 성질에 어긋나지 아니하는 한, 결정과 명령에는 판결에 관한 규정을 준용하고, 동법 제210조제2항은 판결서는 정본으로 송달하도록 하고 있지만, 동법 제178조제1항이, 송달은 특별한 규정이 없으면 송달받을 사람에게 서류의 등본 또는 부본을 교부하여 하도록 하고 있기 때문"이라고 밝히고 있다(대판 2003.10.14,2003마1144.).

급명령을 결정하고 채무자에게 송달을 하여야 하며(동법 제469조), 송달받은 날부터 2주 이내에 채무자가 이의신청을 하지 아니하면 지급명령은 확정되고, 확정된 지급명령은 확정판결과 같은 효력을 가지며(동법 제474조. 다만 기판력은 없다), 집행권원이 된다(집행법 제56조제3호, 제57조).[137] 강제집행에 집행문이 있어야 하는 것은 아니지만(동법 제58조제1항 본문), 집행에 조건이 붙거나 당사자의 승계인을 위하여 강제집행을 하는 경우, 당사자의 승계인에 대하여 강제집행을 하는 경우에는 집행문을 부여받아 집행하여야 한다. 이는 인지가 소장의 10분의 1 밖에 되지 아니하는(민사소송등인지법 제7조제2항) 저비용의 집행권원이다.[138] 법원조직법 제54조의 개정으로 독촉절차는 법관이 아닌 사법보좌관의 업무소관으로 이관되었다(법원조직법 제54조제2항제1호, 사법보좌관규칙 제2조제1항제2호).

3) 가압류 · 가처분명령

가압류·가처분의 집행은 강제집행에 관한 규정이 준용되므로(집행법 제291조, 제301조), 가압류·가처분명령은 집행권원이 된다. 즉 명령으로 하는 재판은 집행력이 있으므로 집행문을 요하지 아니하고 즉시 집행할 수 있다. 물론 채권자나 채무자의 승계가 있을 경우에 승계집행문을 부여받아 집행하는 것은 별개의 문제이다.

4) 그 밖에 확정판결과 같은 효력을 가지는 것

i) 재판상 화해조서

재판상 화해에는 소송절차진행 중에 하는 소송상 화해(집행법 제56조제5호, 제57조, 민소법 제145조)와 소제기 전에 지방법원단독판사에게 화해신청을 하는 제소전화해(민소법 제385조)로 구분되고. 모두 화해가 성립되어 조서에

137) 이와 관련 전게,이시윤,124면은 1990년 구민소법 당시에는 지급명령이 발령되어 채무자에게 송달되고, 채무자가 소정의 기간 내에 이의의 제기하지 아니하면 가집행선고 있는 지급명령을 발하고, 이를 집행권원으로 하는 제도가 있었고, 이러한 절차가 폐지되었음에도 불구하고 현행 집행법 제56조제2호의 가집행선고가 내려진 재판을 그대로 방치한 것은 입법상 오류라고 지적한 바, 옳은 지적이라고 본다.

138) 전게,이시윤,124면.

기재하면 확정판결과 같은 효력을 가지므로(민소법 제220조, 제231조), 기판력과 집행력이 있을 뿐만 아니라 그 내용이 집행에 적합한 것이라면 집행권원이 된다. 제3자가 화해에 참가한 경우에는 그 제3자에 대해서도 집행력을 갖는다.[139] 화해조서에 의한 강제집행에도 집행문을 부여받아야 하고, 화해조서가 의무이행의 발생을 조건으로 한 때에는 채권자는 조건성취를 증명서로 증명하여야 하며, 승계가 있는 경우에는 승계집행문을 부여받아야 한다.

ii) 확정된 화해권고결정

법원·수명법관 또는 수탁판사는 소송계속 중인 사건에 대하여 직권으로 당사자의 이익 그 밖의 모든 사정을 참작하여 청구의 취지에 어긋나지 아니하는 범위 안에서 사건의 공평한 해결을 위한 화해권고결정을 할 수 있다(민소법 제225조제1항). 이 결정은 당사자에게 송달이 되고, 송달을 받은 날부터 2주일 내에 서면으로 이의신청을 할 수 있고(동법 제226조, 제227조), 이 기간 내에 이의신청 등이 없으면 재판상의 화해와 같은 효력이 있으므로(동법 제231조), 집행권원이 된다.

iii) 청구의 인낙조서

피고가 소송계속 중 원고의 이행청구를 이유 있다고 인정(인낙)하는 일방적 진술을 말하고, 이를 법원사무관등이 변론조서나 변론준비기일조서에 적은 때에는 그 조서는 확정판결과 같은 효력을 가지므로(민소법 제220조), 기판력 및 형성력이 있고 또 그 내용이 강제집행에 적합한 것이라면 집행권원이 된다(집행법 제56조제5호, 제57조).

8. 민사집행법 또는 민사소송법 외의 법률에 의한 집행권원

가. 중재판정에 대한 집행판결

중재판정은 당사자 사이에 있어서 법원의 확정판결과 동일한 효력을 가지지만(중재법 제35조), 사인인 중재인의 판단이기 때문에 그 성립이나 내용에

---

139) 전게, 이시윤, 126면; 전게, 주석민사집행법 II, 353면.

있어서 흠이 있을 수 있으므로 법원의 승인 또는 집행판결에 의하여 강제집행을 허용한다(중재법 제37조제1항). 이 경우 중재법 제36조제2항의 중재판정취소의 사유(동법 제36조제2항)가 없어야 하고, 이러한 사유가 없는 한 우리나라에서 내려진 중재판정은 승인 또는 집행되어야 한다(동법 제38조).

외국중재판정에는 외국중재판정의승인및집행에관한협약의 적용을 받는 경우와 받지 아니한 경우가 있는 바, 그 적용을 받는 외국중재판정의 집행은 그 협약에 의한다(중재법 제39조제1항). 적용을 받지 아니하는 외국중재판정의 집행은 민소법 제217조, 집행법 제26조제1항(즉 외국법원에서의 판결에 대한 집행판결절차)을 준용한다(중재법 제39조제2항).

나. 확정된 이행권고결정

소가 2천만원을 초과하지 아니하는(소액사건심판법 제2조제1항, 동 규칙 제1조의2) 이행의 소의 경우, 특별한 사정이 없으면(동법 제5조의3 제1항 단서),[140] 소가 제기된 경우에 결정으로 소장부본 등을 피고에게 보내 청구취지대로 이행할 것을 권고할 수 있다. 이 권고결정을 송달받은 날부터 2주일 내에 서면으로 이의신청을 하지 아니하면(동법 제5조의4), 결정은 확정되어 확정판결과 같은 효력이 있으며(동법 제5조의7 제1항), 집행문을 부여받음 없이 집행권원이 되어(동법 제5조의8) 강제집행을 할 수 있다.

다. 조정조서와 조정에 갈음하는 결정

(1) 조정조서

① 민사에 관한 사적 분쟁(예컨대 일정한 금전·물건·등기 등 급부)의 당사자는 법원에 조정을 신청할 수 있고(민사조정법 제2조), 당사자의 양보를 기초로 합의가 된 경우의 조정은 당사자 사이에 합의된 사항을 조서에 기재함으로써 성립(조정조서)하고, 합의한 조정조서의 정본은 당사자에게 송달하여야 하

140) 소액사건심판법 제5조의3 제1항 단서: 1. 독촉절차 또는 조정절차에서 소송절차로 이행된 때, 2. 청구취지나 청구원인이 불명한 때, 3. 그 밖에 이행권고를 하기에 적절하지 아니하다고 인정하는 때.

며(동법 제33조제2항), 이 경우 조정은 재판상 화해 즉 확정판결과 동일한 효력이 있으므로(동법 제28조, 제29조) 그 조서의 내용이 강제집행에 적합한 것이라면 집행권원이 된다.

② 또 위자료나 재산분할을 하기로 하는 가사조정의 경우에도 특별한 규정 외에는 민사조정법의 규정을 준용하며(가사소송법 제49조), 각종 행정조정위원회에서 성립된 조정결과 작성된 조정조서 중 재판상 화해와 같은 효력이 있는 것은 재판상 화해조서처럼 집행권원이 된다(동법 제59조제2항).[141]

(2) 조정에 갈음하는 결정

① 조정담당판사는 합의가 성립되지 아니한 사건 또는 당사자 사이에 성립한 합의내용이 상당하지 아니하다고 인정한 사건(민사조정법 제30조), 피신청인이 조정기일에 불출석한 사건(동법 제32조)에 대하여 상당한 이유가 없는 한 직권으로 당사자의 이익 그 밖의 모든 사정을 참작하여 신청인의 신청취지에 반하지 아니하는 한도 내에서 사건의 공평한 해결을 위한 결정을 하여야 하고(동법 제30조, 제32조), 조정에 갈음하는 결정(이를 강제조정이라고 한다)을 기재한 조서정본을 당사자에게 송달하여야 한다(동법 제33조제2항). 또 가사사건의 경우에도 특별한 규정 외에는 민사조정법의 규정을 준용하므로(가사소송법 제49조) 조정에 갈음한 결정을 할 수 있고, 가사소송법에 의한 심판(가사소송법 제41조) 및 조정 또는 조정에 갈음하는 결정은 재판상의 화해와 동일한 효력이 있다(동법 제59조).

② 조정에 갈음하는 결정정본을 송달받은 당사자가 송달을 받은 날부터 2주일 내에 이의신청 등을 하지 아니하면, 그 결정은 재판상 화해와 동일한 효력이 있으므로(민사조정법 제34조제4항) 집행권원이 된다.

라. 그 밖의 경우

① 파산채권자표(채무자회생법 제460조, 제468조, 제300조)·회생채권자표·회생담보권자표(동법 제255조제1항, 제292조제1항)의 기재는 확정판결과 동일

---

141) 전게, 이시윤, 127면.

한 효력이 있으므로 집행권원이 된다.

② 중앙토지수용위원회의 보상금에 대한 재결이 확정되었을 때에는 확정판결이 있는 것으로 보며, 재결정본은 집행력 있는 판결정본과 같은 효력이 있다(공익사업법 제86조제1항).

③ 유죄판결의 선고와 동시에 하는 배상명령(소송촉진등에관한특례법 제34조제1항, 가정폭력범죄의처벌등에관한특례법 제61조제1항) 등.

9. 집행문

가. 의 의

① 집행문이란 집행권원이 현재의 시점에서 집행력을 가진다는 점과 집행력의 내용(집행력이 미치는 주관적·객관적 범위)을 공증하기 위하여 집행기관이 아닌 다른 공증기관이 집행권원의 정본 말미에 부기하는 공증문언을 말한다. 즉 집행문은 집행권원에 집행력이 있다는 것을 공증하는 것으로서 실체법상 청구권의 존부를 공증하는 것은 아니다. 현실로 집행의 기본이 되는 것은 집행권원이 아니라 이와 같이 집행문이 붙은 집행권원이고, 이를 집행법에서는 집행력 있는 정본(집행법 제28조, 제37조 등. 집행정본이라고 약칭한다)이라고 한다. 집행력 있는 정본의 효력은 전국 법원의 관할구역에 미친다(동법 제37조).

② 집행문의 제도를 둔 목적은 집행기관으로 하여금 집행권원의 집행력의 유무와 범위의 판단을 용이하게 하고 신속한 집행을 가능하게 하려는데 있다. 즉 집행권원의 취득과 실제 강제집행까지는 상당 시간이 경과하므로 그 사이에 권리관계 주체의 변경이나 조건부청구권의 성취 등의 사유가 생길 수 있고, 이러한 사항 등을 집행기관이 직권으로 조사를 하여야 한다면 신속한 집행은 기대할 수 없기 때문이다.

③ 집행권원을 부여받지 못한 경우에는 강제집행을 신청할 수 없다. 그럼에도 불구하고 강제집행을 신청을 한 때에는 채무자는 집행에 관한 이의신청을 할 수 있다(집행법 제16조). 집행문은 원칙적으로 모든 집행권원에 필요로 하지만, 전면적으로 또는 일부 이를 필요로 하지 아니하는 예외가 있다.

나. 집행문의 부여기관

① 집행문은 집행증서 외의 집행권원에 대하여는 사건의 기록이 있는 제1심 법원의 법원사무관등(집행법 제28조, 제57조)이 기명날인하여 부여한다. 소송기록이 상급심에 있는 경우에는 상급법원의 법원사무관등이 부여한다.

② 집행증서에 대하여는 그 원본을 보존하고 있는 공증인법에 의한 공증인, 변호사법에 의한 법무법인·유한법무법인과 공증인가법무조합(집행법 제59조제1항, 공증인법 제56조의2, 제56조의3, 변호사법 제49조제1항, 제58조제2항, 제58조의2 이하, 제58조의18 이하)이 기록 그 밖의 증서에 기하여 조사를 한 후 부여한다. 집행문제도가 집행력의 현존여부를 기록에 의하여 점검하도록 하는 것이므로 기록을 현재 가지고 있는 기관으로 하여금 이를 담당시킨 것이다.

③ 특허법·실용신안법 등에 의하여 집행권원으로 보는 결정은 특허심판원 공무원(특허법 제166조, 실용신안법 제35조)이 부여한다.

④ 국가배상법에 의한 배상결정에 있어서는 그 기록보관자가 사법사무담당자가 아니기 때문에 집행문을 당해 배상심의회의 소재지를 관할하는 지방법원이 부여하도록 하였다(국가배상법 시행령 제26조).

10. 부당집행에 대한 구제방법

가. 의 의

집행채권의 존부나 집행대상 재산의 권리귀속 등 실체상의 사유에 의하여 부당집행이 될 수 있는 경우에는 집행절차상에 문제가 있는 경우와는 달리 절차 외에서 별도로 소를 제기하여 구제를 받아야 하는 바, 이에는 청구에 관한 이의의 소(청구이의의 소)와 제3자 이의의 소가 있다.

나. 청구에 관한 이의의 소

① 청구에 관한 이의의 소(집행법 제44조)란 채무자가 집행권원에 표시된 이행청구권에 대하여 생긴 이의(실체법적 사유)를 주장하여 그 집행권원이 가

지는 집행력을 배제함으로써 실체상의 부당한 강제집행을 저지하여 줄 것을 청구(이의)하는 소이다. 이는 강제집행은 사법상 청구권의 강제적 실현을 목적으로 하고, 우리의 법제는 신속하고 능률적인 집행을 위하여 집행기관을 재판기관과 분리하는 제도를 취하고 있기 때문에 집행기관은 집행권원만 성립하면 성립 이후 그 집행권원에 표시된 이행청구권의 존부나 변경 등 실체적 사유의 변경을 묻지 아니하고 집행권원만을 유일한 기초로 하여 집행하도록 하므로 (집행에 임하여 그 청구권이 실제로 존재하는지, 그 범위가 집행권원에 표시된 것과 동일한지의 여부는 조사하지도 아니하며, 조사할 권한과 의무도 없다), 집행권원에 표시된 이행청구권이 변제 등으로 소멸하거나 유예 또는 집행증서 같은 재판 외의 집행권원에 있어서는 청구권 자체가 성립하지 아니하는 등의 경우에도 그러한 집행권원에 의한 강제집행은 절차상으로는 적법하지만 실체적으로는 위법한 것이 되어 부당한 집행이 될 수 있음에도 집행에 관한 이의나 항고로써는 이를 구제할 수는 없고, 별단의 사유가 없는 한 집행기관은 그 집행권원에 기한 강제집행을 실시·속행하여야 한다. 그러나 강제집행의 궁극의 목적은 사법상 청구권의 만족에 있는 것이므로 위와 같은 집행이 절차법상 형식적으로는 적법하다고 하더라도 실체법상 부당하기 때문에 이러한 부당한 집행을 저지하여 채무자를 구제하여야 할 필요가 있다. 즉 집행권원의 집행력을 배제하여 제도가 청구에 관한 이의의 소이다.

② 따라서 실체적 청구권이 없는데도 집행이 행하여지는 것은 부당하므로 부당한 집행을 방지하여 채무자를 구제하기 위하여 집행권원에 표시된 이행청구권의 존부·내용 및 행사나 예외적인 집행권원의 성립 등에 문제가 있는 경우에는 집행기관이 아닌 판결기관이 실질적인 심리를 하여 집행권원의 집행력을 배제시키는 제도를 두는 바, 집행권원에 표시된 실체법상의 청구를 다툰다는 의미에서 청구에 관한 이의의 소라고 부른다. 제3자이의의 소가 집행당사자 아닌 제3자의 이의라면, 청구에 관한 이의의 소는 채무자의 이의인 것이다. 즉 실체적 권리관계와 합치하지 아니하는 집행권원의 집행력을 사전에 배제하여 부당한 집행을 저지하기 위하여 마련된 제도가 청구에 관한 이의의 소이다.

③ 이 소는 집행권원의 내용이 금전집행이건 비금전집행이건 불문하며, 집행권원의 종류를 불문하지만, 다만 가집행선고 있는 판결과 같은 미확정의 집

행권원은 상소 등에 의하여 그 취소변경을 구할 수 있으므로 확정된 후가 아니면 이 소를 제기할 수 없고, 가압류·가처분에 대하여는 별도의 이의신청(집행법 제283조, 제301조)이나 사정변경에 따른 취소신청(동법 제288조, 제301조)이 인정되므로 이 소로 다툴 수 없다. 또 판례는 의사의 진술을 명하는 판결은 확정과 동시에 집행이 종료되기 때문에 집행기관에 의한 별도의 집행절차가 필요한 것이 아니므로 특별한 사정이 없는 한 확정판결 이후에 집행절차가 계속됨을 전제로 하여 그 집행권원이 가지는 집행력의 배제를 구하는 청구에 관한 이의의 소는 허용될 수 없다고 한다.[142)]

다. 제3자이의의 소

① 강제집행을 할 때에 채무자의 책임재산이 아닌 제3자의 재산을 잘못 압류하는 경우가 있는 바, 이에 대한 구제방법이 제3자이의의 소(집행법 제48조)이다. 즉 제3자이의의 소란 집행의 목적물에 대하여 양도 또는 인도를 저지할 수 있는 권리를 가진 제3자가 이를 침해하는 강제집행에 대하여 이의를 주장하고 당해 집행의 배제를 구하는 소송을 말한다. 예컨대 경매부동산이 등기부상 집행채무자명의로 등기되어 있으나 제3자가 민법 제187조 등에 의하여 자기 소유임을 주장하는 경우의 소를 말한다. 전술과 같이 권리판정기관(제1심법원)과 집행기관의 분리에 따라 집행기관은 집행대상물이 채무자의 책임재산에 속하는지의 여부(실체법적 귀속여하)에 관계없이 대상물의 외형과 징표만에 의하여 판단하도록 하며(동법 제81조제1항, 제189조제1항, 제191조, 제226조), 그 실체적 심사를 할 권한이나 의무도 없다(동법 제225조). 따라서 외형과 징표만을 기준으로 집행이 행하여지는 한 실체법상으로는 책임재산에 속하지 아니함에도 불구하고 집행기관에 의하여 책임재산으로 인정되어 강제집행의 대상이 되는 경우가 있을 수 있으며,[143)] 이러한 경우에도 그 집행은 부당집행이

---

142) 전게, 주석민사집행법, 223면; 전게, 민사집행법,사법연수원, 78면. 대판 1995.11.10,95다37568.

143) 즉 강제집행은 채무자의 책임재산에 대해서만 행하여지는 것이어야 할 것이지만 집행의 신속을 기한다는 면이나 집행기관의 성질에 비추어 보아도 집행기관이 그 목적물이 채무자의 책임재산에 속하는지 여부 또는 그 재산에 관하여 제3자가가 권리를 가

지만 위법집행은 아니며(집행법상 당연히 위법은 아니므로), 이에 대하여 집행에 관한 이의신청(동법 제16조)이나 즉시항고(동법 제15조)로 불복할 수 없는 것이 보통이므로, 실체법상 집행의 대상물이 될 수 없음에도 실제 강제집행의 대상이 된다면 그 집행은 부당한 것이므로 이를 시정하는 방법이 있어야 한다.

즉 책임재산에 속하는지의 여부에 대하여 실체법상 다툼이 생기면 그 다툼은 집행기관이 아닌 권리판정기관이 변론절차에 기초하여 판결절차로 신중하게 판단하도록 한 후, 그 권리판정기관의 심판을 다시 집행절차에 반영시키는 법적 제도(즉 부당집행에 대한 구제수단)가 집행법 제48조의 제3자이의의 소이다. 이 소는 통상 집행당사자 외의 제3자가 원고가 되어 제기한다는 의미에서 제3자이의의 소라고 부르며, 또 제3자가 집행당사자 간의 집행관계에 끼어든다는 점에서 집행참가의 소라고도 부른다.[144] 그러나 제3자이의의 소는 실제로 제3자와 채무자의 통모에 의하여 집행을 방해하는 수단으로 악용되는 경우도 있으므로 그 운영에 있어서는 신중을 기하여야 한다. 이 소는 부당한 강제집행을 배제하는 목적으로 채무자의 책임재산에 속하지 아니한 경우의 구제방법이며, 집행청구권의 존부를 다투는 것은 아니다. 따라서 제3자이의의 소에서 패소한 채권자라도 채무자의 다른 재산에 대하여는 집행이 가능하다.[145]

판례는 집행관이 채무자 아닌 제3자의 재산을 압류한 경우에 채권자가 압류 당시 그 압류목적물이 제3자의 재산임을 알았거나 알지 못한데 과실이 있다면 집행관이 채무자 아닌 제3자의 재산을 압류함으로써 받은 제3자의 손해에 대하여 불법행위자로서 배상책임을 진다고 한다.[146]

② 제3자이의의 소는 특정재산에 대한 강제집행을 배제하고자 하는 것이므로, 청구에 관한 이의의 소나 집행문부여에 대한 이의의 소가 집행권원에 기한

지고 있는지 여부의 실질적 심사를 할 수가 없고 어느 정도의 외관에 의하여 집행될 수밖에 없다. 따라서 외관적 징표를 기준으로 집행을 할 때에는 필연적으로 채무자의 책임재산에 속하지 아니하는 재산이나 채무자 이외의 제3자의 재산상 권리에 대하여 집행이 되는 경우가 있을 수 있게 된다(전게,박두환, 83면;전게,주석민사집행법, 271면; 전게, 민사집행법, 사법연수원, 89면).

144) 전게, 박두환, 83면;전게,주석민사집행법, 272면.

145) 전게, 박두환, 83면;전게, 이시윤, 185면.

146) 대판 2003.7.25,2002다39616.

강제집행의 가능성을 배제하는 것과는 다르다. 판례도 집행법 제48조 소정의 강제집행에 대한 제3자이의의 소는 이미 개시된 집행의 목적물에 대하여 소유권 그 밖의 목적물의 양도나 인도를 저지하는 권리를 주장함으로써 그에 대한 배제를 구하는 것이므로 그 소의 원인이 되는 권리는 집행채권자에게 대항할 수 있는 것이어야 하고,[147] 그 대항여부는 그 권리의 취득과 집행의 선후에 의하여 결정되는 것이 보통이므로 그 권리가 집행당시에 이미 존재해야 하는 것이 일반적이라고 할 것이지만 집행 후에 취득한 권리라도 특별히 권리자가 이로써 집행채권자에게 대항할 수 있는 경우라면 그 권리자는 그 집행의 배제를 구하기 위하여 제3자 이의의 소를 제기할 수 있다고 한다.[148]

따라서 일반적으로 가압류 후의 소유권취득자는 그 가압류에 터잡아 한 강제경매의 집행채권자에게 대항할 수 없는 것이고, 그 강제집행의 기초가 되는 집행권원의 허위나 가장 여부를 다툴 적격이 없는 것이지만, 그 집행 후에 취득한 권리라 할지라도 특별히 권리자가 이로써 집행채권자에게 대항할 수 있는 경우라면 그 권리자는 그 집행의 배제를 구하기 위하여 제3자이의의 소를 제기할 수 있고,[149] 강제경매개시결정등기 후의 소유권취득자도 같다고 한다(즉 경매개시결정 후의 소유권취득자는 집행채무자에 대항할 수 없으므로 강제집행의 기초가 되는 집행권원의 허위나 가장 여부를 다툴 적격이 없다).[150]

③ 즉 제3자이의의 소는 강제집행의 목적물에 대하여 소유권이나 양도 또는 인도를 저지하는 권리를 가진 제3자가 그 권리를 침해하여 현실적으로 진행되고 있는 강제집행에 대하여 이의를 주장하고 집행의 배제를 구하는 소이므로, 당해 강제집행이 종료된 후에 제3자이의의 소가 제기되거나 또는 제3자이의의 소가 제기된 당시 존재하였던 강제집행이 소송계속 중 종료된 경우에는 소의 이익이 없어 부적법하지만, 매각절차가 종료되었다고 하더라도 배당절차가 종료되지 아니한 이상 제3자이의의 소는 여전히 소의 이익이 있다.[151]

---

147) 대판 1980.1.29,79다1223; 대판 1982.10.26,82다카884; 대판 1976.8.24,76다216.

148) 대판 1982.10.26,82다카884; 대판 1997.8.29,96다14470.

149) 대판 1996.6.14,96다14494.

150) 대판 1988.9.27,84다카2267; 대판 1976.8.24,76다216.

151) 대판 1997.10.10,96다49049; 대판 1996.11.22,96다37176.

제 4 장 보전절차(가압류·가처분)

제1절 서 론

1. 보전처분의 의의와 필요성

가. 의 의

보전처분은 권리 또는 법률관계에 관한 쟁송이 있을 것을 전제로 하여 이에 대한 판결의 집행을 용이하게 하거나 확정판결이 있을 때까지 손해가 발생하는 것을 방지할 목적으로 일시적으로 현상을 동결하거나 임시적 법률관계를 형성하게 하는 재판이다. 보전재판이라고도 하며, 이러한 처분을 얻기 위한 절차와 그 당부를 다투는 쟁송절차 및 그 처분의 집행절차를 보전소송절차 또는 보전절차라고도 한다. 소송적인 측면에 착안하여 보존소송이라고 하는 이도 있다.[1)]

나. 필요성

권리자가 그 권리를 실현하기 위하여서는 민사소송절차를 거쳐서 집행권원을 얻고 다시 강제집행절차를 밟아 권리의 종국적 실현을 얻을 수밖에 없다. 그러나 민사소송절차는 많은 시일을 소요하게 되므로 그 간에 채무자의 재산상태가 변한다든가 다툼의 대상(계쟁물)에 관하여 멸실·처분 등 사실적 또는 법률적 변경이 생기게 되면 채권자는 많은 시일과 경비만을 소비하였을 뿐 권리의 실질적 만족은 얻을 수 없게 되는 수가 많이 있다. 이러한 결과를 방지하기 위하여서는 확정판결을 받기 전에 미리 채무자의 일반재산이나 다툼의 대상(계쟁물)의 현상을 동결시켜 두거나 임시로 잠정적인 법률관계를 형성시켜 두는 조치를 취함으로써 나중에 확정판결을 얻었을 때 그 판결의 집행을 용이

1) 한종열, 민사소송법(하), 대학출판사, 1995, 311면.

하게 하고 그때까지 채권자가 입게 될지 모르는 손해를 예방할 수 있는 수단이 필요하다. 그러한 수단으로서 강구된 것이 바로 보전처분이다.

2. 보전절차의 특징[2)]

보전처분절차는 확정판결의 집행보전이라는 목적의 특수성으로 인하여 일반 민사소송절차에 비하여 다음과 같은 특징을 갖는다.

가. 잠정성(임시성)

보전처분은 확정판결의 집행보전을 위하여 쟁의 있는 법률관계를 잠정적으로 규율하기 위한 처분이므로 당연히 잠정적 처분이 된다. 즉, 보전처분은 계쟁의 권리 또는 법률관계의 존부를 확정적으로 판단하는 것이 아니며, 또 보전처분의 집행은 권리의 종국적 실현을 가져오는 것이 아니다. 이 점에서 권리보전을 위한 제도이기는 하지만, 그 권리의 종국적 실현을 목적으로 하는 실체법상의 채권자대위권이나 채권자취소권 등과 다르다.

나. 긴급성(신속성)

보전처분은 민사소송절차를 거치기 위한 시일의 경과에서 오는 피해를 방지하자는 것이 그 제1의 목적이므로 당연히 그 재판절차와 집행절차에 있어 신속성이 요구된다. 따라서 가압류와 다툼의 대상에 대한 가처분신청에 대한 재판은 변론 없이 할 수 있도록 되어 있다(집행법 제280조제1항, 제301조). 집행절차에 있어서도 본집행의 경우와는 달리 원칙적으로 집행문이 필요 없고, 보전명령의 집행은 채무자에게 재판을 송달하기 전에도 할 수 있으나, 그 대신 집행기간을 단기로 제한하여 채권자에게 재판을 고지하거나 송달한 날부터 2주일을 넘긴 때에는 집행하지 못하도록 하여(동법 제292조, 제301조) 신속한 집행을 꾀하였다.

---

2) 자세하게는 전게, 곽용진, 민사집행법, 937면 이하.

다. 부수성

보전처분은 장래에 있을 확정판결의 집행을 보전하기 위한 것이므로 당연히 그 확정판결을 얻기 위한 민사소송절차가 현재 또는 장래에 계속될 것을 전제로 하고 있다. 따라서 본안소송에 의하여 얻을 수 있는 권리범위를 초과하는 보전처분은 있을 수 없으며,[3] 제소명령을 어기고 본안소송을 제기하지 아니하면 보전처분이 취소될 수 있고(집행법 제287조, 제301조), 본안소송의 경과는 사정변경을 이유로 하여 보전처분을 취소하는 경우(동법 288조, 제301조)에는 중요한 참작사유가 되며, 본안법원이 가처분재판을 관할할 수 있도록 되어 있다(동법 제303조).

라. 밀행성

보전처분은 채무자의 재산상태나 다툼의 대상에 관하여 법률적·사실적 변경이 생기는 것을 막고자 함에 목적이 있으므로 이를 미리 상대방에게 알리게 하면 그 효과를 얻을 수 없다. 따라서 보전처분을 위한 절차는 원칙적으로 상대방이 알 수 없는 상태에서 비밀리에 심리되고 발령되며 그 처분을 송달하기 전에 미리 집행에 착수하게 하는 것이 보통이다.

마. 자유재량성

보전절차에 있어서는 긴급성과 밀행성의 요구와 재판의 적정이라는 서로 상충되는 두개의 요구를 개개의 사건에서 구체적으로 조화시키려는 목적으로 심리방법에 관하여 법원에 많은 자유재량을 주고 있다. 변론을 거칠 것인지, 서면심리에 의할 것인지, 소명만으로 발령할 것인지, 담보를 제공하게 할 것인지, 그 담보의 종류와 범위는 어떻게 할 것인지 등은 모두 법원의 자유재량에 속한다.

---

3) 대판 1964.11.10,64다649.

3. 보전처분의 종류[4)]

① 가압류

가압류란 채권자가 채무자의 일반재산을 압류하고 채권자가 강제집행을 할 수 있을 때까지 환가를 하지 않은 보전처분이다.[5)] 실무상으로는 재산의 종별에 따라 부동산가압류, 채권가압류, 유체동산가압류 등으로 구분하여 신청하고 있다. 가압류는 집행보전을 목적으로 하므로 본 집행에 앞서 압류의 단계에 그치는 것이 원칙이며, 그 이상의 단계는 본집행에 맡겨진다.

② 가처분

가처분에는 계쟁물(係爭物에) 관한 가처분(집행법 제300조 1항)과 임시의 지위를 정하기 위한 가처분(동 조 2항)이 있다. 계쟁물에 관한 가처분은 매매물건인도청구권, 임대물안도청구권, 소유물반환청구권 등의 특정물에 관한 환가청구권을 가지는 채권자가 장래의 집행보전을 위하여 위의 특정물의 현상을 유지할 것을 목적으로 채무자의 처분을 금지하고 그 보관에 필요한 조치를 하는 보전처분이다.[6)] 임시의 지위를 정하기 위한 가처분은 회복할 수 없는 손해방지를 위하여 임시로 잠정적인 법률상태를 형성하거나 그 사실적 실현을 꾀하는 것을 목적으로 한다.[7)] 이 가처분의 전형적인 형태는 처분금지가처분과 점유이전금지가처분이다.[8)]

4. 보전소송의 당사자

보전소송에서 당사자라 함은 자기의 이름으로 보전명령 또는 그 집행명령을 신청하거나 이를 받는 자를 말한다. 보전소송에 있어서는 일반의 민사판결

---

4) 자세하게는 전게,곽용진민사집행법,931면 이하.

5) 한종열, 전게, 311면.

6) 한종열, 전게, 311면.

7) 곽용진, 전게, 1038면.

8)이 외에도 저작권법 제68조의 가처분, 행정소송법 제23조 2항의 가처분, 민사조정전의 처분(민사조정법 21조), 회사이사의 직무집행정비와 직무대행자 선임의 가처분(상법 40이 있다.

절차와는 달리 당사자를 원고, 피고라고 부르지 아니하고 보전처분의 신청인을 채권자, 그 상대방을 채무자라고 부른다(집행법 제280조, 제287조, 제292조 등). 이의사건에서도 이의신청인, 이의피신청인이라고 표시하지 아니하고 채권자, 채무자로 표시한다. 임시의 지위를 정하기 위한 가처분에서는 실무상 채권자, 채무자 대신 신청인, 피신청인으로 호칭하기도 한다. 다만, 취소신청사건에서는 취소신청인을 신청인으로, 그 상대방을 피신청인으로 표시한다는 점을 유의하여야 한다. 이와 같은 채권자, 채무자의 호칭은 실체적 채권채무관계에 따른 것이 아니고 절차상의 호칭에 불과하다.

가압류 또는 가처분의 대상이 되는 목적물이 채무자의 제3자에 대한 채권인 경우, 그 제3자를 제3채무자라고 부르고 사건기록표지에 이를 표시한다. 이러한 제3자는 보전재판의 집행단계에서 집행의 대상물 또는 권리관계에 이해관계가 있어서 보전재판의 집행목적을 이루기 위하여 그 자에게 일정한 의무를 과하여 집행에 관여하게 되는 것이므로 집행에 관한 이해관계인에 불과하고 보전소송의 당사자라고 할 수 없다.[9)]

5. 보전소송의 관할

보전소송의 토지관할은 보전소송의 종류에 따라 다르다. 가압류사건은 가압류할 물건이 있는 곳을 관할하는 지방법원이나 본안의 관할법원이 관할하고 (집행법 제278조), 가처분사건은 본안의 관할법원 또는 다툼의 대상이 있는 곳을 관할하는 지방법원이 관할한다(동법 303조).

---

9) 대판 1997.2.13,95다15667(채권집행 절차에 있어서 제3채무자는 집행당사자가 아니라 이해관계인에 불과하여 그 압류 및 전부명령을 신청하기 이전에 제3채무자가 사망하였다는 사정만으로는 채무자에 대한 강제집행요건이 구비되지 아니하였다고 볼 수 없어, 이미 사망한 자를 제3채무자로 표시한 압류 및 전부명령이 있었다고 하더라도 이러한 오류는 위와 같은 경정결정에 의하여 시정될 수 있다고 할 것이므로, 채권압류 및 전부명령의 제3채무자의 표시를 사망자에서 그 상속인으로 경정하는 결정이 있고 그 경정결정이 확정되는 경우에는 당초의 압류 및 전부명령 정본이 제3채무자에게 송달된 때에 소급하여 제3채무자가 사망자의 상속인으로 경정된 내용의 압류 및 전부명령의 효력이 발생한다).

6. 보전처분의 요건[10)]

가. 의 의

보전처분을 하기 위하여서는 우선 실체법상 보전을 받아야 할 권리가 있어야 하고, 다음에 그와 같은 권리를 미리 보전하여야 할 필요성이 있어야 한다. 전자를 피보전권리라고 하고, 후자를 보전의 필요성이라고 부른다. 집행법 제276조와 제277조는 가압류에 관하여 위 두 가지 요건이 필요함을 밝히고 있고, 가처분에 관하여는 민사집행법 제301조가 이를 준용하고 있다.

나. 피보전권리

가압류와 다툼의 대상(계쟁물)에 관한 가처분 및 임시의 지위를 정하기 위한 가처분은 전술한 바와 같이 그 목적하는 바가 다르므로 피보전권리에 관하여도 각각 그 태양을 달리 한다.

(1) 가압류의 피보전권리(집행법 제276조)

(가) 금전채권이나 금전으로 환산할 수 있는 채권일 것

가압류는 금전채권의 강제집행을 보전하기 위한 제도이므로 재산상의 청구권이 아닌 권리는 그 피보전권리로 할 수 없다. 따라서 친족법상의 청구권이라든지 금전으로 평가할 수 없는 청구권은 가압류에 의하여 보전될 수 없다. 또 강제집행은 금전채권의 집행방법에 의하는 것이어야 하므로 그 피보전권리는 반드시 금전채권이나 금전으로 환산할 수 있는 채권이어야 한다.

금전채권이란 일정액의 금전의 지급을 목적으로 하는 채권이다. 금전채권이라면 그 채권액의 전부뿐 아니라 일부의 보전을 위하여도 가압류를 할 수 있다. 1개의 금전채권을 나누어 수회에 걸쳐 가압류신청을 한 경우에는 가압류사건은 수개로서 별개의 사건이 되고 각 가압류에 의하여 보전되는 청구권의 범위와 효력발생시기 등은 각 신청된 사건에 국한된다. 금전으로 환산할 수 있는 채권이라 함은 특정물의 이행 그 밖의 재산상의 청구권이 채무불이행이나

10) 자세하게는 전게, 곽용진 민사집행법, 942면 이하.

계약해제 등에 의하여 손해배상채권으로 변하거나 강제집행불능시의 대상청구권과 같이 금전채권으로 바뀔 수 있는 채권을 말한다. 이러한 경우 본래의 채권에 관하여는 다툼의 대상(계쟁물)에 관한 가처분을 하여야 할 것이나 손해배상채권으로 변경된 때에는 가압류가 가능하다. 그러므로 가압류명령을 발할 당시에 금전채권으로 되어 있을 필요는 없다. 본래의 청구권에 관하여 가처분명령을 받고 그 본안소송이 진행되는 중에 장차 손해배상채권으로 바뀔 것을 예상하여 예비적으로 손해배상청구를 추가할 수 있는데, 이러한 경우 그 손해배상청구권의 집행보전을 위한 가압류도 가능하다.

(나) 청구권이 성립하여 있을 것

재판시까지는 청구권이 성립하여 있어야 하므로 청구권이 생기게 될지 여부가 전혀 불확정적인 채권은 피보전권리가 될 수 없다. 그러나 보전될 청구권은 조건이 붙어 있는 것이거나 기한이 차지 아니한 것이라도 무방하다(집행법 제276조제2항). 종래에는 조건부채권에 관하여 아무런 규정이 없었으나 조건부채권도 성질상 피보전권리가 될 수 있다고 해석되었고, 집행법은 이를 반영하여 조건부채권도 피보전권리가 될 수 있다고 명시한 것이다. 조건은 해제조건부이든 정지조건부이든 관계없다. 조건의 성취 여부가 아직 확정되지 않았다든가 그 성취 여부가 이미 결정되어 있는데 당사자가 이를 모르고 있는 경우라도 무방하다.

가압류의 피보전권리는 가압류신청 당시 확정적으로 발생되어 있어야 하는 것은 아니고,[11] 이미 그 발생의 기초가 존재하는 한 조건부채권이나 장래에 발생할 채권도 가압류의 피보전권리가 될 수 있다.[12] 보증인의 주채무자에 대한 장래의 구상권이나 상대방이 패소할 경우 그에 대한 소송비용상환청구권 등이 그 예이다. 수급인의 보수청구권은 도급계약의 성립과 동시에 발생하고

---

11) 대판 2001.9.18,2000마5252(20년 이상 근속한 지방공무원의 경우에는 명예퇴직수당의 기초가 되는 법률관계가 존재하고 그 발생근거와 제3채무자를 특정할 수 있어 그 권리의 특정도 가능하며 가까운 장래에 발생할 것이 상당 정도 기대된다고 할 것이어서, 그 공무원이 명예퇴직수당 지급대상자로 확정되기 전에도 그 명예퇴직수당 채권에 대한 압류가 가능하다).

12) 대판 1993.2.12,92다29801.

단지 그 행사의 시기가 특약이 없는 한 일을 완성한 후에 도래하는 것이며, 고용계약상의 보수청구권도 고용계약의 성립과 동시에 발생하고 단지 그 행사의 시기가 노무제공 후에 도래하는 것이므로 이러한 채권을 위하여서도 가압류가 가능하다.

(다) 통상의 강제집행에 적합한 권리일 것

보전처분은 민사집행법상의 강제집행을 보전하기 위한 제도이므로 그 피보전권리는 통상의 강제집행방법에 의하여 집행이 가능한 권리이어야 한다. 따라서 특수한 절차에 의하여 집행되는 청구권, 예컨대 국세징수절차에 의하여 집행할 수 있는 조세채권 그 밖의 공법상의 청구권, 또 통상은 강제집행이 가능하지만 특별한 사유로 인하여 집행할 수 없는 청구권, 예컨대 부집행의 특약이 있거나 파산에 의하여 면책된 채권이나 이른바 자연채무의 이행을 구하는 것 등은 가압류의 피보전권리가 될 수 없다. 그러나 단지 본안소송을 제기할 수 없다는 사유만으로 반드시 그 청구권이 가압류에 부적합하다고는 할 수 없다. 예컨대 중재계약 있는 청구권은 중재판정에 법원의 승인 또는 집행판결을 얻어 강제집행을 할 수 있으므로 가압류를 할 수 있다(중재법 제10조). 압류 또는 가압류된 채권은 이에 기한 강제집행절차에서 압류, 현금화, 변제 중 어느 단계까지 나아갈 수 있느냐에 관하여는 다툼이 있으나 압류의 단계까지는 지장이 없으므로 가압류에 적합한 채권이라고 할 수 있다.

집행에 적합한 청구권이라도 민사소송에 의한 보호를 받는 청구권이라야 하는지 여부에 관하여는 긍정설이 통설이고, 판례도 재산형의 일종인 추징은 이를 집행하는 검사의 명령이 집행권원과 동일한 효력을 갖는다 하더라도 민사소송절차에 의하여 권리보호를 받을 수 없어 가압류명령으로 보전될 피보전권리라고 할 수 없다고 한다.[13]

---

13) 대판 1971.3.9,70다2783 등.

(2) 다툼의 대상(계쟁물)에 관한 가처분의 피보전권리(집행법 제300조제1항) **일 것.**

(3) 임시의 지위를 정하기 위한 가처분의 피보전권리(집행법 제300조제2항)

다. 보전의 필요성

(1) 개 설

보전처분은 소송에 의하여 권리의 존부가 확정되기 전에 그 집행을 보전하여 주고자 하는 제도이므로 채무자에게는 큰 불편을 주게 된다. 따라서 보전처분은 채무자에게 그와 같은 불편을 감수시키더라도 집행을 보전하기 위하여는 미리 보전처분을 하여야 함이 꼭 필요하다고 하는 경우가 아니면 함부로 발령해서는 안 된다.

(2) 각종 보전처분에 있어서의 보전의 필요성

(가) 가압류

가압류의 보전의 필요성은 가압류를 하지 아니하면 판결 그 밖의 집행권원을 집행할 수 없거나 집행하는 것이 매우 곤란할 염려가 있을 경우에 인정된다. 집행할 수 없거나 집행하는 것이 매우 곤란할 염려가 있을 때란 채권자가 가압류를 하지 아니하고 채무자의 재산을 그대로 놓아두면 장래 금전채권에 기하여 본안판결에서 승소하더라도 그 집행이 불능으로 돌아가거나 집행이 매우 곤란할 염려가 있는 경우를 말한다. 예컨대 책임재산의 낭비, 훼손, 포기, 은닉, 염가매매 또는 채무자의 도망, 주거부정, 빈번한 이사 등을 들 수 있다. 이러한 사유는 채무자에게 있음을 요하고, 채무자의 보증인 또는 연대채무자에게 있는 것만으로는 보전의 사유가 되지 못한다. 또한, 위 사유는 제3자의 행위 혹은 불가항력에 의하여 발생된 것이거나 채무자의 고의·과실에 의해 생긴 것이거나를 불문한다.

보전의 필요성은 채무자의 신분, 직업, 자산상태 등 여러 가지 사정을 종합적으로 고려하여 판단하여야 한다. 채권자의 금전채권에 관하여 충분한 물적 담보가 설정되어 있거나[14] 채무자에게 재산이 충분히 있음이 소명된 경우에는 가압류의 필요성이 부인된다.

(나) 다툼의 대상(계쟁물)에 관한 가처분

생략한다.

(다) 임시의 지위를 정하기 위한 가처분

생략한다.

✦ 보전의 필요성이 부정되는 경우

① 채권자가 이미 보전처분에 의한 보호 이상의 보호를 받고 있을 때, 예를 들면 채권자가 피보전권리에 관하여 이미 확정판결이나 그 밖의 집행권원(조정, 화해 등의 조서 또는 집행증서)을 가지고 있는 때에는 즉시 집행할 수 있는 상태에 있으므로 원칙적으로 보전의 필요성이 없다. 또한 충분한 담보를 확보하고 있거나 집행권원 없이도 권리행사를 할 수 있을 때에는 그 보전의 필요성이 부정된다. 예컨대 선박우선특권이 있는 채권자는 선박소유자의 변동에 관계없이 그 선박에 대하여 집행권원 없이도 경매청구권을 행사할 수 있으므로 채권자는 채권을 보전하기 위하여 그 선박에 대한 가압류를 하여 둘 필요가 없다.[15]

② 보전처분에 의하여 제거되어야 할 상태가 채권자에 의하여 오랫동안 방임되어 온 때에는 통상 즉시 보전처분을 구할 필요성이 없다고 할 것이다.[16]

---

14) 대판 1967.12.29,67다2289(채권을 담보하기 위하여 대와 그 지상건물을 근저당권설정을 하였을 경우 채권의 집행보전을 위한 가압류의 필요 유무를 판단함에 있어서는 위 부동산의 환가가치를 확정하여 그 가격으로 채권만족을 얻을 수 있는가의 여부를 먼저 가려야 한다).

15) 대판 1988.11.22,87다카1671 등.

16) 예컨대 가압류채권자가 본안소송에서 승소판결을 받아 확정된 후 가압류채무자가 그 본안판결에 대하여 재심의 소를 제기하였으나 재심의 소를 각하한 판결이 확정되고도 5개월이 지나도록 가압류채권자가 본집행에 착수하지 아니하고 있었다면 가압류는 보전의 필요성이 소멸되었다 볼 것이다(대판 1990.11.23,90다카25246).

또한, 가처분채권자가 본안소송에서 승소판결을 받은 그 집행채권이 정지조건부인 경우라 할지라도 그 조건이 집행채권자의 의사에 따라 즉시 이행할 수 있는 의무의 이행인 경우 정당한 이유 없이 그 의무의 이행을 게을리 하고 집행에 착수하지 아니하고 있다면 보전의 필요성은 소명되었다고 보아야 한다.[17] 채권자가 스스로 보전처분을 필요로 하는 긴급상태를 초래한 때에도 같다.

③ 동일한 사정에 기하여 동일 내용의 보전처분을 신청하는 때에는 기판력의 문제를 떠나서라도 보전의 필요성을 인정하기 어렵다 할 것이다.

제 2 절　보전처분의 신청과 심리

1. 의 의[18]

보전처분의 신청이란 법원에 대하여 보전재판을 구하는 당사자의 신청행위를 말한다. 보전처분의 신청은 통상 민사소송에 있어서 소의 제기에 해당하는 것이므로 성질에 반하지 아니하는 한 소의 제기에 관한 규정이 준용된다고 할 것이다(집행법 제23조제1항). 보전소송절차는 그 명령절차와 집행절차가 구별되는 것이므로 보전처분의 신청과 그 집행의 신청은 그 의미와 법적 규제가 다르다. 다만, 부동산 또는 채권에 관한 보전처분의 신청과 같이 법원을 집행기관으로 하는 보전처분의 신청은 동시에 집행신청이 병합되어 있다고 보는 것이 실무이다.

---

17) 대판 2000.11.14,2000다40773(가처분권자가 가처분채무자에게 1,463,470,660원을 지급하면 가처분채무자를 상대로 받은 승소판결의 본집행에 착수하여 부동산에 대한 소유권이전등기절차의 이행을 받을 수 있음에도 불구하고 이를 이행하지 않을 때에는 가처분의 보전의 필요성이 소멸되었다고 본 사례).

18) 자세하게는 전게,곽용진민사집행법,951면 이하.

2. 신청의 방식

가. 서면신청주의

보전처분의 신청은 신청의 취지와 이유를 적은 서면으로 하여야 한다(민사집행규칙 203조). 보전처분의 신청을 기각 또는 각하한 결정에 대한 즉시항고, 보전처분에 대한 이의신청, 본안의 제소명령신청, 보전처분의 취소신청, 보전처분의 집행신청도 모두 신청의 취지와 이유를 적은 서면으로 하여야 한다(동 규칙 제203조). 이러한 신청들은 그 실질이 항고나 소제기 또는 민사집행신청에 해당하는데, 우리나라 법이 이들 신청을 모두 서면으로 하도록 규정하고 있는 점(민소법 제248조, 제415조, 집행법 제4조)을 고려하여 민사집행규칙은 이러한 신청도 모두 서면으로 하도록 하였다.

나. 신청서의 기재사항

신청서에 적어야 할 사항에 관하여는 민사집행법 제279조, 민사집행규칙 제203조제2항 이외에 소장 또는 준비서면에 관한 민사소송법 제249조, 제274조가 준용된다(집행법 제23조 제1항).

(1) 당사자와 대리인

당사자와 대리인의 이름(명칭 또는 상호)·주소와 연락처(전화번호·팩시밀리번호 또는 전자우편주소 등)를 적어야 한다(민소법 제274조제1항, 민사소송규칙 제2조). 당사자가 무능력자인 경우에는 그 법정대리인을, 법인인 경우에는 그 대표자를 적어야 한다.

(2) 신청의 취지(민사집행규칙 제203조제2항)

소장에서의 청구의 취지에 상응하는 것이다. 보전신청에 의하여 구하고자 하는 보전처분의 내용을 말한다. 자기의 권리를 보전하기 위하여 필요하다고 생각되는 보전처분의 종류와 태양을 적는다. 법원은 당사자의 신청취지에 구애받지 아니하고 적당한 보전처분을 선택할 수 있는 것이기 때문에 소장에서의 청구취지와 같이 법원을 구속하는 것은 아니지만 일응 당사자의 신청의 목적과 한도를 나타내는 표준이 되므로 명확하게 적어야 한다.

(3) 신청의 이유(민사집행규칙 제203조제2항)

신청의 취지를 구하는 근거가 되는 이유이다. 피보전권리의 존재와 보전의 필요성을 구체적으로 적어야 한다.

(가) 피보전권리

가압류에서는 피보전권리인 청구채권을 표시하고 그 금액을 적는다. 만약 그 청구채권이 일정한 금액이 아닌 때에는 금전으로 환산한 금액을 적는다(집행법 제279조제1항제1호). 다툼의 대상(계쟁물)에 관한 가처분의 경우에는 그 청구권을 표시하여야 하나 금액은 표시할 필요가 없다. 임시의 지위를 정하기 위한 가처분에서는 현재 다툼이 있는 권리 또는 법률관계를 적는다. 피보전권리는 경우에 따라 복수일 수 있으며 예비적·선택적으로 적어도 된다.

(나) 보전의 필요성

민사집행법 제277조의 규정에 따라 보전처분의 이유가 될 사실(보전의 필요성)을 구체적으로 명백하게 표시한다(집행법 제279조제1항제2호).

(4) 법원의 표시

그 신청이 관할권 있는 법원에 제대로 신청되었는지를 심사하기 위하여 법원을 표시할 필요가 있다(민소법 제274조).

(5) 소명방법의 표시

민사집행법 제279조제2항(가처분은 집행법 제301조에 의하여 준용)은 청구채권과 보전처분의 이유가 되는 사실의 소명을 요구하고 있으므로 신청서에 그 소명방법을 적어야 한다. 소명방법은 소명의 즉시성 때문에(민소법 제299조) 서증 또는 즉시 조사할 수 있는 검증물 등에 한정될 수밖에 없다.

(6) 작성한 날짜(민소법 제274조)

(7) 당사자 또는 대리인의 기명날인 또는 서명(민소법 제274조)

(8) 덧붙인 서류의 표시(민소법 제274조)

(9) 목적물의 표시 여부

다툼의 대상에 관한 가처분은 그 피보전권리가 특정물에 관한 이행청구권이므로 가처분신청서에 그 목적물을 명확하게 표시하여야 한다. 가압류의 경우에는 견해가 나뉘고 있다. 실무상으로는 실제의 편의라든지 그 집행과의 관계를 고려하여 가압류를 부동산가압류, 유체동산가압류, 채권가압류의 세 가지로 구별하여 채권자가 동일채권을 위하여 동일채무자 소유의 부동산, 유체동산, 채권을 가압류할 때에는 각각 별개의 사건으로서 3개의 가압류신청을 하고 있는 것이 대부분이고, 따라서 가압류법원이 동시에 집행기관이 되지 않는 유체동산가압류 이외에는 거의 예외 없이 신청서에 목적물까지도 표시하고 있으며 법원도 이를 가압류명령 중에 기재하고 있음이 일반적이다.

다. 인지의 첩부 등

소장의 경우와 같이 대리인 또는 대표자의 자격을 증명하는 서면(위임장, 법인등기부등본 등)을 첨부하여야 한다. 신청서에는 2,000원 상당의 인지를 붙여야 한다(민사소송등인지법 제9조제3항제2호). 그밖에 송달료[(신청인의 수+상대방의 수)×3회분]를 예납하여야 하고, 등기나 등록이 필요한 보전처분(토지, 건물 등에 대한 보전처분)을 신청하는 경우에는 등록세(청구금액의 2/1,000)와 지방교육세(등록세의 20/100)를 납부한 영수필통지서 2매를 신청서에 첨부한다. 실무상으로는 가압류 또는 가처분의 결정은 정형화된 양식을 사용하고 있기 때문에 가압류 또는 가처분할 목적물의 목록은 따로 작성하여 신청서 말미에 첨부하는 것이 보통인데, 이때에는 원본 또는 정본작성의 수만큼(등기 등의 촉탁이 필요하면 그 촉탁서 수만큼을 더해서)을 더 제출하도록 함이 관례이다.

제 3 절 보전처분을 명하는 재판[19)]

1. 개 설

보전처분의 신청을 인용하는 재판은 결정이거나 판결이거나 불문하고 보전명령 즉 가압류명령 또는 가처분명령이라고 부른다. 신청을 인용하는 재판은 담보를 조건으로 하는 경우와 무조건으로 하는 경우가 있으며, 담보를 조건으로 하는 보전명령은 일부기각과 같은 재판의 성격을 가진다.

2. 담보의 제공

가. 담보의 성질

보전처분은 피보전권리의 존부에 관한 확정적 판단 없이 소명으로 사실을 인정하고 채무자의 재산을 동결하고 일정한 행위를 금지시키거나 임시의 법률관계 등을 형성하는 처분을 하는 것이기 때문에 채무자는 때에 따라서 아무런 의무 없이 손해를 입게 되는 수가 있게 된다. 따라서 비교적 간이한 절차에 의하여 채권자에게 채권보전수단을 마련하여 주는 대신 나중에 그 보전처분이 부적절한 것이었다는 것이 밝혀질 경우 채무자가 그 손해를 쉽게 회복할 수 있도록 담보를 마련해 두는 것이 형평에 적합하다.

나. 담보제공명령 등

이 담보는 민사집행법상의 담보의 일종으로 소송비용의 담보에 관한 민소법 제120조제1항, 제121조 내지 제126조의 규정이 준용된다(민소법 제127조).

(1) 담보액의 산정

담보로 제공할 금액은 법원의 재량에 의하여 결정되며 소명의 유무, 보전처분의 종류와 내용 및 그로 인하여 채무자가 입게 될 예상손해액, 채권자와

---

19) 곽용진, 민사집행법, 967면 이하.

채무자의 자력 등을 고려하여 산정하므로 피보전권리의 가액과 보전처분목적물의 가액이 동일한 경우에도 담보액이 서로 다를 수 있는 것이 원칙이다. 그러나 보전처분을 신청하는 채권자의 입장에서 보면 담보로 제공할 액수를 예상할 수 있어야만 신청여부를 쉽게 결정할 수 있어 짧은 기간 안에 담보를 제공할 수 있게 되며, 한편 법원의 편에서 보더라도 신속한 서면심리만으로는 구체적으로 타당한 담보액수를 결정하는 것이 어렵다. 따라서 실무상은 각 법원마다 청구채권액과 가처분목적물의 가액을 기준으로 하여 담보액의 표준을 정하여 놓고 이를 토대로 담보액을 결정하고 있다.

(2) 담보제공명령

법원은 통상 보전처분을 발하기에 앞서 일정한 기간(보통 3일 내지 5일)을 정하여 일정액의 담보를 제공하라는 명령을 발하는데, 변론 또는 심문절차에 채무자가 참가한 사건 등에서는 통상 채권자가 담보를 제공할 것을 조건으로 하는 정지조건부 보전처분을 하고 있다. 채무자가 다수인 경우에도 각 채무자에 대하여 개별적으로 담보제공을 명하는 것이 원칙이지만, 손해가 여러 채무자에게 불가분적으로 생기거나 본안소송이 필수적 공동소송인 경우에는 이른바 공동보증을 명할 수 있다. 이 경우에는 채무자 전원에 대하여 담보사유가 소멸되어야 담보취소를 할 수 있다. 채권자가 여럿인 경우에도 개별보증이 원칙이나, 연대하여 제공할 것을 명할 수 있다. 담보를 제공하게 하는 재판은 채권자에게만 고지하면 되고 채무자에게 고지할 필요가 없다(집행법 제281조제3항, 제301조). 담보제공명령은 채무자의 권리를 침해하는 것이 아니기 때문에 채무자는 이에 대하여 불복할 수 없다. 채권자가 무담보의 보전처분신청을 하였는데 법원이 담보제공명령을 한 경우, 법원이 정한 담보액이 지나치게 많다고 생각될 경우에 채권자는 담보제공명령을 이행하지 아니하고, 담보제공명령의 불이행을 이유로 보전처분신청이 각하되면 그 각하결정에 대하여 즉시항고할 수 있다(집행법 제281조제2항, 제301조).

(3) 담보제공과 보전처분

담보의 제공은 금전 또는 법원이 인정하는 유가증권을 공탁하거나 대판규칙이 정하는 바에 따라 지급을 보증하겠다는 위탁계약을 맺은 문서를 제출하는 방법으로 한다(민소법 제122조). 유가증권인 때에는 담보의 목적을 달성하는데 상당한 것이어야 하는데, 상당성의 유무는 시가의 존재, 현금화의 용이, 가격변동의 폭 등을 고려하여 판단한다. 현금화가 쉽지 아니하거나 시세의 변동이 심하여 안정성이 없는 유가증권은 담보로서 부적당하다.[20] 지급보증위탁계약을 맺은 문서를 제출하는 방법으로 담보를 제공하려면 미리 법원의 허가를 받아야 한다(민사소송규칙 제22조제1항). 다만, 부동산·자동차 또는 채권에 대한 가압류신청을 하는 때에는 미리 은행 등과 지급보증위탁계약을 맺은 문서를 제출하고 이에 대하여 법원의 허가를 받는 방법으로 할 수 있다(담보제공방식에 관한 특례. 민사집행규칙 204조). 이 경우에는 허가신청의 의사표시를 가압류신청서에 기재한다.

법원은 보증서 제출에 의한 담보제공을 폭넓게 허가하고 있으나, 유체동산, 예금채권 또는 봉급채권에 대한 가압류에 있어서는 사안에 따라 공탁금의 전부 또는 일부에 대하여 현금공탁을 명하는 경우도 있다. 금전과 유가증권의 공탁은 공탁관계 법규에 따라 소관 공탁공무원에 대하여 하며, 지급보증위탁계약을 맺은 문서의 경우에는 채권자 또는 보증보험회사와 지급보증위탁계약을 체결하고 그 지급보증서 원본을 법원에 제출하여야 한다.

담보제공명령을 받은 채권자가 그 결정에 정하여진 기일 안에 담보를 제공하지 아니하면 법원은 신청을 각하한다. 그러나 위 기간이 지난 후라도 재판전에 담보가 제공되면 원칙적으로 소정기간 내에 담보를 제공하지 않았다는 이유로 신청을 각하해서는 아니된다(민소법 제124조 단서, 제127조). 한편 담보제공명령에 따라 담보를 제공하면 통상은 보전처분을 발하게 되지만 담보의 제공이 있다고 해서 법원이 반드시 신청을 인용하는 재판을 하여야 하는 것은 아니다.[21]

---

20) 대판 2000.5.31,2000그22.

21) 대판 1968.6.18,68다539.

(4) 담보권의 실행

보전처분의 발령 또는 집행으로 인하여 생긴 손해배상청구권의 존재 및 범위가 확정되었을 때 담보권자가 담보권을 행사할 수 있는 방법은 그 담보가 현금 또는 유가증권이냐, 지급보증위탁계약을 맺은 문서이냐에 따라 다르다. 담보로서 현금 또는 유가증권이 제공된 경우에 담보권을 행사하는 방법은 두 가지가 있다.

첫째, 피담보채권의 존재 및 범위를 밝힌 확정판결이나 화해조서, 인낙조서 등에 기하여 또는 담보제공자의 동의서를 첨부하여 보전명령을 발한 법원으로부터 공탁서를 넘겨받아 이를 공탁공무원에게 제출하고 공탁물을 받을 수 있다. 둘째, 공탁자가 가지는 공탁물회수청구권에 관하여 압류 및 전부 또는 추심명령을 받은 후 담보제공자를 대위하여 담보취소를 신청하여 담보취소결정을 받아 공탁물을 회수할 수 있다.[22] 실무상 후자의 방법이 주로 사용된다.

한편, 지급보증위탁계약을 맺은 문서를 제출하는 방법에 의하여 담보를 제공한 경우에는 지급보증위탁계약상의 피보험자인 채무자가 당해 지급보증위탁계약을 맺은 보험증권에 기재된 보통약관에 정한 바에 따라 ①보험증권(또는 사본)이나 회사가 교부한 공탁보증보험계약체결사실을 증명하는 서면과 ②손해배상액에 관한 집행권원을 증명할 수 있는 서류를 첨부하여 손해배상액을 직접 보험자에게 보험금으로서 청구하면 된다. 이때 ①의 서면은 보전처분에 별지로 공탁보증보험증권의 사본이 첨부된 경우에는 첨부된 사본을 사용하면 되고, 사본이 첨부되지 아니하고 보증보험증권번호만 기재된 경우에는 그 증권번호가 기재된 보전처분 재판서정본 자체가 위 증명서류가 될 수 있다. 한편 ②의 서류와 관련하여, 지급보증위탁계약상의 피보험자인 보전처분의 채무자는 보전처분을 신청한 채권자를 상대로 먼저 집행권원을 취득한 후 이를 바탕으로 보험자에게 보험금청구를 하여야 하고, 보험자에게 직접 손해배상을 구할 수는 없다.[23]

---

22) 대판 1969.11.26,69마1062.

23) 대판 1999.4.9,98다19011.

(5) 담보취소

채권자가 제공한 담보는 채권자가 법원으로부터 담보취소결정을 받아 다시 찾을 수 있다(민소법 제502조, 제125조).

3. 가압류명령의 내용[24)]

가압류명령(판결 또는 결정)에는 사건과 당사자·법정대리인·소송대리인을 표시하는 외에 다음의 사항을 기재한다.

가. 피보전권리 및 청구금액

피보전권리(청구채권)는 중복신청의 유무, 가압류의 효력 범위, 본안소송의 적법성, 본집행으로의 이행유무를 판정하는 기준이 되므로 어떤 금전채권의 집행을 보전하기 위한 것인지를 본안소송과 관련지어 식별, 특정할 수 있도록 간략하게 표시한다.

청구금액은 가압류 해방금액 산정의 기준이 되고, 가압류집행의 한도가 되며, 가압류한 채권에 대하여 배당을 하게 될 때에는 그 기준금액이 되기도 하므로 명확하게 기재한다. 피보전권리가 복수이면 청구채권의 내용란에 각별로 그 내용과 금액 등을 기재한 후, 청구금액란에 그 합계액을 기재한다. 예컨대 청구채권의 내용을 기재하는 방법은, ⅰ)2010.12.15.자 대여금, ⅱ)2010. 12.15.자 알파전자손목시계 10개 매매대금, ⅲ)2010.10.15.자 채무자 과실에 의한 교통사고로 인한 손해배상금, ⅳ)별지기재와 같음(청구채권의 내용을 간략, 명료하게 표시하기 어려워 별지를 인용할 때) 등과 같다.

나. 담보에 관한 사항

채권자가 담보를 제공한 때에는 그 담보와 담보방법을 기재한다(집행법 제280조제4항). 현금공탁의 경우에는 "보증으로 금 ○○○원을 공탁하게 하고"라고 기재한다. 보증보험증권사본을 첨부하지 아니하고 보증보험증권번호만 기

24) 전게,곽용진,민사집행법,968면 이하를 참조.

재하는 경우에는 "담보로 공탁보증보험증권(○○주식회사 증권번호 제○○호)을 제출받고"라고 기재하고, 보증보험증권사본을 첨부하는 경우에는 "담보로 별지 첨부의 지급보증위탁계약을 맺은 문서를 제출받고"라고 기재한다. 담보의 제공을 조건으로 가압류명령을 하는 때에는 "담보로 금 ○○○원을 공탁하는 것을 조건으로"라고 기재한다.

다. 가압류의 선언

가압류명령의 주문으로서 피보전권리의 보전을 위하여 채무자의 재산을 가압류한다는 선언을 한다. 가압류한다는 것은 채무자의 재산에 관한 처분권을 박탈하여 그것을 확보하는 것을 의미한다. 그 주문은 "채무자 소유의 ○○재산을 가압류한다"라는 선언의 형식으로 표현되며 목적재산에 따라 그 부수적 표현이 달라진다.

라. 목적재산

가압류의 목적물은 채무자의 일반재산이며 동산, 부동산을 불문한다. 집행법상 동산에는 유체동산 뿐만 아니라 채권 그 밖의 재산권도 포함하며, 부동산 소유권이전등기청구권도 가압류의 대상이 된다.[25]

마. 해방공탁금의 표시

가압류명령에는 가압류의 집행을 정지시키거나 집행한 가압류를 취소시키기 위하여 채무자가 공탁할 금액을 적어야 한다(집행법 282조). 이를 해방금 또는 해방공탁금이라고 부른다. 가압류는 금전적 청구권을 보전하기 위한 수단이므로 집행목적재산 대신 상당한 금전을 공탁하면 구태여 가압류집행을 할 필요 없이 채권보전의 목적을 달할 수 있게 되므로 채무자로 하여금 불필요한 집행을 당하지 않도록 마련한 제도이다. 따라서 가압류명령을 발할 때에는 해방금액을 기재하여야 하고, 그 전액을 공탁하였을 때에는 반드시 집행한 가압류를 취소하여야 한다.[26]

---

25) 대판 1978.12.18,76마381.

바. 소송비용의 재판

사. 법관의 서명 · 날인

판결에 의하는 경우에는 반드시 법관이 서명날인 하여야 하지만(민소법 제208조제1항), 결정에 의하는 경우에는 법관의 서명은 기명으로 갈음할 수 있다(동법 제224조제1항).

제 4 절 보전처분의 집행[27)]

1. 집행절차

가. 가압류

부동산가압류는 가압류재판에 관한 사항을 부동산등기부에 기입하는 방법으로 집행한다(집행법 제293조제1항). 부동산가압류의 집행법원은 가압류재판을 한 법원이 되지만(동조 제2항), 가압류등기는 법원사무관등이 촉탁한다(동조 제3항). 법원이 집행법원이 되는 부동산가압류에서는 보전처분신청시에 그 인용재판에 대한 집행신청도 한 것으로 보아 따로 집행신청을 하지 않더라도 집행에 착수한다. 그 밖에 미등기부동산, 선박, 항공기, 자동차, 건설기계, 유체동산 등은 설명을 생략한다.

나. 가처분

(1) 부동산처분금지가처분

목적물에 대한 채무자의 소유권이전, 저당권·전세권·임차권의 설정 그밖에 일체의 처분행위를 금지하고자 하는 가처분이다. 목적물의 처분을 가처분으로 금지하여 두면 그 이후 채무자로부터 목적물을 양수한 자는 가처분채권자에게

---

26) 대판 1962.5.31 ,62마5.

27) 자세하게는 전게,곽용진민사집행법,995면 이하.

대항할 수 없게 되어 피보전권리의 실현을 위한 소송과 집행절차에서 당사자를 항정시킬 수 있게 되므로 그 목적으로 신청한다. 피보전권리의 대부분은 목적물에 대한 이전등기청구권과 같은 특정물에 대한 이행청구권이나 자기 소유 토지상의 채무자 소유 건물의 철거청구를 본안으로 할 때와 같이 방해배제청구권의 보전을 위하여도 할 수 있다.

처분금지가처분의 공시방법은 가처분을 부동산등기부에 기재하는 것이므로 등기가 가능하도록 가처분 채무자의 실제 주소와 등기부상 주소가 다른 경우에는 결정에 등기부상 주소를 함께 기재하여야 하며, 가처분의 목적물 역시 등기부상의 표시와 일치되도록 하여야 한다.

부동산가압류와 같이 가처분법원이 집행법원이 되어 부동산등기부에 그 금지되는 사실을 기입하는 방법으로 집행한다. 다만, 가처분등기의 촉탁은 집행법원의 법원사무관등이 한다(집행법 제305조제3항, 제293조). 이때에는 가처분신청시에 집행신청이 함께 있는 것으로 보아 따로 집행신청을 기다리지 않는다. 1필지의 부동산 중 특정 일부만에 대한 처분금지의 가처분을 하는 경우에는 채권자가 가처분결정을 대위원인으로 하여 대위분할등기신청을 하여 분할등기를 한 다음 곧이어 가처분의 기입등기를 한다.

(2) 부동산점유이전금지가처분

우리 민사소송법은 당사자 승계주의를 취하고 있어 변론종결 전의 승계인에게는 판결의 효력이 미치지 아니하므로 인도청구의 본안소송 중 목적물의 점유가 이전되면 그대로 본안소송에서 패소할 수밖에 없고, 따라서 새로이 그 제3자를 상대로 하여 소송을 제기하든가 아니면 민사소송법 제82조 등에 의하여 위 제3자에게 소송을 인수시켜 소송을 유지할 수밖에 없다. 그러나 점유이전금지가처분을 받아 두면 그 이후에 점유를 이전받은 자는 가처분채권자에게 대항할 수 없고, 당사자가 恒定(항정)되므로 위와 같은 불측의 손해를 예방할 수 있다.

채권자가 가처분재판의 정본을 가지고 집행관에게 집행을 위임함으로써 집행한다. 집행관은 채권자, 채무자 또는 그 대리인의 참여하에 목적물이 집행관의 보관 하에 있음을 밝히는 고시를 목적물의 적당한 곳에 부착하고 채무자에게 가처분의 취지를 고지함으로써 집행을 실시한다. 이 고시는 집행관보관의 효력의 발생, 존속요건이 아니고 또한 대항요건도 아니며, 단지 제3자의 개입에 의하여 집행상태의 침해라든가 효과의 감소를 방지하고, 나아가 본안판결의 집행에 의하여 불이익을 입을지도 모른다는 취지를 제3자에 경고하는 효과를 가지는데 지나지 아니한다. 다만, 이 고시를 손괴하면 형법 140조(공무상비밀표시무효죄) 등이 적용된다.

✦ **채무자의 적극적 행위를 금지하는 가처분(공사금지가처분 등)**

건축공사로 인한 지반침하, 주택붕괴의 위험 또는 일조나 조망, 경관 기타 생활이익의 침해를 이유로 건물의 공사금지(또는 공사중지)를 구하거나 그 건축에 대한 방해금지를 구하는 것과 같이 건물의 공사와 관련된 가처분과 일정한 토지·건물에 채무자가 진입·통행하는 것을 금지하는 가처분은 채무자가 일정한 적극적 행위를 하는 것을 금지하는 부작위의무를 명하는 가처분이다. 성질상 임시의 지위를 정하기 위한 가처분에 속한다.

2. 집행의 효력[28)]

가. 가압류집행의 효력

(1) 처분금지의 효력(상대적 무효)

가압류명령의 집행은 가압류의 목적물에 대하여 채무자가 매매, 증여, 질권 등의 담보권설정, 그밖에 일체의 처분을 금지하는 효력을 생기게 한다. 만일 채무자가 처분금지를 어기고 일정한 처분행위를 하였을 경우 그 처분행위는 절대적으로 무효가 되는 것이 아니다. 가압류의 목적이 장차 목적물을 현금화하여 그로부터 금전적 만족을 얻자는 데 있는 것이므로, 그러한 목적달성에 필요한 범위를 넘어서까지 채무자의 처분행위를 막을 필요는 없다.[29)] 이는 채

28) 곽용진민사집행법,1012면 이하.

29) 대판 1998.11.13,97다57337(중기관리법에 의하여 등록된 중기에 대하여 가압류등록이 먼저 되고 나서 제3자 앞으로 소유권이전등록이 된 경우에 그 제3자의 소유권 취득은 가압류에 의한 처분금지의 효력 때문에 그 집행 보전의 목적을 달성하는데 필요한 범위 안에서 가압류채권자에 대한 관계에서만 상대적으로 무효일 뿐이고 가압류채무자

무자의 이익 내지 일반 거래상의 안전을 지나치게 해치는 결과가 되기 때문이다. 따라서 처분행위의 당사자, 즉 채무자와 제3취득자(소유권 또는 담보권 등을 취득한 자) 간에서는 그들 사이의 거래행위가 전적으로 유효하고, 단지 그것을 가압류채권자 또는 가압류에 기한 집행절차에 참가하는 다른 채권자에 대하여 주장할 수 없음에 그친다.[30] 따라서 만일 채무자와 제3취득자 사이의 거래행위가 있은 후에 가압류가 취소, 해제, 피보전권리가 변제 등으로 소멸, 가압류가 무효인 것으로 판명된 경우에는 채무자와 제3취득자 사이의 거래행위는 완전히 유효한 것으로 되며, 이를 가압류의 상대적 효력이라고 한다.

(2) 이용 · 관리 · 수익에 대한 효력

가압류의 집행은 채무자에 대하여 처분금지의 제한에만 그치지 아니하고 그 목적달성을 위한 범위 내에서 가압류 물건의 사용·관리·수익까지 제한하는 효력이 있는 것이 원칙이지만 부동산이 가압류된 경우에는 채무자가 목적물의 이용 및 관리의 권리를 갖는다(집행법 제291조, 제83조제2항).

(3) 가압류와 다른 절차와의 경합

(가) 가압류와의 경합

동일한 가압류대상물에 대한 가압류집행의 경합이 허용되며, 중복압류절차에 의하여 집행한다. 가압류채권자 상호간의 우열도 없다.[31] 가압류집행이 경합된 경우 그 중 하나가 본압류로 이행된 때에는 다른 가압류채권자는 배당받을 채권자로서의 지위를 갖는다(집행법 148조제3호).

(나) 가처분과의 경합

가압류와 가처분은 그 내용이 서로 모순, 저촉되지 않는 한 경합이 가능하다. 그 내용이 모순, 저촉되는 경우 효력의 우열은 부동산의 경우 집행의 선후

의 다른 채권자 등에 대한 관계에서는 유효하다).

30) 대판 1994.11.29,94마417 등.

31) 대판 1999.2.9,98다42615.

에 의하여 결정한다. 등기관이 동일한 부동산에 관한 가압류등기 촉탁서와 처분금지가처분등기촉탁서를 동시에 받아 양 등기에 대하여 동일 접수번호와 순위번호를 기재하여 처리한 경우, 그 등기의 순위는 동일하고, 순위가 같은 가압류와 가처분채권자 상호간에 한해서는 처분금지적 효력을 서로 주장할 수 없다. 따라서 가압류권자가 집행권원을 얻어 강제경매를 신청하기 전에 가처분권자 명의로 소유권이전등기가 되면 가압류권자가 그 소유권이전등기의 효력을 부정할 수 없으므로 가압류권자의 강제경매신청은 타인 소유의 부동산에 대한 것으로서 부적법하다.[32] 채권에 대한 가압류와 처분금지가처분은 그 내용이 모순, 저촉되는 경우에도 집행의 선후에 관계없이 효력에 우열이 없다. 따라서 소유권이전등기청구권에 대하여 처분금지가처분이 있은 후 그 등기청구권에 대한 가압류가 이루어졌어도 가처분이 가압류에 우선하는 효력이 없다.[33]

(다) 강제집행과의 경합

가압류목적물에 대하여 금전채권의 강제집행을 하는 것은 가능하다. 그 경우 가압류채권자는 배당요구의 필요 없이 당연히 배당받을 권리를 가진다(집행법 제148조제3호). 경매개시결정기입등기 후에 부동산을 가압류한 채권자는 배당요구를 할 수 있다(동법 제88조제1항).

(라) 체납처분과의 경합

체납처분은 재판상의 가압류 또는 가처분으로 인하여 그 집행에 영향을 받지 아니하며(징수법 제35조), 국세·가산금 또는 체납처분비는 다른 공과금 기타 채권에 우선하여 징수한다(국세기본법 제35조제1항 본문). 따라서 가압류 집행이 선행되었다 하더라도 체납처분은 아무런 장애 없이 집행할 수 있다.

(마) 채권양도와의 경합

채권이 양도되고 또 가압류도 된 경우에는 확정일자 있는 채권양도통지가

---

32) 대판 1998.10.30,98마475.

33) 대판 2001.10.19,2000다51216 등.

채무자에게 도달한 시점과 가압류결정 정본이 제3채무자(채권양도의 경우의 채무자에 해당)에게 도달한 시점의 선후에 의하여 상호간의 우열을 정한다. 만일 양자가 동시에 도달하여 양수인과 가압류채권자 상호간에 우열이 없는 경우에는 모두 제3채무자에 대하여 채무 전액의 이행청구를 하고 변제를 받을 수 있고, 제3채무자는 이들 중 누구에게라도 그 채무 전액을 변제하면 다른 채권자에 대한 관계에서도 유효하게 면책되지만, 만약 그들의 채권액 합계가 제3채무자에 대한 채권액을 초과할 경우에는 공평의 원칙상 각 채권액에 안분하여 이를 내부적으로 다시 정산할 의무가 있다.[34)]

나. 가처분 집행의 효력

(1) 의 의

가처분집행의 효력이란 가처분명령이 집행됨으로써 생기는 효력(가처분명령의 내용에 따른 구속)을 말하며, 가처분의 내용은 다종·다양하고 그 효력도 달라 일률적으로 말하기가 어렵다. 그 효력의 범위도 상대적인 경우와 절대적인 경우도 있다.

(2) 처분금지가처분의 효력

(가) 처분금지의 효력

처분금지가처분이 집행(등기)되어 채무자 및 제3자에 대항할 수 있다는 것은 그 등기 후에 채무자가 가처분의 내용에 위배하여 제3자에게 목적부동산에 관하여 양도·담보권설정 등의 처분행위를 한 경우에 채권자가 그 처분행위의 효력을 부정할 수 있는 것, 즉 무효로 할 수 있다는 것을 의미한다.

(나) 시효중단의 효력

처분금지가처분에 의하여 시효중단이 된다(민법 제168조제2호). 압류·가압류·가처분으로 발생한 시효중단의 효력은 강제집행의 종료시까지 계속하며, 강

34) 대판 1994.4.26,93다24223.

제집행의 종료시 새로운 시효가 진행하고, 압류·가압류·가처분이 취소된 경우에는 시효중단의 효력이 상실된다. 예컨대 경매신청의 취하로 압류의 효력은 상실되고(집행법 제93조제1항), 법률의 규정에 따른 압류의 취소(동법 제49조, 제50조의 집행처분의 취소)의 경우에도 압류의 효력은 상실된다.

(3) 점유이전금지가처분의 효력

다툼의 대상에 대한 가처분(집행법 제300조제1항) 중 목적물의 명도(인도) 청구권의 집행보전을 위한 것으로 점유이전금지가처분이 있다. 이 가처분은 대상물을 집행할 당시의 상태로 유지하고 이후의 목적물의 현상변경을 금지하고 (객관적 변경금지) 또한 점유자의 변동을 방지(주관적 변경금지)할 목적으로 한다. 단순한 점유이전, 현상변경의 금지 이외에 부수적인 다른 목적이 부가되기도 한다. 처분금지가처분과 함께 다툼의 대상에 대한 가처분의 전형을 이룬다. 위 가처분을 위반하는 경우, 가처분의 효력으로서 어떠한 조치를 취할 수 있는지의 문제이다.

(4) 가처분과 다른 절차와의 경합[35]

(가) 가처분과의 경합

가처분은 그 내용이 다양하므로 상호 모순·저촉되지 않는 범위 내에서만 경합이 허용된다. 수 개의 가처분이 서로 모순·저촉되는지의 여부는 당사자, 피보전권리, 보전의 필요성, 주문 또는 신청취지 등을 비교하여 판단한다.

(나) 가압류와의 경합

이에 관하여는 가압류 부분을 참조.

(다) 강제집행과의 경합

처분금지가처분이 되어 있는 부동산에 대하여도 본안에 관한 승소판결확정시까지는 다른 채권자가 강제집행을 할 수 있다. 이와 같이 강제집행이 허용

---

35) 자세하게는 전게,곽용진민사집행법,1081면 이하.

되는 경우 가처분과의 우열은 어떻게 되는지에 관하여 명문의 규정은 없으나 판례는 처분금지가처분이 되어 있는 부동산에 대한 강제집행은 적법 유효하고, 강제집행의 진행 중에 가처분의 존재만으로는 제3자 이의의 소를 제기할 권한이 없으며,[36] 가처분채권자가 후에 본안소송에서 승소확정판결을 얻는 때에 비로소 그 강제집행의 결과를 부인할 수 있음에 불과하다고 한다.[37] 실무상으로는 최선순위의 처분금지가처분이 있는 부동산에 대하여는 경매개시결정을 하고 이를 등기한 다음 경매절차를 사실상 정지하여 가처분의 결과를 기다리는 것이 일반적이다. 강제집행에 의하여 이미 압류된 부동산에 대하여도 처분금지가처분을 할 수는 있으나, 가처분채권자는 매수인에게 대항할 수 없다.[38]

(라) 체납처분과의 경합

선행 가처분과 체납처분과의 관계에 관하여는 체납처분우위설과 가처분우위설이 대립되어 있는데, 후자가 통설·판례이다. 판례는 부동산에 관하여 처분금지가처분의 등기가 된 후에 그 가처분권자가 본안소송에서 승소판결을 받아 확정이 되면 그 피보전권리의 범위 내에서 가처분 위반행위의 효력을 부정할 수 있고, 이와 같은 가처분의 우선적 효력은 그 위반행위가 체납처분에 기한 것이라 하여 달리 볼 수 없는 것이다. 징수법 제35조에서 '체납처분은 재판상의 가압류 또는 가처분으로 인하여 그 집행에 영향을 받지 아니한다고 규정하고 있으나, 이는 선행의 가압류 또는 가처분이 있다고 하더라도 체납처분의 진행에는 영향을 받지 않는다는 취지의 절차진행에 관한 규정일 뿐이고, 체납처분의 효력이 가압류, 가처분의 효력에 우선한다는 취지의 규정은 아니라고 한다.[39]

---

36) 대판 1992.2.14,91 다12349.

37) 대판 1998.10.27,97 다26104

38) 대판 1964.12.15,63 다1071.

39) 대판 1993.2.19,92 마903.

제 5 절 보전처분의 본집행으로의 이전

보전처분은 강제집행의 보전을 목적으로 하는 임시적인 처분이므로 채권자가 집행권원을 얻어 강제집행을 할 수 있게 되면 보전처분이 집행되어 있는 상태에서 본집행을 한다. 이를 본집행으로의 이전이라고 부른다. 본집행으로의 이전절차에 있어서 가장 중요한 점은 보전처분이 집행된 상태에서 시간적 간격이 없이 그대로 본집행이 효력을 발생하게 되어야 한다는 점이다. 언제 본집행으로 이전되느냐에 관하여, 즉 언제 보전처분의 집행상태가 종료되는 것이냐에 관하여는 집행권원이 성립한 때, 집행력 있는 정본이 채무자에게 송달된 때, 본집행이 신청된 때, 본집행이 개시된 때라고 하는 설들이 대립되어 있으나 위와 같은 점을 고려하면 최후의 설이 타당하다고 하겠다. 즉 본집행이 개시되면서 보전처분의 집행상태가 종료하고 그 이후는 본집행이 된다고 볼 것이다. 다만, 단행가처분의 경우에는 현실적인 집행 또는 집행처분을 다시 할 필요가 없기 때문에 본집행 신청시에 본집행으로 이전된다고 할 것이다.

제 6 절 보전처분에 대한 채무자의 구제

1. 제소기간 도과로 인한 가압류명령의 취소[40)]

가. 의 의

보전처분은 본안에서 얻고자 하는 집행권원의 집행을 보전함에 그 목적이 있는 것이므로 본안의 소가 제기될 것이 당연히 예상되는 것이나, 일단 보전처분이 발령되면 채권자는 구태여 본안의 소를 제기할 필요를 느끼지 아니하고 권리의 보전만으로 만족하여 채무자의 자진이행을 기다리는 경우가 많기 때문에 채무자로 하여금 채권자가 본안의 소를 제기할 때까지 일방적으로 보전처분으로 인한 불이익을 수인하고 있어야 한다면 불합리하다. 그러므로 채무자에게 채권자로 하여금 상당한 기간 내에 본안의 소를 제기하고 이를 증명하는

---

40) 자세하게는 전게,곽용진민사집행법,983면 이하.

서류를 제출할 것을 명하도록 법원에 신청할 권리를 주고 채권자가 이 명령을 이행하지 아니하면 피보전권리를 조속히 실현할 의사가 없다고 보아 채무자의 신청에 의하여 보전처분을 취소하도록 한 것이 이 제도이다(집행법 제287조, 제301조).

나. 본안의 제소명령

(1) 제소명령의 신청

보전처분이 발령되어 유효하게 존속함에도 불구하고 채권자가 본안소송을 제기하지 않는 이상 채무자는 보전처분의 발령법원에 본안의 제소명령을 신청할 수 있다. 따라서 이의사건에서 보전처분을 인가하는 판결이 확정된 후에도 신청할 수 있다. 그러나 채무자가 이미 피보전권리에 관하여 채권자를 상대로 소극적 확인의 소를 제기한 때에는 제소명령을 신청할 수 없다. 신청은 신청취지와 이유를 적은 서면으로 하여야 한다(민사집행규칙 제203조제1항제4호, 제2항). 채무자는 보전명령이 발하여진 사실을 소명하여야 하지만, 본안의 소가 아직 제소되지 아니한 사실은 주장만 하면 되고 입증까지 할 필요는 없다.

(2) 제소명령

제소명령은 변론 없이 결정의 형식으로 한다. 제소명령에서는 채권자에게 본안의 소를 제기하여 이를 증명하는 서류를 제출하거나 이미 소를 제기하였으면 소송계속 사실을 증명하는 서류를 제출할 것을 명하고 그 기간(제소기간)을 정하면 된다. 제소할 법원이나 본안의 소의 내용까지 정하지는 않는다. 제소기간을 정하지 아니한 제소명령은 아무런 효력이 생길 수 없고, 따라서 이러한 재판의 정본이 송달되어도 소제기기간 도과에 의한 취소권은 생기지 아니한다. 제소기간은 2주일 이상으로 정하여야 한다(집행법 제287조제2항). 이 기간은 이른바 재정기간(裁定期間)이고 불변기간은 아니므로 법원은 이를 늘이거나 줄일 수 있다(민소법 제172조). 제소명령을 발할 수 있는 법원은 보전명령을 발한 법원이다(전속관할).

다. 제소기간의 경과에 따른 취소

(1) 취소신청

채권자가 법원이 정한 제소기간 내에 제소증명서 등을 제출하지 아니하면 채무자는 보전처분의 취소를 신청할 수 있다. 제소명령의 신청이 취소의 신청까지를 포함하는 것은 아니므로 별도로 신청하여야 한다. 취소신청은 신청의 취지와 이유를 적은 서면으로 하여야 한다(민사집행규칙 제203조).

(2) 소제기증명서 등의 제출기간

채권자는 지정된 기간 내에 소를 제기하고 그 사실을 증명하는 서류를 제출하거나 이미 소를 제기하였으면 소송계속 사실을 증명하는 서류를 제출하여야 하고, 그 기간 내에 증명이 없는 경우에는 이후 소제기증명서 등이 제출되더라도 보전처분을 취소하여야 한다(집행법 제287조제3항). 소제기를 증명하는 서류를 제출한 뒤에 본안의 소가 취하되거나 각하된 경우에는 그 서류를 제출하지 아니한 것으로 본다(동조 제4항). 제소명령에 응하여 제기한 본안의 소를 각하한 판결이나 중재절차를 종료한 선언이 확정되면 그 절차에 위법이 있다 하더라도, 제소기간의 도과 여부를 판단함에 있어서는 아무런 영향도 미칠 수 없다.[41)]

(3) 본안의 소의 의미

본안소송은 반드시 판결을 목적으로 하는 일반소송의 제기만을 의미하는 것은 아니고 그 외에 조정, 지급명령, 소제기전 화해, 중재의 신청 등도 포함된다.

---

41) 대판 2000.2.11,99다50064(가압류결정에 대한 제소명령에 응하여 제기한 본안의 소를 각하한 판결이나 중재절차를 종료한 선언의 당부는 당해 절차에서 판단되어야 할 것이고, 제소기간의 도과 여부를 심리하는 법원이 그 당부에 관하여 심리·판단할 수 있는 것이 아니므로, 그 판결이나 중재절차에 위법이 있다 하더라도 위 가압류결정에 대한 제소명령기간의 도과 여부를 판단함에 있어서는 아무런 영향도 미칠 수 없다).

(4) 심리와 재판

취소신청에 대하여는 임의적 변론이나, 심문 또는 서면심리를 거쳐 결정으로 재판한다(집행법 제287조제3항). 제소기간 도과로 인한 취소절차에서도 채무자가 원고의 지위에 서게 되는 것이지만 그 쟁점의 성격상 채무자는 제소기간 내에 제소증명서 등이 제출되지 않았음을 주장하기만 하면 족하고, 채권자가 오히려 제소증명서 등이 기간 내에 제출되었음을 소명하여야 한다.

2. 사정변경 등에 의한 가압류취소[42)]

가. 의 의

보전처분의 발령 후 보전처분의 이유가 소멸되거나 그 밖에 사정이 바뀌어 보전처분을 유지함이 상당하지 않게 된 때에는 채무자는 보전처분의 취소를 구할 수 있다(집행법 제288조 제1항, 제301조). 보전처분은 일정한 시점을 기준으로 하여 그 당시의 피보전권리나 보전의 필요성이 있는가를 판단하고 발령하는 것이므로 시일의 경과로 그 사정이 변경되면 피보전권리가 소멸되거나 보전의 필요성이 없게 되는 경우가 많고, 그때까지도 보전처분을 유지하는 것은 채무자의 이익을 크게 침해하는 것이 되므로 그 이익구제를 위하여 마련된 제도이다. 사정변경에 따른 가처분취소의 재판은 보전처분을 명한 법원이 관할법원이 되지만 본안이 이미 계속된 때에는 본안법원이 재판한다. 한편 보전처분이 집행된 뒤에 채권자가 3년간[43)] 본안의 소를 제기하지 아니한 때에는 그것을 이유로 채무자나 이해관계인이 보전처분의 취소신청을 할 수 있다(동법 제288조제1항제3호). 위 취소신청의 관할법원은 보전처분을 명한 법원이다.

나. 사정의 변경

보전처분을 취소할 사정은 그 발령전의 것이든 그 후의 것이든 관계없다. 취소사건의 사실심 변론종결시까지 발생한 사유면 족하다. 여기에는 보전처분

42) 자세하게는 전게,곽용진민사집행법,987면 이하.

43) 이 기간은 최초 10년→ 5년→3년으로 법률이 개정되었다.

발령 후에 그 요건이 흠결되기에 이른 경우(사정의 객관적 변경) 뿐만 아니라 발령당시에 이미 존재하고 있는 요건의 흠을 채무자가 그 후에 알게 된 경우(사정의 주관적 변경)도 포함된다. 사정변경의 사유는 채권자 측에서 발생하였든 채무자 측에서 발생하였든 묻지 아니한다. 사정의 변경은 피보전권리에 관한 것과 보전의 필요성에 관한 것으로 나누어 볼 수 있다.

다. 담보제공에 의한 가압류의 취소[44]

(1) 의 의

가압류는 금전채권의 집행보전을 목적으로 채무자의 일반재산을 확보하는 제도이므로 채무자가 적당한 담보를 제공한다면 구태여 일반재산을 가압류할 필요가 없게 된다. 채무자는 가압류결정상의 해방금액을 공탁하고 가압류집행의 취소·정지를 구할 수도 있으나(집행법 제282조), 법원이 자유재량에 의하여 명한 담보를 제공하고서 그 가압류 자체의 취소를 구할 수도 있다(동법 제288조). 이 규정은 금전채권의 보전을 목적으로 하지 않는 가처분의 경우에는 성질상 준용되지 아니하며, 가처분에 대하여는 같은 취지에서 특별사정에 의한 취소의 절차가 따로 마련되어 있다.

(2) 담보와 그 성질

가압류해방금액이 가압류목적물을 대신하는 것으로 채권자는 그 공탁금회수청구권을 가압류하는 것과 동일한 효과를 가질 뿐 여기에 대해 어떤 우선변제권을 갖는 것이 아님에 대하여, 집행법 제288조의 담보는 직접 피보전권리를 담보하는 것으로 채권자는 여기에 대하여 일종의 질권을 갖게 된다. 또 가압류취소로 인한 손해배상청구권만을 담보하는 이의사건에서의 취소판결시에 제공하는 담보(집행법 제286조)와도 구별된다.

---

44) 자세하게는 전게,곽용진민사집행법,990면 이하.

라. 가압류가 집행된 뒤에 3년간 본안의 소를 제기하지 아니한 때

가압류가 집행된 뒤에 3년간 본안의 소를 제기하지 아니한 때에도 채권자의 보전의사의 포기 또는 상실이 있는 경우의 한 예이다.[45] 본안의 소를 제기하지 아니하는 동안 변제 등 사유로 피보전권리가 소멸하였을 가능성이 있고, 특히 부동산 등 등기·등록이 되는 재산에 대하여 가압류의 기입등기가 있음으로써 소유자 등 이해관계인에게 여러 가지 불편과 지장을 주므로 이를 가압류의 취소를 구할 수 있는 한 것이다. 3년이 경과하면 취소의 요건이 완성되며, 그 후에 본안의 소를 제기하여도 가압류·가처분의 취소를 할 수 있다.[46] 보전처분이 집행된 뒤에 3년간 본안소송이 제기되지 아니하였다고 하여 취소결정이 없어도 보전처분의 효력이 당연히 소멸되거나 보전처분취소재판이 확정된 때에 보전처분 집행시로부터 3년이 경과된 시점에 효력이 소급적으로 소멸되는 것은 아니다.

---

45) 1990년의 개정 민소법은 가압류집행 후 10년간 본안의 소를 제기하지 아니한 때를 사정변경의 한 유형으로 추가하여 규정하였으며(구민소법 제706조제2항), 2002년의 집행법 제288조제4항은 5년으로 단축하였으나, 2005.1.27 이를 개정하여, 다시 3년으로 단축하였다.

46) 대판 1999.10.26,99다37887(가압류·가처분채권자가 가압류·가처분집행 후 10년간 본안의 소를 제기하지 아니한 때에는 가압류·가처분채무자 또는 이해관계인은 그 취소를 신청할 수 있고, 그 기간이 경과되면 취소의 요건은 완성되며, 그 후에 본안의 소가 제기되어도 가압류·가처분취소를 배제하는 효력이 생기지 아니한다). 전게,이시윤,464면.

제 5 장 민사소송절차

1. 서 론

가. 의 의

사람들 간에 이해관계가 충돌하여 분쟁이 생기면 원시시대에는 스스로의 힘에 의하여 이를 해결할 수밖에 없었다. 그러나 문명사회에서는 힘으로 분쟁을 해결하는 것은 금지되어(자력구제금지원칙) 국가기관인 법원이 분쟁당사자 간에 개입하여 분쟁을 조정, 해결해 주도록 되었는데 그 절차를 민사소송이라고 한다. 즉 민사소송은 사인 간의 사법적 법률관계부터 생겨나는 분쟁의 법적 해결을 위한 재판상의 절차이다. 자력구제의 금지에 대응하여 국가는 권리의 실현을 위하여 법원을 설치하고 민사법의 영역에서의 법률상의 분쟁에 대하여 재판을 시킨다. 결국 민사소송[1)]은 사인의 권리를 확정하여 이를 보호하고 사법질서의 유지를 도모하기 위하여 법률에 의하여 규율되는 재판상의 절차이다.[2)]

사인은 그 생활을 둘러싸고 타인과의 간에 분쟁이 생긴 때에는 그 분쟁의 법적 해결을 국가의 법원에 구할 수 있는데, 이 경우에 법원에 분쟁의 해결을

---

1) 민사소송은 좁은 의미로는 사인 간의 법률관계를 둘러싼 분쟁에 대하여 법원이 공권적인 판단인 판결을 내리는 판결절차를 말한다. 그러나 민사소송은 강제집행절차, 민사보전절차, 도산처리절차 그리고 특별절차를 포함하는 것으로 보다 넓은 의미에서 사용되는 경우가 있다. 다만, 단순히 민사소송이라고 할 때에는 판결절차를 의미한다.

2) 보통 재판이란 소송사건을 해결하기 위하여 법원이 행하는 판단의 표시인 종국판결을 의미하는데, 소송법상의 전문용어로서는 보다 넓게 재판기관의 판단이나 의견의 표시로서 소송법상 효력을 가지는 법원의 소송행위를 지칭한다. 종국판결 이외에 소송의 심판에 부수하는 파생적 사항의 판단(예컨대 법관의 제척·기피), 소송지휘상의 처분(예컨대 기일의 지정), 법원의 집행처분 등도 재판의 형식으로 행하여진다. 그런데 재판의 주체는 법원 또는 법관인 점에서 법원사무관 또는 집행관의 행위와 재판은 구별된다. 법원사무관 또는 집행관의 행위 가운데 재판과 유사한 행위라도 법원 또는 법관의 행위가 아니므로 그 행위는 처분이라고 부를 수는 있어도 재판은 아니다.

구하는 자를 원고라 하고, 그 상대방을 피고라 한다. 원고는 피고와의 간에 어떠한 분쟁이 있는가를 소장이라는 서면에 기재하여, 이를 법원에 제출하여 분쟁의 해결을 구하는 것이 보통이다. 이 원고로부터의 법원에 대한 분쟁해결의 신청이 소이고, 법원에 사인 간 분쟁의 법적 해결을 신청하는 것을 소의 제기라고 한다. 원고로부터 소의 제기가 있으면 법원은 소장부본을 피고에게 송달하여(소송에 관한 서류를 특정한 자에게 보내는 것을 송달이라고 한다), 원고로부터 소가 제기된 것을 알리는 것과 함께 원고의 주장에 대하여 피고는 어떠한 태도로 나올 것인가를 답변서라고 불리는 서면에 기재하여 법원에 제출할 것을 구한다. 이와 동시에 최초의 심리를 행하는 날과 시간을 정하여 원고와 피고(양쪽을 합쳐 당사자라고 한다)에 대하여 그 일시에 법원에 출석하도록 명한다.

민사소송에서는 심리가 열리는 날을 변론기일이라고 한다. 당사자는 이 기일에 법원에서 자기의 변명(주장)이 옳다는 것을 펼치는데, 이를 변론이라고 하며, 당사자는 이 변론을 구술로 행한다. 만약 심리가 제1차(회) 변론기일만으로 종료하지 못한 때에는 제2차(회), 제3차(회) 등의 방식으로 변론기일이 계속 진행된다. 이 변론기일에서는 일반인에게도 공개된 법정에서 원고와 피고는 자기의 주장을 펼치는 것과 함께 상대방의 반론이 있는 때에는 자기의 주장의 정당함을 위하여 여러 가지 증거를 제출한다. 법원은 이 증거를 조사한 후에 판결을 내릴 수 있는 상태가 되면 심리를 종결하고 당사자 간의 분쟁에 대하여 판결로 결론을 맺는다. 이렇게 민사소송은 사인 간의 분쟁의 법적 해결을 위하여 소의 제기로부터 판결에 이르기까지 원고, 피고 및 법원의 행위가 연속하여 행하여지고, 이 행위의 축적에 의하여 소송이 진행되어 가는 재판상의 절차이다.

나. 권리보호를 위한 3단계 절차

채권자가 채무자의 임의변제에 의하여 채권의 만족을 얻지 못하는 경우에는 강제적으로 채권의 만족을 얻기 위하여 법적 절차에 호소할 수 있고, 법적인 절차에 호소를 하는 경우는 크게 3단계를 거칠 수 있는데, 보전절차, 소송절차, 집행절차가 그것이다.

보전절차는 정식의 절차를 밟기 전에 신속하게 집행재산을 확보하기 위한 절차로서, 가압류, 가처분이 이에 해당한다. 다음 위 집행재산에 대하여 집행을 하기 위하여는 집행권원이 필요하며, 소송절차는 바로 이 집행권원을 얻기 위한 절차이다. 판결이 대표적인 집행권원이고, 협의의 소송절차는 이 판결을 얻기 위한 절차라고 할 수 있다. 이러한 집행권원을 획득하면 집행절차를 통하여 채무자의 재산을 환가(현금화)하여 그 매각대금에서 채권의 만족을 얻을 수 있게 된다. 물론 근저당권 등 담보물권을 설정하였다면 보전절차나 소송절차를 거침이 없이 바로 집행절차에 들어갈 수 있다.

다. 원고와 피고

민사소송을 먼저 제기하는 사람을 원고(공격하는 자), 당하는 사람(방어하는자)을 피고라고 한다. 개인(자연인)이나 법인은 물론 종중, 동창회, 학교육영회 같은 사실상의 단체도 민사소송의 원고, 피고가 될 수 있다. 다만, 미성년자 같은 무능력자는 법정대리인이 소송을 대리하여야 한다.

라. 소송절차의 흐름

원고는 소장에 의하여 소를 제기→소장을 수리한 법원의 소장을 심사→소장부본을 피고에 송달, 답변서 제출의무의 고지→제1차(회) 변론기일의 소환장을 원·피고에 송달→변론 및 증거조사(경우에 따라서는 준비절차를 거친 후에 제1차 변론기일이 열린다)→증거조사가 끝나면 변론을 종결한 후 판결을 선고→판결이 선고되면 이에 대하여 항소(상소)를 제기→항소가 제기되지 아니하면 제1심 판결이 확정(이에 의하여 소송이 종료)되고→항소가 제기되면 사건은 항소심(상소심)에 이심(移審)되고, 제1심 판결은 확정이 차단(판결이 확정되지 않아도 소의 취하, 청구의 포기·인낙, 소송상의 화해 등이 있으면 이에 의하여 소송은 종료).

마. 재판의 종류

재판은 재판의 주체와 성립절차의 차이에 의하여 판결, 결정, 명령으로 구별된다. 판결절차가 제일 중요한 것이므로 법에서도 판결을 중심으로 규정을 두었으며, 결정 및 명령(재판주체가 법관 개인인 경우는 명령절차로 되는데, 성질은 결정과 동일)은 그 성질에 어긋나지 아니하는 한, 판결에 준하여 취급된다. 법이 판결절차와 결정절차(및 명령절차)의 2원적인 재판형식으로 분류하여 소송제도를 마련하고 있는 것은 주로 연혁적인 이유에 기한 것이지만, 기능적인 분화이기도 하다.

바. 소송에 갈음하는 분쟁해결제도

(1) 화 해

분쟁의 자주적 해결방법이다.

(가) 재판상의 화해

제소전 화해와 소송상 화해가 있다.[3] 재판상 화해는 법원의 관여 하에 성립되기 때문에 재판 외의 화해와는 달리 확정판결과 같은 효력이 발생한다(민소법 제220조). 민소법은 화해의 촉진을 위하여 서면화해제도(동법 제148조제3항)와 화해권고결정제도(동법 제225조)을 두는바, 그 효력은 소송상 화해와 같다.

(나) 재판 외의 화해

민법상 화해계약(민법 제731조 이하)으로 당사자가 상호 양보하여 당사자간의 분쟁을 끝낼 것을 약정하는 것. 계약자유의 원칙상 내용에 제약이 없으며, 방법에도 제한이 없다. 보통 "합의", "부제소특약", "권리포기계약"으로 활용된다.

---

3) 제소전 화해는 당사자의 한 쪽이 지방법원에 화해신청을 하여 단독판사의 주재 하에 하는 것으로 화해가 되면, 소송상 화해(민소법 제220조)와 동일한 효력이 있고, 소송상 화해는 소송계속 중 소송물인 권리관계에 대하여 당사자 한 쪽이 양보하여 일치된 결과를 법원에 진술하는 것으로 조서에 적은 때에는 소송은 판결에 의하지 아니하고 종료된다.

(2) 조 정

법관이나 조정위원회가 분쟁당사자 사이에 개입하여 화해로 이끄는 절차. 조정이 성립되어 조정조서가 작성되면 재판상의 화해와 동일한 효력이 있다.

(3) 중 재

당사자의 합의로 선출된 중재인의 중재판정에 의하여 분쟁을 해결하는 절차. 중재제도는 관련분야의 전문가에 의한 단심제로 재판에 비하여 신속하고 비용이 저렴하다.

2. 집행권원의 종류 등

가. 집행권원의 종류

집행권원으로 인정되고 있는 것 중 채권자와 관련되는 주요한 것은[4] i) 민사소송법이나 민사집행법에 규정된 것으로 판결(확정된 종국판결, 가집행선고가 있는 종국판결)과 판결 이외의 것[소송상 화해조서, 청구의 인낙조서, 항고로만 불복할 수 있는 재판, 확정된 지급명령, 집행증서(공정증서), 가압류명령, 가처분명령, 확정된 화해권고결정 등]이 있고, ii)그 밖의 법률에 규정된 것으로는 중재판정에 대한 집행판결, 파산채권자표, 회생채권자표, 회생담보권자표, 조정조서, 조정에 갈음하는 결정조서, 확정된 이행권고결정 등이 있다.

나. 소의 제기와 소송절차

원고가 제기한 소는 그 소송목적의 값(소가; 소송물가격)에 따라 담당하는 재판부와 절차가 달라진다. 제소한 때의 소송목적의 값이 2,000만원을 초과하지 아니하는 금전 기타 대체물이나 유가증권의 일정한 수량의 지급을 목적으로 하는 제1심의 민사사건은 소액사건으로서 단독판사가 담당하고,[5] 소송목적

4) 각 집행권원에 따라 이를 획득하는 절차가 정하여져 있다. 최종적으로는 채권의 만족이라는 공통의 목적을 가지고 있는 것이지만, 채권자는 그 중 어떠한 절차를 통하여 어떠한 집행권원을 획득하는 것이 당해 사건에 가장 적합한 것인지 선택을 하여야 한다.

의 값이 1억원을 초과하는 민사사건은 합의부사건으로서 합의부가 담당하며, 소송목적의 값이 2,000만원 초과 1억원 이하의 사건은 단독사건으로서 단독판사가 담당한다.[6] 제1심에서 단독판사가 심판한 사건의 항소심은 지방법원본원 합의부가 담당함이 원칙이다. 소송목적의 값이 1억원을 초과하는 양수금사건, 보증금 등 금전청구와 사해행위취소의 소를 병합·청구하여 소송목적의 값이 1억원을 초과하는 사건은 단독사건이 아니라 합의사건으로 된다. 이를 도표로 본다.

제1심		제2심		제3심
단독사건: 지방법원단독판사	→	지원·동 지원 항소부 또는 고법	→	대법원
합의사건: 지방법원 합의부	→	고등법원	→	대법원

다. 소송과 집행권원

채권자가 소를 제기한 경우 얻을 수 있는 집행권원으로서 가장 기본적인 것은 판결이다. 판결은 원칙적으로 변론을 거쳐 이루어진다. 그러나 민소법은 피고가 소장부본을 송달받은 날부터 30일이 지나도록 답변서를 제출하지 아니하거나 소장의 청구원인사실을 모두 자백하는 취지의 답변서를 제출하고 따로 항변을 하지 아니하는 경우 변론 없이 판결을 할 수 있도록 하고 있다(이를 무변론판결이라고 한다).

피고가 원고의 청구를 인낙한 경우에는 인낙조서가, 원고와 피고 간에 화해가 성립된 때에는 화해조서가, 조정이 성립된 때에는 조정조서가, 법원이 조정에 갈음하는 결정을 한 때에는 조정에 갈음하는 결정조서가 작성되고, 이들

5) 부대청구금액은 소송물가액에 산입(합산)하지 아니하므로 예컨대 2,000만원 및 이에 대한 2010.9.1.부터 완제일까지 연 20%의 비율에 의한 금액의 지급을 구하는 소송은 소액사건이다.

6) 소송목적의 값이 1억원을 초과하더라도 i) 수표금·약속어음금 청구사건, ii) 민사 및 가사소송의 사물관할에 관한 규칙 제2조제2호에 정한 채권자가 원고인 대여금·구상금·보증금청구사건, iii) 자동차손해배상보장법에서 정한 자동차·원동기장치자전거·철도차량의 운행 및 근로자의 업무상 재해로 인한 손해배상청구사건과 이에 관한 채무부존재확인 등은 단독판사가 심판한다.

은 확정되면 확정판결과 동일한 효력이 있다. 법원이 한 화해권고결정이 확정된 경우에도 역시 확정판결과 동일한 효력이 있고, 소액사건에 대하여 한 이행권고결정이 확정된 경우에도 확정판결과 같은 효력이 있다.

라. 소송을 제기할 법원(관할)

(1) 의 의

관할이란 재판권을 행사하는 여러 법원 사이에서 어떤 법원이 어떤 사건을 담당·처리하느냐 하는 재판권의 분담관계를 정해 놓은 것을 말한다. 원칙적으로 피고의 주소지를 관할하는 법원에 소송을 제기하여야 하지만(민소법 제2조. 보통재판적) 원고의 편의 등을 위하여 여러 가지 예외가 인정되고 있다. 예컨대 대여금, 물품대금, 손해배상의 청구의 경우 그 채무이행지인 원고의 주소지를 관할하는 법원에도 소송을 제기할 수 있도록 한 것(의무이행지의 특별재판적), 교통사고를 당한 피해자가 사고 장소를 관할하는 법원에도 소송을 제기할 수 있도록 한 것(불법행위지의 특별재판적) 등이다. 그리고 소송물의 액수(이를 소송목적의 값 또는 소가라고 하며, 원고가 소로써 달성하려는 목적이 가지는 경제적 이익을 화폐단위로 평가한 금액이다)[7]에 따라 1억원을 초과하는 민사사건과 재산권상의 소(예컨대 상호사용금지의 소와 같다)로서 그 소가를 산출할 수 없는 것은 판사 3인으로 구성되는 재판부(합의부)가 관할하며,[8] 그 이외의 사건은 단독판사가 관할한다. 다만 예외적으로 모든 어음·수표 청구사건, 채권자 등의 대여금 등 청구사건 등은 소가에 관계없이 단독판사가 관할한다(비교적 다툼이 간단하기 때문).

---

7) 이를 사물관할이라고 하고, 사물관할이란 제1심 소송사건을 다루는 지방법원단독판사와 지방법원 합의부 사이에서 사건의 경중을 표준으로 재판권의 분담관계를 정해놓은 것을 말한다. 즉 제1심사건 중 어떤 종류의 사건을 지방법원단독판사가 담당하고, 나머지를 합의부판사가 담당하느냐의 문제이다. 법원조직법은 제1심 소송사건에 대하여 법률에 특별히 규정한 사건(동법 제32조)를 제외하고는 지방법원단독판사의 관할로 하고 있고(동법 제7조제4항), 동조 2항, 제3항은 예외로 합의부가 재판할 경우를 규정하고 있다.

8)법원조직법 제32조제1항, 민사 및 가사소송의 사물관할에 관한 규칙 제2조.

✦ **특히 소가가 2천만원 미만인 경우(소액사건심판규칙 제1조의2)에는 소액사건심판법에 의하여 재판을 간편·신속하게 진행시키기 위한 각종 특례가 있다.**

(2) 관 할

관할은 그 분류표준에 따라 여러 가지로 나눌 수 있으나, 채권자가 특정한 사건에 관하여 소를 제기할 때 소재지를 달리하는 "동종의 법원" 중 어느 법원에 제기할 것인가를 정하는 토지관할만을 살펴본다. 다시 말하면 제1심 사건을 어느 곳의 지방법원(예컨대 서울중앙지방법원, 의정부지방법원)이 담당하고 처리하느냐의 문제이다.

(가) 보통재판적

소는 피고의 보통재판적 소재지 법원의 관할에 속함이 원칙이다(민소법 제2조). 보통재판적은 주소에 따라 정하고(피고자 자연인인 경우), 대한민국에 주소가 없거나 알 수 없으면 거소, 거소가 없거나 알 수 없으면 마지막 주소에 따라 정하고, 피고가 법인, 그 밖의 사단 또는 재단인 경우의 보통재판적은 주된 사무소 또는 영업소가 있는 곳에 따라 정하고 사무소와 영업소가 없는 때에는 주된 업무담당자의 주소에 따라 정하며, 피고가 국가인 때의 보통재판적은 법무부소재지(수원) 또는 대법원소재지(서울)에 의한다(동법 제6조). 즉 통상의 경우 피고가 자연인인 경우에는 주민등록지, 법인인 경우에는 본점 소재지 법원에 소송을 제기하면 될 것이다.

(나) 특별재판적

특별한 사건에 대하여는 보통재판적이 없는 곳, 즉 피고의 주소나 본점 아닌 곳의 법원에도 토지관할이 생기도록 특별재판적(특별관할)을 두고 있다. 보통재판적과 경합하는 임의관할로서 원고가 편의에 따라(원고에게 유리한 경우가 많다), 선택할 수 있는 특별재판적이 있고, 특별재판적은 독립재판적과 관련재판적으로 나눌 수 있다.

1) 독립재판적

① 이에 대하여는 ⅰ)근무지(민소법 제7조. 사무소 또는 영업소에 계속하여 근무하는 사람에 대하여 소를 제기하는 경우에는 그 사무소 또는 영업소가 있는 곳, ii)거소지 또는 의무이행지(동법 제8조. 재산권에 관한 소는 거소지 또는 의무이행지), iii)어음·수표지급지(동법 제9조. 어음·수표에 관한 소는 지급지 법원에 제기할 수 있다), iv)재산이 있는 곳(동법 제11조. 국내에 주소가 없는 사람 또는 주소를 알 수 없는 사람에 대한 재산권상의 소 피고의 재산이 있는 곳의 법원에 제기할 수 있다), v)사무소 또는 영업소가 있는 곳(동법 제12조. 사무소 또는 영업소가 있는 사람에 대하여는 그 사무소 또는 업무에 관한 것에 한하여 그 소재지), vi)불법행위지(동법 제18조제1항. 불법행위에 관한 소는 그 행위지의 법원에 제기할 수 있다), vii)부동산이 있는 곳(민소법 제20조. 부동산에 관한 소는 부동산이 있는 곳의 법원에 제기할 수 있다)의 법원에 소를 제기할 수 있다.

② 당사자의 합의로 변제장소를 정한 경우에는 그 곳이 의무이행지로 특별재판적이 되겠지만, 그러하지 않은 경우에는 우리 민법이 이른바 지참채무의 원칙을 취하고 있으므로 원고인 채권자의 주소(본점소재지) 또는 영업소(지점) 소재지의 법원에 소를 제기할 수 있다.[9)]

2) 관련재판적(병합청구의 재판적. 민소법 제25조)

하나의 소로 여러 개의 청구를 하는 소의 객관적 병합의 경우와 하나의 소로써 여러 피고에 대하여 청구를 하는 소의 주관적 병합의 경우는 하나의 청구에 대하여 관할권이 있는 법원은 다른 청구에 대하여도 관련재판적으로

9) 예컨대 A지점에서 대출을 하고 줄곧 A지점이 이를 관리하여 온 경우 A지점을 의무이행지로 함에는 큰 문제가 없다. 그러나 과연 본점 소재지도 의무이행지인가 하는 점에 관하여는 의문이 있을 수 있다(민법 제467조제2항은…영업에 관한 채무의 변제는 채권자의 현영업소에서 하여야 한다고 규정하기 때문). 또한 지점의 채권을 부실채권으로 분류하여 본점에서 관리하는 경우 본점소재지의 법원에 소를 제기할 수 있다고 할 수 있겠지만 이 경우에 변제장소가 지점에서 본점으로 이전함에 따라 채무자의 변제비용이 증가하였다면 다른 약정이 없는 한 이 증가비용은 채권자가 부담한다고 할 수 있다. 다만 관할의 합의가 있다면 이러한 고민은 해결된다.

관할권이 있다(즉 한 청구의 재판적이 있는 곳이 관할한다). 다만, 각 병합의 요건은 갖추어야 한다. 특히 주관적 병합의 경우 소송목적이 되는 권리나 의무가 여러 사람에게 공통되거나 사실상 또는 법률상 같은 원인으로 말미암은 경우에 한하여 관련재판적이 인정되므로, 예컨대 전혀 무관한 두 사람에 대한 대여금을 하나의 소로써 구하는 것은 허용되지 아니한다.

(다) 합의관할

당사자는 일정한 법률관계에 대한 소에 관하여 서면으로 합의에 의하여 제1심 관할법원을 정할 수 있다. 즉 당사자의 합의에 의한 관할을 말한다. 예컨대 대출을 할 때 "이에 관한 분쟁은 서울중앙지방법원의 관할로 한다"는 관할합의조항을 계약서에 삽입한 경우 위 법원에 소를 제기할 수 있다. 관할의 합의는 합의당사자 간에만 효력이 있다.[10)]

(라) 변론관할(구법상 응소관할)

위 기준에 의하여 원고가 관할권이 없는 법원에 소를 제기한 경우라도 피고가 제1심 법원에서 관할위반이라고 항변하지 아니하고(즉 이의 없이) 본안에 대하여 변론하거나 변론준비기일에서 진술하면 그 법원은 관할권을 가진다.

(마) 전속관할과 임의관할

전속관할이란 법정관할 중 재판의 적정·공평 등 고도의 공익적 견지에서 장해진 것으로, 오로지 특정 법원만이 배타적으로 관할권을 갖는 것을 말한다. 즉 전속관할이 정하여진 소는 그 정하여진 법원에만 소를 제기할 수 있다. 예컨대 할부계약에 관한 소송은 제소당시 매수인의 주소를, 주소가 없는 경우에는 거소를 관할하는 지방법원의 전속관할에 속하므로, 카드대금을 청구하는 경우 그것이 할부대금이면 반드시 피고의 주소나 거소지 지방법원에 소를 제기

---

10) 합의관할의 문제점: 대기업의 보통계약약관 중의 관할 합의조항, 금융기관의 대출서류, 각종 할부계약서, 보험약관 등의 관할합의 등은 원고에는 유리하지만, 먼 거리에 거주하는 피고에게는 소제기 및 응소에 불편함이 있다. 특히 약관의 규제에 관한 법률 제14조는 약관상의 관할의 합의조항이 고객에 부당하게 불리할 때에는 무효가 된다고 한다.

하여야 할 것이다. 전속관할은 법원의 직권조사사항이며, 당사자 간의 합의나 피고의 응소에 의하여 법정관할을 다른 법원으로 변경할 수 없다. 즉 합의관할이나 변론관할이 인정되지 아니하고, 관할의 경합이 생길 수도 없다.

3. 소의 제기[11)]

민사소송은 소장을 작성하고 인지(민사소송등인지법에서 규정한 금액의 인지액)를 붙여서 관할법원에 제출한다. 다만 소송위임장과 같은 부속서류를 첨부하여야 할 때도 있다.

가. 의 의

민사소송은 직권에 의하여 개시되지는 아니하며, 처분권주의[12)]에 따라 소송의 개시를 위하여는 당사자의 주도(신청)가 필요하다. 통상 소송에서의 소송의 개시는 원고의 피고에 대한 소의 제기에 의하고, 원고는 사건에 대하여 관할권을 가지는 법원에 소장이라고 불리는 서면을 제출하여 소를 제기한다. 소장에는 당사자, 법정대리인, 청구의 취지와 원인을 기재하여야 하며, 이는 소장의 필요적 기재사항이다. 결국 누가 누구에 대하여 무엇을 청구하는지를 소장에 의하여 명확하게 하여야 한다. 소장에는 보통은 임의적 기재사항도 기재하고, 소가에 따라서 인지를 붙여야 하며, 각 피고에 송달하기 위하여 피고 수만큼의 소장부본을 첨부하여야 하고, 소송서류의 송달비용의 예납도 하여야 한다.

나. 소의 종류

원고가 제기하는 소는 그 청구의 성질과 내용에 따라 i)이행의 소, ii)확인의 소, iii)형성의 소로 나눌 수 있다.

---

11) 이시윤,222면 이하

12) 원고가 제출한 소장의 청구취지는 소송물의 동일성을 가리는 기준으로서 법원은 이에 구속되어 재판하여야 하는 제약을 처분권주의라고 한다.

(1) 이행의 소

이행의 소란 국가의 공권력을 빌려(자력구제금지원칙 때문) 강제집행을 가능하게 하는 이행판결을 목적으로 하기 때문에 가장 많이 활용된다. 청구권의 강제적인 실현을 위한 집행권원을 만드는데 그 본질적인 기능이 있다. 즉 이행청구권의 확정과 피고에 대하여 이행명령을 할 것을 요구하는 소이다(이행명령의 선고를 받아 강제집행의 방법으로 청구권을 실현하려는 명령형의 소이다). 이행판결은 집행권원이 되고, 이에 의하여 강제집행을 할 수 있으며, 이행판결이 형식적으로 확정되면, 이행청구권의 존재를 확정하는 효력인 기판력과 집행력이 발생한다.

이행의 소는 변론종결시를 기준으로 이행기가 도래한 이행청구권일 것(현재의 이행의 소)을 요하지만, 이행기가 미도래 한 청구권(장래의 이행의 소)을 주장하여도 된다. 전자의 경우에는 지연손해금에 대하여 소장송달 다음 날부터 연 20%의 이율로 청구할 수 있는 특례가 있다(소송촉진 등에 관한 특례법 제3조, 소송촉진 등에 관한 특례법 제3조제1항 본문의 법정이율에 관한 규정).

(2) 확인의 소

확인의 소란 권리나 법률관계의 존부나 부존재의 확정을 요구한 소이다.

(3) 형성의 소

형성의 소란 법률관계의 변동을 요구하는 소이다. 지금까지 부존재하였던 새로운 법률관계를 발생시키고, 기존의 법률관계를 변경·소멸시키는 내용의 판결을 구하는 것이다. 형성의 소는 법이 허용하는 경우에만 인정되는 것이 원칙이다(판례).

다. 소장의 작성과 접수

(1) 의 의

소의 제기는 소장을 작성하여 제1심 법원에 제출하는 방법에 의하는 것이 원칙이다. 소장은 원고가 법원에 대하여 어떠한 판결을 구하는지, 왜 그 판결을 구하는지에 관한 원고의 주장을 기재한 서면이고 이것이 소송의 출발점이므로, 정확하고 이해하기 쉬우며 설득력 있는 내용으로 작성하여야 한다. 소장의 기재사항에는 그 기재의 누락 등 하자가 소장각하 사유가 되는 필요적 기재사항과 그렇지는 아니한 임의적 기재사항이 있다. 즉 원고와 피고의 주소, 성명이 명확히 기재되어야 하고(전화번호와 우편번호도 기재한다). 피고의 송달장소(피고가 있는 곳)를 알 수 없을 때에는 소명자료를 첨부하여 공시송달을 신청할 수 있다. 청구취지(소송의 결론 부분 즉 소송을 제기하는 목적)를 특정하여 기재하여야 한다. 예컨대 "피고는 원고에게 금 1억원을 지급하라"는 방법으로 원고가 판결을 통하여 얻기 위한 결론을 기재하여야 하고, 청구원인(청구취지를 이유 있게 설명하는 부분)을 기재하여야 한다. 예컨대 "원고는 2010.1.1. 피고에게 금 1억원을 빌려주었으나, 피고는 이를 갚지 아니하고 있다"는 방법으로 판결을 구하게 된 원인이 무엇인가를 구체적으로 기재하여야 한다.

(2) 필요적 기재사항(민소법 제249조)

소장에는 필요적 기재사항 외에 원고 또는 대리인의 기명날인 또는 서명을 요하고, 민사소송등인지법 소정의 인지를 첨부하고, 소송서류의 송달비용을 예납하여야 한다.

(가) 당사자

원고와 피고가 누구인지를 표시하여야 한다. 당사자는 소장의 기재에 의하여 확정되며, 이 표시는 기판력이 미치는 주관적 범위 등(당사자적격, 재판적 등)을 정하는 기준이 되므로 정확하게 기재하여야 한다.

✦ 구체적인 기재 예시는 소장을 참조.

1) 당사자의 성명, 명칭의 표시

당사자가 자연인인 경우에는 성명, 법인의 경우에는 그 명칭(상호)은 법인등기부등본에 표시된 대로 기재한다. "주식회사 ○○"와 "○○주식회사"는 전혀 다르므로 주의를 요한다(법인등기부 대로 기재). 파산법인인 경우 법인이 아니라 파산관재인이, 회생회사의 경우 회사가 아니라 관리인이 당사자가 되므로, 이들을 당사자로 표시하여야 한다. 피고가

자연인인 경우에는 그 성명과 주민등록번호를 기재하며, 주민등록번호의 기재가 법률상 필수적인 것이라 할 수는 없지만, 피고의 특정은 원고인 채권자가 후일 집행을 함에 있어서 필요불가결한 것이라 할 수 있고, 동명이인이 많은 우리나라에서 주민등록번호만큼 개인의 특정에 적절한 것이 없으므로, 반드시 기재함이 좋다. 주민등록번호 없이 승소판결을 받아 집행을 하려할 때 채무자가 동일인이 아니라고 주장하는데 동일인임을 인정할 자료가 없을 경우 집행을 할 수 없어 애써 받은 판결이 휴지에 지나지 않는 경우도 상정할 수 있다. 소장에 정확한 주민등록번호를 기재하기 위하여, 처음 채무자와 계약을 체결할 때 주민등록증이나 기타 공문서를 근거로 채무자의 주민등록번호를 계약서에 정확하게 기재하여 놓는 것이 좋다. 원고가 소를 제기할 때에는 동명이인을 피고로 하였는지를 확인하여야 한다.[13]

2) 당사자의 주소의 표시

소제기 당시의 주소(자연인은 주소, 법인인 경우에는 본점 또는 주된 사무소의 소재지)를 기재한다. 주소를 기재하는 목적은 당사자의 특정과 송달의 편의를 위함에 있다. 민법상 주소란 생활의 근거되는 곳을 말하고 반드시 주민등록지와 일치한다고 할 수는 없다. 따라서 주민등록지와 다른 주소가 있으면 그곳을 기재함이 이론적으로는 옳다. 그러나 주민등록지와 다른 피고의 주소를 기재한 판결문으로 집행을 함에 있어 당사자의 동일성을 소명할 수 없게 되는 경우가 있으므로, 가능한 한 주민등록지를 주소로 기재하고, 주민등록지와 실제 주소 또는 거주지가 다른 경우에는 양자를 병기함이 바람직하다고 본다.[14] 사망한 사람을 생존하고 있는 사람으로 잘못 알고(즉 선의로) 그를 상대로 소송을 제기한 경우(법인격이 소멸한 법인을 상대로 한 소송도 같다),[15] 후에 사망사실이 알려지면 그 재산상속인으로 피고표시를 정정하는 당사자표시 정정신청을 하고(판례), 제소 당시에는 생존하였는데 그 후 사망한 경우 그 재산상속인들을 상대로 소송을 계속하려 할 경우에는 소송수계신청을 한다. 원고의 주소는 법인의 본점 소재지를 기재하고 담당부서의 소재지가 본점과 다른 경우 송달장소를 병기한다. 원고의 소재지에 여러 부서가 있는 경우에는 담당부서를 표시하는 것이 좋다.

---

13) 자연인이 사망하면 당사자능력을 상실하며, 민법상 행위무능력자이면 소송능력이 없으므로 미성년자·한정치산자 및 금치산자는 소송무능력자이다.

14) 주민등록번호를 기재하지 않았던 10년 전의 판결을 근거로 다시 판결을 구하는 경우가 있고, 이때 그 판결문에 기재된 주소가 현재의 주소와도 다르고 피고의 주민등록등본에 전혀 기재된 바도 없는 경우에 그 판결문의 피고가 후의 사건의 피고와 같은지를 확인할 길이 막연해 지는 경우가 많다.

15) 법원이 피고가 사망한 자임에도 이를 간과하고 판결을 하였을 때에는 판결이 확정되어도 효력이 없으며, 당연무효이기 때문에 재심의 대상도 아니다.

(나) 법정대리인

당사자가 미성년자 등 소송무능력자인 경우에는 당사자의 법정대리인(미성년자인 경우에는 친권자인 부모, 한정치산자·금치산자인 경우에는 후견인)을,[16] 법인(법인 아닌 사단·재단도 같다)인 경우에는 대표자를 기재한다. 법인의 대표자의 명칭은 법인등기부등본에 기재된 대로 하되, 그 명칭 자체에 대표이사처럼 "대표"라는 말이 들어가는 경우에는 그대로, 그러하지 아니한 경우에는 명칭 앞에 "대표자"라는 말을 추가하여 기재한다. 미성년자의 주소와 부모의 주소가 다른 경우에는 부모의 주소를 병기한다. 법인의 대표이사가 여러 명이고 이들이 공동대표이사일 경우에는 모두를 대표이사로 표시하여야 한다. 법인의 대표이사가 변경된 줄을 모르고 과거의 대표이사로 표시하여 소를 제기한 경우 당사자표시정정신청을 한다.

(다) 청구의 취지

① 청구의 취지는 원고가 소로써 청구하는 판결의 내용(어떠한 내용과 종류의 판결을 구하는지의 문제)으로서 소의 결론 부분이다. 이는 판결의 주문이 되므로 그 내용·범위 등이 간단·명료하여야 한다(구체적으로 특정하여야 한다). 그 밖에 소송비용에 관한 재판과 가집행선고의 신청을 기재한다.

예컨대 ⅰ)이행의 소는 "피고는 원고에게 금 1천만원을 지급하라"라는 판결을 구한다와 같이,[17] 이행의 대상 및 내용과 이행판결을 구하는 취지를 기

---

16) 소송상 대리인에는 임의대리인과 법정대리인이 있고, 민법상 대리인과 같이 본인의 의사에 의하여 대리인이 된 자를 임의대리인, 본인의 의사와는 무관하게 법률의 규정 등에 의하여 대리인이 된 자를 법정대리인이라고 한다. 법정대리인의 종류로는 ⅰ)실체법상 법정대리인(민소법 第51조. 민법 기타 법률에 의한다), ⅱ)소송법상의 특별대리인(동법 第62조), ⅲ)법인 등 단체의 대표자(동법 第64조) 등이 있으며, ⅰ)의 법정대리인으로는 미성년자의 친권자인 부모(민법 第909조, 第911조), 후견인(민법 第928조), 한정치산자·금치산자의 후견인(민법 第929조, 第938조)은 소송법상으로도 법정대리인이 된다. 그 밖에 민법상 특별대리인(민법 第64조, 第847조, 第921조), 부재자의 재산관리인(민법 第22조 내지 第26조)도 소송상의 법정대리인이 되며, ⅱ)의 소송상의 특별대리인은 개개의 소송절차에서 법원이 선임한 대리인으로서 법정대리인이며, 무능력자를 위한 특별대리인(민소법 第62조), 상속재산에 대한 집행절차(집행법 第52조 第2항)에서의 특별대리인과 같고, ⅲ)의 법인 등 대표자는 법정대리인에 준하여 취급된다(민소법 第64조. 준법정대리인).

재하여야 하고, ii)확인의 소는 "○○ 건물은 원고의 소유임을 확인한다"라는 판결을 구하는 취지를 표시하여야 하며, 금전채권에 관한 확인의 소에서는 금액을 표시하여야 한다. iii)형성의 소는 "원고와 피고는 이혼한다"라는 판결을 구한다는 것과 같이, 형성의 대상·내용과 함께 형성판결을 구하는 취지를 명시함이 원칙이다.

✦ **구체적인 사례는 후술 소장의 기재례를 참조.**

② 피고들 간의 관계는 피고들이 연대보증인 관계에 있는 경우에는 "연대하여"를, 수인의 어음·수표채무자 관계에 있는 경우에는 "합동하여"를, 그 밖에 불가분채무, 부진정연대채무 관계 등에 있는 경우에는 "각자"를 사용한다.

③ 청구취지의 주어와 판결의 효력을 받는 범위는 주어로 표시된 사람만이 판결의 효력을 받는다. 예컨대 "피고 A, B, C는 피고 D, E와 연대하여 원고에게 5천만원을 지급하라"라는 경우, 피고 D, E는 판결의 효력을 받지 아니하므로 이 판결로는 D, E에 대하여는 집행을 할 수 없다.

(라) 청구의 원인(청구이유)

① 청구의 원인은 원고가 주장하는 권리 또는 법률관계의 성립원인인 사실(청구취지를 보충하여 청구를 특정함에 필요한 사실관계)을 말하므로, 그 기재가 논리적으로 완벽하게 청구취지를 뒷받침하여야 한다. 따라서 논리의 비약, 논리의 모순, 청구금액의 산출근거, 이자기산일의 근거, 간결한 문장, 도표이용, 소장의 글씨체, 글자의 크기, 줄 간격 등에 유의한다.

② 예컨대 대여금청구의 경우, 모든 청구권은 두 가지 또는 그 중 하나의 근거가 있어야 발생한다. 첫째는 당사자의 약정이고, 둘째는 법률의 규정이다.

---

17) 금전청구일 때에는 청구취지에 금액의 명시는 필요하지만, 금전의 성질(예컨대 대여금, 손해배상금)까지 기재할 필요는 없다. 특정물청구에 있어서 청구취지는 앞으로의 피고의 의무이행에 지장이 없도록, 또 강제집행에 의문이 없도록 목적물을 명확하게 표시하여야 한다. 따라서 건물의 경우에는 소재번지, 구조, 면적을 기재하여야 한다. 목적물의 일부청구, 예컨대 토지·건물의 일부 인도청구소송에서는 인도청구 부분을 별지도면으로 정확하게 특정하여야 한다.

강행법규에 위반하지 않는 한 당사자의 약정은 법률의 규정에 우선하여 적용되므로, 청구취지에 관하여 계약(약관 포함)상의 근거를 우선하여 제시하면 되며, 법률상의 근거는 그것이 너무나 자명한 법리이면 굳이 기재할 필요가 없다.

채권자가 대출한 금액을 회수하려는 대여금청구의 경우를 보면, 우선 청구원인에는 대출계약의 내용이 기재되어야 한다. 계약내용 중, i) 채권자, ii) 채무자, iii) 대여일, iv) 대출금액, v) 이자, vi) 이자지급시기, vi) 변제기일, vii) 기한이익의 상실약정이 있으면 그 약정, viii) 연대보증인에 대하여 청구하는 경우에는 그 약정이 필수적으로 기재되어야 하고, 그 밖에 특히 여러 건의 대출이 있은 경우에는 대출번호 등 계약번호를 추가로 기재함이 좋다.

이자 및 지연손해금을 채권자가 정한 변동이율에 따르기로 약정한 경우에는 그 약정사실과 원고가 청구하는 기간에 해당하는 이율변동상황(기간 및 이율)을 기재하여야 한다. 대출의 종류에 따라 연체이율이 달라 각 적용 연체이율이 다른 여러 개의 대출금 및 지연손해금을 청구하는 경우, 각 대출이 어느 것에 해당하는지를 반드시 밝혀야 한다. 기한이익의 상실약정에 기하여 기한이익이 상실되었음을 원인으로 하는 경우에는 구체적인 기한이익 상실 일자 및 그 일자에 기한이익이 상실된 근거를 밝혀야 한다. 기한이익의 상실에 따라 변제기일 이전부터 정상이율이 아닌 연체이율을 구하는 경우, 어떤 약정에 의하여 언제부터 왜 연체이자를 구하게 되는지를 밝혀야 한다.

③ 상속인에 대한 청구인 경우, 피고(채무자나 연대보증인)가 사망하였는데도 사망한 자를 상대로 소송을 제기하는 경우에는 당사자의 표시정정을 하여야 하는 등 절차의 지연을 초래하는 경우가 많다. 소송을 제기하기 전에 피고에 대하여 조사를 한 후에 소송을 제기하는 것이 좋다. 상속인이 여러 명일 경우 각 상속인별 상속지분과 채무액을 정확히 계산하고 그 계산근거를 밝혀야 하며, 상속인 상호간에는 연대채무관계가 아니고 각 지분별로 분할된 액수만큼만 채무를 부담한다.

(3) 임의적 기재사항

임의적 기재사항이란 기재하지 아니하여도 소장각하명령을 받지 않는 사항이다. 준비서면(민소법 제274조)으로 제출하여도 될 사항을 소장을 이용하여 미리 기재하는 것이다.

(가) 소송대리인의 성명과 주소

지배인(상법 제11조), 선장(상법 제749조 등[18]) 등 법률상 소송대리인 등과 같이 소송대리권이 법률의 규정에 의하여 발생하는 경우에는 그 자격, 지위를 함께 기재하고, 이를 소명할 법인등기부등본 등을 첨부한다. 소송위임에 의한 소송대리인은 변호사이어야 함이 원칙이다(민소법 제87조. 변호사대리의 원칙). 다만, 단독판사가 심판하는 사건에서 원고(채권자)의 송무담당자는 고용인으로서[19] 법원의 허가를 얻어 소송대리인이 될 수 있다(민소법 제88조제1항. 변호사대리의 원칙에 대한 예외). 그러나 단독판사 사건이라도 소송목적의 값이 8,000만원(민사소송규칙 제15조제1항, 민사 및 가사소송의 사물관할에 관한 규칙 제4조)을 초과하는 경우에는 그러하지 아니하므로(즉 단독사건 전부가 변호사대리의 원칙에 대한 예외는 아니다),[20] 이 경우에는 지배인 등 법률상 소송대리권이 있는 사람이 대리하여야 한다. 소장제출 당시 후에 변론에 출석할 소송대리인[21]이 누구인지 확정되지 아니하였고 소장의 작성명의인이 대표이사

18) 상법 제749조제1항은 선적항 외에서는 선장은 항해에 필요한 재판상 또는 재판 외의 모든 행위를 할 권한이 있다고 한다.

19) 민소법 제88조제1항은 "단독판사가 심리·재판하는 사건 가운데 그 소송목적의 값이 일정한 금액 이하인 사건에서, 당사자와 밀접한 생활관계를 맺고 있고 일정한 범위안의 친족관계에 있는 사람 또는 당사자와 고용계약 등으로 그 사건에 관한 통상사무를 처리·보조하여 오는 등 일정한 관계에 있는 사람이 법원의 허가를 받은 때에는 제87조를 적용하지 아니한다."고 하여, 변호사가 아닌 자로서 소송대리인이 될 수 있는 자를 열거하고 있다.

20) 민사 및 가사소송의 사물관할에 관한 규칙 제4조제1호는 2008.2.20 개정되어 종래 5,000만원을 8,000만원으로 상향되었다.

21) 소송상대리인의 종류는 임의대리인과 법정대리인이 있고, 여기의 임의대리인은 민법상의 대리와 같이 본인(원고, 피고)의 의사에 의하여 대리인이 된 자를 말하며, 이에는 ⅰ)법률상 소송대리인, ⅱ)소송위임에 의한 소송대리인(원칙으로 자연인인 변호사, 법무법인이며, 통상 협의의 소송대리인이란 이를 말하며, 예외적으로 비변호사가 소송

나 지배인인 경우에는 굳이 형식적으로 소송대리인을 기재할 필요는 없다. 오히려 당해 사건에 관한 송무업무를 실질적으로 담당하는 사람을 담당자로서 기재한 다음 그 담당자의 소속과 연락처(전화번호, 이메일주소, 팩스번호, 주소가 회사의 주소나 송달장소와 다르면 주소 등)를 기재함이 보다 좋다.

(나) 사건의 표시

대여금, 구상금 등 소명을 정확하고 간결하게 기재한다.

(다) 증거방법의 표시

증거서류의 목록을 기재한다.

(라) 덧붙인 서류의 표시

증거서류(부동산사건이면 부동산등기부등본, 친족·상속사건이면 가족관계부, 어음·수표사건이면, 어음·수표의 각 사본 등), 피고의 수만큼의 소장부본, 대표자의 자격증명(가족관계부, 법인등기부등본[22]), 주민등록등·초본, 소송대리허가신청서류 등 소장에 첨부한 서류의 목록과 수를 표시한다. 다만 증거서류는 (다)항의 기재와 대부분 중복될 것이므로, "위 증거방법 각 1부"와 같이 간략히 표시하면 된다.

(마) 작성연월일

소장을 법원에 접수시키는 날을 기재한다.

(바) 법원의 표시

예컨대 서울중앙지방법원(의정부지방법원, 의정부지방법원고양지원) 귀중이라고 기재한다.

대리인이 되는 경우도 있다).

22) 피고가 소송무능력자일 때는 법정대리인, 법인 등인 때에는 그 대표자의 각 자격증명서로서, 전자는 호적등·초본, 후자는 법인등기부 등·초본이 필요하다.

(사) 작성자의 기명날인 또는 서명

정정한 곳이 있으면 정정인을 하여야 한다. 부본에도 역시 정정을 하여야 한다.

(4) 소장의 첨부서류

(가) 소가 산정에 필요한 자료

소장에 기재만으로는 소송목적의 값을 산정하기 어려운 사건에는 그 값을 산정하는데 필요한 자료(토지대장, 건축물관리대장 등)을 제출하여야 한다.

(나) 소송수행권을 증명하는 서류

위와 관련하여 다음 서류 등을 제출한다.

ⅰ)**법인등기부등·초본** 법인의 대표자, 지점장 등 지배인(그가 소장 작성 명의자인 경우)이 등재된 것.

ⅱ)**소송대리허가신청서류** 송무담당직원이 소송대리를 하는 경우에는 소송대리허가신청서, 위임장, 재직증명서를 제출한다. 반드시 소장제출시 제출할 필요는 없지만, 아무리 늦어도 변론기일 전에는 제출하여야 하고, 통상 변론기일 전에 1주일 정도 여유를 두고 사건번호와 연락전화번호를 기재하여 제출함이 좋다. 사정상 변론기일 전에 소송대리허가신청서류를 제출하지 못한 채 변론기일에 출석할 때에는 반드시 소송대리허가신청서류를 지참하고 출석하여야 한다.

ⅲ)**법정대리권에 대한 증명서류** 피고가 미성년자 등 소송무능력자일 경우에는 그 법정대리인의 대리권을 증명하는 가족관계부, 후견인지정서, 후견인선임심판서 등을 제출한다.

(다) 송달료의 예납을 증명하는 서류

송달료를 미리 은행에 납부하고 교부받은 송달료납부서

(라) 소장의 부본

일반 단독사건에서는 피고의 수만큼의 소장부본을, 소액사건에서는 피고의 수에 2를 더한 수의 부본을 첨부하여야 한다.

(마) 인 지

소송물가액(소가) 상당의 인지를 붙이거나 은행에 현금으로 납부한다. 즉 인지액이 200,000원을 초과하지 아니하는 때에는 인지첩부(첨부) 또는 현금납부를 할 수 있고, 200,000원을 초과하는 때에는 현금납부를 하여야 한다. 인지를 현금으로 은행에 납부하는 경우에는 영수필확인서와 영수필통지서를 소장에 첨부하여야 하고, 인지액을 계산하여 그 계산근거와 함께 소장표지에 기재하면 좋다.

(바) 피고의 주민등록표

당사자의 동일성을 확인하고 소제기 당시의 주소를 확인하기 위하여 피고의 주민등록표를 제출하는 것이 좋다. 주민등록표에 의하여 확인되지 않았다면 주민등록번호가 잘못된 것일 수 있고, 이러한 주민등록번호가 소장이나 계약서에 기재된 대로 판결문에 기재되더라도 후일 집행에 있어 커다란 어려움에 봉착할 수 있다.

라. 민사소송의 진행

(1) 피고에게 송달(알림)

민사소송이 제기되면 재판장은 소장부본을 피고에게 송달하여 피고를 상대로 어떠한 소송이 제기되었는가를 미리 알려준다.

(2) 소장심사, 소장부분의 송달

소장을 수리한 법원은 사건을 특정한 재판부에 배당하고, 재판부의 재판장이 소장을 심사한다. 심사의 대상은 소장이 필요적 기재사항을 구비하고 있는지와 소장에 소정의 인지가 첨부되어 있는지(즉 소장이 방식에 맞는지 여부)

등이다. 합의부에서는 재판장이, 단독사건에서는 단독판사가 이러한 권한을 행사한다. 재판장이 소장을 심사하고 심사의 결과, 소장에 흠결이 있으면(예컨대 인지가 부족한 경우) 재판장은 상당한 기간을 정하여 보정명령을 하고(민소법 제254조제1항), 보정기간은 불변기간은 아니며, 원고가 보정기간 내에 보정을 하지 아니한 경우에는 재판장은 명령으로 소장을 각하하고, 이로써 소송은 종료한다.

소장심사를 통과하면 소장부본을 피고에게 송달한다(민소법 제256조, 민사소송규칙 제64조제1항). 사건이 특정되어 이것이 특정한 법원에서 심판될 상태가 발생하는 것을 소송계속이라고 하며,[23] 소장부본이 피고에게 송달될 때 이러한 소송계속이 발생한다.[24] 또한 재판장은 제1차 변론기일을 지정하고 소환장을 원·피고에게 송달하여 당사자를 소환한다.[25]

(3) 변론기일의 지정 및 소환

그 후 재판장은 사건이 접수된 순서에 따라 변론기일을 정하여 원·피고에게 통지한다(민소법 제258조제2항). 법원에 따라 사건이 폭주하여 변론기일이 지정될 때까지 다소 시간이 걸리는 수도 있다.

(4) 변론(심리)

변론이란 수소법원의 공개법정에서 당사자 양쪽이 구술에 의하여 판결의

---

23) 소송계속의 효과가 발생하면, 소장에 기재된 최고·해태·해지 등 실체법상 의사표시의 효력이 발생한다.

24) 소장부본을 피고에게 송달하는 것은 ⅰ)피고에게 조속한 방어태세를 갖추게 함으로써 소송촉진에 도움이 되고, ⅱ)소송계속의 효과를 빨리 발생하게 하며, ⅲ)지연손해금의 법정이율이 소장부본이 송달 다음 날부터는 연 20%로 되기 때문에 원고에게 큰 도움을 주는 의미가 있다(전게,이시윤,233면).

25) 소장부본을 송달받은 피고가 원고의 청구를 다툴 의사가 있으면 공시송달의 경우를 제외하고는 그 송달받은 날부터 30일 이내에 답변서를 제출하여야 하고, 법원은 소장의 부본을 송달하면서 30일 이내에 답변서제출의무가 있음을 피고에게 알려야 하며(민소법 제256조제1항, 제2항), 위 기간 내에 피고가 답변서를 제출하지 아니한 때에는 원고의 청구원인사실에 대하여 자백한 것으로 보고, 변론 없이 판결을 선고할 수 있으며(동법 제257조제1항 본문), 이를 무변론판결이라고 한다.

기초가 될 소송자료 즉 사실과 증거를 제출하는 방법으로 소송을 심리하는 절차를 말한다.[26] 즉 수소법원의 면전에서의 변론(민소법 제134조. 구민소법상 구두변론)이 민사소송의 핵심이며, 변론에서는 당사자의 변명(청구, 주장)이 다투어진다. 원고는 청구인용판결을 신청하고, 피고는 소의 각하 또는 청구기각판결을 구한다. 판결의 기초로 되는 사실(소송자료)은 당사자가 제출한 것에 한정되며, 이를 변론주의라고 한다. 변론을 원활하고 신속하게 진행하기 위하여 경우에 따라서는 준비절차를 거친 후에 변론이 열린다. 준비절차를 거치는 때에는 수명법관[27]이 준비기일을 지정하므로 변론기일의 지정은 준비절차종결 이후에 한다.

(5) 증거조사

소송상 중요하고, 증명을 필요로 하는 사실에 대하여 당사자가 일정한 증거의 조사를 구하는 한,[28] 법원은 원칙적으로 증거조사를 한다. 증거조사에서 당사자가 다투고 있는 사실의 진상이 어떠한지를 증거에 의하여 확정한다. 자백한 사실과 현저한 사실은 증명을 필요로 하지 아니하고, 그대로 사실을 확정하여야 한다. 법이 인정하는 증거조사절차에는 증인신문, 당사자본인신문, 감정, 서증, 검증 등이 있다. 증거조사결과의 평가는 자유심증주의[29]에 의한다.

---

26) 변론절차에서는 공개심리주의, 쌍방심리주의, 구술심리주의, 직접심리주의, 처분권주의(절차의 개시, 심판의 대상, 절차의 종결에 대하여 당사자에게 주도권을 주어 그의 처분에 맡기는 것. 민법상 사적자치의 소송법적 측면이다), 변론주의, 적시제출주의(당사자의 공격방어방법은 소송의 정도에 따라 적절한 시기에 제출하여야 하는 것. 구민소법상 수시제출주의와는 다르다), 직권진행주의 등의 심리원칙에 따라 행한다.

27) 수명법관이란 합의부를 구성하는 법관 중 재판장의 지정에 의하여, 일정한 사항의 처리를 위임받은 법관.

28) 증명과 소명: 광의의 증명은 법관의 심증정도를 기분으로 증명과 소명으로 나눌 수 있고, 증명이란 법관이 요증사실의 존재에 대하여 확신을 얻은 상태 또는 법관으로 하여금 확신을 얻게 하기 위하여 증거를 제출하는 노력을 말하고, 소명이란 증명에 비하여 낮은 정도의 개연성 즉 법관이 일응 확실할 것이라는 추측을 얻은 상태 또는 그와 같은 상태에 이르도록 증거를 제출하는 당사자의 노력을 말한다.

29) 사실주장의 진실여부를 판단함에 있어서 법관이 증거법칙의 제약을 받지 아니하고, 변론 전체의 취지와 증거자료를 참작하여 형성된 자유로운 심증으로 행할 수 있는 원칙을 말한다.

즉 법원은 법정의 증거법칙에 구속되지 아니하고 자유로운 심증에 의하여 사실이 진실에 합치하는지 여부를 판단할 수 있다. 법원이 사실의 존부에 대한 심증을 얻을 수 없는 경우에는 증명책임에 기한 판결이 행하여진다.[30)]

(6) 주장 · 답변 및 항변

변론기일에 원고는 먼저 "돈 1억원을 빌려주었다"는 사실을 주장하고 피고는 이에 대하여 "빌린 사실이 있다(자백)" 또는 "없다(부인)"는 식의 답변을 한다. 주의할 점은 대답을 하지 아니하면(침묵) 자백하는 것과 같이 취급되고, 모르겠다(부지)고 하는 것은 부인하는 것으로 취급된다는 것이다. 그 이외에 피고는 "돈 빌린 사실이 있으나(자백) 그 후에 갚았다 또는 빚으로 상계했다"는 식으로 새로운 사실을 내놓을 수도 있는데 이를 항변이라 하고 그 항변에 대하여 원고는 자백, 부인 등의 답변을 하여 소송이 진행되는 것이다.

이러한 주장·답변 등은 원고와 피고가 변론기일에 출석하여 구두로 하는 것이 원칙이나 서면으로 제출할 수도 있는데 이를 준비서면[31)] 또는 답변서(피고의 최초 준비서면)라고 부른다. 실제로는 소송상의 주장, 답변 등은 간단한 것을 제외하고는 미리 서면으로 준비하여 이를 제출하는 것이 좋다. 준비서면에 기재할 사항은 法定되어 있으며(민소법 제274조제1항), 준비서면은 법원을

---

30) 증거의 제출: 원고의 주장사실이 자백이나 자백으로 간주되면, 증거조사를 하지 아니하고 주장만으로 사실을 인정하기 때문에 증거자료를 제출할 필요가 없다. 그러나 채권자사건의 경우 공시송달이 되는 경우가 많고, 이 경우는 증거가 필요한데, 소장을 제출할 당시 원고로서는 자백될 사건인지 공시송달이 될 사건인지 구분하기 어렵기 때문에, 소장을 제출할 때 일률적으로 증거서류를 함께 제출함이 편리하다. 피고가 적극적으로 다투어서 본격적인 소송으로 돌입하면 각 사건마다 그에 맞는 자세한 증거방법을 제출하여야 한다. 원고가 청구취지와 청구원인에서 주장한 사실은 그것이 누구나 알고 있는 공지의 사실이나 법원이 직무상 당연히 알고 있는 현저한 사실이 아닌 한 모두 증거에 의하여 뒷받침되어야 한다. 그러나 당해 사건에서의 주장사실과 직접적인 관련이 없는 증거는 제출할 필요가 없다. 실무상 보통 계약서, 대위변제증서 또는 양수계약서 등과 서류나 장부에 의한 연체내역조회표, 이율변동표 등을 제출하면 좋다.

31) 준비서면이란 당사자가 변론에서 하고자 하는 진술사항을 기일 전에 예고적으로 기재하여 법원에 제출하는 서면을 서면, 즉 소가 제기된 후에 변론에 대비하여 제출한 서면을 말한다. 실무상 최초의 준비서면을 답변서, 2회 이후의 것을 준비서면이라고 부른다.

통하여 상대방에게 주고받으며 교환한다. 준비서면을 제출하면, 그 제출자가 불출석하여도 그 사항에 대하여 진술을 한 것으로 간주되며(민소법 제148조제1항), 준비서면의 일종인 답변서를 피고가 소장송달을 받은 날부터 30일 이내에 제출하지 아니하면, 원고의 청구원인사실에 대하여 자백한 것으로 보고, 변론 없이 피고 패소판결을 선고받을 수 있는 위험이 있다.

(7) 입 증

주장 또는 항변사실에 대하여 상대방이 부인(또는 부지)하면 주장 또는 항변을 한 자가 이를 입증하여야 한다. 누가 입증할 책임이 있느냐 하는 것은 중요할 뿐만 아니라 매우 어렵고 복잡한 문제이다.

(8) 변론기일 불출석에 따른 불이익(기일해태의 효과)

변론기일에 한 쪽 당사자가 불출석(출석하여도 변론하지 않은 경우를 포함)한 경우에는 진술간주(민소법 제148조),[32] 자백간주(동법 제150조)[33]의 효과가, 양쪽 모두가 불출석한 경우에는 소의 취하간주(동법 제268조)가 된다.

(가) 진술간주

한쪽 당사자가 소장, 준비서면 등의 서면을 제출하였으나 불출석(무변론 포함) 한 경우이며, 그가 제출한 소장·답변서 등은 진술한 것으로 간주하고, 출석한 상대방에 대하여 변론을 명하는 것을 진술간주(진술의제)라고 한다(민소법 제148조). 한쪽 당사자가 불출석 한 경우에 반드시 민소법 제148조를 적용해야 되는 것은 아니고, 변론의 진행여부, 기일의 연기여부는 법원의 재량이지

---

32) 민소법 제148조제1항은 "원고 또는 피고가 변론기일에 출석하지 아니하거나, 출석하고서도 본안에 관하여 변론하지 아니한 때에는 그가 제출한 소장·답변서, 그 밖의 준비서면에 적혀 있는 사항을 진술한 것으로 보고 출석한 상대방에게 변론을 명할 수 있다."고 한다.

33) 민소법 제150조제1항은 "당사자가 변론에서 상대방이 주장하는 사실을 명백히 다투지 아니한 때에는 그 사실을 자백한 것으로 본다. 다만, 변론 전체의 취지로 보아 그 사실에 대하여 다툰 것으로 인정되는 경우에는 그러하지 아니하다."라 하고, 제2항은 "상대방이 주장한 사실에 대하여 알지 못한다고 진술한 때에는 그 사실을 다툰 것으로 추정한다."고 한다.

만, 출석한 당사자만으로 변론을 진행할 때에는 반드시 불출석한 당사자가 제출한 준비서면에 기재한 사항을 진술한 것으로 보아야 한다.

(나) 의제자백

원고나 피고 중 어느 한쪽이 답변서·준비서면 등을 제출하지 않은 채 불출석한 경우이다. 공시송달에 의하지 않은 방법으로 기일통지를 받은 당사자가 답변서·준비서면 등을 제출하지 아니하고 당해 변론기일에 불출석한 경우에는 출석한 당사자의 주장사실에 대하여 마치 출석하여 명백히 다투지 않은 경우처럼 자백한 것으로 간주되며(민소법 제150조제1항, 제3항), 이를 자백간주(의제자백)라고 하고(물론 불출석하더라도 준비서면으로 제출한 답변은 인정된다),[34] 불리한 판결을 받을 가능성이 매우 크다. 예컨대 원고가 피고의 답변서·준비서면 등을 받았음에도 불구하고 불출석하고, 피고가 출석한 경우에는 피고의 주장사실에 대하여 원고에게 자백간주의 효과가 미친다.

(다) 쌍불취하(취하간주)

양쪽 당사자의 변론기일에 1회 불출석(출석하였으나 무변론을 한 경우)[35] 한 경우에는 반드시 속행기일을 정하여 양쪽 당사자에게 통지하여야 하고, 양쪽 당사자의 1회 불출석 이후의 신기일에 또 불출석하거나 출석하였으나 무변론인 경우, 즉 2회 불출석의 경우에는 1회 불출석과는 달리, 그 후 1개월 내에 당사자가 기일지정신청을 하지 아니하면 소가 취하된 것으로 본다(민소법 제268조제2항). 즉 1개월의 휴지기간이 만료하면 소취하의 효력이 생긴다. 이 기간은 2회 불출석한 기일로부터 기산하며, 불변기간은 아니다.

---

34) 당사자가 상대방의 주장사실을 다투려면 출석하여 이에 반하는 어떠한 주장·입증을 하여야 함에도, 불출석하였으므로 당해 사실에 대하여 자백한 것으로 보아도 무리하지는 않다는 것.

35) 이 경우는 양쪽 모두 불출석하는 경우보다도 원고는 불출석하고, 피고는 출석하였으나 무변론으로 양쪽 불출석으로 되는 경우가 많다. 당사자가 1회 불출석하면, 반드시 속행기일을 정하여 양쪽 당사자에게 통지하여야 한다.

마. 소장의 송달

(1) 송달의 방법

송달이란 당사자 그 밖의 소송관계인에게 소송상의 서류(소장, 기일통지서, 판결정본 등)의 내용을 알 수 있는 기회를 주기 위하여 법정의 방법에 따라 하는 통지행위이며, 직권으로 하는 것이 원칙이다. 소장은 송달되어야 비로소 소송이 진행될 수 있고, 소장이 송달되지 않음으로써 오는 불이익은 고스란히 원고에게 돌아가므로 원고는 소장이 송달될 수 있도록 가능한 노력을 모두 기울여야 한다. 송달담당기관은 원칙적으로 법원사무관등이며, 그 실시기관은 집행관과 우편집배원이다(민소법 제176조).[36]

송달을 받은 자는 원칙적으로 소송서류의 명의인인 당사자이지만 예외적으로, ⅰ)법정대리인(동법 제179조),[37] ⅱ)소송대리인, ⅲ)법령상 송달수령권이 있는 자,[38] ⅳ)신고된 송달수령인도 송달을 받을 자이다. 송달의 방법은 ⅰ)교부송달의 방법에 의함이 원칙이고, 그 예외로서 ⅱ)우편송달과 ⅲ)공시송달의 방법 등이 있다.

(가) 교부송달

송달장소에서 송달받을 사람에게 송달서류를 교부하여 하는 것이 교부송달의 원칙적인 방법이다. 우편집배원, 집행관, 법정경위를 송달실시기관으로 하는 경우, 법원사무관 등이 당해 사건에 관하여 출석한 사람에게 직접 송달하는

---

36) 예외적인 송달실시기관으로 법원사무관등과 법정경위가 있다. 법원사무관등은 당해 사건 때문에 출석한 자로부터 영수증을 받고 서류를 직접 교부하는 교부송달(민소법 제177조), 우편송달(동법 제187조), 송달함 송달, 공시송달(동법 제194조, 제195조)의 송달을 실시하고, 법정경위에 의한 송달은 집행관에 의한 송달이 어려운 사정이 있다고 인정할 때의 직무대행조치이다(법원조직법 제64조제3항).

37) 법정대리인은 소송서류의 명의인이 소송무능력자인 경우이나, 법인 그 밖의 단체에 대한 송달은 법정대리인에 준하는 그 대표자 또는 관리인에게 한다(민소법 제64조). 따라서 그 대표자의 주소·거소·영업소 또는 사무소에 하여야 한다(동법 제183조).

38) 예컨대 군사용의 청사, 선박에 속하는 자에 대한 송달은 그 청사 또는 선박의 장에게 하여야 하고(민소법 제181조), 교도소·구치소 또는 경찰관서의 유치장에 구속·유치된 자에 대한 송달은 수감자에 대한 일종의 법정대리인인 그 관서의 장에게 하여야 한다(민소법 182조).

경우 등이 이에 해당한다.

(나) 우편송달

이는 i)보충송달이나 유치송달이 불가능할 때(민법 제187조. 송달받을 자나 전가족의 부재, 장기폐문부재, 도망을 다니는 등 송달기피),[39] ii)송달받을 장소를 바꾸고도 그 취지를 신고하지 아니하고 법원으로서도 달리 송달할 장소를 알 수 없는 때 등 두 가지 중 하나에 해당하는 때 하는 송달방법이다. 이 경우 법원사무관등은 소송서류를 송달장소 또는 종전에 송달받던 장소에 등기우편의 방법으로 서류를 발송하면 되는 송달로서(민사소송규칙 제51조), 그 발송시에 송달된 것으로 보는(송달의 효력이 발생하는) 송달방법이다(민소법 제189조). 등기우편 발송시에 송달된 것으로 보기 때문에 발신주의를 취하고,[40] 우편송달은 법원사무관등이 하는 점에서 우편집배원이 하는 "우편에 의한 송달"과 구별되며, 이를 발송송달이라고 한다. 적법한 송달을 받았거나 법정에 출석하였던 피고에 대하여 그 후 절차에서 송달불능으로 된 경우 위 ii)를 근거로 우편송달을 한다. 원고에 대한 송달이 처음부터 불능으로 된 경우도 위 ii)에 관하여, 송달장소 변경의 신고의무는 절차의 신속한 진행에 대한 당사자의 협력의무를 규정한 것으로서 그 협력의무는 적극적 당사자의 경우에는 신청시부터 발생한다고 해석하여, 송달불능사유에 관계없이 바로 우편송달을 하는 것이 다수의 실무례이다.

(다) 우편함 송달

법원 안에 송달함을 설치하여 여기에 송달할 서류를 넣는 방법의 송달방법(민소법 제188조제1항). 변호사나 소송사건이 많은 대기업용의 송달함을 설

---

39) 보충송달이란 송달장소에서 송달받을 자를 만나지 못한 경우에 다른 사람에게 대리송달을 하는 경우로, i)근무장소 외에서의 보충송달(민소법 제186조제1항), ii)근무장소에서의 보충송달(동조 제2항)이 있다. 유치송달이란 송달받을 자가 정당한 사유 없이 송달교부받기를 거부하는 때에 하는 송달로서, 송달할 장소에 서류를 놓아두는 것이다(동조 제3항). 송달을 받을 본인·대리인의 거부뿐만 아니라 민소법 제186조제1항에서 말하는 사무원·피용자 또는 동거인의 거부도 포함한다(전게,이시윤,367면).

40) 따라서 다른 송달과는 달리 현실적인 소송서류의 도달여부나 도달시기 등을 불문하는 점에서 송달받을 자에게 매우 불이익한 송달방법이다.

치하여 여기에 넣은 서류를 찾아가도록 하는 것이다. 이 송달은 법원사무관등이 한다(동조 제2항).

(라) 공시송달

당사자의 주소 등이나 근무장소를 알 수 없는 경우 또는 외국에서 송달하여야 할 송달에 관하여 법률이 정한 송달방법을 따를 수 없거나 이에 따라도 효력이 없을 것으로 인정되는 경우 재판장의 직권 또는 당사자의 신청에 대한 재판장의 명에 의하여 하는 송달방법이다. 공시송달은 법원사무관등이 소송서류를 보관하고, 그 사유를 법원게시판에 게시, 관보·공보·신문게재, 인터넷 등을 이용한 공시의 방법으로 알린다(민사소송규칙 제54조제1항).

(2) 송달불능

송달이 불능으로 되는 사유에는 다음과 같은 것이 있다.

(가) 수취인부재

수취인이 당해 주소지에 근거를 가지고 있으나, 여행 등의 사유로 당분간 송달서류를 전달받을 수 없는 경우이다.

(나) 폐문부재

문을 잠그고 안에 사람이 없는 경우이다.

(다) 수취인불명

당해 주소지에서 수취인이 누구인지 알 수 없는 경우이다.

(라) 주소불명

기재된 주소가 불명확하여 당해 주소지 또는 수취인을 찾을 수 없는 경우이다.

(마) 이사불명

수취인이 당해 주소지에 살다가 모르는 곳으로 이사한 경우를 말한다.

(3) 주소보정

(가) 소장에 기재할 송달장소

소송을 제기하기에 앞서 원고로서는 소장이 송달될 수 있는 장소를 정확하게 파악한 다음 소송을 제기함이 좋다. 아무런 확인도 하지 아니한 채 막연히 몇 년 전의 계약서상 주소를 피고의 주소로 기재하여 소송을 제기하는 것은 무익한 절차를 반복하다가 소장이 각하되는 운명에 처할 가능성이 있다. 송달은 송달받을 사람의 주소·거소·영업소 또는 사무소나 근무 장소에서 하므로 이러한 곳을 파악하여 법원에 신고하여야 한다. 소장은 1차적으로 우편집배원에 의하여 송달이 실시되고 있다. 따라서 주간에 송달을 받을 수 있는 장소를 기재함이 좋고, 주민등록지와 송달장소가 같은 경우에는 송달장소를 따로 기재할 필요가 없다.

(나) 주소보정요령

송달불능이 된 경우에는 법원이 주소보정을 명한다. 채권자인 원고의 입장에서 주소를 보정하는 목적은 크게 두 가지로 나눌 수 있다. 첫째, 피고에게 교부송달이 이루어지도록 하여 자백간주판결 등을 받을 수 있는 상태에 오르는 것, 둘째, 공시송달의 요건을 갖추어 나감으로써 공시송달에 의한 판결을 받을 수 있는 상태에 오르는 것이 그것이다.

바. 소제기의 효과

소가 제기되면 소송법상으로는 소송계속의 효과가, 실체법상으로는 시효중단의 효과와 법률상의 기간준수효과가 생긴다.

(1) 소송계속

소송계속이란 특정한 청구에 관하여 법원에 판결절차가 현실적으로 존재하는 상태, 즉 법원이 판결하는데 필요한 행위를 할 수 있는 상태를 말한다. 소송계속의 효과로서 중복소송이 금지되며, 이로 인하여 소송참가(민소법 제71조, 제82조, 제83조), 소송고지의 기회가 생긴다.

(2) 중복제소금지

사건이 법원에 계속 중인 때에는 그와 동일한 사건에 대하여 당사자는 다시 소를 제기하지 못한다(민소법 제259조). 이를 중복된 소제기의 금지 또는 이중소송의 금지원칙이라고 한다. 동일사건에 대하여 다시 소제기를 허용하는 것은 소송제도의 남용으로서, 법원이나 당사자에게 시간·노력·비용을 이중으로 낭비시키는 것이므로 소송경제상 좋지 아니하고, 판결이 서로 모순·저촉될 염려가 있기 때문이다.[41]

(3) 실체법상의 효과

소제기의 실체법상 효과로서 시효중단과 법률상의 기간(제척기간) 준수의 효과(민소법 265조), 연 20%의 소송이자의 발생(소송촉진 등에 관한 특례법 제3조제1항→연 40% 범위 내,[42] 소송촉진 등에 관한 특례법 제3조제1항 본문의 법정이율에 관한규정→연 2할) 등의 효과가 발생한다.

(가) 시효의 중단

권리자가 권리위에 잠자지 아니하고 권리를 행사하는 점에서 소제기는 시효중단의 사유가 된다. 시효가 진행되는 채권에 관하여 이해의소 뿐만 아니라 확인의 소가 제기된 경우에도 시효중단의 효력이 생긴다. 판례는 형성의 소에도 시효중단의 효력을 인정하지만, 행정소송의 제기는 시효의 중단사유가 아니라고 한다.[43] 시효중단의 효력은 소장을 법원에 제출한 때이며(민소법 제265조 단서), 소장부분의 송달시가 아니며, 소액사건에서 구술로 제소한 때에는 법원사무관등 앞에서 구술로 그 뜻을 진술할 할 때이다. 시효중단의 효력은 소의 취하·각하로 소급하여 소멸하며(민법 제170조제1항), 다만 소의 취하·각하로 소멸되어도 6월내에 소의 제기, 압류 또는 가압류·가처분을 하면 최초의 소제기시에 중단된 것으로 본다(민법 제170조제2항).

---

41) 전게,이시윤,241면.

42) 다만 민사소송법 제251조에 규정된 소(장래의 이행을 청구하는 소)에 해당하는 경우에는 그러하지 아니한다.

43) 대판 1979.2.13,78다1500,1501.

일부청구 예컨대 7천만원의 채권 중 3천만원만을 청구한 경우에 학설은 7천만원의 채권 중 3천만원만을 청구한다고 명시한 경우이든 이를 밝히지 아니한 경우이든 청구한 일부인 3천만원만이 시효중단의 대상이 되고, 나머지 4천만원에 대하여는 시효가 진행된다(중단되지 아니한다)는 설(일부중단설), 일부청구의 경우는 명시여부를 불문하고 7천만원 전부에 대하여 시효중단이 된다는 설(전부중단설), 3천만원만의 청구가 7천만원만 중 일부청구임을 명시한 경우에는 그 한도에서 시효중단이 되지만, 일부청구임을 명시하지 아니한 경우에는 채권의 동일성의 범위에서 그 전부인 7천만원에 미친다는 설(절충설)이 대립된다.[44] 따라서 3천만원만을 청구한 경우에는 실무적으로는 청구취지확장신청서를 법원에 제출하여야 할 것이다.

(나) 법률상의 기간준수의 효과

법률상의 기간이란 出訴期間 그 밖의 청구를 위한 제척기간 등 권리나 법률상태를 보존하기 위하여 일정한 기간 내에 소를 제기하여야 하며, 그 기간이 지나면 권리 등 이 소멸하는 기간을 말하며, 시효기간과는 다르다. 예컨대 민법상 전유소송의 제소기간은 1년 내에 하여야 하며(민법 제204조제3항, 제205조제2항, 제3항, 제206조), 채권자취소송(민법 제406조제2항)은 채권자가 취소원인을 안 날로부터 1년, 법률행위가 있은 날로부터 5년 내에 제기하여야 하는 것과 같다.

기간준수의 효력은 소장을 법원에 제출한 때이며(민소법 제265조 단서), 소장부분의 송달시가 아니며, 소액사건에서 구술로 제소한 때에는 법원사무관 등 앞에서 구술로 그 뜻을 진술할 할 때이다. 기간준수의 효력은 소의 취하·각하로 소급하여 소멸하며(민법 제170조제1항), 다만 소의 취하·각하로 소멸되어도 6월내에 소의 제기, 압류 또는 가압류·가처분을 하면 최초의 소제기시에 중단된 것으로 본다(민법 제170조제2항).

(다) 소송이자의 발생(법정이율의 인상)

소송촉진 등에 관한 특례법 제3조제1항(연 40% 범위 내)의 위임규정(대통

---

44) 전게,이시윤,252면.

령령)인 소송촉진 등에 관한 특례법 제3조제1항 본문의 법정이율에 관한규정은 금전채무의 이행을 명하는 판결시 소장송달 다음 날부터 지연손해금의 법정이율은 민사이율 연5%(민법 제397조) 또는 상사이율 연 6%(상법 제54조)에서 연 2할로 된다(채무자의 이유 없는 소송지연술의 방지책).

4. 소송절차의 종료

소송절차는 아래의 원인으로 종료된다.

가. 당사자의 행위에 의한 종료

당사자처분권주의에 의하여 판결에 의하지 아니하고 소송이 종료되는 경우는 i)소의 취하, ii)청구의 포기·인낙, iii)재판상 화해, iv)조정이 있다.

(1) 소의 취하

소의 취하란 원고가 제기한 소의 전부 또는 일부를 판결확정 전에 철회하는 법원에 대한 단독적 소송행위이다. 이에 의하여 소송계속은 소급적으로 소멸하고(민소법 제267조제1항), 소송은 종료한다. 다만 피고가 준비서면을 제출하거나 변론을 한 후에는 피고의 동의를 얻어야만 소를 취하할 수 있다. 소의 취하는 원칙적으로 소송이 계속된 법원에 취하서를 제출하여야 한다. 다만 변론기일에서는 구두에 의한 취하도 인정된다. 소의 취하를 하면 취하한 소와 같은 소를 제기할 수 없다(민소법 제267조제2항. 재소의 금지).

(2) 청구의 포기·인낙

청구의 포기란 변론기일에서 원고가 자기의 소송상의 청구가 이유 없음을 인정하는 법원에 대한 일방적 의사표시이며, 청구의 인낙이란 피고가 원고의 소송상의 청구가 이유 있음을 인정하는 법원에 대한 일방적 의사표시이다. 변론조서에 기재하면, 확정판결과 동일한 효력이 생기며, 이에 의하여 소송은 종결된다.

(3) 재판상 화해

광의의 재판상 화해는 소송계속 전에 지방법원단독판사 앞에서 하는 제소전 화해(민소법 제385조제1항)와 소송계속 후 수소법원 앞에서 하는 소송상 화해의 두 가지가 있다.

(가) 제소전 화해

제소전 화해란 민사분쟁이 소송으로 발전하는 것을 방지하기 위하여 소제기 전에 지방법원단독판사 앞에서 화해신청을 하여 분쟁을 해결하는 절차를 말한다. 제소전 화해는 소송계속 전에 소송을 예방하기 위한 화해라는 점에서 소송계속 후에 소송을 종료시키기 위한 화해인 소송상 화해와는 다르지만, 그 법적 성질, 요건, 효력에 있어서는 대체로 소송상 화해의 법리에 의한다. 제소전 화해조서는 확정판결과 동일한 효력이 있으며(민소법 제220조).

재판상 화해 자체는 아니지만, 그 효력에 관하여 법률에 의하여 재판상 화해의 효력과 동일한 것으로 간주되는 경우가 있고, 이를 화해간주(의제화해)라고 하며, ⅰ)가사조정조서, ⅱ)민사조정조서(민사조정법 제29조), ⅲ)조정에 갈음하는 결정(민사조정법 제34조제4항, 제30조, 제32조) ⅳ)언론중재위원회의 중재 등이 있다.

(나) 소송상 화해

소송상 화해란 소송계속 중 양 당사자가 소송물인 권리관계의 주장을 서로 양보하여 소송을 종료시키기로 하는 기일에 있어서의 합의이다. 양 당사자가 화해의 진술이 있을 때에는 법원은 그 요건을 심사하여 유효하다고 인정하면, 법원사무관등에 그 내용을 조서에 기재하게 하고(민소법 제154조제1호), 화해조서는 확정판결과 동일한 효력이 있으며(동법 제230조), 그 범위에서 소송은 당연히 종료된다.

✦ 화해권고결정

민소법은 당사자 간에 하는 위 소송상 화해에서 더 나아가 직권으로 화해권고결정을 하고, 당사자가 이의 없이 받아들이면, 재판상 화해가 성립하는 제도를 둔다. 그 절차는 화

해권고결정 → 당사자에게 결정서 송달[결정서를 송달받고 2주 안에 이의신청이 없으면 화해권고결정이 재판상 화해와 같은 효력이 있음을 고지(민사소송규칙 제58조)]하는 방법으로 하며, 송달은 우편송달이나 공시송달은 할 수 없다(민소법 제225조제2항 단서). 즉 우편송달이나 공시송달 외의 방법으로 송달할 수 없을 때 법원은 화해권고결정을 취소하야야 한다(민사소송규칙 제59조).

(4) 조 정

조정이란 법관이나 조정위원회가 분쟁관계인 사이에 개입하여 화해로 이끄는 절차를 말한다. 소송에 비하여 비용이 적고, 절차가 간이·신속하게 처리된다. 조정은 합의된 사항을 조서에 기재함으로써 성립하며, 조정조서는 재판상 화해와 동일한 효력이 있다(민사조정법 제28조, 제29조).

나. 종국판결에 의한 종료

(1) 의 의

소송이 재판을 하기에 성숙된 때에는 법원은 변론을 종결하여 판결을 선고한다(보통 2주 후에 판결을 선고한다). 즉 법원은 증거조사를 하여 이것을 가지고 판결을 내릴 수 있다고 여기든지, 또는 그 이상 증거조사를 해보아도 무의미라고 여기면 변론을 종결하고 판결을 선고한다. 다만, 일단 종결한 변론이 재개되는 경우도 있다. 법원은 증거조사의 결과에서 확정된 사실에 법을 적용하여 원고의 청구의 당부에 대한 결론을 이끌어낸다. 청구에 이유가 있으면 법원은 청구인용판결을 행한다. 반대로 청구에 이유가 없으면 청구기각판결을 행한다. 그리고 당사자에게 판결을 알려주기 위하여 선고한 판결(서)은 그 후 당사자에게 송달된다.

물론 소송사건 전부가 판결로 마무리되는 것은 아니다. 처분권주의는 소송의 종료 단계에서도 타당하므로 소의 취하, 청구의 포기·인낙, 재판상 화해에 의하여 소송이 종료하는 경우가 있다. 소의 취하와 청구의 포기는 원고의 청구를 인정하지 아니하고 소송이 종료하는 점에서 공통이지만, 청구의 포기는 원고가 자기의 청구를 인정하지 않는다는 소송상 해결을 한 것이 되는 것이고, 반면 소의 취하는 소송이 소급적으로 소멸하고, 소송상은 어떠한 해결도 행하여진 것이 없다는 점이 다르다. 한편 청구의 포기 또는 인낙, 재판상 화해를 조서에 기재한 때에는 그 조서는 확정판결과 동일한 효력이 있다.

(2) 재판의 종류

(가) 재판의 주체와 성립요건의 차이에 의한 구분

1) 판 결 법원의 재판이며, 필요적 변론을 거치는등 심리방식이 신중하고, 판결서를 작성하여 선고(법관의 서명날인)한다. 판결에 대한 불복방법은 抗訴(항소)와 上告(상고)이다. 판결은 중요사항, 특히 소송에 대한 종국적·중간적 판단을 할 때 한다.

2) 결 정 법원의 재판이며,[45] 간이·신속성 때문에 임의적 변론에 의하고, 상당한 방법으로 고지(법관의 기명날인)하여야 한다. 불복방법은 이의 또는 항고·재항고이다. 소송절차의 부수·파생된 사항·강제집행사항·비송사건을 판단할 때 쓰인다.

3) 명 령 재판장·수명법관·수탁판사 등의 재판이며, 임의적 변론(간이·신속성 때문)에 의하고, 상당한 방법으로 고지(법관의 기명날인)하며, 불복방법은 이의 또는 항고·재항고이다. 소송절차의 부수·파생된 사항·강제집행사항·비송사건을 판단할 때 쓰인다.

(나) 사건처리와의 관계에 의한 구분

1) 종국적 재판

사건에 대하여 종국적 판단을 하고, 그 심급을 이탈시키는 재판이다. 예컨대 종국판결,[46] 화해권고결정, 이행권고결정, 소송비용액확정결정, 소장각하명

---

45) 법원의 재판이기 때문에 성질은 결정이나 재판내용을 고려하여 명령이라는 명칭이 붙은 경우가 있다. 예컨대 지급명령, 압류명령, 전부명령 등.

46) 종국판결이란 소 또는 상소에 의하여 계속된 사건의 전부 또는 일부를 그 심급으로서 완결하는 판결을 말한다(민소법 제198조). 종국판결은 사건을 완결시키는 범위에 의하여 전부판결, 일부판결, 추가판결로 구분되고, 소의 적법요건에 관한 판단인지, 청구의 정당여부에 관한 판단인지에 의하여 소송판결과 본안판결로 구별된다(전게,이시윤,507면 이하).

령 등과 같다.

2) 중간적 재판

심리 중에 문제가 된 사항에 대하여 판단하여 종국적 재판의 준비로서 하는 재판을 말한다. 예컨대 공격방어방법각하의 결정(민소법 제149조), 소변경의 허가결정(동법 제263조) 등.

5. 판결의 효력

가. 의 의

판결이 확정되면 소송은 종료한다. 확정판결에는 그 밖의 여러 가지의 효력이 있지만, 기판력이 특히 중요한 효력이다. 기판력은 동일한 사건이 다시 재판되는 것을 막는다. 이러한 효력은 원칙적으로 소송에 있어서 당사자로서 활동한 자에게만 미친다. 제3자에 대하여는 특별한 필요와 정당한 이유가 존재하고 법률에 의하여 규정된 경우에 한하여 기판력이 미친다. 그리고 확정판결은 변론종결시의 사실관계를 기초로 한다(따라서 변론종결 후 사실관계에 변동이 발생한 때에는 그 변동을 주장하는 것이 허용된다).

판결에 의하여 이행이 명하여진 피고가 임의로 판결의 내용에 합치하는 이행을 하지 않는 경우에 판결내용을 실현하기 위하여는 강제집행이 필요하다. 이를 위한 절차가 강제집행절차이고, 확정된 이행판결을 집행권원으로 하여 강제집행을 할 수 있으며, 판결이 확정되지 않더라도 판결에 가집행선고가 붙어 있으면 강제집행을 할 수 있다. 가집행은 미확정의 종국판결에 대하여 집행력을 부여하는 형성적 재판이다.

나. 판결의 효력

판결이 선고되면 일정한 효력을 가진다. 이는 판결의 선고에 의하여 생기는 것과 판결의 확정을 전제로 하는 것이 있다. 즉 판결의 선고와 동시에 판결법원에 대한 관계에서 생기는 ⅰ)기속력(자기구속력), 판결의 확정에 의하여 당사자에 대한 관계에서 생기는 ⅱ)형식적 확정력, 법원 및 당사자에 대한 관계에서 생기는 iii)기판력과 그 외에 iv)집행력, v)형성력 등의 효력이 따른다.

(1) 기속력(자기구속력)

(가) 의 의

판결이 선고되기까지는 법원의 내부에서 내용이 확정된 것에 불과하므로 그 내용을 변경하더라도 외부에서는 알 수가 없다. 그러나 일단 선고되면(형식적 확정을 기다릴 필요 없이 선고와 동시에) 판결법원은 이제는 판결을 철회·변경할 수가 없다(민소법 제205조). 즉 판결이 법원의 확정적인 판단의 표시인 이상, 그것이 불안정해서는 의미가 없으므로, 일단 판결이 선고되어 성립하면 판결을 한 법원 자신도 이에 구속되어 이를 변경·철회할 수 없게 되는 것을 판결의 기속력이라고 한다. 기속력은 판결이 소송의 결과로 하나의 분쟁해결기준으로 작용하여야 하는 이상, 판결이 용이하게 변경되어서는 그 효과를 거두지 못하고 분쟁이 계속되기 때문에 인정되는 것이다. 그런고로 기속력은 극히 예외적으로 경정결정의 경우에 완화된다.

(나) 판결의 경정

판결의 경정이란 판결내용을 실질적으로 변경하지 않는 범위 내에서 판결서에 표현상의 잘못이 생겼을 때에 판결법원 스스로 이를 고치는 것을 말하고(민소법 제211조), 강제집행, 호적의 정정 또는 등기부기재 등 광의의 집행에 지장이 없도록 해주자는 취지이다. 이 정도의 오류의 정정에 구태여 상소로 그 시정을 구할 것까지 없이, 간단한 결정절차로 고치는 길을 열어놓고, 이러한 결정을 경정결정이라고 한다(동법 제211조제1항).

경정결정은 원판결과 하나가 되어 판결을 선고한 때에 소급하여 그 효력이 발생한다. 그러나 판결에 대한 상소기간은 경정결정에 의하여 영향을 받지 아니하고 판결이 송달된 날로부터 진행한다. 다만, 그 경정결정의 결과, 상소이유가 발생한 경우에는 상소의 추완(동법 제160조)을 할 수 있다.

(2) 형식적 확정력

(가) 의 의

법원이 한 종국판결에 대하여 그 소송절차 내에서 인정되는 통상의 불복신청에 의하여 그 존재를 상실되지 않을 상태(불복으로 상소법원에 의하여 취소할 수 없게 된 상태)에 도달한 것을 판결이 형식적으로 확정되었다고 하고, 판결의 이러한 취소불가능성을 형식적 확정력이라고 한다.[47] 위 기속력이 법원에 의한 철회·변경불가능성인 것과 구별된다. 판결이 형식적으로 확정되면 소송은 종료된다. 기판력(실질적 확정력), 집행력 및 형성력도 형식적 확정력을 전제로 하여 생기는 것이 원칙이다.

(나) 판결의 확정시기

언제 형식적 확정력이 생기는지는 판결이 상소할 수 있는지 여부에 의하여 다르게 된다.

1) 판결선고와 동시에 확정되는 경우

상소를 할 수 없는 판결 예컨대 상고심의 종국판결과 같이 더 이상 상소를 할 수 없는 판결은 그 선고와 동시에 확정되며, 불항소의 합의가 있는 때에도 판결선고와 동시에 판결이 확정된다. 다만, 비약상고(민소법 제390조제1항 단서)의 합의가 있는 때에는 상고기간 만료시에 확정된다.

2) 상소기간의 만료시 확정되는 경우

상소가 허용되는 판결에 대하여는 ⅰ)상소기간 내에 상소함이 없이 상소기간이 도과하면 그 기간 만료시에 판결이 확정되며,[48] ⅱ)일단 상소를 제기하

---

47) 판결은 그 법원에 의하여 철회·변경되거나 무시되지 않더라도 당사자가 불복신청을 하면 상급심법원의 심사에 의하여 취소될 가능성이 있다. 그러나 상급심법원이라도 직권으로 시정하는 것이 아니고 당사자의 불복신청을 기다려 비로소 취소할 수 있는 것이므로 이 통상의 불복신청을 할 수 없게 되면 그 판결은 그 소송절차상에서 취소될 기회가 없게 된다. 이렇게 판결이 그 소송절차 내에서 인정되는 통상의 불복신청에 의하여 그 존재를 상실되지 않을 상태에 도달한 것을 확정이라고 부르고, 판결의 이러한 취소불가능성을 형식적 확정력이라고 부른다.

였지만 상소기간 도과 후에 상소를 취하한 때,[49] iii)상소를 제기하였지만 상소각하의 판결 또는 상소장각하명령을 받아 이것이 확정된 때에는 원판결은 소급하여 상소가 없었던 것으로 되므로 상소기간 만료시에 판결은 확정된다.

3) 상소기간 내에 상소가 제기되면 판결의 확정은 차단되고, 상소기각판결이 확정되면 그 시점에서 원판결도 비로소 확정된다.

4) 상소기간만료 전이라도 당사자가 상소권을 포기하면, 그 포기한 때에 판결이 확정된다.

5) 일부불복의 경우(판결의 확정범위)

예컨대 원고가 금 1백만원을 청구하여 60만원 부분은 승소하고, 40만원 부분은 패소하였고, 이에 원고는 패소부분 40만원만을 불복상소하고, 피고는 상소 또는 부대상소를 하지 아니한 경우에 원고의 승소부분 60만원은 언제 확정되는지의 문제이다. 즉 1개의 판결의 일부에 대하여 상소한 경우라도 판결의 전부에 대하여 형식적 확정력이 차단되고, 수개의 청구에 대한 1개의 판결이 있는 경우에 일부의 청구에 대하여만 상소가 있어도 확정차단의 효력은 판결 전부에 대하여 생기며, 이를 상소불가분의 원칙이라고 한다. 다만, 당사자의 일방이 패소한 청구 부분에 관하여 상소권 내지 부대상소권을 포기하였다면 당해 청구만 포기시에 가분적으로 확정된다.[50]

(다) 판결의 확정증명

판결이 확정되면 소송당사자는 그 판결에 기하여 기판력을 주장하거나 호적신고·등기신청 등을 할 수 있으므로 이를 위하여 판결이 확정되었음을 증명

---

48) 판결정본이 적법하게 송달된 바 없으면 그 판결에 대한 항소기간은 진행되지 아니하므로 그 판결은 형식적으로도 확정되었다고 볼 수 없고, 따라서 소송행위의 추완의 문제는 나올 수 없으며 그 판결에 대한 항소는 판결정본의 송달 전에 제기된 것으로서 적법하다(대판 1997.5.30,97다10345).

49) 상소취하가 상소기간 내에 이루어진 경우에는 불복의 재신청이 아직 가능하므로 판결은 기간도과 전에는 확정되지 아니하고 기간이 만료한 때 확정된다.

50) 즉 상대방의 부대항소가 허용될 수 없는 시기에 이르면 불복되지 아니한 부분도 확정된다.

할 필요가 있게 된다. 당사자는 소송기록을 보관하고 있는 법원사무관등에게 신청하여 판결확정증명서를 교부받을 수 있다.

상급심에서 소송이 완결된 경우라도 소송기록은 제1심 법원에서 보존하게 되므로(민소법 제421조, 제425조), 당사자는 판결확정증명서를 제1심 법원의 법원사무관 등에게 신청하고, 다만 소송기록이 상급심에 있는 때에는 상급법원의 법원사무관등이 그 확정부분에 대하여만 증명서를 내어 준다(동법 제499조제2항).

(라) 소송의 종료

판결이 형식적으로 확정되면 소송은 종국적으로 종료한다. 확정에 의하여 판결의 내용에 따른 기판력, 집행력, 형성력 등이 생기게 된다.

(마) 형식적 확정력의 배제

판결의 형식적 확정력은 예외적으로 상소의 추완, 재심의 소에 의하여 배제될 수 있는데, 이에 대하여는 엄격한 요건이 정하여져 있다.

1) 상소의 추완

불복신청기간의 도과에 의하여 일단 형식적으로 확정되었다고 인정되는 판결이 적합한 상소의 추후보완에 의하여 소송이 확정 전의 원상으로 부활하여 다시 상소심에 의한 취소의 가능상태에 놓이게 되어 형식적 확정력이 없어지는 경우가 있다.

2) 재심의 소

재심사유가 있을 때에는 당사자는 재심의 소를 제기할 수 있다. 재심의 소가 이유 있으면 종전의 확정판결은 취소되고 소송이 부활된다.

(3) 기판력

(가) 의 의

확정된 종국판결에 있어서 청구에 대한 판결내용은 당사자와 법원을 규율하는 새로운 규준으로서 구속력을 가지며, 후일 동일사항이 문제로 되면 당사자는 그에 반하여 되풀이 하여 다투는 소송은 허용되지 아니하며, 어느 법원도 다시 재심사하여 그와 모순·저촉되는 판단을 하여서는 안 된다. 이러한 확정판결의 판단에 부여되는 구속력을 기판력 또는 실질적 확정력이라고 한다.

판결의 효력 중 기속력과 형식적 확정력은 소송절차상의 효력으로서 전자는 법원에 대한, 후자는 당사자에 대한 구속력으로 문제됨에 대하여, 기판력은 소송물에 대하여 한 판단의 효력으로서 당해 소송보다도 뒤의 별도소송에서 법원 및 당사자에 대한 구속력으로서 문제가 된다.

(나) 기판력 있는 판결

1) **확정된 종국판결** 미확정판결, 중간판결, 무효인 판결은 기판력이 없다.

2) **결정·명령** 실체관계를 종국적으로 해결하는 것은 기판력이 있다. 예컨대 소송비용에 관한 결정과 같다. 그러나 소송지휘에 관한 결정명령(민소법 제222조), 집행정지결정(동법 제500조, 제501조) 등은 기판력이 없으므로 후에 변경할 수 있다.

3) **확정판결과 동일한 효력이 있는 것** 예컨대 청구의 포기·인낙조서(민소법 제220조), 조정에 갈음하는 결정(민사조정법 제34조), 중재판정(중재법 제35조), 화해조서(민소법 제220조), 각종의 조정조서(가사소송법 제59조, 민사조정법 제29조), 화해권고결정(민소법 제231조), 확정파산채권에 대한 파산채권자표 기재(채무자회생 및 파산에 관한 법률 제460조).

4) **외국법원의 확정판결(민소법 제217조)**

(다) 기판력의 범위

1) 객관적 범위

확정판결은 주문에 포함된 것에 한하여 기판력이 생긴다(민소법 제216조 제1항). 즉 판결의 결론부문(본안판결의 경우에는 소송물인 권리관계의 존부에 관한 판단)에 대한 판단에만 생긴다.

→ 즉, 판결이유 중의 판단에 대하여는 기판력이 없다(민소법 제216조제1항의 반대해석).

2) 주관적 범위

기판력이 누구와 누구 사이에 작용하는지의 문제이다. 기판력은 아래의 자에게 미친다.

① 당사자(민소법 제218조제1항)

② 당사자와 같이 볼 제3자

ⅰ)변론종결 후의 승계인,[51] ⅱ)청구의 목적물을 소지한 자(동법 제218조제1항), ⅲ)제3자의 소송담당인 경우의 권리귀속주체(동조 제3항).[52]

③ 일반 제3자에 대한 확장

신분관계, 단체관계, 공법상 권리관계에서 예외적으로 판결의 효력을 일정 범위의 제3자 또는 제3자 일반에까지 확장시켜 법률관계의 획일적 해결을 도모한다.[53]

(4) 판결의 그 밖의 효력

(가) 집행력

1) 의 의

① 협 의

판결로 명한 이행의무를 강제집행절차에 의하여 실현할 수 있는 효력을 말하고, 통상 집행력이라고 할 때에는 이를 가리키며, 이러한 집행력은 “확정된 이행판결”에 인정되는 것이지만, “가집행선고”에 의하여 판결확정 전에도 부여된다.

---

51) 변론종결 후의 승계인: 소유권확인판결이 된 소유권의 양수인, 이행판결을 받은 채권의 양수인, 채무의 면책적 인수인 등.

52) 예컨대 회생회사의 재산에 관하여는 관리인(채무자회생 및 파산에 관한 법률 제96조)이 받은 판결은 회생회사에, 선정당사자(민소법 제53조)가 받은 판결은 선정자에게, 유언집행자(민법 제1101조)가 받은 판결은 상속인에게 미친다.

53) 자세한 사례는 전게,이시윤,550면.

② 광 의

강제집행 이외의 방법에 의하여 판결내용에 적합한 상태를 실현할 수 있는 효력을 포함한다. 예컨대 확정판결에 기한 가족부의 정정, 등기의 말소·변경을 신청할 수 있는 효력이 생기는 것 등이다. 광의의 집행력은 이행판결 뿐만 아니라, 확인판결·형성판결에도 인정된다.

2) 집행력이 있는 재판

판결 중 집행권원이 되는 것은 이행판결에 한하며,[54] 그 밖에 확정판결과 동일한 효력을 가지는 각종 조서(인낙조서, 화해조서, 조정조서 등), 확정된 지급명령, 화해권고결정, 이행권고결정, 조정에 갈음하는 결정 등도 집행력이 있다.

3) 집행력의 범위

집행력의 객관적 범위, 주관적 범위는 원칙적으로 기판력의 그것에 준한다.

(나) 형성력

형성력이란 형성의 소를 인용하는 형성판결이 확정됨으로써 판결내용대로 새로운 법률관계의 발생이나 종래의 법률관계의 변경·소멸을 발생하는 효력을 말한다. 형성력에 의한 법률관계의 변동효과는 누구나 인정하여야 하기 때문에 그 의미에서 형성력도 당사자만이 아니라 일반 제3자에게 효력이 미친다.

6. 종국판결의 부수적 재판

가. 가집행선고

(1) 의 의

가집행선고란 미확정의 종국판결(예컨대 원고가 1심은 승소하였으나 피고가 항소하여 현재 2심에 계속 중이라고 생각한다)에 확정된 것과 같이 미리

---

54) 확인판결, 형성판결은 소송비용의 재판부분에 집행력이 있을 뿐이다.

집행력(그 내용을 실현시킬 수 있는 효력)을 부여하는 형성적 재판이다.[55] 즉 재판에 승소한 자는 판결의 확정을 기다려서 그 내용을 실현할 수 있는 것이 원칙이지만, 현재의 3심제 소송제도 하에서는 판결이 확정될 때까지는 상당한 시간이 걸린다.[56] 그러나 법원이 미확정판결에 관하여도 그 판결주문에서 "판결을 가집행을 할 수 있다"고 선고한 때에는 이에 기초하여(즉 가집행선고 있는 종국판결이 집행명의로 된다) 강제집행을 할 수가 있다.

(2) 요 건

"재산권의 청구"에 관한 판결에는 상당한 이유가 없는 한, 당사자의 신청 유무를 불문하고 직권으로 가집행을 할 수 있다는 것을 선고하여야 한다.[57]

(가) 재산권의 청구에 관한 종국판결일 것

재산권의 청구는 강제집행을 한 뒤에 상소심에서 그 판결이 취소·변경된다 하더라도 원상회복이 비교적 용이하고 또 금전배상으로 처리할 수 있는 것이 보통이기 때문이다. 따라서 이혼청구 등 신분상의 청구와 같은 비재산권의 청구에 대하여는 가집행선고를 할 수 없다.[58]

---

55) 가집행은 가집행선고에 의한 강제집행이고, 가압류는 가압류명령에 의한 잠정적·일시적인 압류이다. 가압류명령은 금전채권이나 금전으로 환산할 수 있는 채권에 대하여 장래의 강제집행을 미리 보전함을 목적으로 하는 재판이다. 한편 계쟁물에 관한 가처분은 금전 이외의 특정의 급여를 목적으로 하는 청구권에 관하여 현상변경으로 장래에 있어서 권리실행불능 또는 곤란할 염려가 있는 경우에 미리 집행보전을 하여 두는 것이다.

56) 가집행은 승소한 자의 신속한 권리실현에 이바지 하며, 또 패소한 자의 강제집행의 지연을 노린 濫訴(남소)를 억제하는 역할을 한다.

57) 가집행선고는 원칙적으로 종국판결에 한하며(예외는 소송촉진 등에 관한 특례법 제34조제3항, 제4항의 배상명령의 경우), 결정명령은 원칙적으로 즉시 집행력이 발생하므로, 가집행선고를 붙일 수 없다(다만 가사소송법 제42조는 예외). 또 종국판결이라도 성질상 가압류·가처분을 명하는 판결은 가집행을 붙일 수 없다.

58) 민법상의 재산분할청구권은 이혼이 성립한 때에 그 법적 효과로서 비로소 발생하는 것이므로, 당사자가 이혼이 성립하기 전에 이혼소송과 병합하여 재산분할의 청구를 하고, 법원이 이혼과 동시에 재산분할을 명하는 판결을 하는 경우에도 이혼판결은 확정되지 아니한 상태이므로, 그 시점에서 가집행을 허용할 수는 없다(대판 1998.11.13, 98므1193).

(나) 상당한 이유가 없을 것

상당한 이유란 예컨대 건물의 철거를 구하는 소송에[59] 있어서 가집행에 의하여 건물철거집행이 완료되면 건물의 신축이 용이하지 아니한 경우처럼 가집행이 패소한 피고에게 회복할 수 없는 손해를 줄 염려가 있는 것을 말한다.

(3) 절차와 방식

법원이 직권으로 선고하며(따라서 당사자의 신청은 법원의 직권발동을 촉구의 의미밖에 없다),[60] 보통 판결주문에 적는다(민소법 제213조제3항). 상소법원은 불복신청이 없는 부분에 대하여는 당사자의 신청에 따라 결정으로 가집행선고를 할 수 있다(동법 제406조). 가집행선고는 담보를 제공하거나 제공하지 아니할 것을 조건으로 할 수 있다. 다만, 어음금·수표금청구에 관한 판결에는 담보를 제공하게 하지 않아야 한다(동법 제213조제1항 단서). 법원은 직권 또는 당사자의 신청에 따라 채권 전액을 담보로 제공하고 가집행을 면제받을 수 있다는 것을 선고할 수 있다. 이를 가집행면제선고라고 한다.

(4) 효 력

① 가집행선고가 붙은 종국판결은 즉시 집행력이 발생한다. 따라서 이행판결의 경우에는 바로 집행권원(집행명의)이 되며, 또 피고가 상소하여도 그것만으로 그 집행력에 기한 강제집행(예컨대 강제경매)이 정지되지는 아니하고, 별도의 신청에 의하여 강제집행정지의 결정(민소법 제501, 제502조)을 받아야 된다.

② 가집행선고 있는 판결에 기한 강제집행은 가압류·가처분과 같은 집행보전에 그치는 것이 아니라, 종국적 권리의 만족이라는 점에서 확정판결에 기한 본집행과 같다. 다만, 확정판결과의 차이는 ⅰ)가집행은 확정적 집행이 아니고, 상소심에서 그 가집행의 선고 또는 본안판결이 취소되는 것을 해제조건으로 하여 발생하는 것에 지나지 않으므로 가집행선고 뒤에 항소심이 청구권의 존부를 판단하는 경우에 가집행의 결과 채무는 이미 집행된 상태에 있지만, 이를

59) 휴업하면 고객을 상실할 염려가 있는 점포명도청구의 경우도 같다.

60) 대판 1991.11.8,90다17804.

무시하고 항소심에서는 아직 채무가 이행되지 아니한 것으로 당해 청구의 당부를 판단하여야 한다(가집행의 결과를 참작할 것이 아니라 참작 없이 청구의 당부를 판단한다는 의미). 예컨대 가집행으로 변제가 되었다고 하여도 항소심이 이를 참작하여 청구기각판결을 하여서는 안 되며,[61] ii)확정판결과는 달리 가집행선고 있는 판결을 집행권원으로 하여 재산명시신청(민사집행법 제61조 제1항 단서)이나 채무불이행자명부등재신청(동법 제70조제1항제1호 단서)을 할 수는 없다.

✦ 강제집행을 신청하기 위하여서는 판결정본, 집행문, 송달증명원이 있어야 한다.

나. 소송비용의 재판

종국판결의 주문 중에는 부수적으로 가집행선고 외에 소송비용에 대한 재판을 한다.

7. 상소심절차

가. 의 의

상소란[62] 재판의 확정 전에 당사자가 상급법원에 대하여 그 취소·변경을 구하는 불복신청방법을 말한다. 판결은 그 심급을 종결시키는 것이지만, 소송을 무조건으로 종료시키는 것은 아니다. 심급을 종결시키는 종국판결에 대하여는 일정한 요건 하에 일정한 기간 내에 한하여 상소를 제기할 수가 있다. 적법한 상소에 의하여 i)재판의 확정은 차단되어 상소기간이 지나도 원재판은 확정되지 아니하며(민소법 제498조. 확정차단의 효력), ii)소송은 원칙적으로 상급심에 이심(移審)하고(이심의 효력), iii)상소의 제기에 의한 확정차단의 효력과 이심의 효력은 원칙적으로 상소인의 불복신청의 범위에 관계없이 원판결

---

61) 대판 2000.7.6,2000다560 등. 전게,이시윤,563면.

62) 상소는 재판의 확정 전 즉 소송절차의 종료 전에 하는 불복신청이라는 점에서, 확정된 재판에 대한 불복방법인 재심(민소법 제451조), 준재심(동법 제461조), 불복할 수 없는 결정·명령에 대한 특별항고(동법 제449조)와 구분된다.

전부에 대하여 불가분으로 발생한다(상소불가분의 원칙). 따라서 판결의 일부에 대하여 상소를 한 경우에도 판결의 전부에 대하여 확정차단의 효력이 생기고, 또 사건 전부에 대하여 이심의 효력이 발생한다.

나. 상소의 종류

상소에는 항소, 상고, 항고의 세 종류가 있다. 항소와 상고는 모두 판결에 대한 상소이고, 항고는 결정·명령에 대한 상소이다.

(1) 항 소

항소란 지방법원이나 시·군법원의 단독판사 또는 지방법원합의부가 한 제1심의 종국판결에 대하여 다시 유리한 판결을 구하기 위하여 상급법원에 하는 불복신청이다(민소법 제390조). 그 신청인을 항소인, 상대방을 피항소인이라고 한다(제1심의 원고·피고가 항소인·피항소인으로 된다). 1심에서 패소판결을 받았으나 불복 있는 자의 항소의 제기는 항소장에 법정사항을 기재하고 제1심 소장에 붙였던 인지액의 1.5배를 붙여(민사소송등인지법 제3조), 판결이 송달된 날로부터 2주일 내에 원심법원인 제1심 법원에 항소장을 제출(직접제출 또는 우편제출)하여야 하며, 제1심 판결은 확정되지 아니하며(항소제기의 효력. 확정차단의 효력) 다시 심리된다. 항소심에서는 원칙적으로 새로운 사실이나 증거를 제출할 수가 있고, 제1심에서 제출된 소송자료와 새롭게 제출된 소송자료가 항소심 판결의 기초로 된다. 이 의미에서 항소심은 속심(續審)이다.

(2) 상 고

상고는 종국판결에 대한 법률심으로서 원판결의 당부를 전적으로 법률적인 측면에서만 심사할 것을 구하는 불복신청이다.[63] 항소심의 판결에 대하여 불복이 있으면 판결 송달일로부터 2주내(민소법 제425조, 제396조)에 상고장을

---

63) 상고는 원칙적으로 항소심의 종국판결에 대한 상소이다. 즉 고등법원이 제2심으로 한 판결과 지방법원합의부가 제2심으로 한 판결이 상고의 대상이다(민소법 제422조제1항). 또 상고의 대상은 원칙적으로 항소심의 종국판결만이 그 대상이 되지만, 비약상고의 합의가 있는 제1심판결에 대하여는 직접 상고할 수 있다.

항소심 법원(원심법원)에 제출하여야 하며(동법 제425조, 제427조), 상고기간의 준수여부는 원심법원이 상고장을 접수한 때를 기준으로 한다. 상고장에 붙이는 인지액은 1심의 2배(민사소송등인지법 제3조)이며, 그 밖에 상고장의 송달비용을 예납하여야 한다.

상고는 항소심 판결 또는 예외적으로는 제1심 판결에 대하여 행하여지며, 제1심 판결에 대하여 하는 상고를 비약상고라고 한다. 상고법원은 원심법원이 적법하게 행한 사실인정에 구속되며, 상고는 「상고심 절차에 관한 특례법」에 의하여 원칙적으로 판결에 영향을 미친 헌법·법률·명령 또는 규칙의 위반이 있음을 이유로 하는 때에 한하여 제기할 수 있다. 상고사건에 대한 재판절차는 제1심 및 제2심의 재판절차와는 다르게 상고장, 상고이유서, 답변서 기타의 소송기록에 의하여 변론 없이 재판하는 것이 원칙이다.

(3) 항 고

(가) 개 념

항고란 판결이외의 재판인 결정이나 명령에 대한 독립한 간이한 상소로, 항고는 상급법원에 원재판의 당부의 판단을 구하는 점에서는 항소나 상고와 같지만, 판결에 대한 상소인 항소나 상고와 비교하여 간이·신속한 불복신청(또는 결정절차)으로[64] 부수적 사항에 관하여 인정되는 점에 차이가 있다. 그러나 결정이나 명령의 모든 경우에 항고가 허용되는 것은 아니고, 법률이 특별히 인정하는 경우에 한한다.

항고는 일종의 상소이며, 상급법원에 대한 불복신청이므로 각종 이의, 예컨대 화해권고결정, 이행권고결정, 지급명령, 조정에 갈음하는 결정에 대한 이의(민소법 제226조, 제470조, 소액사건심판법 제5조의4, 민사조정법 제34조), 가압류·가처분에 대한 이의(민사집행법 제283조, 제301조)와 같이 동일한 심급에 대한 불복신청과는 구별하여야 한다(이들도 상소의 일종인 항고이지만).

---

64) 물론 원법원이 원결정을 변경할 기회도 된다.

(나) 항고의 목적

판결절차에 의하여 심판되고 각 그 심급의 종국판결에 대하여는 항소 또는 상고가 인정되며, 그 전의 중간적 재판도 종국판결과 함께 상급심의 판단을 받는 것이 원칙임에도 종국판결이 아닌 소송절차의 진행에 부수적으로 관계하거나 파생적인 절차사항의 해결을 모두 종국판결과 함께 항소, 상고의 기회에 심사를 받게 한다면, 상급심의 소송절차가 오히려 복잡하게 되고, 본래의 소송사건 자체의 해결을 지연시킬 우려가 있으므로(절차를 불안정하게 한다), 그와 같은 사항(소송사건 자체와의 관계가 희박하여 단절하여 해결할 수 있는 사항으로 신속하게 확정하여 절차를 진행시키는 것이 타당한 것)에 대하여는, 항고라는 별도의 상소를 인정하여 간이·신속한 불복제도를 마련한 것이 항고를 인정하는 주요한 이유이다.[65)]

(다) 항고의 종류

1) 통상항고와 즉시항고

항고에는 통상항고(보통항고)와 즉시항고가 있다. 통상항고가 항고기간의 제한이 없고 원재판의 취소를 구하는 이익이 있는 한 언제라도 제기할 수 있는 것에 대하여, 즉시항고는 신속한 해결의 필요에서 재판이 고지된 날로부터 1주일의 항고기간(불변기간)이 정하여져 있는 것이다. 즉시항고는 법률이 "즉시항고 할 수 있다"고 명문으로 허용한 경우에 한하여 예외적으로 허용된다.

2) 최초의 항고와 재항고

판결절차에서의 항소·상고에 대응하는 것으로 심급에 의한 구별이다. 재항고는 최초의 항고에 대한 항고법원의 결정과 고등법원 또는 항소법원의 결정·명령에 대한 법률심인 대법원에의 항고이다(민소법 제442조). 재판에 영향을

---

65) 그 밖에 그 절차가 종국판결에 이르지 아니하고 결정·명령만으로 완결한 경우(소장각하명령), 종국판결 후에 한 재판(소송비용액의 확정결정), 당사자 아닌 제3자에 대한 재판(제3자에 대한 문서제출명령, 증인에 대한 과태료결정 등) 등 항소상고에 의한 불복의 여지가 없는 것(종국판결에 대한 상소와 함께 다툴 수 없다)에 대하여 별도의 불복(상소의 길)의 길을 열어줄 필요가 있는 것도 항고의 존재이유이다(전게,이시윤,751면).

미친 헌법·법률·명령 또는 규칙의 위반이 있음을 이유로 하는 때에 한하여 재항고할 수 있다. 최초의 항고에는 항소의 규정이 준용되고, 재항고에는 상고의 규정이 준용된다(동법 제443조).

3) 특별항고

특별항고란 불복신청을 할 수 없는 결정·명령에 대하여, 재판에 영향을 미친 헌법위반이 있거나 재판의 전제가 된 명령·규칙·처분의 헌법 또는 법률의 위반여부에 대한 판단이 부당하다는 것을 이유로 하는 때에 대법원에 하는 항고(민소법 제449조)로, 항고기간은 1주일(불변기간)이다. 특별항고는 재판확정 후의 비상불복방법인 것이지, 통상의 불복방법인 상소는 아니다.

(라) 항고의 적용범위

항고는 법률이 특별히 인정하는 다음의 경우에 한하여 허용된다.

1) 항고로 불복할 수 있는 결정 · 명령

ⅰ) 소송절차에 관한 신청을 기각한 결정 · 명령(민소법 제429조)

소송절차에 관한 신청이란 본안의 신청과는 구별되는 것으로 절차의 개시·진행 등에 관한 신청을 말한다. 따라서 소송인수신청(민소법 제82조), 기일지정신청(동법 제165조제2항), 공시송달신청(동법 제194조), 수계신청(동법 제234조), 증거보전신청(동법 제375조) 등을 기각한 결정·명령이 이에 해당하며, 주의할 것은 변론을 거치지 않은 경우의 결정·명령에 한한다. 예컨대 실기한 공격방어방법[66]의 각하결정은 변론을 거쳐서 행한 것이므로 항고할 수 없다. 그리고 신청에 대하여 법원이 응답의무가 있는 경우에 한하여 인정되므로 예컨대 변론재개신청의 기각결정에 대하여 항고할 수 없다.

---

66) 당사자는 변론주의 때문에 신청을 뒷받침하기 위하여 소송자료를 제출하여야 하는바, 이를 공격방어방법이라고 하고, 원고가 자기의 청구를 이유 있게 하기 위하여 제출하는 소송자료를 공격방법, 피고가 원고의 청구를 배척하기 위하여 제출하는 소송자료를 방어방법이라고 하며, 이를 합하여 공격방어방법이라고 한다.

ii) **방식을 어긴 결정 · 명령(민소법 제440조)**

판결로 재판하여야 할 사항에 대하여 결정(또는 명령)으로 한 방식을 어긴 재판에 대하여는 항고할 수 있다. 판결에 대하여는 항상 상소가 인정되고 있지만, 결정(또는 명령)에 대하여는 항상 독립한 불복신청이 허용된다고는 할 수 없다. 그래서 판결에 의하여 재판하여야 할 것을 잘못하여 결정(또는 명령)으로 재판한 경우가 문제로 되는데(예컨대 가처분취소를 판결로써 하지 아니하고 결정으로 한 경우), 이러한 형식에 어긋나는 재판에 대하여 항고할 수 있다. 항상 항고할 수 있다는 취지에는 이러한 형식에 어긋나는 재판이 당사자의 이익에 중대한 영향을 주기 때문이라는 점이 깔려있다.

iii) **그밖에 법률상 특별히 항고가 인정되고 있는 경우**

이 경우는 대부분 즉시항고이다. 예컨대 이송결정과 이송신청의 각하결정에 대하여는 즉시항고를 할 수 있다는 명문의 규정이 있다. 강제집행절차에서 항고가 인정되는 경우도 여기에 포함된다.

2) 항고할 수 없는 결정 · 명령

명문상 불복할 수 없는 재판(민소법 제337조제3항, 제465조제2항 등), 항고 이외의 불복방법이 인정되는 경우(예컨대 지급명령, 가압류·가처분결정), 대법원의 재판,[67] 해석상 불복할 수 없는 재판 등.

(마) 항고절차

1) 항고의 제기

항고할 수 있는 결정·명령에 대하여 불복이 있는 자는 항고장을 원심법원에 제출하여 항고를 제기할 수 있으며(민소법 제445조. 원심법원제출주의), 항고장이라는 서면의 제출을 하여야 하고, 구술에 의한 항고제기는 할 수 없다. 항고심절차에는 항소심절차가 준용된다. 따라서 항고법원의 심판범위는 항고인의 불복신청의 범위에 한한다.

항고기간은 즉시항고기간의 경우에만 민소법에 규정한바, 원판결을 고지한

---

67) 대판 1971.4.9,71그1 등.

날부터 1주 이내의 불변기간이다(민소법 제444조). 항고장에는 민사소송등인지법 제11조 소정의 인지(통상 2,000원)를 붙인다.

2) 항고제기의 효력[68]

i) 재도의 고안

항고가 제기되면 판결의 경우와는 달리 원심법원은 스스로 항고의 당부를 심사할 수 있으며, 만일 항고가 정당한 이유가 있다고 인정하는 때에는 원심법원은 원재판을 경정할 수가 있는데(민소법 제446조), 이를 再度(재도)의 考案(고안)이라고 한다.[69] 상급심의 절차를 생략하고 간이·신속하게 사건을 처리하여 당사자의 이익을 보호하려는 것이지만, 실무상 활용률이 낮다. 경정결정을 하면 당초의 항고의 목적은 달성된 것이므로 항고절차는 당연히 종료된다.

ii) 이심의 효력

원심법원이 항고에 정당한 이유가 없다고 인정하는 때에는 항고기록을 항고법원으로 보내야 한다. 이에 의하여 사건은 항고법원에 移審(이심)된다.

iii) 집행정지효력

결정·명령은 고지에 의하여 즉시 집행력이 발생하는 것이 원칙이지만(민사집행법 제56조제1호), 즉시항고가 제기되면 일단 발생한 집행력은 정지된다(민소법 제447조. 다만, 예외로 민사집행법 제15조제6항은 집행법원의 재판에 대한 즉시항고는 집행정지의 효력이 없다고 한다). 예컨대 소송비용의 담보제공의 명령에 대하여 즉시항고가 있으면, 그 절차 중에는 담보불제공에 의한 불이익은 생기지 아니하며, 이러한 효력을 집행정지효력이라고 한다. 물론 통상항고에는 이러한 집행정지효력이 인정되지 않는다. 따라서 통상항고의 경우에는 항고법원 등이 별도로 집행정지 등의 처분을 명할 수 있다(민소법 제448조).[70]

---

68) 전게,이시윤,765면이 자세하다.

69) 특별항고의 경우에 원심법원에 반성의 기회를 부여하는 재도의 고안을 허용하는 것은 특별항고를 인정한 취지에 맞지 않으므로 특별항고가 있는 경우 원심법원은 경정결정을 할 수 없고 기록을 그대로 대판에 송부하여야 한다(대판 2001.2.28,2001그4).

70) 민소법 제448조: 항고법원 또는 원심법원이나 판사는 항고에 대한 결정이 있을 때까지 원심재판의 집행을 정지하거나 그 밖에 필요한 처분을 명할 수 있다.

(바) 재항고와 특별항고

1) 재항고

재항고는 항고법원·고등법원 또는 항소법원의 결정 및 명령에 대하여는 재판에 영향을 미친 헌법·법률·명령 또는 규칙의 위반을 이유로 드는 때에만 대법원에 재항고할 수 있다(민소법 제442조). 민소법 제424조의 절대적 상고이유도 재항고이유가 된다.

재항고는 항고심판결에 대한 상고에 대응하므로 민소법상의 상고규정(민소법 제443조제2항, 민사소송규칙 제137조제2항)을 준용한다. 따라서 재항고장은 원심법원에 제출하여야 한다(민소법 제425조, 제397조).

2) 특별항고

특별항고란 불복할 수 없는 결정명령에 대하여 재판에 영향을 미친 헌법위반이 있거나, 재판의 전제가 된 명령·규칙·처분의 헌법 또는 법률의 위반여부에 대한 판단이 부당하다는 것을 이유로 하는 때에만 대법원에 하는 항고이다(민소법 제449조제1항). 이는 재판확정 후의 비상불복방법이고, 통상의 불복방법으로서 상소가 아니다. 따라서 재판의 확정을 차단하는 효과가 없으며, 원심법원 또는 대법원은 집행정지에 관한 가처분을 명할 수 있다(동법 제450조, 제448조). 항고기간은 재판이 고지된 날부터 1주 이내에 하여야 하며, 그 기간은 불변기간이다(동법 제449조제2항, 제3항). 특별항고에는 그 성질에 반하지 않는 한 상고에 관한 규정을 준용한다(동법 제450조, 민사소송규칙 제137조제2항).

8. 재심절차

가. 의 의

재심(비상상소)이란[71] 확정된 종결판결에 재심사유에 해당하는 중대한 하자가 있는 경우에 그 판결의 취소와 이이 종결되었던 사건의 재심판을 구하는 非常의 불복신청방법이다. 재심은 확정된 판결에 대한 법적 안정성과 판결에 중대한 절차상의 하자, 판결의 기초에 하자가 있는 경우의 당자자의 권리구제(구체적 정의)를 조화시키는 제도이다.

재심의 소제기로 당연히 확정판결의 집행정지의 효력이 생기는 것은 아니지만(민소법 제500조), 이에 의하여 확정판결의 집행력의 배제를 구하는 점에서 청구이의의 소(민사집행법 제44조)와 유사하다.

나. 재심사유

재심의 소는 민소법 제451조제1항에 열거된 11가지의 재심사유가 있는 경우에 한하여(즉 예시적인 사유가 아니다) 허용된다. 그 사유를 보면,

i)법률에 따라 판결법원을 구성하지 아니한 때, ii)법률상 그 재판에 관여할 수 없는 법관이 관여한 때, iii)법정대리권·소송대리권 또는 대리인이 소송행위를 하는 데에 필요한 권한의 수여에 흠이 있는 때. 다만, 민소법 제60조 또는 제97조의 규정에 따라 추인한 때에는 그러하지 아니하다. iv)재판에 관여한 법관이 그 사건에 관하여 직무에 관한 죄를 범한 때, v)형사상 처벌을 받을 다른 사람의 행위로 말미암아 자백을 하였거나 판결에 영향을 미칠 공격 또는 방어방법의 제출에 방해를 받은 때, vi)판결의 증거가 된 문서, 그 밖의 물건이 위조되거나 변조된 것인 때, vii)증인·감정인·통역인의 거짓 진술 또는 당사자신문에 따른 당사자나 법정대리인의 거짓 진술이 판결의 증거가 된 때, viii)판결의 기초가 된 민사나 형사의 판결, 그 밖의 재판 또는 행정처분이 다른 재판이나 행정처분에 따라 바뀐 때, ix)판결에 영향을 미칠 중요한 사항에 관

71) 준재심이란 확정판결과 같은 효력을 가지는 조서, 즉시항고로 불복신청을 할 수 있는 것으로서 확정된 결정·명령에 재심사유가 있을 때 재심의 소에 준하여 재심을 제기하는 것을 말한다.

하여 판단을 누락한 때, x)재심을 제기할 판결이 전에 선고한 확정판결에 어긋나는 때, xi)당사자가 상대방의 주소 또는 거소를 알고 있었음에도 있는 곳을 잘 모른다고 하거나 주소나 거소를 거짓으로 하여 소를 제기한 때 이다.

9. 간이소송절차

가. 의 의

현행법은 간이한 소송절차로서 i)소액사건심판절차, ii)독촉절차간의 두 가지를 둔다. 양자 모두 금전 그 밖의 대체물의 지급을 목적으로 하는 채권을 그 대상으로 한다.

나. 소액사건

(1) 소액사건 심판의 의의

소액사건은 소송목적의 금액이 작은데도 불구하고 정식재판절차를 거쳐 판결에 이를 경우 과다한 비용과 시간의 낭비가 심하였다. 보통 민사소송의 경우 첫 재판이 열리고 판결이 나기까지 최소한 약 1달 정도 소요된다. 피고가 판결 결과에 불복해 상소할 경우에는 다시 재판을 열어야 하기 때문에 판결이 날때까지는 소송 기간이 6개월 혹은 1년이상 길어질 수도 있다. 소액사건은 단 1회에 심리와 판결을 모두 끝내도록 정하고 있기 때문에 최소의 시간으로 재판을 끝낼 수 있어 분쟁의 신속한 해결을 할 수 있다. 이러한 현실을 해결하기 위한 간이하고 신속한 분쟁의 해결을 위한 제도로서 민사소송법의 특례로 도입된 것이 소액사건심판법이다.[72)]

(2) 소액사건 재판절차의 특징

(가) 간편한 소송절차

소액사건심판절차는 소송절차가 간편하다는 점이 특징이다. 제소는 소장을 제출하여 서면으로 할 수도 있고 구술로 할 수도 있다(소액사건심판법 제4조 1

72) 소액사건심판법 1973.02.24 법률 2547호

항). 구술로써 소를 제기하는 때에는 법원서기관·법원사무관·법원주사 또는 법원주사보(이하 "법원사무관등"이라 한다)의 면전에서 진술하여야 한다(법 제4조 2항). 쌍방 당사자는 임의로 법원에 출석하여 소송에 관하여 변론할 수 있으며(법 제5조 1항), 이 경우 소의 제기는 구술에 의한 진술로써 행한다(법 제5조 2항).

(나) 신속한 재판

소장을 접수되면 담당판사는 지체없이 이행결정 권고나 변론기일을 지정한다. 변론기일 지정시에는 원고에게 소환장을 교부하며, 되도록 1회의 변론기일로 심리를 마치고 즉시 선고한다. 따라서 당사자는 모든 증거를 최초의 변론기일에 제출할 수 있도록 준비하여야 한다. 다만, 판사의 필요에 따라 심리를 1회 연장할 수도 있다. 당사자의 편의를 위해 1995. 9. 1.부터 소도시나 군지역에 시법원 또는 군법원이 설치되었으므로, 시·군법원 관할의 소액사건에 대하여는 소장을 지방법원이나 지원에 제출하여서는 아니되고, 시·군법원에 제출하여야 한다.

(다) 소송대리의 특칙

소액재판에서는 소송을 제기하는 사람이 스스로 자신을 변호하거나 소송을 수행할 수 있으며 당사자의 배우자, 직계혈족, 형제자매 또는 호주 등도 법원의 허가가 없어도 대리인이 될 수 있다. 이 경우에는 당사자의 신분관계를 증명할 수 있는 호적등본 또는 주민등록등본 등으로 신분관계를 증명하고, 소송위임장으로 수권관계를 증명하여야 한다.

(라) 판결까지의 소요기간

일반 민사사건은 1심판결까지 최소 7개월 이상 소요되는데 반하여 소액사건심판은 소송의 간이 신속한 해결을 위한 제도라는 특수성으로 인하여 약 30일 정도 소요 된다.

(3) 소액사건의 범위

소액사건심판절차에서 소액사건이라 함은, 제소한 때의 소송목적의 값이 2,000만원을 초과하지 아니하는 금전 기타 대체물이나 유가증권의 일정한 수량의 지급을 목적으로 하는 제1심의 민사사건을 말한다. 그러나 소의 변경으로 이에 해당하지 않게 된 경우와, 당사자참가, 중간확인의 소 또는 반소의 제기 및 변론의 병합으로 인하여 본문의 경우에 해당하지 않는 사건과 병합심리하게 된 사건은 제외한다.[73)]

(4) 일부청구의 제한

소액사건심판절차는 영세소액채권자의 권리구제를 위한 특례법적인 소송절차라는 점에서 다액의 금액을 소액사건심판법을 적용할 목적으로 분할하여 청구하는 것을 방지하기 위하여 법은 일부청구를 허용하지 않고 있다. 즉, 금전 기타 대체물이나 유가증권의 일정한 수량의 지급을 목적으로 하는 청구에 있어서 채권자는 소액사건심판법의 적용을 받을 목적으로 청구를 분할하여 그 일부만을 청구할 수 없으며(법 제5조의 2 제1항), 이 경우 법원은 판결로써 각하하여야 한다(법 제5조의 2 제2항).

(5) 소의 제기

(가) 소장의 작성

소액사건의 소장은 소장의 겉 표지가 있고 청구취지와 청구원인은 사안별로 6가지의 양식이 있다. 소액사건의 소장을 작성할 때에는 겉표지를 작성한 후, 겉 표지의 뒤에 붙일 내용을 취지별로 6가지 약식 중에서 하나를 선택하여 작성한다. 소장의 중요한 기재사항은 다음과 같다.

원 · 피고 당사자의 성명, 명칭 또는 상호와 주소,주민등록번호
대리인이 있는 경우 대리인의 성명과 주소
일과중 연락가능한 전화번호,팩스번호,E-Mail 주소
청구취지 (청구를 구하는 내용. 범위 등을 간결하게 표시)

---

73) 소액사건심판규칙 제1조의 2. 각호

청구원인 (권리 또는 법률관계의 성립원인 사실을 기재)
부속서류의 표시(소장에 첨부하는 증거서류 등)
작성 연월일
법원의 표시
작성자의 기명날인 및 간인

1) 訴狀의 표지

소장의 표지에는 사건명, 원고, 피고의 이름 및 주소를 기재한다. 사건명이란 소액사건이 어떠한 종류의 소인지를 기재하는 것으로 대여금의 반환을 청구하는 것이라면 “대여금”을, 매매대금,수표금,어음금,공사대금,임대료,퇴직금,보증채무금의 반환을 요구하는 경우라면 각각 “퇴직금”, “수표금”, “공사대금”을 쓰면 될 것이다.

2) 청구의 취지

청구의 취지란 원고가 어떠한 내용과 종류의 판결을 구하는지를 밝히는 소의 결론부분이다.

즉, 대여금의 반환을 구하는 경우에는 그 내용을 기재하고, 소송비용은 피고의 부담으로 한다는 뜻을 기재한 다음, 이에 대하여는 가집행을 할 수 있다는 판결을 구하는 취지의 기재를 하면 된다.

3) 청구의 원인

한편 청구의 원인이란 소송물인 권리관계의 발생원인에 해당하는 사실관계를 뜻한다. 청구의 원인으로는 소액사건심판을 청구하게 된 경위를 간략히 기재하면 된다. 청구의 취지와 같이 청구하게 된 이유를 논리적으로 기재한다.

4) 소 제기 연, 월, 일 및 기명 날인

소를 제기하는 날짜를 기재하고 서명 또는 날인한다.

(6) 이행권고 및 이의신청

(가) 결정에 의한 이행권고

법원은 소가 제기된 경우에 결정으로 소장부본이나 제소조서등본을 첨부하여 피고에게 청구취지대로 이행할 것을 권고할 수 있다(법 제5조의 3 제1항). 그러나 독촉절차 또는 조정절차에서 소송절차로 이행된 때, 청구취지나 청구원인이 불명한 때, 그 밖에 이행권고를 하기에 적절하지 아니하다고 인정하는 때에는 이행권고를 할 수 없다(법제5조의 3 제1항 단서). 이행권고결정에는 당사자, 법정대리인, 청구의 취지와 원인, 이행조항을 기재하고, 피고가 이의신청을 할 수 있다는 뜻과 이행권고결정의 효력의 취지를 부기하여야 한다(법 제5조의 3 제2항). 이행권고결정은 피고가 소장의 등본을 송달받은 날부터 2주일내에 서면으로 이의신청을 하지 않은 경우(법 제5조의 7 제1항 1호) 또는 이의신청에 대하여 각하결정이 확정된 때(법 제5조의 7 제1항 2호), 이의신청이 취하된 때(법 제5조의 7 제1항 3호)에는 확정판결과 동일한 효력이 있다.

(나) 이행권고결정에 대한 이의신청

피고는 이행권고결정서의 등본을 송달받은 날부터 2주일내에 서면으로 이의신청을 할 수 있다. 그 등본이 송달되기 전에도 이의신청을 할 수 있다(법 제5조의 4 제1항). 이 기간은 불변기관으로 한다. 법원은 피고가 이의신청을 하는 때에는 지체없이 변론기일을 지정하여야 한다(법 제5조의 4 제3항). ⑤피고가 이의신청을 한 때에는 원고가 주장한 사실을 다툰 것으로 본다(법 제5조의 4 제5항). 이의신청을 한 피고는 제1심 판결이 선고되기 전까지 이의신청을 취하할 수 있다(법 제5조의 4 제4항).

(7) 소액사건 심판청구서식 작성

다. 독촉절차

(1) 의 의

독촉절차란 금전, 그 밖에 대체물이나 유가증권의 일정한 수량의 지급을 목적으로 하는 청구권에 관하여 채무자가 "다투지 않을 것으로 예상되는 경우"에 채권자로 하여금 통상의 판결절차보다는 간이·신속·저렴하게 집행권원을 얻게 하는 절차이다.

이 절차에 의하여 지급명령을 발할 때에는 채무자를 심문하지 않지만, 지급명령을 발한 뒤에는 이의신청을 할 수 있으며, 이의신청이 있으면 통상의 소송으로 이행한다. 독촉절차에서는 신청인을 채권자, 상대방을 채무자라고 한다. 이 절차는 당사자의 불소환, 소명방법이 불필요하고, 저렴한 비용 등 간이·신속·경제적이라는 특징이 있다.

(2) 지급명령

(가) 의의와 요건

지급명령은 청구금액(수량)에도 불구하고 지방법원단독판사 또는 시·군법원판사의 전속관할이며, 토지관할은 채무자의 보통재판적[74] 소재지, 근무지·사무소·영업소 소재지 외에 의무이행지, 어금·수표지급지, 불법행위지의 전속관할이다.

소송요건은 금전, 그 밖에 대체물이나 유가증권의 일정한 수량의 지급을 목적으로 하는 청구(민소법 제462조 본문)로, 채무자에 대한 지급명령을 국내에서 공시송달에 의하지 아니하고 송달할 수 있는 경우일 것 등이며(동법 제462조 단서),[75] 지급명령의 신청도 그 성질에 반하지 않는 한 소에 관한 규정이 준용된다(동법 제464조). 따라서 서면으로, 신청서에는 청구취지와 원인을 기재하여야 한다(동법 제249조). 권리의 존재나 관할에 관한 소명자료의 첨부는 필요 없다. 인지는 소장의 10분의 1 이며(민사소송등인지법 제7조제2항), 지급명령도 재판상의 청구로서 신청시 시효중단이 된다(민소법 제265조, 민법 제

74) 모든 소송사건에 공통적으로 적용되는 재판적으로 "소재지를 달리하는 같은 종류의 법원" 사이의 재판권의 분담관계를 말한다. 보통재판적은 "피고"와 관계있는 곳(사람의 주소, 법인 등의 주된 사무소, 국가 등은 법무부소재지)을 기준으로 전한다(민소법 제2조. 일반관할).

75) 지급명령을 발하여도 송달불능이 되면 주소보정을 명할 수 있으나, 보정명령을 받은 채권자는 보정 대신 소제기신청을 하여 소송절차로 이행시킬 수 있다.

172조).

(나) 재 판

지급명령은 채무자를 심문하지 아니하고(민소법 제467조), 결정으로 재판한다. 지급명령은 여러 각하사유(예컨대 관할위반, 신청요건의 흠결 등)가 없으면, 청구가 이유 있는지를 심리할 필요 없이 지급명령을 발하고, 양 당사자에게 직권으로 송달한다(동법 제469조제1항).

지급명령에 대하여 이의신청기간 내에 이의신청이 없거나 이의신청의 취하나 각하결정이 확정된 때에는 지급명령은 확정판결과 같은 효력이 있고(동법 제474조), 독촉절차는 종료한다. 확정된 지급명령은 집행권원이 되지만(민사집행법 제56조제3호), 기판력은 없고 집행력이 인정될 뿐이다. 지급명령에 의하여 확정된 채권은 민법 제165조제2항에 따라 그 소멸시효기간이 10년이 된다.[76]

(다) 채무자의 이의신청

지급명령은 통상의 소송에서와 같이 적정한 재판을 받기 위한 심리원칙이 적용된 것은 아니므로 채무자에게 이의신청을 인정한다. 즉 채무자는 지급명령이 송달된 날부터 2주 이내에 이의신청을 할 수 있다(민소법 제468조, 제469조). 채무자가 적법한 이의신청을 하면 지급명령은 이의의 범위 내에서 실효되고(동법 제470조), 지급명령을 신청할 때 소를 제기한 것으로 보아(동법 제472조제1항), 통상의 소송절차로 이행된다.

채무자의 이의신청은 서면 또는 말로(민소법 제161조) 지급명령을 발한 법원에 신청하며, 지급명령을 송달받은 날부터 2주 이내에 하여야 하고, 이 기간은 불변기간이다(동법 제470조제2항). 적법한 이의가 있는 때에는 이의신청된 청구목적의 값에 관하여 지급명령신청시 지방법원단독판사 또는 지방법원합의부에 소를 제기한 것으로 본다(동법 제472조제2항).

76) 전게,이시윤,794면.

10. 판결확정과 강제집행

당사자는 판결이 확정된 경우에는 소송기록이 있는 법원에서 판결확정증명을, 확정 전 판결 중 가집행선고가 붙은 판결인 경우(이를 가집행선고부판결이라고 한다)에는 판결정본송달증명을 받고, 판결에 집행문을 부여받아 이를 집행권원으로 하여 강제집행을 함으로써 소송의 목적을 달성한다.

✦ 강제집행을 위한 필요서류(일반적인 경우): 집행권원, 집행문, 송달증명원

11. 민사소송절차와 다른 절차와의 관계(광의의 민사소송절차)[77]

본문 38면 5. 강제집행과 다른 절차와의 구분을 참조.

가. 강제(민사)집행절차

판결절차에 의하여 그 존재가 확정된 권리 가운데 원고가 피고에 대하여 이행을 구하는 권리, 즉 이행청구권에 관하여는 피고가 임의로 그 이행을 하는 경우를 별론으로 한다면, 무엇인가의 강제적인 수단에 의하여 이행의 실현을 도모하지 아니하면 분쟁의 최종적인 해결은 바랄 수 없다. 이러한 목적을 위하여 강제집행절차를 마련하고 있다. 즉 확정판결이나 가집행선고부 종국판결 등 이행청구권의 존재를 공증하는 문서를 집행권원으로 하여 국가기관인 집행기관이 청구권의 실현을 도모하는 절차가 강제집행절차이다.

나. 보전절차

보전절차는 판결절차와 강제집행절차를 연결하는 목적을 가진다. 채권자의 권리실현을 위하여 우선 판결절차에 의하여 권리의 존재를 확정하고, 이를 전제로 하여 강제집행절차에 의하여 권리의 실현을 도모하는 것이 본래의 순서

---

77) 전게,이시윤,31면도 민사소송절차의 종류에 대하여, 민사소송은 통상소송절차와 특별소송절차로 대별되고, 전자는 판결절차, 강제집행절차(협의의 강제집행절차, 보전절차)로 나뉘며, 후자는 법이 정한 일정한 특수 민사사건에만 적용되는 소송절차로 간이소송절차(독촉절차, 소액사건심판절차), 가사소송절차, 도산절차 등이 있다고 한다.

이다. 그러나 그 사이 채무자의 재산상태의 변동, 계쟁물에 관한 처분 등의 사유가 생기는 것에 의하여 채권자는 소송에서 승소하고도 권리의 실질적 만족을 얻지 못할 우려가 있다. 예컨대 금전지급청구소송 중 피고가 자기의 유일한 "재산을 처분"하여 버린 경우, 건물명도소송 중 피고가 타인에게 "점유이전"을 한 경우, 소유권이전등기소송 중 피고가 목적부동산을 제3자에게 처분하고 "소유권이전등기"를 한 경우 등에는 원고가 승소판결을 받더라도 강제집행을 할 수 없어 판결문이 한낱 휴지조각으로 전락한다.

가압류는 금전채권이나 금전으로 환산할 수 있는 채권에 관하여 장래 그 집행을 보전하려는 목적으로 미리 채무자의 재산을 압류하여 채무자가 처분하지 못하도록 하는 제도이고, 가처분은 채권자가 금전채권이 아닌 계쟁물(다툼의 대상)에 관하여 청구권을 가지고 있을 때 판결이 확정되어 그 강제집행을 할 때까지 방치를 한다면 그 계쟁물이 처분되거나 멸실되는 등 법률적 사실적 변경이 생기는 것을 방지하고자 판결을 받기 전에 그 계쟁물의 현상변경을 금지시키는 제도로서, 그 방법은 천태만상이므로 가처분의 형식도 일정하지 않지만, 일반적으로는 처분행위를 금지하는 "처분금지가처분"과 점유이전행위를 금지하는 "점유이전금지가처분"이 있고, 또한 당사자 간에 현재 다툼이 있는 권리관계 또는 법률관계가 존재하고 그에 대한 확정판결이 있기까지 현상의 진행을 그대로 방치한다면 권리자가 현저한 손해를 입거나 목적을 달성하기 어려운 경우에 잠정적으로 임시의 조치를 행하는 제도로서 예를 들어 해고의 무효를 주장하는 자에게 임금의 계속 지급을 명하는 따위의 가처분을 할 수 있다.

다. 도산절차

도산제도는 기업의 영업활동이 침체되어 파탄에 직면한 경우 그 처리방법으로서, 기업중 갱생의 가치가 있고 갱생의 가능성이 있는 경우 채권자에게 일정한 희생이 있더라도 기업을 재건시키고자 하는데 목적이 있다. 도산절차 개시 원인은 부채의 초과, 지급불능・변제불능・지급정지, 회생절차 개시 원인으로서의 파산의 원인인 사실이 생길 염려 등을 들 수 있다.

라. 특별절차

(1) 소액사건심판절차

소액사건이란 제소한 때의 소송목적물의 값(소가)이 2,000만원 이하의 금전, 그 밖에 대체물 또는 유가증권의 일정한 수량의 지급을 구하는 사건이다(소액사건심판규칙 제1조의2). 소액사건심판법은 상고제한(사실상 2심제)에 관한 규정을 제외하고(동법 제3조),[78] 소액사건의 제1심 절차에만 적용된다(동법 제1조). 소액사건은 절차의 간이화, 저렴한 비용, 신속한 재판 등의 규제이념과 법원의 후견적 개입의 요청 때문에 민사소송법과의 관계에서 여러 가지 절차상의 특례를 마련하고 있다. 예컨대 구술에 의한 제소나 임의출석에 의한 제소가 가능하고(동법 제4조, 제5조), 변호사대리의 원칙에 대한 특칙으로 변호사가 아닌 자도 당사자의 가족 등은 법원의 허가 없이 소송대리인이 될 수 있고(동법 제8조), 직권증거조사의 보충성을 지양하고 필요시에는 직권으로 증거조사를 할 수 있는(동법 제10조제1항) 등이다.

소액사건심판법 제5조의3 이하에서는 소가 제기된 때에 법원은 특별한 사정이 없는 한 결정으로 소장부본(또는 제소조서등본)을 첨부하여 피고에게 청구취지대로 이행할 것을 권고하는 이행권고결정제도를 둔다. 즉 소액사건의 경우, 당사자 간에 다툼이 없어 제1차 변론기일에서 원고 전부승소판결로 종료되는 경우가 대부분임에도 불구하고 원고가 법정에 출석하여야 하는 등 소송경제적으로 낭비요인이 상존하고 있는 문제점을 개선하기 위하여, 법원의 이행권고결정에 대하여 피고로부터 이의가 없는 때에는 변론절차를 거치지 아니하고 즉시 확정판결과 같은 효력을 부여함과 동시에 집행력을 인정하여 신속히 권리구제를 받을 수 있도록 하려는 것이다.

78) 소액사건심판법 제3조는 소액사건에 대한 지방법원 본원 합의부의 제2심판결이나 결정·명령에 대하여는 ⅰ)법률·명령·규칙 또는 처분의 헌법위반여부와 명령·규칙 또는 처분의 법률위반여부에 대한 판단이 부당한 때, ⅱ)대법원의 판례에 상반되는 판단을 한 때에만 대법원에 상고 또는 재항고를 할 수 있다고 한다(즉 이 이외에는 상고 또는 재항고를 할 수 없으므로 사실상 2심제이다).

(2) 독촉절차

독촉절차는 금전, 그 밖에 대체물이나 유가증권의 일정한 수량의 지급을 목적으로 하는 청구권에 관하여 채무자가 다툼이 없을 것으로 예상할 경우에 채권자로 하여금 통상의 판결절차보다 간이·신속·저렴하게 집행권원을 얻게 하는 절차이며, 이 절차를 이용하여 지급명령을 신청하면 간편하다. 그런데 송달이 확실할 것으로 예상되는 경우가 아니라면 지급명령신청이 각하되고 다시 처음부터 통상의 소를 제기하여야 하므로 채권자로서는 이중의 비용과 시간적 손실을 볼 우려가 있었다.

지급명령의 신청에 대하여는 채무자를 심문하지 아니하고, 신청이 적법하고 신청의 취지에 의하여 청구가 이유 있다고 인정되면 지급명령이 발하여진다. 채무자는 지급명령이 송달된 날로부터 2주일 내에 이의신청을 하여 불복할 수 있으며 이 기간은 불변기간이다. 채무자가 적법한 이의신청을 하면 지급명령은 이의의 범위 안에서 실효되고, 지급명령을 신청한 때에 소를 제기한 것으로 보아 통상의 소송절차로 이행된다. 확정된 지급명령은 집행력이 발생하며 집행권원이 된다.

12. 다른 소송제도

가. 가사소송

혼인 또는 친지 등의 가사법률관계에 관한 소송도 특별절차의 하나이다. 진실발견의 요청에서 당사자의 사적 자치에 맡기는 것이 적당하지 않은 것 또는 획일적 확정의 필요가 있는 것 등을 고려하여 가사소송법에서 직권탐지주의의 규정 및 판결효의 확장 등의 특별규정을 두고 있다.

나. 행정소송

행정청에 의한 행정처분의 효력을 다투는 소송 등을 행정소송이라고 한다. 행정소송에 있어서도 다툼이 있는 법률관계가 공익에 관계하는 것을 고려하여 행정소송법에서 직권탐지주의의 규정 및 판결효의 확장 등의 특별규정을 두고 있다.

제 2 편

각종 신청서식

A. 경매신청서(강제경매, 임의경매)
B. 가압류신청서
C. 가처분신청서
D. 각종 소장
E. 공개된 인터넷상 법원 서식

A. 경매신청서(강제경매, 임의경매)

1. 부동산강제경매신청서

부동산강제경매신청서

표지

채 권 자 김 ○ ○ (전화)
채 무 자 함 ○ ○

인지
5,000원

청구금액

일금 20,075,000원정 (약속어음금)

단, 금 20,000,000원에 대하여 0000년 0월 0일부터 완제일까지 연 2할의 비율에 의한 이자.

현황조사료	:	63,260원
감정료	:	200,000원(최하단위)
경매수수료	:	364,200원(뒤 조견표 참조)
유찰수수료	:	6,000원
신문공고료	:	200,000원
등록세	:	41,500원(등록세청구금액의 1000분의 2)
지방 교육세	:	830원(등록세의 100분의 2)
송달료	:	162,000원(이해관계인+3)×29,600(10회분)
등기신청수수료	:	부동산 1필지당 2,000원의 등기수입증지

○○지방법원 ○○지원 귀 중

이해관계인 목록

채 권 자 김 ○ ○
서울시 ○○구 ○○동 916-5

채 무 자 함 ○ ○
등기부상주소 : 경기도 ○○시 ○○동 787 ○○마을
현 주 소 : 경기도 ○○시 ○○동 827 ○○마을

근저당권자 ○○은행
서울시 ○○구 ○○동 36-3
취급지점 : ○ ○ 지 점

부동산강제경매신청서

채 권 자 김 ○ ○ (전화 , Fax)
서울시 ○○구 ○○동 916-5

채 무 자 함 ○ ○
등기부상주소 : 경기도 ○○시 ○○동 787 ○○마을
현 주 소 : 경기도 ○○시 ○○동 827 ○○마을

청 구 금 액

일금 20,075,000원정 (내역 ; 약속어음금 20,000,000원
독촉절차 비용 75,200원)
단, 금 20,000,000원에 대하여 0000. 0. 1.부터 완제일까지 연 2할의 비율

에 의한 이자.

집행권원의 표시

채권자 채무자사이 ○○지방법원 0000차0000 지급명령정본

매각할 부동산의 표시

별지목록기재와 같음

신 청 취 지

채권자의 채무자에 대하여 가지고 있는 위 채권의 변제에 충당하기 위하여 채무자소유의 별지목록 부동산에 대하여 강제경매를 개시하고 채권자를 위하여 이를 압류한다.

라는 재판을 구한다.

신 청 이 유

위 청구금액은 ○○지방법원 ○○지원 0000차0000 지급명령 청구사건에 관하여 0000. 0. 0.자 확정된 지급명령에 기하여 채무자가 변제하여야 하나 이를 이행하지 아니하므로 변제 받기 위하여 별지목록기재 부동산에 대해서 강제경매를 신청한다.

첨 부 서 류

1. 확정된 지급명령 정본 1통
1. 부동산등기부등본 1통
1. 위임장 1통
1. 매각할 부동산목록 30통

20○○. ○. ○.

위 채권자 김 ○ ○ ㊞

○○지방법원 ○○지원 귀 중

부동산목록

1동의 건물의 표시

서울시 ○○구 ○○동 ○○번지 ○○하이빌 아파트

전유부분의 건물의 표시

건물의 번호 : 1-102

구　　　조 : 철근콘크리트 구조

면　　　적 : 1층 102호 122.80평방미터

대지권의 목적인 토지의 표시

서울시 ○○구 ○○동 ○○번지

대지 713.3㎡

대지권의 표시

대지권 종류 : 소유권대지권

대지권 비율 : 713.3분의 47.88

위 임 장

법 무 사 이 ○ ○

서울시 ○○구 ○○동 번지

위 사람을 대리인으로 정하고 다음사항을 위임한다.

다 음

원고(채권자) 김○○ 피고(채무자) 유○○ 간 서울지방법원 0000가합 0000 수표금청구사건의 판결의 집행력 있는 정본에 의하여 채무자 유○○에 대하여 강제경매신청사건을 제출하고 취하하는 행위

20○○. ○. ○.

위 채권자 김 ○ ○

1-1. 부동산강제경매신청서

부동산강제경매신청서

표지

채 권 자 ○○○ (주민등록번호)

채 무 자 ○○○ (주민등록번호)

청구금액

일금 ○○○ 원정 (약속어음금)

단, 금 ○○○ 원에 대하여 20○○. ○. ○.부터 완제일까지 연 2할의 비율에 의한 이자.

현황조사료	○○○ 원
감정료	○○○ 원(최하단위)
경매수수료	○○○ 원(뒤 조견표 참조)
유찰수수료	○○○ 원
신문공고료	○○○ 원
등록세	○○○ 원(등록세청구금액의 1000분의 2)
교육세	○○○ 원(등록세의 100분의 2)
송달료	○○○ 원(이해관계인+3)×27,000(10회분)

○○지방법원 귀중

이 해 관 계 인 표

채 권 자　○○○ (주민등록번호)
서울시 ○○구 ○○동 00번지 (우편번호)
전화·휴대폰번호
팩스번호, 전자우편(e-mail)주소

채 무 자　○○○ (주민등록번호)
등기부상주소　서울시 ○○구 ○○동 00번지 (우편번호)
현　주　소　서울시 ○○구 ○○동 00번지 (우편번호)

근저당권자　○○은행
서울시 ○○구 ○○동 00번지 (우편번호)
취급지점　○○지점

부동산강제경매신청서

채 권 자　　○○○ (주민등록번호)
서울시 ○○구 ○○동 00번지 (우편번호)
전화·휴대폰번호
팩스번호, 전자우편(e-mail)주소

채 무 자　　○○○ (주민등록번호)
공부상주소　서울시 ○○구 ○○동 00번지 (우편번호)
송달장소　서울시 ○○구 ○○동 00번지 (우편번호)

청구채권의 표시

일금 ○○○원정(공증인가 ○○합동법률사무소 작성의 증서 20○○년 제 ○○○호 집행력있는 어음공정증서 정본에 기한 금원)

매각할 부동산의 표시

별지목록기재와 같습니다.

신 청 취 지

채권자의 채무자에 대한 전시 청구채권의 변제 충당을 위하여 채무자 소유의 별지목록기재 부동산에 대한 강제경매 개시결정을 구합니다.

신 청 이 유

1. 채권자의 채무자에 대한 전시 채권은 ○○지방법원 20○○가합○○○호 손해배상 청구사건의 집행력 있는 판결정본에 기한 채권인바,

2. 채무자는 이를 임의변제 하지 아니하고 있으므로 채권자는 부득이 채무자 소유의 별지목록기재 부동산에 대하여 이건 부동산 강제경매 신청을 하는 바이다.

첨 부 서 류

1. 공정증서 1통.
1. 집행문 1통.
1. 부동산 등기부등본 2통.

20○○. ○. ○.

위 원고 ○○○ ㊞

○○지방법원 귀중

2. 권리신고 및 배당요구신청서

권리신고 및 배당요구신청서

사 건 0000타경0000호 부동산임의(강제)경매 (경매 계)
채 권 자 김 ○ ○
채 무 자 함 ○ ○
소 유 자 함 ○ ○

임차인은 위 사건 매각절차에서 임차보증금을 변제받기 위하여 아래와 같이 권리신고 및 배당요구신청을 한다.

아 래

1. 임차보증금 : 보증금 원, 월세 : 원
2. 주민등록전입일 : 년 월 일
3. 확정일자 유무 : 유(0000. 0. 0.), 무
4. 임차부분(임차부분이 일부인 경우만 기재) : 일부(층 방 칸)

(건물 일부를 임차하고 있는 경우에는 별지에 임차부분을 특정한 내부구조도를 그려 첨부)

첨 부 서 류

1. 임대차계약서 사본 1통
1. 주민등록등(초)본 1통

권리신고 겸 배당요구신청인 : 최○○(날인 또는 서명)
주 소 : 서울시 ○○구 ○○동 000번지
연락처 :

○○지방법원 ○○지원 민사신청과 귀중

3. 강제경매개시결정에 대한 이의신청서

강제경매개시결정에 대한 이의신청서

사 건 0000타경0000 부동산강제경매
신 청 인(채무자) 조 ○ ○ (전화)
서울시 ○○구 ○○동 327-2
피신청인(채권자) 육 ○ ○
서울시 ○○구 ○○동 61-4

신 청 취 지

위 당사자 간 귀원 0000타경0000 부동산강제경매사건에 관하여 0000. 0. 0. 귀원이 행한 강제경매개시결정은 이를 취소한다.

상대방(채권자)의 이 사건 경매신청을 각하한다.

라는 재판을 구합니다.

신 청 이 유

1. 채권자인 피신청인 강○○은 신청인과의 사이의 ○○지방법원 0000가단0000 임금청구사건의 화해조서의 집행력 있는 정본에 의하여 귀원에 강제경매의 신청을 하고 0000. 0. 0. 위 강제경매개시결정이 있어 동 결정은 0000. 0. 0. 채무자인 신청인에게 송달되었습니다.
2. 그런데, 위 강제집행의 전제인 위 집행권원은 신청인에게 송달되지 않았음에도 이를 간과하고 위 강제경매개시결정을 한 것은 민사집행법 제39조 제1항에서 정한 집행개시요건의 흠이 있는 것임에도 불구하고 행하여진 위법한 것이므로 이의신청을 하기에 이른 것이다.

20○○. ○. ○.

위 신청인(채무자) 육 ○ ○

○○지방법원 귀 중

4. 상계신청서

상 계 신 청 서

사　　건　　0000타경0000호　부동산강제(임의)경매
채 권 자　　김　○　○
채 무 자　　박　○　○
최고가매수인　　김　○　○

위 당사자 간 위 사건에 관하여 채권자(매수인)는 경매목적부동산을 금 ○○원에 낙찰받아 그 대금을 납부하여야 하나 채권자가 배당받아야 할 채권액이 별지 채권계산서와 같이 금 ○○원 이어서 위 금액을 매각대금 중에서 상계하여 주시기 바랍니다.

첨 부 서 류

1. 채권계산서

20○○. ○. ○.

위 채권자(매수인)　김　○　○　㊞

○○지방법원 경매 ○계　　귀중

5. 부동산임의경매신청서

부동산임의경매신청서

표지

채 권 자 주식회사 ○○은행
채무자겸소유자 조 ○ ○

인지
5,000원

청구금액

184,000,000원정

현황조사료
감정료
경매수수료
유찰수수료
신문공고료
등록세 및 지방교육세
송달료(이해관계인 +3)×10회분
등기신청수수료(부동산 1필지당 2,000원의 등기수입증지)

○○지방법원 ○○지원 귀 중

이해관계인목록

1. 채 권 자	주식회사 ○○은행 서울시 ○○구 ○○동 159-24
2. 채무자겸 소 유 자	조 ○ ○ 서울시 ○○구 ○○동 327-20
3. 근저당권자	○○보험 주식회사 (○ ○ 지 점) 서울시 ○○구 ○○동 150
4. 압류채권자	서울시 ○○구 (토지에 한함)

부동산임의경매신청서

채 권 자 주식회사 ○○은행
서울시 ○○구 ○○동 50
대표이사 이 ○ ○, 대리인 유 ○ ○
(소관 : 관리부)
전화 111-1111 FAX 111-1111 E-mail

채무자겸 박 ○ ○
소 유 자 서울시 ○○구 ○○동 327-9

매각할 부동산의 표시

별지목록기재와 같음.

청 구 금 액

금 180,000,000원정 총 대여금 260,751,529원 및 이에 대한 연체이자

내역
금 17,000,000원정 0000. 0. 0. 할인어음금
금 45,000,000원정 0000. 0. 0. 대여금 90,000,000원중 잔액금
금 32,000,000원정 0000. 0. 0. 대여금 50,000,000원중 잔액금
금 36,751,529원정 0000. 0. 0. 대여금 50,000,000원중 잔액금
금 100,000,000원정 0000. 0. 0. 대여금
금 30,000,000원정 0000. 0. 0. 대여금
위 금원에 대하여
금 17,000,000원에 대하여는 0000. 0. 0.
금 45,000,000원에 대하여는 0000. 0. 0.
금 32,000,000원에 대하여는 0000. 0. 0.
금 36,751,529원에 대하여는 0000. 0. 0.

금 100,000,000원에 대하여는 0000. 0. 0.

금 30,000,000원에 대하여는 0000. 0. 0.부터 완제일까지 연 18%의 비율에 의한 지연이자

신 청 취 지

채권자가 채무자에 대하여 가지고 있는 위 채권의 변제에 충당하기 위하여 별지목록기재부동산에 대하여 부동산임의경매를 개시한다.

라는 결정을 구합니다.

신 청 이 유

1. 채무자는 채권자에 대하여 현재 및 장래에 부담할 모든 채무를 담보하기 위하여 별지목록기재 1번부동산에 대하여 0000. 0. 0. 채권최고액금 65, 000,000원정으로 근저당권설정계약을 체결하고 동년 3월 13일 ○○지방법원 ○○지원 ○○등기소 접수 제13061호로써 동 설정등기를 필하고, 채무자는 0000. 0. 0. 별지목록기재 2번부동산에 대하여 채권최고액금 65, 000,000원정으로 추가근저당권설정계약을 체결하고 동년 0월 0일 위와 같은 등기소 접수 제67343호로써 동 추가등기를 필하고,
2. 채무자는 별지목록기재 1번부동산에 대하여 0000. 0. 0. 채권최고액금 115,000,000원정으로 근저당권설정계약을 체결하고 동년 0월 0일 위와 같은 등기소 접수 제34811호로써 동 설정등기를 필하고, 채무자는 별지목록기재 2번부동산에 대하여 0000. 0. 0. 채권최고액금 115,000,000원정으로 추가근저당권설정계약을 체결하고 동년 11월 24일 위와 같이 등기소 접수 제67344호로써 동 추가설정등기를 필하였습니다.
3. 채무자는 채권자와의 모든 여신거래에 관하여는 은행여신거래기본약관이 적용됨을 승인하고 0000. 0. 0. 여신한도를 금 100,000,000원정 거래기간은 0000. 0. 0.까지로 하는 여신한도거래약정시를 작성교부하고 채무자는 아래와 같이 약속어음을 채권자에게 배서양도 하였습니다.

   약속어음금 17,000,000원정

   지 급 기 일 : 0000. 0. 0.

지 급 지 : 경기도
지 급 장 소 : (주) ○○은행 ○○지점
발 행 인 : ○○산업

그 후 채권자는 위 약속어음의 정당한 소지인이 되어 동 약속어음금을 지급기일에 지급장소에서 이를 제시하고 그 지급을 구하였으나 지급을 거절하므로 채권자는 채무자에게 발행자의 지급거절사실을 통보하고 그 지급을 구하였던바 채무자는 이를 변제치 아니하며,

4. 채무자는 0000. 0. 0. 차용금액을 금 90,000,000원정 거래기간은 0000. 0. 0.까지로 하고 원금의 변제는 0000. 0. 0.까지 거친 후 동년 0월 0일부터 만기일까지 6, 12월의 각 25일에 매회금 22,500,000원씩 4회에 걸쳐 분할상환키로하는 금전소비대차약정서를 작성교부하므로 채권자는 이 약정에 의거 금 90,000,000원을 대여하였던바 채무자는 금 45,000,000원을 변제하고 나머지 금 45,000,000원을 변제치 아니하며,
5. 채무자는 0000. 0. 0. 차용금액을 50,000,000원정 거래기간은 0000. 0. 0. 까지로 하는 금전소비대차약정서를 작성교부하므로 채권자는 이 약정에 의거 금 50,000,000원을 대여하였던바 채무자는 금 18,000,000원을 변제하고 나머지금 32,000,000원을 변제치 아니하며,
6. 채무자는 0000년 0. 0. 차용금액을 금 50,000,000원정 거래기간은 0000. 0. 0.까지로 하고 원금의 변제는 0000. 0. 0.까지 거친 후 동년 6월 25일 금 5,600,000원 동년 9월 25일부터 만기일까지 3, 6, 9, 12월의 각 25일에 매회금 5,550,000원씩 분할상환키로 하는 금전소비대차약정시를 작성교부하므로 채권자는 이 약정에 의거 금 50,000,000원을 대여하였던바 채무자는 금 13,248,471원을 변제하고 나머지 금 36,751,529원을 변제치 아니하며,
7. 채무자는 0000. 0. 0. 차용금액을 금 100,000,000원정 거래기간은 0000. 0. 0.까지로 하고 원금의 변제는 0000. 0. 0.까지 거친 후 동년 7월 25일 금 11,120,000원 동년 10월 25일부터 만기일까지 1, 4, 7, 10월의 각 25일에 매회금 11,110,000원씩 분할상환키로 하는 금전소비대차약정서를 작성교

부하므로 채권자는 이 약정에 의거 금 100,000,000원을 대여하였던바 채무자는 이를 변제치 아니하며,

8. 채무자는 0000. 0. 0. 차용금액을 금 30,000,000원정 거래기간은 0000. 0. 0.까지로 하고 원금의 변제는 0000. 0. 0.까지 거친 후 동년 10월 25일 금 3,360,000원정 0000. 0. 0.부터 만기일까지 1, 4, 7, 10월의 각 25일에 매회금 3,330,000원씩 분할상환키로 하는 금전소비대차약정서를 작성교부하므로 채권자는 이 약정에 의거 금 30,000,000원을 대여하였던바 채무자는 이를 변제치 아니하며,

9. 그 후 채무자는 채권자은행과 거래도중 0000. 0. 0. 당좌부도로 인하여 모든 거래가 정지되고 기한의 이익이 상실되어 즉시 원리금을 변제하여야 하나 이를 이행치 아니하므로 채권자는 만부득이 위 대여금의 지급을 구하고저 저당권실행을 위하여 본 신청에 이른 것이다.

첨 부 서 류

1. 위임장 1통
1. 부동산등기부등본 2통
1. 근저당권설정계약서 사본 2통
1. 금전소비대차약정서 사본 5통
1. 여신거래약정서 사본 1통
1. 대출원장조회표 6통
1. 중소기업은행 등기부 초본 1통
1. 은행여신거래기본약관 1통

20○○. ○. ○.

위 채권자 주식회사 ○○은행
대표이사 이 ○ ○
대 리 인 유 ○ ○ (인)

○○지방법원 ○○지원 귀 중

5-1. 부동산임의경매신청서

부동산임의경매신청서

채 권 자 김 ○ ○
서울시 ○○구 ○○동

채무자겸 소유자 박 ○ ○
서울시 ○○구 ○○동

매각할 부동산의 표시

별지목록과 같음

청 구 금 액

금 1,000,000,000원 약속어음금
위 금원에 대하여 0000. 0. 0.부터 완제일까지 년 20%에 의한 이자

신 청 취 지

채권자가 채무자에 대하여 가지고 있는 위 채권의 변제에 충당하기 위하여 별지목록부동산에 대하여 부동산임의 경매를 개시한다.
라는 재판을 구합니다.

신 청 이 유

1. 채무자는 채권자에게 20○○. ○. ○. ○○지방법원 접수 000호로 근저당권설정등기를 마치고 아래와 같은 약속어음을 채권자에게 작성교부하였습니다.
약속어음금 원
지급기일 0000. 0. 0.
기급장소 서울특별시
발 행 인 박 ○ ○
2. 그 후 채무자는 채권자와 거래도중 당좌 부도로 기한의 이익이 상상되

어 즉시 원리금을 상환하여야 하나 이를 이행하지 아니하므로 부득이 담보권실행을 위하여 본 청구에 이르렀으나,

3. 본 건 부동산 중 토지에 관하여 저당권을 설정한 후에 동 지상에 건물이 축조되었으므로 민법 제365조에 의하여 일괄 경매신청을 하오니 허가하여 주시기 바랍니다.

첨 부 서 류

생략

20○○. ○. ○.

위 채권자 김 ○ ○ (인)

○○지방법원 귀 중

목 록

1동의 건물의 표시

서울시 ○○구 ○○동 ○○하이빌 아파트

전유부분의 건물의 표시

건물번호 : 1-102

구 조 : 철근콘크리트 구조

면 적 : 1층 102호 122,80 평방미터

대지권의 목적인 토지의 표시

서울시 ○○구 ○○동 ○○번지

대지 713.3 ㎡

대지권의 표시

대지권 종류 : 소유권대지권

대지권 비율 : 713.3분의 47.88

6. 임의경매개시결정에 대한 이의신청서

임의경매개시결정에 대한 이의신청서

표지

신 청 인 정 ○ ○
(채무자겸소유자)
피신청인(채권자) ○○자동차공업(주)

○○지방법원 ○○지원 귀 중

임의경매개시결정에 대한 이의신청서

신 청 인 정 ○ ○
(채무자) 서울시 ○○구 ○○동 12
전화 111-1111 FAX 111-1111 E-mail

피신청인(채권자) ○○자동차공업(주)

귀원 0000타경0000 부동산임의 경매사건에 관하여 0000. 0. 0.에 한 경매개시결정에 대하여 채무자는 아래와 같이 이의신청을 한다.

신 청 취 지

별지목록기재의 부동산에 대한 경매개시결정을 취소한다.

채권자의 경매신청은 이를 기각한다.

라는 재판을 구합니다.

신 청 이 유

1. 신청인은 채권로부터 0000.0.0.에 금 1,000만원을 이자 월3푼, 변제기한 0000. 0. 0. 약정으로 차용하고 그 담보로 별지목록기재의 부동산에 대하여 저당권설정등기를 한 바 있다.
2. 그 후 신청인은 채권자에 대하여 0000.0.0.에 백미 상등품 가마니를 대금 350만원에 매도한 대금채권이 있어서 이를 대여액에서 상계한다는 의사표시를 하고 나머지 원금 650만원과 이자금 250만원 및 집행비용액 52만원 합계 금 952만원을 변제하고자 하였으나, 채권자가 이자액이 월 3푼이 되지 않는다는 이유로 수령을 거절하였기 때문에 할 수 없이 0000. 0. 0.에 금 952만원을 변제공탁하였습니다.
3. 그럼에도 불구하고 채권자는 별지목록기재의 부동산에 대하여 경매신청을 하여 귀원에서 경매가 진행되고 있으므로 이건 경매신청은 부당한 것이므로 이에 이의신청을 한다.

첨 부 서 류

1. 상품대금계산서 1통
1. 공탁서 1통

20○○. ○. ○.

위 신청인 ○ ○ ○

○○지방법원 ○○지원 귀 중

7. 매각허가결정에 대한 이의신청서

매각허가결정에 대한 이의신청서

사　　건　　0000타경0000
채 권 자　　송 ○ ○
채 무 자　　○○전자주식회사
매 수 인　　오 ○ ○

위 당사자 간 귀원 위 부동산임의경매사건의 매각허가에 관하여 다음과 같이 이의신청을 한다.

신 청 취 지

별지목록기재 부동산에 대한 매각은 이를 불허한다.
라는 재판을 구합니다.

신 청 이 유

(기재 생략)

20○○. ○. ○.

신청인(채무자) ○○전자주식회사

○○지방법원 경매 ○계 귀중

8. 승계집행문부여신청서

승계집행문부여신청서

사 건 20○○가합○○○ ○○○○○○

원 고 ○○○ (전화)

피 고 ○○○

위 사건에 관하여 20○○. ○. ○. 귀원에서 한 가집행 선고부 원고들 승소의 판결정본을 받은바 있다. 그런데 그 후, 원고 ○○○은 20○○. ○. ○. 사망하였으므로 동 망인의 다음표시의 승계인(원고)에게 승계집행문을 부여하여 주시기 바랍니다.

다 음

승계인(원고) ○○○

주민등록번호

판결상 원고들 주소 서울시 ○○구 ○○동 00번지

현 주 소 서울시 ○○구 ○○동 00번지

첨 부 서 류

1. 제적등본
1. 가족관계부
1. 주민등록초본(원, 피고들)

20○○. ○. ○.

위 원고 소송대리인변호사 ○○○ ㊞

○○지방법원 귀중

9. 집행력 있는 정본 부여신청서

집행력 있는 정본 부여신청서

사　　건　　20○○가합 ○○　○○○○○○

원　　고　　○○○ (전화번호)

피　　고　　○○○

위 당사자 간 귀원 20○○가합○○○ ○○○○○○사건에 관하여 20○○. ○. ○. 선고한 판결의 집행력 있는 정본 1통을 부여받았으나 분실하였으므로 다시 집행력 있는 정본 1통을 부여하여 줄 것을 신청한다.

20○○. ○. ○.

위 원고 ○○○ ㉤

○○지방법원　　귀중

9-1 집행력 있는 정본 수통부여신청서

집행력 있는 정본 수통부여신청서

사 건 20○○가합 ○○ ○○○○○○

원 고 ○○○ (전화)

피 고 ○○○

위 당사자 간 귀원 20○○가합○○○ 약속어음금청구사건에 관하여 20○○. ○. ○. 선고한 판결의 집행력 있는 정본 1통을 부여받았으나 피고는 여러 곳에 재산을 가지고 있어 동시에 집행을 할 필요가 있으므로 집행력 있는 정본 3통을 더 부여하여 주시기 바랍니다.

20○○. ○. ○.

위 원고 ○○○ ㊞

○○지방법원 귀중

10. 집행문부여의 소장

소　　　　장

표지

원　　고　　○○○ (주민등록번호)

피　　고　　○○○ (주민등록번호)

사 건 명

소송물가액 금　　　　　원

첨용인지액 금　　　　　원

송 달 료 금　　　　　원

○○지방법원　　　귀중

소 장

원 고 ○○○ (주민등록번호)
서울시 ○○구 ○○동 00번지 (우편번호)
전화·휴대폰번호
팩스번호, 전자우편(e-mail)주소

피 고 ○○○ (주민등록번호)
서울시 ○○구 ○○동 00번지 (우편번호)

집행문부여의 소

청 구 취 지

원고와 피고 간의 ○○지방법원 20○○가합○○○ 양도금청구사건 확정판결에 대하여 ○○지방법원 법원서기관은 피고에 대한 강제집행을 위하여 원고에게 집행문을 부여하라.

소송비용은 피고의 부담으로 한다.

라는 판결을 구합니다.

청 구 원 인

1. 원고는 피고에 대하여 ○○지방법원 20○○가합○○○ 양도금청구사건의 확정판결에 의한 집행권원을 가지고 있다.
2. 그런데 원고는 그 집행권원에 따른 조건사항(구체적으로 기재할 것)을 모두 이행하였음에도 피고는 그 채무의 이행을 하지 않으므로 강제집행을 하고자 하나 민사집행법 제30조 제2항에 의한 조건의 이행을 증명하는 서류를 제출할 수 없으므로 이 청구에 이른 것이다.

20○○. ○. ○.

위 원고 ○○○ ㊞

○○지방법원 귀중

11. 청구에 관한 이의의 소

소 장

표지

원 고 ○○○ (주민등록번호)

피 고 ○○○ (주민등록번호)

사 건 명

소송물가액 금 원

첨용인지액 금 원

송 달 료 금 원

○○지방법원 귀중

소 장

원 고 ○○○ (전화)
서울시 ○○구 ○○동 00번지 (우편번호)
위 원고 소송대리인 변호사 ○○○
전화·휴대폰번호
팩스번호, 전자우편(e-mail)주소

피 고 1. ○○○ (전화)
서울시 ○○구 ○○동 00번지 (우편번호)
2. ○○○ (전화)
서울시 ○○구 ○○동 00번지 (우편번호)

청구이의의 소

청 구 취 지

1. 피고들의 원고에 대한 ○○지방법원 ○○지원 20○○가단○○○ 보증금 채무사건에 관한 집행력 있는 판결에 기한 강제집행을 불허한다.
2. 소송비용은 피고의 부담으로 한다.

라는 판결을 구합니다.

청 구 원 인

1. 원고의 형인 소외 ○○○가 피고들에게 발행한 액면금 ○○○원의 당좌수표가 20○○. ○. ○. 부도가 나자 원고는 위 ○○○가 부정수표단속법 위반으로 구속되어 재판받는데 정상참작 받고자 위 수표금 ○○○원 중 금 ○○○원을 피고들에게 지급할 것을 연대보증하고, 형사처벌을 원하지 않는다는 합의를 하였습니다.
2. 피고들은 원고에 대한 위 보증채권에 기하여 ○○지방법원 ○○지원에 원고에 대한 보증채무금 지급소송을 제기하고, 20○○. ○. ○. 원고의 의제자백에 기하여 금 ○○○원을 피고들에게 지급할 것을 명하는 판결을 받았습니다.

3. 원고는 위 판결 후 피고들을 만나 원고가 20○○. ○. ○.부터 매월 금 ○○○원, 혹은 금 ○○○원씩을 지급하여 위 금 ○○○원을 이자 없이 분할 변제하기로 합의하고, 따라서 위 판결로 집행하지 않기로 하였습니다.
4. 그 후 원고는 위 약정에 따라 아래 도표와 같이 주채무자인 위 ○○○ 명의로 위 금 ○○○원을 피고들에게 전액 분할 변제하였습니다.
5. 그러므로 원고의 피고들에 대한 채무명의는 소멸되었으므로 피고들의 원고에 대한 이 사건 판결에 의한 강제집행을 배제하고자 이건 청구에 이른 것이다.

아 래

변 제 일	변 제 금 액	누 계 금 액
20○○. ○. ○.	○○○ 원	○○○ 원
20○○. ○. ○.	○○○ 원	○○○ 원
20○○. ○. ○.	○○○ 원	○○○ 원
20○○. ○. ○.	○○○ 원	○○○ 원
20○○. ○. ○.	○○○ 원	○○○ 원
20○○. ○. ○.	○○○ 원	○○○ 원

입 증 방 법

1. 갑 제1호증 판결정본
1. 갑 제2호증의 1 내지 20 각 영수증(변제사실증명)

첨 부 서 류

1. 위 입증서류 각 1통
1. 납부서 1통
1. 소장부본 2통
1. 소송 위임장 1통

20○○. ○. ○.

위 원고 ○○○ ㉿

○○지방법원 귀중

12. 제3자이의의 소

소 장

표지

원 고 ○○○ (주민등록번호)

피 고 ○○○ (주민등록번호)

사 건 명

소송물가액 금 원

첨용인지액 금 원

송 달 료 금 원

○○지방법원 귀중

소 장

원 고 ○○○ (주민등록번호)
서울시 ○○구 ○○동 00번지 (우편번호)
전화·휴대폰번호
팩스번호, 전자우편(e-mail)주소

피 고 ○○○ (주민등록번호)
서울시 ○○구 ○○동 00번지 (우편번호)

제3자 이의의 소

청 구 취 지

피고가 소외 ○○○에 대한 ○○지방법원 20○○차○○○ 지급명령정본에 의하여 20○○. ○. ○. 별지 목록 기재의 물건에 대하여 한 압류집행은 이를 불허한다.

소송비용은 피고의 부담으로 한다.

라는 판결을 구합니다.

청 구 원 인

1. 피고는 소외 ○○○에 대한 ○○지방법원 ○○차 지급명령정본에 의하여 20○○. ○. ○.에 서울시 ○○구 ○○동 ○○ 소재 ○○○의 집광에 있던 별지목록 기재의 물건을 압류 집행하였습니다.

2. 그러나 위 물건은 원고 소유에 속하는 것이므로 그 집행은 부당한 것이다. 원고는 원래 소외 ○○○의 인근지에 거주하고 있다가 마침 가옥을 수리하기 위하여 20○○. ○. ○. 현주소지로 임시 이사하였는데 그 거처가 몹시 협소하여 원고의 가재도구 전부를 수용할 수 가 없어서 옆집인 소외 ○○○에게 건물수리가 완성될 때까지 보관을 시켰던 것이다.
3. 따라서 위 물건은 원고의 소유이므로 피고가 소외 ○○○에 대한 강제집행으로서 본건 물건에 관하여 한 압류집행은 정당하지 못하므로 그 배제를 구하기 위하여 이 소에 이른 것이다.

입 증 방 법

1. 집행조서등본(압류한 사실을 증명)
1. 주민등록표 등본(주거사실증명)
1. 공사계약서(집수리관계를 증명)

첨 부 서 류

1. 집행조서 등본	1통
1. 주민등록표 등본	1통
1. 공사계약서	1통
1. 소장부본	1통
1. 납 부 서	1통

20○○. ○. ○.

위 원고 ○○○ ㊞

○○지방법원 귀중

13. 채무자재산명시신청서

채무자재산명시신청서

채 권 자　　○○○ (주민등록번호)
서울시 ○○구 ○○동 00번지 (우편번호)
전화·휴대폰번호
팩스번호, 전자우편(e-mail)주소

채 무 자　　○○○ (주민등록번호)
서울시 ○○구 ○○동 00번지 (우편번호)

집행권원의 표시

위 당사자들간의 ○○지방법원 20○○가합○○○ 손해배상 청구사건에 관하여 동원의 집행력있는 확정판결 정본에 기하여 원고에게 돈 ○○○원 및 이에 대하여 20○○. ○. ○.부터 20○○. ○. ○.까지는 연 5푼의 그 다음날부터 완제일까지는 연 2할의 각 비율에 의한 금원이다.

불이행 금전채무금

위 집행권원의 채무전액임

신　청　취　지

채무자는 재산을 명시한 재산목록을 20○○. ○. ○.까지 제출하라.
라는 명령을 구합니다.

신 청 이 유

1. 채권자는 채무자에 대하여 위와 같은 집행권원의 정본을 가지고 있다.
2. 그럼에도 불구하고 채무자는 고의적으로 위 채무를 이행하지 아니하고 있다.
3. 따라서 채권자들은 강제집행을 하기 위하여 채무자의 재산을 수소문한 결과 부동산은 자신의 소유임에도 불구하고 소유권이전등기를 제3자 명의로 하는 등 고의적으로 재산을 은닉하고 있으며, 채무자는 현재 사업을 하면서도 모든 권리 일체를 자신의 명의로 하지 아니하고 감추고 있으므로 통상의 방법으로는 채무자의 재산을 찾기 어려워서 강제집행을 할 수 없는 실정이므로 이건 신청에 이른 것이다.

첨 부 서 류

1. 집행력 있는 확정 판결정본 1통
1. 확정증명원 1통

20○○. ○. ○.

위 원고 ○○○ ㉞

○○지방법원 귀중

14. 배당이의의 소(강제경매)

소 장

표지

원 고 ○○○ (주민등록번호)

피 고 ○○○ (주민등록번호)

사 건 명

소송물가액 금 원

첨용인지액 금 원

송 달 료 금 원

○○지방법원 귀중

소 장

원 고 ○○○ (주민등록번호)
서울시 ○○구 ○○동 00번지 (우편번호)
전화·휴대폰번호
팩스번호, 전자우편(e-mail)주소

피 고 1. ○○○ (주민등록번호)
서울시 ○○구 ○○동 00번지 (우편번호)
2. ○○○ (주민등록번호)
서울시 ○○구 ○○동 00번지 (우편번호)

배당이의 소

청 구 취 지

1. ○○지방법원 20○○타경○○○ 부동산강제경매사건에 관하여 동 법원이 작성한 배당표 중 피고들에 대한 배당금은 없는 것으로 변경한다.
2. 소송비용은 피고들의 부담으로 한다.

라는 재판을 구합니다.

청 구 원 인

1. 원고는 소외 ○○○와의 약속어음금청구사건의 집행권원에 의하여 원고 소유의 부동산에 강제경매를 당하여 배당에까지 이르렀습니다.

2. 그런데 피고들은 동 경매사건에 임금채권자들로서 근로기준법에 의한 우선채권이라 하여 배당신청을 하여 배당표에 배당채권자로서 배당금을 교부하게 되었습니다.
3. 그러나 위 임금채권 및 퇴직금채권우선변제권의 의미를 소외 ○○물산 주식회사가 사실상 사업을 폐업한 20○○. ○. ○.을 기준으로 하여 그 이전 3월내에 퇴직한 근로자에 한하여 우선변제권이 있는 것으로 해석하여 작성된 것이다.
4. 그런데 근로기준법 제38조의 최종 3월분의 임금이란 소외 위 회사가 폐업한 20○○. ○. ○. 이후로 보아야 하며 위 회사는 소규모회사로서 상세근무 5인 이상의 근로자를 사용하는회사가 아니므로 임금채권우선변제청구권(제37조)에 해당하지 아니하므로 동 채권자등에게 한 배당표는 위법하다고 할 것이어서 청구취지와 같이 변경 결정토록 하여야 할 것이다.
5. 위와 같은 사정으로 배당이의의 소를 제기한다.

첨 부 서 류

1. 회사등기부등본 1통

20○○. ○. ○.

위 원고 ○○○ ㊞

○○지방법원 귀중

15. 매각에 의한 부동산소유권이전등기촉탁신청서

매각에 의한 부동산소유권이전등기촉탁신청서

사　　건　　20○○타경○○○　○○○○○○

채 권 자　　○○○ (주민등록번호)
서울시 ○○구 ○○동 00번지 (우편번호)
전화·휴대폰번호
팩스번호, 전자우편(e-mail)주소

채 무 자　　○○○ (주민등록번호)
서울시 ○○구 ○○동 00번지 (우편번호)
전화·휴대폰번호
팩스번호, 전자우편(e-mail)주소

소 유 자　　○○○ (주민등록번호)
서울시 ○○구 ○○동 00번지 (우편번호)
전화·휴대폰번호
팩스번호, 전자우편(e-mail)주소

매 수 인　　○○○ (주민등록번호)
서울시 ○○구 ○○동 00번지 (우편번호)
전화·휴대폰번호
팩스번호, 전자우편(e-mail)주소

위 경매사건에 관하여 매수인은 매각대금 전부를 지급하고 별지목록 기재 부동산에 대하여 소유권을 취득하였으므로 매수인 앞으로 소유권이전등기를 촉탁하여 주시기 바랍니다.

경락대금 금 ○○○원정

1. 등 록 세(이전등기) 금 ○○○원정(지방교육세포함)

2. 등 록 세(말소등기) 금 ○○○원정(지방교육세포함)

3. 합 계 금 ○○○원정

국민주택채권매입금 금 ○○○원

과세시가표준

1. 토지 ○○㎡×○○○원(면적단위가격) = ○○○원

2. 건물 ○○㎡×○○○원 = ○○○원 (지역번호 ○○, 구조번호 ○○, 분류번호 ○○, 신축 20○○년)

첨 부 서 류

1. 토지대장등본 1통
1. 건축물대장등본 1통
1. 부동산등기부등본 1통
1. 주민등록표등본 1통
1. 매각허가결정정본 1통
1. 매각대금납부영수증 1통
1. 국민주택채권매입필증 1통
1. 등록세 및 지방교육세영수필통지서·영수필확인서 각 1통

20○○. ○. ○.

위 원고 ○○○ ㊞

○○지방법원 귀중

B. 가압류신청서

1. 부동산가압류신청서

부동산가압류신청서

표지

채 권 자 ○○○ (주민등록번호)
전화·휴대폰번호
팩스번호, 전자우편(e-mail)주소
채 무 자 ○○○ (주민등록번호)

청구금액 금 원정 (사건명)
송달료
인지 ○○○원 첨부
피보전채권명
등기수입증지 ○○○원
등록세
교육세

○○지방법원 귀중

부동산가압류신청

채 권 자　　주식회사 ○○은행

본　　점　서울시 ○○구 ○○동 00번지

송달장소　서울시 ○○구 ○○동 00번지

소　　관　○○은행 카드사업부

대표이사　○○○

지 배 인　○○○

전화·휴대폰번호

팩스번호, 전자우편(e-mail)주소

채 무 자　　○○○ (주민등록번호)

서울시 ○○구 ○○동 00번지

전화·휴대폰번호

팩스번호, 전자우편(e-mail)주소

채권의 표시

청구금액　금　　원정 (대여금)

금　　원(위 원금에 대한 20○○. ○. ○.부터 20○○. ○. ○.까지 년 20%의 비율에 이한 금원)

합계　금　　원

가압류할 부동산

별지목록과 같음

신 청 취 지

채권자가 채무자에 대하여 가지는 위 청구채권의 집행을 보전하기 위하여 채무자 소유의 별지목록 기재 부동산을 가압류한다.

라는 재판을 구합니다.

신 청 이 유

1. 피보전권리의 내용기재

2. 보전의 필요성의 내용기재

3. 담보제공에 관하여 내용기재

소 명 방 법

1. 소갑 제1호증
1. 소갑 제2호증
1. 소갑 제3호증

첨 부 서 류

1. 부동산등기부등본 1통
1. 주식회사 등기부초본 1통

20○○. ○. ○.

위 채권자 주식회사 ○○은행

대표이사 ○○○

지 배 인 ○○○ ㊞

○○지방법원 **귀중**

가압류신청 진술서

채권자는 가압류 신청과 관련하여 다음 사실을 진술한다. 다음의 진술과 관련하여 고의로 누락하거나 허위로 진술한 내용이 발견된 경우에는, 그로 인하여 보정명령 없이 신청이 기각되거나 가압류이의절차에서 불이익을 받을 것임을 잘 알고 있다.

20○○. ○. ○.
채권자(대리인) ○○○ (날인 또는 서명)

◇ 다 음 ◇

1. 피보전권리와 관련하여

가. 채무자가 신청서에 기재한 청구채권을 인정하고 있습니까?

□ 예

□ 아니오 → 채무자의 주장의 요지 :

나. 채무자가 청구채권과 관련하여 오히려 채권자로부터 받을 채권을 가지고 있다고 주장하고 있습니까?

□ 예 → 채무자의 주장의 요지 :

□ 아니오

다. 채권자가 신청서에 기재한 청구금액은 본안소송에서 승소할 수 있는 금액으로 적정하게 산출된 것입니까? (과도한 가압류로 인해 채무자가 손해를 입으면 배상하여야 함)

□ 예 □ 아니오

2. 보전의 필요성과 관련하여

가. 채권자가 채무자의 재산에 대하여 가압류하지 아니하면 향후 강제집행이 불가능하거나 매우 곤란해질 사유의 내용은 무엇입니까(필요하면 소명자료를 첨부할 것)

나. [유체동산가압류 또는 채권가압류사건인 경우] 채무자에게는 가압류할 부동산이 있습니까?

□ 예

□ 아니오 → 채무자의 주소지 소재 부동산등기부등본을 첨부할 것

다. ["예"라고 대답한 경우] 가압류할 부동산이 있다면, 부동산가압류 이외에 유체동산 및 채권가압류신청을 하는 이유는 무엇입니까?

☐ 이미 부동산상의 선순위 담보 등이 부동산가액을 초과함→부동산등기부등본 첨부할 것

☐ 기타 사유 → 내용 :

3. 본안소송과 관련하여

가. 채권자는 신청서에 기재한 청구채권(피보전권리)의 내용과 관련하여 채무자를 상대로 본안소송을 제기한 사실이 있습니까?

☐ 예 ☐ 아니오

나. ["예"로 대답한 경우]

① 본안소송을 제기한 법원·사건번호·사건명은?

② 현재 진행상황(소송이 계속중인 경우)은?

③ 소송결과(소송이 종료된 경우)는?

다. ["아니오"로 대답한 경우] 채권자는 본안소송을 제기할 예정입니까?

☐ 예 → 본안소송 제기 예정일 :

☐ 아니오

4. 중복가압류와 관련하여

가. 채권자는 이 신청 이전에 채무자를 상대로 동일한 가압류를 신청하여 기각된 적이 있습니까?

☐ 예 ☐ 아니오

나. 채권자는 신청서에 기재한 청구채권을 원인으로, 이 신청과 동시에 또는 이 신청 이전에 채무자의 다른 재산에 대하여 가압류를 신청한 적이 있습니까?

☐ 예 ☐ 아니오

다. [나.항을 "예"로 대답한 경우]

① 동시 또는 이전에 가압류를 신청한 법원·사건번호·사건명은?

② 현재 진행상황은?

③ 신청결과(취하/각하/인용/기각 등)는?

1-1. 부동산가압류신청서

부동산가압류신청서

표지

채 권 자　　○○○ (주민등록번호)
전화·휴대폰번호
팩스번호, 전자우편(e-mail)주소

채 무 자　　○○○ (주민등록번호)
청구금액　　금 ○○○원정 (사건명)

송달료
인지　　○○○원 첨부
피보전채권명
등기수입증지　　○○○원
등록세
교육세

○○지방법원　　귀중

부동산가압류신청서

채 권 자 ○○○ (주민등록번호)
서울시 ○○구 ○○동 00번지 (우편번호)
전화·휴대폰번호
팩스번호, 전자우편(e-mail)주소

채 무 자 ○○제1구역 제1지구 ○○개량 재개발조합
서울시 ○○구 ○○동 00번지 (우편번호)
대표자 조합장
전화·휴대폰번호
팩스번호, 전자우편(e-mail)주소

청구채권의 표시

금 ○○○원정(채권자가 채무자에 대하여 가지는 계약금반환청구채권)

가압류할 부동산의 표시

별지목록표시와 같습니다.

신 청 취 지

채권자가 채무자에 대하여 가지는 위 청구채권의 집행을 보전하기 위하여 채무자 소유 별지목록기재 부동산은 이를 가압류한다.
라는 재판을 구합니다.

신 청 이 유

1. 채무자는 서울 ○○구 ○○동 ○○ 소재 일대에 ○○ 제2-1 상가를 건축하여 시행자인 (주) ○○유통에 상가분양권을 위임하였는바 채권자는 (주) ○○유통과 위 상가 중 4층 405호(건평 28평)을 피아노 학원으로 20○○. ○. ○. 분양계약을 체결하면서 계약금 ○○○원을 지급하였습니다.

2. 상가분양을 해약하게 된 경위

가. ○○유통과 계약당시 중도금은 회사자체 융자로 지불키로 했으나 융자 불이행과 또한 조합과 ○○유통과의 관계에서 중도금 불이행으로 어려움이 있음을 알고 20○○. ○. ○.까지 계약금 반환 지불키로 서약서를 받은 사실이 있다.

나. 채무자는 위 상가분양권을 (주) ○○유통에 위임되었음에도 불구 이미 분양된 405호에 20○○. ○. ○. ○○○에게 재분양에 협조한 사실이 있다.

다. 현행 교육청의 방침은 허가제인바 이 상가에는 피아노 학원이 하나밖에 허가가 나오지 않음에도 불구 20○○. ○. ○. 310호 ○○○에게 피아노 학원을 분양함으로 이중 업종이 되었습니다(○○○는 현재 상가 번영회장임).

3. 20○○. ○. ○. ○○채무자와 신청외 (주) ○○유통과 체결되었던 상가분양권의 계약이 해지되고 그 동안 신청외 (주) ○○유통이 계약한 상가계약에 따른 계약인수 (주) ○○유통이 계약위반에 계약금 반환 등 채권, 채무 일체를 인수한다는 인증한 사실이 있다(인증서).

4. 따라서 채권자는 (주) ○○유통의 계약위반에 따른 계약금을 반환받기로 하고 서약서를 받았고, 채무자는 위 채무를 인수하였던 것이다.

5. 그리하여 채권자는 채무자에게 계약금 ○○○원을 반환해줄 것을 요구하였는데 채무자는 계약금은 인수했으니 중도금 등을 납입하라고 전혀 엉뚱한 말을 하고 있는 것이다.

6. 채무자는 원래부터 채권자에게 이건 계약을 해약하라고 종용한 자로 지금에 와서 분양자로서 지위에서 채권자가 계약을 위반하여 계약이 이루어지지 못했다는 이유를 내세워 계약금을 착복하려는 수작인 것인바, 채권자는 현재 채무자를 상대한 본안소송을 준비 중에 있는데 채무자 조합이 해산한다면 후에 제기하는 본안소송에서 승소한다고 하더라도 강제집행 등의 목적을 달성할 수 없으므로 이건 신청에 이른 것이다.

※ 그리고 채무자를 위하여 공탁함에 있어 ○○보증보험주식회사 ○○지점과 체결한 공탁보증보험증권(증권번호 ○○○호)을 제출할 수 있도록 허가하여 주시기 바랍니다.

첨 부 서 류

1. 분양계약서 1통.
1. 부동산매매계약서 1통.
1. 부동산매매조건 1통.
1. 합의각서 1통.
1. 통고서 1통.
1. 표지각서 1통.
1. 해약통보 1통.
1. 인증서 1통.
1. 고소장 및 추가고소장 1통.
1. 해약통보 1통.
1. 내용증명 1통.
1. 서약서 1통.
1. 입금표 1통.
1. 등기부등본 1통.

20○○. ○. ○.

위 채권자 성명 ○○○ ㊞

○○지방법원 귀중

별지목록

1. 서울 구록구 동 번지 대 2588 제곱미터

2. 위 같은 동 번지 대 469 제곱미터

이 상

1-2. 부동산가압류신청서

부동산가압류신청서

표지

채 권 자 ○○○ (주민등록번호)
전화·휴대폰번호
팩스번호, 전자우편(e-mail)주소

채 무 자 ○○○ (주민등록번호)

청구금액 금 ○○○원정 (사건명)
송달료
인지 ○○○원 첨부
피보전채권명
등기수입증지 ○○○원
등록세
교육세

○○지방법원 귀중

부동산가압류신청서

채 권 자　　○○○ (주민등록번호)
서울시 ○○구 ○○동 00번지 (우편번호)
채권자 대리인 변호사　○○○
서울시 ○○구 ○○동 00번지 (우편번호)
전화·휴대폰번호
팩스번호, 전자우편(e-mail)주소

채 무 자　　○○○ (주민등록번호)
서울시 ○○구 ○○동 00번지 (우편번호)
전화·휴대폰번호
팩스번호, 전자우편(e-mail)주소

청구채권의 표시

금　　　　원정
채권자가 채무자에 대하여 가지는 매매대금반환 청구채권.

가압류할 부동산의 표시

별지목록 표시와 같습니다.

신 청 취 지

채권자가 채무자에 대하여 가지는 위 채권의 집행을 보전하기 위하여 채무자 소유의 별지목록 기재 부동산을 가압류한다.
라는 판결을 구합니다.

신 청 원 인

1. 충남 ○○군 ○○면 ○○리 산 ○○ 필지 과수원 약 4,545평 부동산에 관하여 채권자와 채무자는 매매계약을 체결하였습니다. 채권자는 채무자에게 계약금 금 ○○○원 20○○. ○. ○. 중도금 금 ○○○원 20○○. ○. ○. 잔금 금 ○○○원을 20○○. ○. ○.자로 채권자는 채무자에게 지급하였습니다.

2. 소유권이전등기는 본건 매매에 관한 허가를 받는 대로 이전하기로 하였으며, 허가가 늦어지거나 어려울 경우에는 채권최고액 금 ○○○원으로 근저당설정하기로 하였으며, 만일 20○○. ○.말까지 소유권이전이 안될 경우 채무자는 채권자에게 매매대금에 금 ○○○원을 더한 금액을 매매대금으로 보상하기로 하였습니다.
3. 그 후 채무자는 채권자에게 본건 부동산에 대하여 채권최고액 금 ○○○원을 근저당설정을 하였는바, 채권자가 수차에 걸쳐 위 금액을 지급하여 줄 것을 요구하였으나, 차일피일 계속 미루고만 있기에 채권자는 ○○지방법원 ○○지원 ○○타경○○○ 부동산임의경매 신청하여 ○○지원에서 경락대금 ○○○원을 수령하였으며, 나머지 금액은 지금까지 변제받지 못하고 있기에 채권자는 채무자로부터 매매대금반환을 지급받기 위한 본안소송을 준비하고 있으나, 위와 같은 채무자의 재산상태에서는 승소 후에도 강제집행의 목적을 달성할 수 없기 때문에 본 신청에 이른 것이다.
4. 이건 명령신청에 의한 담보제공에 관하여는 ○○보증보험(주) ○○지점과 지급위탁계약을 체결한 공탁보증보험증권(○○○)으로 제출하고자 하오니 신청을 허가하여 주시기 바랍니다.

첨 부 서 류

1. 별지목록
1. 합의서
1. 등기부등본 6통
1. 근저당설정계약서 사본

20○○. ○. ○.
위 채권자 성 명 ㊞
[또는 위 채권자 대리인
변호사 ○○○ ㊞]

○○지방법원 귀중

※ 부동산 목록(기재생략)

1-3. 부동산가압류신청서

부동산가압류신청서

채 권 자 ○○○ (주민등록번호)

전화·휴대폰번호

팩스번호, 전자우편(e-mail)주소

채 무 자 ○○○ (주민등록번호)

청구금액 금 ○○○원정 (사건명)

송달료

인지 ○○○원 첨부

피보전채권명

등기수입증지 ○○○원

등록세

교육세

○○지방법원 귀중

부동산가압류신청서

채 권 자 ○○○ (주민등록번호)
서울시 ○○구 ○○동 00번지 (우편번호)
채권자 대리인 변호사 ○○○
서울시 ○○구 ○○동 00번지 (우편번호)
전화·휴대폰번호
팩스번호, 전자우편(e-mail)주소

채 무 자 ○○○ (주민등록번호)
서울시 ○○구 ○○동 00번지 (우편번호)
전화·휴대폰번호
팩스번호, 전자우편(e-mail)주소

청구채권의 표시

금 ○○○원(사실혼 해소를 원인으로 한 손해배상)

가압류할 부동산의 표시

별지목록기재와 같습니다.

신 청 취 지

채권자의 채무자에 대한 위 청구표시 채권의 집행을 보전하기 위하여 채무자 소유의 별지목록기재 부동산을 가압류한다.

라는 재판을 구합니다.

신 청 이 유

1. 채권자는 20○○. ○.경 경북 ○○종합 ○○학교를 졸업하고 취직을 하기 위하여 위 같은해 ○.경부터 채무자의 자인 신청외 ○○○이 운영하던 ○○학원에 다니게 되어 위 ○○○을 알게 되었습니다.

2. 채권자는 위 ○○○과는 11년의 나이 차이가 나기 때문에 처음에는 학원원장으로서 위 ○○○을 따랐으나, 위 ○○○이 채권자에게 결혼을 하자고 권유하여 채권자는 어린 나이에 위 ○○○에게 몸을 허락하였습니다.

3. 그러던 중 20○○. ○.경 ○○○은 위 ○○학원을 누나에게 넘겨주고 경남 ○○에 소재하는 ○○상선에 취직하여 ○○으로 가게 되었습니다. 그러자 위 ○○○은 어차피 채권자와 결혼할 것이니까 ○○으로 나와 살림을 차리자고 채권자를 설득하였습니다. 채권자는 일단 위 ○○○의 부모들인 채무자와 신청 외 ○○○과 상의하여 살림을 차리든지 하자고 하였으나, 위 ○○○은 자신이 부모님에게 허락을 받았다고 하면서 채권자를 ○○으로 데려와 ○○중기회사에 취직까지 시켜 주어 채권자는 위 ○○○과 ○○에서 동거생활을 하기 시작하였습니다.

4. 채권자는 직장생활을 하면서 열심히 위 ○○○의 뒷바라지를 하던 중 20○○. ○.경에 마침내 임신을 하게 되었습니다. 당시 채권자로서는 직장생활을 하고 있고, 결혼식도 올리지 않았을 뿐 아니라 채무자와 신청외 ○○○이 채권자와 위 ○○○의 결혼을 별로 달갑지 않게 생각하고 계신다는 것을 안 나머지 아이를 유산시킬 것을 주장하였으나, 위 ○○○은 아이를 낳고 나면 부모님의 마음도 돌아설 것이라고 하면서 아무 걱정하지 말고 아이를 낳으라고 채권자를 설득하였습니다.

5. 그래서 채권자는 20○○. ○. ○. 남자아이를 출산하였고, 위 ○○○과 채무자와 신청외 ○○○ 역시 매우 기뻐하였습니다. 그 후 채권자는 친정집에서 산후 조리를 하고 있었고, 위 ○○○ 또한 당시 다니던 직장

을 그만 두고 채 권자의 친정집에 와서 생활을 하였습니다. 그러던 중 위 ○○○은 20○○. ○. 말경에 혼인신고 및 아이 출산신고를 해야 되겠다고 하면서 신고서류와 출생신고를 늦게 한 것에 대한 과태료 4만원까지 채권자의 어머니로부터 받아 갔습니다. 그래서 채권자는 당연히 혼인신고 및 출생신고가 된 것으로 알고 있었으나, 그 후 의료보험관계로 가족관계부를 확인해 본 결과 위 ○○○이 혼인신고를 하지 않은 사실을 알게 되었고, 다시 채권자는 혼인신고 서류를 구비하여 위 ○○○에게 주었고, 위 ○○○은 혼인신고를 하겠다고 하였으나, 채권자를 속이고 아직까지 혼인신고를 하지 않았습니다. 이러한 와중에서 채권자는 어린아이를 데리고 수차 채무자와 신청 외 ○○○을 찾아가 시부모로서 채무자를 성실히 모시려 하였으나, 채무자는 출산 후와는 달리 무엇이 맘에 안 드는지는 모르겠으나 채권자와 위 ○○○의 결혼을 완강히 거부하고 채권자를 만나기조차 아예 거부하고 있다.

6. 직장을 그만 두고 놀고 있던 위 ○○○은 20○○. ○.경부터 ○○공사에 취직을 하여 직장생활을 하게 되었습니다. 어린 딸의 행복을 바라는 마음으로 채권자의 친정어머니는 어려운 생활 중에도 ○○○원의 돈을 빌려 채권자와 위 ○○○의 사글세방을 얻어 주어 채권자는 곧 ○○○의 부모들이 채권자와 위 ○○○의 결혼을 승낙해 줄 것을 믿고 다시 위 ○○○과 ○○에서 새로 살림을 차렸습니다. 그러나 위 ○○○이 ○○의 ○○통신공사에 다닌지 2개월이 지났지만 이 제 위 ○○○은 말로는 혼인신고를 하겠다던 과거의 행동과는 달리 아예 봉급조차 가져다주지 않을 뿐만 아니라 집에 조차 들어오지 않는 날이 계속되고 있으며, 채무자와 신청 외 ○○○ 또한 채권자와 위 ○○○을 떼어 놓기 위하여 아예 위 ○○○을 경북 ○○군 ○○읍에 있는 자신의 집에서 통근을 하도록 하고 있으며, 채권자와 채권자의 부모님에게 공공연하게 채권자가 스스로 지쳐 위 ○○○와 헤어지도록 하겠다고 하고 있다.

7. 따라서 채권자는 채무자를 상대로 사실혼 부당파기로 인한 손해배상 청

구의 소를 제기하여 소송계류 중에 있으나, 본안 소송은 상당한 시일을 요하므로 그 동안 집행보전을 위하여 이건 신청에 이른 것이다.

8. 채권자는 ○○보증보험주식회사 ○○지점과 담보제공명령금액을 보험금액으로 하는 지급보증위탁계약을 체결한 문서를 제출하게 하고 위 결정을 하는 재판을 구합니다.

첨 부 서 류

1. 등기부등본 1통.
1. 가족관계부(사본) 2통.
1. 주민등록등본 1통.
1. 출생증명서 1통.
1. 위임장 1통.

20○○. ○. ○.

위 채권자 ○○○ ㊞

[또는 위 채권자 대리인

변호사 ○○○ ㊞]

○○지방법원 귀중

※ 부동산 목록(별지 목록)

1-4. 부동산가압류신청서

부동산가압류신청서

채 권 자　　○○○ (주민등록번호 　)
전화·휴대폰번호
팩스번호, 전자우편(e-mail)주소

채 무 자　　○○○ (주민등록번호 　)

청구금액　　　금　　원정
송달료
인지　　　　　○○○원 첨부
피보전채권명
등기수입증지　○○○원
등록세
교육세

○○지방법원　　　귀중

부동산가압류신청서

채 권 자 1. ○○○ (주민등록번호)

서울시 ○○구 ○○동 00번지 (우편번호)

2. ○○○ (주민등록번호)

서울시 ○○구 ○○동 00번지 (우편번호)

3. ○○○ (주민등록번호)

서울시 ○○구 ○○동 00번지 (우편번호)

4. ○○○ (주민등록번호)

서울시 ○○구 ○○동 00번지 (우편번호)

5. ○○○ (주민등록번호)

서울시 ○○구 ○○동 00번지 (우편번호)

채권자들 대리인 변호사 ○○○

서울시 ○○구 ○○동 00번지 (우편번호)

채 무 자 주식회사 ○○

서울시 ○○구 ○○동 00번지 (우편번호)

대표이사 ○○○

청구채권의 표시

금 ○○○원(채권자들이 채무자로부터 지급받아야 할 3개월분의 체불임금과 퇴직금채권)

가압류할 부동산의 표시

별지목록기재와 같습니다.

신 청 취 지

채권자들의 채무자에 대하여 가지는 위 청구표시 채권의 집행을 보전하기 위하여 채무자 소유인 별지목록기재 부동산을 가압류한다.

라는 재판을 구합니다.

신 청 이 유

1. 채권자들은 채무자의 상용근로자들로서 채무자가 20○○. ○. ○.(실제근로자들의 퇴사일은 20○○. ○.임) 거액의 부도를 내게 됨에 따라 별지기재와 같이 임금 ○○○원 및 퇴직금 ○○○원, 도합금 ○○○원을 지급받지 못하고 있다.
2. 따라서 채권자들은 채무자를 상대로 임금 및 퇴직금 청구의 본안 소송을 서두르고 있으나 본안소송은 상당한 시일을 요하므로 그동안 집행보전의 방법 상 이건 신청에 이른 것이다.
3. 그리고 채무자를 위하여 공탁을 함에 있어 ○○보증보험주식회사 ○○지점과 체결한 공탁보증보험증권을 제출할 수 있도록 허가하여 주시기 바랍니다.

첨 부 서 류

1. 등기부등본	5통.
1. 사실확인원	1통.
1. 무공탁협조의뢰(노동부)	1통.
1. 등기부등본(법인)	1통.
1. 위임장	1통.

20○○. ○. ○.

위 채권자들 대리인

변호사 ○○○ ㊞

○○지방법원 귀중

※ **별지목록(기재생략)**

C. 가처분신청서

1-1. 부동산처분금지가처분신청서

부동산처분금지가처분신청서

표지

신 청 인 ○○○(주민등록번호)

피신청인 ○○○(주민등록번호)

목적물의 값 원

인 지 원

○○지방법원 귀중

부동산처분금지가처분신청서

신 청 인　　○○○(주민등록번호)
서울시 ○○구 ○○동 00번지 (우편번호)
송달장소　서울시 ○○구 ○○동 00번지 (우편번호)

피신청인　　○○○(주민등록번호)
서울시 ○○구 ○○동 00번지 (우편번호)
등기부상 주소　서울시 ○○구 ○○동 00번지 (우편번호)

목적물의 값

금　　　원

신 청 취 지

별지목록 기재 부동산에 관하여, 피신청인은 양도 또는 임차권, 저당권, 전세권의 설정 등 기타 일체의 처분을 하여서는 아니된다.
라는 결정을 구합니다(별지목록 생략).

신 청 이 유

1. 피보전권리

가. 신청인은 20○○. ○. ○.경 별지목록기재 부동산을 신청외 손○○으로부터 매수하여 피신청인 앞으로 명의신탁을 하여 두었습니다.

나. 그리하여, 신청인은 피신청인에 대하여 위 부동산에 관한 명의신탁

을 해지하고 신청인 앞으로 소유권이전등기해 줄 것을 수차례 요구하였으나, 이에 불응하고 있다.

2. 보전의 필요성

위와 같이 피신청인은 신청인의 소유권이전등기요구에도 불응하고 있고, 만약 이를 타에 처분하면 신청인은 회복할 수 없는 손해를 입을 우려가 있으므로 본건 신청에 이르렀습니다.

첨 부 서 류

1. 등기부등본
1. 공증증서(확인서)
1. 위 번역본
1. 위임장
1. 토지대장
1. 송금출금전표
1. 토지공시지가확인원 각 1통

20○○. ○. ○.

위 신청인 대리인

변호사 ○○○ ㉞

○○지방법원 귀중

1-2. 부동산처분금지가처분신청서

부동산처분금지가처분신청서

채 권 자 망 ○○○의 재산상속인

○○○(주민등록번호)

서울시 ○○구 ○○동 00번지 (우편번호)

전화·휴대폰번호

팩스번호, 전자우편(e-mail)주소

채 무 자 ○○○(주민등록번호)

서울시 ○○구 ○○동 00번지 (우편번호)

전화·휴대폰번호

팩스번호, 전자우편(e-mail)주소

가처분목적물 별지목록 기재와 같음

피보전권리 원인무효로 인한 소유권이전등기 말소등기청구권

목적물의 가격 금 원

신 청 취 지

채무자는 별지목록 기재 부동산에 대하여 양도, 전세권, 저당권, 임차권의 설정 기타 일체의 처분행위를 하여서는 아니된다.

라는 결정을 구합니다.

신 청 이 유

1. 별지목록 기재 부동산(이하 이 사건 토지라고 약칭한다)은 신청 외 망 ○○○의 소유였는데 동인이 2010. 0. 0 사망함으로써 ○○○의 처인 채권자가 법정상속분에 따라 다른 상속인과 공동으로 상속하여 이 사건 토지의 공유자가 되었습니다.
2. 그런데 채권자와 그 외의 공동상속인이 상속등기를 하지 아니하고 있는 사이에 채무자는 이미 사망한 동 ○○○을 상대로 소를 제기하여 의제자백의 판결을 받아 2010. 0. 0 ○○지방법원 ○○지원 접수 제00호로 2010. 0. 0 매매를 원인으로 한 소유권이전등기를 경료 하였습니다.
3. 그러므로 채무자 명의의 위 소유권이전등기는 사망한 사람을 상대로 한 무효인 판결에 기하여 경료된 원인무효의 등기라고 하겠습니다.
4. 따라서 채권자는 이 사건 토지의 공유자로서 소유권에 기한 방해제거청구권에 터잡아 채무자를 상대로 위 소유권이전등기의 말소등기 절차이행 청구의 소를 제기할 준비를 하고 있으나 채무자가 이 사건 토지를 타에 처분함으로써 후일 채권자가 본안소송에서 승소하더라도 집행을 곤란하게 할 우려가 있으므로 채권자는 그 승소판결의 집행을 보전하기 위하여 이 사건 가처분신청에 이르렀습니다.
5. 담보제공에 관하여는 지급보증위탁계약을 체결한 문서로 제출할 수 있도록 허가하여 주시기 바랍니다.

소 명 자 료

1. 소갑 제1호증의 1, 2	각 토지등기부등본
1. 소갑 제2호증의 1, 2	각 토지대장등본
1. 소갑 제3호증	제적등본
1. 소갑 제4호증	가족관계부
1. 소갑 제5호증	판결사본(반드시 필요한 것은 아님)

첨 부 서 류

1. 위 소명자료	각 1통

1. 위임장 1통
1. 납부서 1통
1. 토지공시지가확인원 1통
1. 건축물관리대장 1통

20○○. ○. ○.

위 채권자 ○○○ ㊞

○○지방법원 귀중

1-3. 부동산처분금지가처분신청서

부동산처분금지가처분신청서

표지

채 권 자 ○○○(주민등록번호)

채 무 자 ○○○(주민등록번호)

소송물의 값

금 원

인지 원 첨부

○○지방법원 귀중

부동산처분금지가처분신청서

채 권 자 ○○○(주민등록번호)
서울시 ○○구 ○○동 00번지 (우편번호)
전화·휴대폰번호
팩스번호, 전자우편(e-mail)주소

채 무 자 ○○○(주민등록번호)
서울시 ○○구 ○○동 00번지 (우편번호)
등기부상 주소 서울시 ○○구 ○○동 00번지 (우편번호)

가처분할 부동산의 표시

별지목록기재와 같습니다.

목적물의 가격

금 원정

신 청 취 지

피신청인은 별지목록기재 부동산에 대하여 양도, 저당권, 임차권의 설정 기타 일체의 처분을 하여서는 아니된다.

라는 재판을 구합니다.

신 청 이 유

1. 별지목록기재 부동산은 신청인의 소유였던바, 신청인은 위 부동산을 ○○은행에 담보제공하고 금 ○○○원을 대출 받은 후, 이를 신청 외 ○○○에게 금 ○○○원에 대한 담보로 동인 처 신청 외 ○○○에게 소유권이전가등기를 하여준바 있다.

2. 그리고 그 후 신청인은 위 ○○은행에 근저당 채무액을 변제할 능력이 없어서 동 은행으로부터 변제 독촉 및 근저당 실행을 통고 받고 위 부동산이 경매에 의하여 처분될 상황에 이르자 위 신청 외 ○○○이 경매에 의하여 처분되면 동인의 채권액 금 칠천사백만원 및 그 이자를 전액 변제받지 못할 가능성이 있으므로 위 부동산은 동인의 처인 ○○○에게 본등기를 하여 주면 위 ○○○이 ○○은행의 채무를 대위변제하고 위 부동산을 매각하여 매매 대금은 ○○○의 신청인에 대한 모든 채권을 상계 후 신청인에게 반환하기로 약정한바 있다.

3. 그런데 위 부동산을 매각 할 때는 위 ○○○이 신청인과 합의하여 매각하기로 하였고 우선 위 부동산을 매각하거나 전세로 놓기 위하여 신청인은 위 부동산(아파트)을 소외 ○○○에게 명도하여 주기로 하고 동인으로부터 금 ○○○원을 받아 다른 곳에 전세를 얻기로 하였으나 동인은 전세 계약 보증금으로 금 ○○○원만 주고 나머지 금은 위 아파트가 매각된 후 주겠다고 하여 신청인은 부득이 다른 곳에 전세를 얻지 못하게 되었습니다.

4. 그리고 위 소외인 ○○○은 신청인 및 신청인의 가족들을 상대로 가옥명도청구소송을 ○○지방법원 ○○지원에 제기하고 승소 판결을 얻은바, 신청인은 강제집행을 당할 지경에 이르게 되어 급하게 자금을 마련하여 위 ○○○에게 채무를 변제하고 신청인에게 이전등기를 구하고자 동인을 찾아갔으나 동인은 이미 위 부동산을 피신청인에게 매매한 후이었으며 그 매매 가격도 감정가격에도 미치지 못하는 저렴한 가격이었

고, 피신청인은 위 ○○○과 사돈지간으로 그 내용을 모두 자세히 알고 있다.

5. 그래서 신청인은 위 ○○○ 및 피신청인에게 채무를 변제 하겠으니 소유권은 신청인에게 다시 넘겨 줄 것을 요구하였으나 이에 응하지 않는 바 부득이 소유권이전등기말소소송을 준비 중이고 후일 본안승소의 집행보전을 위하여 본 신청에 이르렀습니다.

첨 부 서 류

1. 등기부 등본	1통
1. 토지대장 등본 및 건축물 관리대장 등본	각 1통
1. 고소장	1통
1. 녹취서	1통
1. 증인신문조서	1통
1. 토지공시자가확인원	1통

20○○. ○. ○.

위 신청인 ○○○ ㉙

○○지방법원 귀중

2. 제소명령신청서

제소명령신청서

채 권 자(피신청인) ○○○(주민등록번호))
서울시 ○○구 ○○동 00번지 (우편번호)
대리인 변호사 ○○○
서울시 ○○구 ○○동 00번지 (우편번호)

채 무 자(신 청 인) ○○○(주민등록번호)
서울시 ○○구 ○○동 00번지 (우편번호)

위 당사자 간 귀원 ○○카합 ○○ 부동산처분금지가처분신청사건에 관하여 피신청인은 별지기재 부동산에 대한 위 가처분의 결정을 얻은 현재까지 본안소송을 제기하지 아니하고 있으므로 피신청인(채권자)에 대하여 본안소송을 2주일 내에 제기할 것을 명하여 만일 동 기간 내에 본안의 소송을 제기하지 아니할 때에는 가처분 결정을 취소하여 주시기 바랍니다.

2010. 0. 0.
위 신청인 대리인
변호사 ○○○ ㊞
(또는 위 신청인 ○○○ ㊞)

○○지방법원 귀중

3. 부동산가처분취소신청서

부동산가처분취소신청서

채권자(피신청인) ○○○(주민등록번호)
서울시 ○○구 ○○동 00번지 (우편번호)
채무자(신 청 인) ○○○(주민등록번호)
서울시 ○○구 ○○동 00번지 (우편번호)
전화·휴대폰번호
팩스번호, 전자우편(e-mail)주소

신 청 취 지

1. 피신청인의 신청인에 대한 귀원 ○○카합○○○호 부동산가처분신청사건에 관하여 20○○. ○. ○. 한 부동산가처분결정은 이를 취소한다.
2. 소송비용은 피신청인의 부담으로 한다.
3. 위 제1항은 가집행할 수 있다.

라는 재판을 구합니다.

신 청 이 유

위 당사자 간 귀원 ○○년카합○○○호 부동산가처분신청사건에 관하여 채권자는 20○○. ○. ○. 채무자의 신청에 의한 제소명령(○○카기○○호)의 송달을 받았으면서도 동 명령에서 정하여진 14일 이내에 소를 제기하지 아니하고 있으므로 먼저 한 부동산가처분명령의 취소를 구하기 위하여 이 신청을 한다.

20○○. ○. ○.
위 채무자(신청인) ○○○ ㊞

○○지방법원 귀중

4. 사정변경에 의한 가처분취소신청서

사정변경에 의한 가처분취소신청서

신 청 인 ○○○(주민등록번호)
서울시 ○○구 ○○동 00번지 (우편번호)

피신청인 ○○○(주민등록번호)
서울시 ○○구 ○○동 00번지 (우편번호)

신 청 취 지

피신청인과 신청인 사이의 귀원 ○○년카합○○호 부동산처분금지가처분사건에 관하여 20○○. ○. ○. 별지목록기재 부동산에 대하여 행한 가처분결정을 취소한다.

소송비용은 피신청인의 부담으로 한다.

위 제1항에 한하여 가집행 할 수 있다.

라는 재판을 구합니다(별지목록 생략).

신 청 이 유

1. 피신청인은 그녀가 일화 ○○만엔으로 별지목록기재 부동산(이하 이 사건 부동산이라 함)을 매수하여 그녀와 잘 아는 신청인명의로 신탁등기하여 놓았다고 주장하면서 피신청인의 이 사건 부동산에 관한 신탁해지를 원인으로 하는 소유권이전등기청구권을 보전한다는 이유로 20○○. ○. ○. 귀원의 ○○년카○○호 부동산처분금지가처분을 결정 받아 20○○. ○. ○. 이 사건 부동산 등기부등본에 위 가처분등기를 마침으로서 그 집행을 한바 있다.
2. 이에 대하여 신청인은 그가 평소 잘 알고 지내던 피신청인으로부터 일화 ○○○만엔을 차용하여 이 사건 부동산을 매입하고 그 후 위 차용금을 변제한 사실이 있을 뿐 이 사건 부동산을 피신청인으로부터 명의신

탁 받은 사실이 없다고 주장하였습니다.

3. 그 결과 1심인 귀원에서 충분한 변론을 마친 후 20○○. ○. ○. 피신청인의 청구를 기각한다는 피신청인 패소판결이 선고되었는데 이에 대하여 피신청인은 항소하였으나 항소심인 ○○고등법원 ○○나○○호로서 20○○. ○. ○. 항소기각판결이 선고되었습니다.
4. 다시 피신청인은 대판에 상고하였으나 20○○. ○. ○. 대판 ○○년다○○호 사건으로 상고기각됨으로서 위 판결은 확정이 되었습니다.
5. 이와 같이 피신청인은 이 사건 가처분사건의 본안판결에서 패소판결을 받았고 그 판결이 확정됨으로써 피보전권리가 없음이 명백해졌습니다. 이는 이 사건 가처분결정을 취소시켜야만할 명백한 사정변경이 있는 경우에 해당된다 할 것이므로 신청인은 이 사건 가처분결정의 취소를 구하기 위하여 이 신청을 하기에 이르렀습니다.

증 거 서 류

1. 소갑 제1호증	가처분결정	2부
1. 소갑 제2호증	부동산등기부등본	2부
1. 소갑 제3호증	소 장	2부
1. 소갑 제4호증	1심 판결	2부
1. 소갑 제5호증	2심 판결	2부
1. 소갑 제6호증	대판판결	2부

첨 부 서 류

1. 번역문	1부
1. 기일소환장 번역문	1부
1. 위임장	1부

20○○. ○. ○.

위 신청인 ○○○ ㊞

○○지방법원 귀중

5-1. 부동산점유이전금지가처분신청서

부동산점유이전금지가처분신청서

채 권 자 ○○○(주민등록번호)

채 무 자 ○○○(주민등록번호)

소송물가격 금 원

피보전권리 건물명도

송달료 원

인지액 원 첨부

○○지방법원 귀중

부동산점유이전금지가처분신청서

신 청 인 ○○○(주민등록번호)
서울시 ○○구 ○○동 00번지 (우편번호)
전화·휴대폰번호
팩스번호, 전자우편(e-mail)주소

피신청인 ○○○(주민등록번호)
서울시 ○○구 ○○동 00번지 (우편번호)
전화·휴대폰번호
팩스번호, 전자우편(e-mail)주소

목적물의 표시 별지기재와 같음

목적물의 가격 금 원

신 청 취 지

1. 피신청인의 별지목록기재 건물의 점유를 풀고 신청인이 위임하는 귀원 소속 집행관에게 그 보관을 명한다.
2. 집행관은 현상을 변경하지 아니하는 것을 조건으로 하여 피신청인에게 이의 사용을 허용할 수 있다.
3. 피신청인은 그 점유를 타인에게 이전하거나 점유명의를 변경하여서는 아니된다.
4. 집행관은 위 명령의 취지를 적당한 방법으로 공시하여야 한다.

라는 재판을 구합니다.

신 청 이 유

1. 피고는 원고 소유의 별지목록 부동산을 20○○. ○. ○. 보증금 ○○○원에 월세 금 ○○원으로 정하고 음식점 영업을 하고 있는데,
2. 피고는 20○○. ○.분까지의 임대료만 지급하였을 뿐, 원고의 독촉에도 이에 응하지 아니하고 있을 뿐만 아니라, 계약해제에 의한 명도에도 응하지 아니하고 있다.
3. 그러므로 신청인은 피신청인 ○○○을 상대로 임대차계약 해제로 인한 건물반환의 소송을 제기코자 준비 중이나 피신청인은 이를 타에 인도할 것을 획책하고 있으므로 만약 그렇게 되면 후일 신청인이 본안 소송에서 승소판결을 받는다 하더라도 집행곤란에 이를 우려가 있으므로 이 신청을 한다.
4. 담보제공에 관하여는 보증보험 주식회사와 지급보증 위탁계약을 체결한 문서로서 제출코자 하오니, 허락하여 주시기 바랍니다.

증 거 서 류

1. 소갑 제1호증　　　　건물월세계약서
1. 소갑 제2호증　　　　등기부등본

20○○. ○. ○.

위 신청인 ○○○ ㊞

○○지방법원　　귀중

5-2. 부동산점유이전금지가처분신청서

부동산점유이전금지가처분신청서

신 청 인　　○○○(주민등록번호)
서울시 ○○구 ○○동 00번지 (우편번호)
전화·휴대폰번호
팩스번호, 전자우편(e-mail)주소

피신청인　　○○○(주민등록번호)
서울시 ○○구 ○○동 00번지 (우편번호)
전화·휴대폰번호
팩스번호, 전자우편(e-mail)주소

목적물의 표시　별지기재와 같은
목적물의 값　　금　　원

신 청 취 지

1. 피신청인은 별지기재 부동산에 대한 점유를 풀고 신청인이 위임하는 본원소속 집행관에 그 보관을 명한다.
2. 집행관은 현상을 변경하지 아니하는 것을 조건으로 하여 이를 사용을 허용할 수 있다.
3. 피신청인은 그 점유를 타인에게 이전하거나 점유명의를 변경하여서는 아니된다.
4. 집행관은 위 명령의 취지를 적당한 방법으로 공시하여야 한다.

라는 재판을 구합니다.

신 청 이 유

1. 신청인은 신청인 소유의 별지목록 본건 건물을 피신청인에게 20○○. ○. ○. 기간을 24개월 보증금 ○○○원 월세금 ○○○원으로 정하고 임

대하였습니다.

2. 그런데 피신청인은 입주 후 20○○. ○. 및 ○월분 2개월분의 월세 및 그 외 ○○○원 도합 ○○○원만을 지급하였을 뿐 20○○. ○.월분부터 20○○년도 현재까지 약 ○개월간의 월세를 지급하지 아니하고 있다.
3. 그러므로 신청인은 수차에 걸쳐 그 지급을 독촉함과 아울러 동 전세계약서 제8조 단서에 있는바와 같이 2개월분 이상 월세를 지연했으므로 계약을 해약한다는 최고를 했음에도 불구하고 이에 응하지 아니하고 있으므로,
4. 피신청인을 상대로 임대차계약종료로 인한 건물 반환의 소송을 제기코자 준비 중이나 피신청인은 동 건물을 타에 인도할 것을 획책하고 있으므로 만약 그렇게 되면 후일 신청인이 본안에서 승소한다 하더라도 집행곤란에 이를 우려가 있으므로 그 집행보전을 위하여 점유이전금지가처분신청에 이른 것이 오니 허가하여 주시기 바랍니다.
5. 담보제공에 관하여는 ○○보증보험 주식회사와 지급보증위탁계약을 체결한 문서로서 제출코자 하오니 허가하여 주시기 바랍니다.

소 명 방 법

1. 소갑 제1호증 등기부등본
1. 소갑 제2호증 계약서
1. 소갑 제3호증 통고서

첨 부 서 류

1. 건축물관리대장 1통
1. 토지대장 1통
1. 공시지가 확인원 1통

20○○. ○. ○.

위 신청인 ○○○ ㊞

○○지방법원 귀중

D. 각종 소장

제1절 이행의 소 중 각종 금전청구

1. 계약금반환청구의 소

소 장

표지

원 고 ○○○ (주민등록번호)

피 고 ○○○ (주민등록번호)

사 건 명 청구의 소

소송물가액 금 원

첨용인지액 금 원

송 달 료 금 원

○○지방법원 귀중

소 장

원 고 ○○○ (주민등록번호)
서울시 ○○구 ○○동 00번지 (우편번호)
위 원고 소송대리인 변호사 ○○○
서울시 ○○구 ○○동 00번지 (우편번호)
전화·휴대폰번호
팩스번호, 전자우편(e-mail)주소

피 고 ○○○ (주민등록번호)
서울시 ○○구 ○○동 00번지 (우편번호)
전화·휴대폰번호
팩스번호, 전자우편(e-mail)주소

계약금반환청구의 소

소송물 가액 금 원

청 구 취 지

1. 피고는 원고에게 금 ○○○원 및 이에 대한 이건 소장부본 송달 익일부터 완제일까지 연 2할의 비율에 의한 금원을 지급하라.
2. 소송비용은 피고의 부담으로 한다.
3. 위 제1항은 가집행할 수 있다.

라는 판결을 구합니다.

청 구 원 인

1. 원고는 20○○. ○. ○. 피고로부터 대구시 ○○구 ○○동 소재 ○○건재상내 건자재를 매매대금 금 ○○○원에 매수하는 계약을 체결하고 계

약당일 계약금으로 액수 원[1]을 지급하였으며 잔금 액수 원은 같은 달 24일에 지급하기로 하였습니다.

2. 그런데 피고는 같은 달 7일 위 ○○건재상 내에 있던 건자재를 모두 피고가 운영하는 건축의 자재 창고로 옮겨 놓고 위 액수 원 외에 액수 원을 더 주지 아니하면 매도할 수 없다고 하면서 계약내용을 변경할 것을 요구해 왔습니다. 이에 원고와 피고는 매매대금의 절충이 이루어지지 않아 당일 날 위 매매계약을 해제하고 피고는 같은 달 10일까지 액수 원을 반환하겠다고 하였습니다.
3. 그러나 피고는 같은 달 10일이 지난 이후에도 위 계약금을 반환하지 아니하므로, 원고는 수차에 걸쳐 이의 지급을 요구하였으나 차일피일 미루기만 하고 있다.
4. 따라서 원고는 청구취지와 같은 금원의 지급을 구하기 위하여 이건 청구에 이른 것이다.

입 증 방 법

1. 갑 제1호증 영 수 증
1. 나머지는 구두변론시 수시로 제출하고자 한다.

첨 부 서 류

1. 위 입증방법 각 1통.
1. 위 임 장 1통.
1. 소장부본 1통.

20○○. ○. ○.

위 원고 소송대리인 변호사 ○○○ (인)

○○지방법원 귀중

1) 이하의 "액수 원"이라는 표기는 금액을 쓰라는 의미임.

2. 공사대금청구의 소

소 장

원 고 ○○○ (주민등록번호)

피 고 ○○○ (주민등록번호)

사 건 명 청구의 소

소송물가액 금 원

첨용인지액 금 원

송 달 료 금 원

○○지방법원 귀중

소　　　장

원　　고　　○○○ (주민등록번호)
서울시 ○○구 ○○동 00번지 (우편번호)
위 원고 소송대리인 변호사　○○○
서울시 ○○구 ○○동 00번지 (우편번호)
전화·휴대폰번호
팩스번호, 전자우편(e-mail)주소

피　　고　　○○○ (주민등록번호)
서울시 ○○구 ○○동 00번지 (우편번호)
전화·휴대폰번호
팩스번호, 전자우편(e-mail)주소

공사대금청구의 소

청 구 취 지

1. 피고는 원고에게 금 ○○○원 및 이에 대한 이 사건 소장부본 송달 익일부터 완제일까지 연 2할의 비율에 의한 금원을 지급하라.
2. 소송비용은 피고의 부담으로 한다.
3. 위 제1항은 가집행 할 수 있다.

라는 판결을 구합니다.

청 구 원 인

1. 원고는 20○○. ○. ○. 피고와 피고소유의 경기도 ○○시 ○○동 ○○ 토지상에 지하 1층, 지상 3층 연면적 ○○평의 근린생활시설 및 주택(이하 이 사건 건물이라 한다.)을 신축하는 공사를 다음과 같이 정하여 건

축공사도급계약을 체결하였습니다.

가. 건 평 : 지층 ㎡
1 층 ㎡
2 층 ㎡
3 층 ㎡
총건평 ㎡(약 평)

나. 평당건축비 : 금 원

다. 총공사대금 : 금 원

라. 계 약 금 : 금 원

2. 이 사건 공사도급계약서상 외벽은 벽돌(적벽돌)로 시공하기로 공사도급계약을 체결하였으나, 피고는 원고에게 외벽을 고급스럽게 하기 위하여 대리석(인도사암)으로 시공해 달라고 요구하며 위 대리석은 피고가 구입하여 제공하거나, 그 자재구입 비용을 부담하기로 약정하였습니다.

3. 그리고 원고는 20○○. ○. ○. 이 사건 건물의 신축공사에 착공하여 공사도급계약서에 따라 성실히 공사를 수행하여 80퍼센트 정도의 공정을 진행하였는데, 피고는 위 제2항과 같이 외벽공사 자재인 대리석(인도사암)을 구입하여 원고에게 제공하거나 그 자재구입 비용을 지불하지도 아니하고, 오히려 원고의 부담으로 이 사건 건물의 외벽을 대리석으로 시공하기로 하였다고 억지 주장을 하며 공사를 중단시켜 원고는 피고에게 20○○. ○. ○.자 내용증명우편을 통해 같은 해 ○. ○.까지 이 사건 건물의 외벽을 대리석(인도사암)으로 할 것인지, 공사계약서대로 벽돌(적벽돌)로 할 것인지를 확답해 달라고 통고한 바 있다.

4. 이 사건 건물의 외벽을 대리석(인도사암)으로 할 경우 그 자재대금만도 금 액수 원 상당이 되므로 원고는 피고의 요구에 응할 수 없고 위와 같은 피고의 행위는 이 사건 공사도급계약서 제11조 1항 다.에 의거 피고가 정당한 이유 없이 계약내용을 이행하지 아니함으로써 공사의 적정이행이 불가능한 경우에 해당하여 원고는 이 사건 소장부본 송달로써 피고에게 이 사건 공사도급계약의 해지를 하고 이 사건 건물의 기성부분에 대한 공사금액을 정산 청구하는 것이다.

5. 이 사건 건물의 기성부분 공사비용 및 공사대금 수령내역

원고가 시공한 이 사건 건물의 기성부분에 대한 총공사비는 액수 원이고, 피고로부터 원고가 기수령한 이 사건 건물의 공사대금은 공사도급계약시 계약금으로 금 액수 원, 공사중도금으로 같은 해 ○. ○.금 액수 원, 같은 해 ○. ○. 금 액수 원, 같은 해 ○. ○. 금 액수 원, 같은 해 ○. ○. 금 액수 원으로 합계금 액수 원을 지급받았습니다.

6. 결 어

그렇다면 피고는 원고에게 기성부분공사비에서 기수령한 공사비를 정산한 금 액수 원(기성부분 공사비 액수 원 - 공사대금수령액 액수 원) 및 이에 대한 이 사건 소장부본 송달일부터 완제일까지 연 2할의 비율에 의한 금원을 지급할 의무가 있다 할 것인 바, 원고는 위 금원을 지급받기 위하여 이 사건 청구에 이른 것이다.

입 증 방 법

1. 갑 제1호증 공사도급계약서

첨 부 서 류

1. 위 입증방법 1통
1. 납 부 서 1통
1. 소송위임장 1통

20○○. ○. ○.

위 원고 소송대리인

변호사 ○○○ (인)

○○지방법원 귀중

3. 대여금청구의 소

소　　　　　장

원　　고　　○○○ (주민등록번호)

피　　고　　○○○ (주민등록번호)

사 건 명　　청구의 소

소송물가액　금　　　　원

첨용인지액　금　　　　원

송 달 료 금　　　　원

○○지방법원　　　　귀중

소　　　장

원　고　○○○ (주민등록번호)
서울시 ○○구 ○○동 00번지 (우편번호)
전화·휴대폰번호
팩스번호, 전자우편(e-mail)주소

피　고　○○○ (주민등록번호)
서울시 ○○구 ○○동 00번지 (우편번호)
전화·휴대폰번호
팩스번호, 전자우편(e-mail)주소

대여금청구의 소

청 구 취 지

1. 피고는 원고에게 금 액수 원 및 20○○. ○. ○.부터 완제일까지 연 2할의 비율에 의한 금원을 지급하라.
2. 소송비용은 피고의 부담으로 한다.
3. 위 제1항은 가집행 할 수 있다.

라는 재판을 구합니다.

청 구 원 인

1. 원고는 ○○지방법원 귀중

피고에게 금 액수 원을 이자약정 없이 2개월간 대여해 주고 피고는 같은 해 ○. ○.까지 위 대여금을 변제하겠다고 약속하였습니다.

2. 그런데 피고는 변제기일이 지나도 위 대여금을 변제하지 아니하고 있어, 원고는 위 대여금 및 그 지연이자를 구하기 위하여 본소 청구에 이른 것이다.

입 증 방 법

1. 갑 제1호증 차용증

첨 부 서 류

1. 위 증거서류 1통
1. 소장부본 1통
1. 송달료납부서 1통

20○○. ○. ○.

위 원고 소송대리인

변호사 ○○○ (인)

또는 위 원고 ○○○ (인)

○○지방법원 귀중

4. 매매대금반환청구의 소

가. 소장

소　　　　　장

원　　고　　○○○ (주민등록번호)

피　　고　　○○○ (주민등록번호)

사 건 명　　○○○ 청구의 소

소송물가액　금　　　원

첨용인지액　금　　　원

송 달 료　금　　　원

○○지방법원　　　귀중

소 장

원 고 ○○○ (주민등록번호)
서울시 ○○구 ○○동 00번지 (우편번호)
위 원고 소송대리인 변호사 ○○○
서울시 ○○구 ○○동 00번지 (우편번호)
전화·휴대폰번호
팩스번호, 전자우편(e-mail)주소

피 고 제1구역 제1지구 주택개량재개발조합
서울시 ○○구 ○○동 00번지 (우편번호)

매매대금반환청구의 소

청 구 취 지

1. 피고는 원고에게 금 액수 원 및 이에 대한 이 사건 소장부본 송달익일부터 판결선고시까지는 연 5푼의, 그 다음날부터 완제일까지는 연 2할의 각 비율에 의한 금원을 지급하라.
2. 소송비용은 피고의 부담으로 한다.
3. 제1항은 가집행할 수 있다.

라는 판결을 구합니다.

청 구 원 인

1. 피고 조합은 주택개량재개발 구역으로 지정된 제1-1구역의 재개발사업을 시행하기 위하여 서울 ○○구 ○○동 2-1 일대의 주택소유자들을 조합원으로 하여 설립되었는데, 위 지역에 신축된 아파트인 ○○아파트의 분양은 피고 조합이 직접 분양권자들과 분양계약을 체결하고 분양을 하였으나, 위 아파트 단지 내 상가건물은 그 전체를 부동산분양 대행업체인 소외 주식회사 ○○유통(이하 (주) ○○유통이라 한다)에게 맡겨 이를 분양케 하였습니다.

2. 원고는 년도. 월. 일.[2] 위 (주) ○○유통과 간에 위 상가 2층 21호 약 9평을 부동산소개소 용도로 분양계약을 체결하고 그 매매대금은 금 액수원으로 정하여 당일 계약금으로 액수 원, 년도. 월. 일. 1차중도금 액수원, 년도. 월. 일. 2차중도금 액수 원을 각각 지급하기로 하였습니다.

3. 원고는 계약당일 (주) ○○유통과 분양계약을 체결하기 전에 피고조합 사무실에 찾아가 (주) ○○유통과 분양계약을 하여도 되는지, 위 단지 내 상가 중 부동산소개업소 용도로 분양되는 점포는 몇 개나 되는지를 물어보았는데, 피고조합 총무 ○○○는 (주) ○○유통과 분양계약을 체결하여도 틀림없으며 위 점포들 중 부동산소개업종 용도로 분양되는 점포는 2개뿐인데 원고가 처음으로 분양하는 것이라고 하면서 의심스러우면 피고 조합에서 보증하겠다고 하여 원고는 (주) ○○유통 실무자와 피고조합 총무 ○○○가 동석한 자리에서 위 ○○○에게 위 (주) ○○유통과 간에 작성된 분양계약서 말미에 특약사항으로

「1. 본 상가의 부동산업종은 2개 이상 분양치 않는다.

2. 본 계약은 재개발 제1-1지구 조합에서 보증함」

이라고 기재하게 하고 계약서 끝에 입회인으로 서명날인하게 하였습니다.

---

2) 이하의 "년도. 월. 일."이라는 표현은 예컨대 2010.9.10과 같다.

4. 한편 위 상가분양 당시 분당 등 신도시 개발지역의 상가분양 대행업체들이 잇달아 도산되자, 피고 조합은 년도. 월. 일. 당시까지 위 (주) ○○유통과 간에 분양계약을 체결하고도 불안하게 생각하는 분양자들에게 분양대금 일체는 피고 조합과 (주) ○○유통과의 은행공동구좌에 관리하도록 하였음을 통지하고 이후 분양대금은 위 공동구좌로 입금토록 하였습니다.

5. 이에 따라 원고는 계약 당일인 년도. 월. 일. 피고조합 조합장 구좌에 계약금 액수 원을 입금하였고, 년도. 월. 일. (주) ○○유통, 피고조합 공동구좌에 1차중도금 액수 원, 년도. 월. 일. 같은 구좌에 2차중도금 액수 원을 입금하였습니다.

6. 그런데 (주) ○○유통은 년도. 월 경 도산하여 분양자들은 피고조합에 대하여 위 상가분양계약상의 모든 의무를 인수할 것을 요구하였고, 이에 따라 피고 조합은 년도. 월. 일 .자로 위 (주) ○○유통 대표이사로부터 위 상가분양에 관한 모든 권리의무를 넘겨받았습니다.

7. 그런데 원고는 위 (주) ○○유통이 도산되어 여러 분양자들과 회합하는 과정에서 위 단지 내 상가점포 중 부동산소개업종 용도로 분양된 점포가 5개나 된다는 사실을 확인하게 되었습니다. 한편 위 단지 내 상가 중 부동산 중개업소가 5개일 경우 당초 특약한 2개일 경우 보다 예상수입상의 감소는 필연적이어서 원고로서는 위와 같은 상황에서는 채산성도 없어 도저히 부동산 소개업을 경영할 수가 없으므로 이 사건 분양계약을 해제할 수밖에 없는 실정이다.

8. 결국 원고가 당초 (주) ○○유통과 간에 이 사건 분양계약을 체결할 때 피고 조합은 「부동산 중개소 용도의 점포는 2개 이내로 한다.」는 특약을 하게 한 후 이를 보증하였음에도 위 약정에 위배하여 다른 분양자들과 부동산 중개업소 용도로 분양계약을 체결함으로써 원고와의 이 사건 분양계약이 이행불능에 이르도록 하였던 것이므로 원고는 이 사건 소장부본 송달일자로 이 사건 분양계약을 해제한다.

9. 따라서 피고 조합은 원고에게 이미 납부된 분양금 액수 원(계약금 ○○○원+1차중도금 액수 원 + 2차중도금 ○○○원)과 위약금 액수 원(계약금의 배액) 합계금 ○○○원 및 이에 대한 이 사건 소장부본 송달익일부터 판결선고시까지는 연 5푼의, 그 다음날부터 완제일까지는 연 2할의 각 비율에 의한 지연손해금을 지급할 의무가 있다 할 것인 바, 이에 원고는 그 지급을 구하기 위하여 이건 청구에 이른 것이다.

입 증 방 법

1. 갑 제1호증 점포분양계약서
1. 갑 제2호증의 1내지 4 각 무통장입금증

첨 부 서 류

1. 위 입증서류 각 1통.
1. 소송위임장 1통.

20○○. ○. ○.

위 원고 소송대리인 변호사 ○○○ (인)

○○지방법원 귀중

나. 준비서면

준 비 서 면

사 건 20○○가합 ○○○호 사건명
원 고 ○○○
피 고 제1지구 주택개량재개발조합

위 당사자 간 매매대금반환청구사건에 관하여 피고 소송대리인은 다음과 같이 변론을 준비한다.

다 음

1. 본건 시초를 말하자면,
 피고 조합과 원고 아닌 소외 (주) ○○유통간 피고 조합의 점포 81을 37억원에 (주) ○○유통이 매각 받아서 피고 조합과 매매계약을 체결하였는데
2. 소외 (주) ○○유통이 계약을 불이행하고 있어 피고조합은 수차례 걸쳐 계약 이행할 것을 독촉하였음에도 불구하고 역시 계약 불이행을 계속하면서 외부적으로 계약 완성한 양 제3자 등에 점포를 매매하고서도 중도금 및 잔금을 피고 조합에게 납부치 아니하여 계약 위법성을 지적 당사자 간의 합의로 계약을 해제한 바 있다.
3. 이로서 피고 조합과 소외 (주) ○○유통 간은 계약에 대한 이해득실과 모든 것을 포기 또는 합의계약 해제로서 일단락 된 것이다.
4. 그런데 소외 유통과 번영회(점포 매수자 등은)는 피고 조합과 소외 (주) ○○유통간 포기각서 및 합의 계약 해제를 인정하고 점포매수자들이 집합하여 번영회를 조직 소외 (주) ○○유통과 합석하여 재차 합의서를 작성하여 피고 조합에 주면서 이 사건에 대하여는 앞으로 조합에 대한 어떠한 이해득실도 피고 조합에게 청구권을 포기하고 모든 책임을

번영회가 민형사상 매수자 등이 구성된 번영회 측이 사실유무 및 기타 일체의 모든 것은 책임진다는 해결의 뜻으로 번영회 대표들인 매수자들인 5개 점포를 확인하고 이에 대한 합의서 및 계약해제 건에 동의하고 서명날인하여 주어서 이를 받은바 있다.

5. 그렇다면 피고 조합으로서는 소외 (주) ○○유통 간은 없었던 것으로 끝이 났지만 소외 (주) ○○유통과 점포 매수자간의 매매계약 행위는 당사자 간에 이루어진 것인데 매수자들인 번영회측이 이 건에 관하여 어떠한 이해득실 유무를 막론하고 앞으로 피고조합을 상대로 모든 것을 청구치 않겠다는 합의서를 피고 조합에 제출하였기 때문에 소외 (주) ○○유통과 매수자 번영회간의 매매행위가 피고조합으로서는 무효를 선언하고 싶지만 번영회측인 매수자가 가혹한 피해를 보게 되어 합의각서 제출자인 번영회측 서명날인 자에 한하여 이를 인정하여 주고 구제한 바 있다.

6. 그런데 이러한 과정에서 일단락 된 것을 원고도 합의서에 서명날인하고 피고 조합에 모든 것을 청구치 않겠다는 합의서를 제출할 때는 어느때며 지금에 와서 당시 사유를 잘 알고 번영회측과 합류 동의한 자가 총무의 말과 다르니 무엇이 다르니 등등 트집을 잡아 피고 조합을 상대로 매매대금 반환 청구하고 있음은 근본 근원 자체가 당사자가 될 수 없을 뿐더러 청구권이 없는 자로 하여금 본 소 청구는 부당 제소로서 피고 조합은 이사회를 개최하여 도리어 원고를 상대로 당시 인정을 무효화 하던가 아니면 반소로서 손해배상을 청구하던지의 준비 중에 있음을 알리면서 위와 준비서면을 제출한다.

20○○. ○. ○.

위 피고 소송대리인 변호사 ○○○ (인)

○○지방법원 귀중

5. 임차보증금반환등청구의 소

소 장

표지

원 고 ○○○ (주민등록번호)

피 고 ○○○ (주민등록번호)

사 건 명 청구의 소

소송물가액 금 원

첨용인지액 금 원

송 달 료 금 원

○○지방법원 귀중

소 장

원 고 주식회사회사 ○○
서울시 ○○구 ○○동 00번지 (우편번호)
대표이사 ○○○
위 원고 소송대리인 변호사 ○○○
서울시 ○○구 ○○동 00번지 (우편번호)

피 고 ○○○ (주민등록번호)
서울시 ○○구 ○○동 00번지 (우편번호)
전화·휴대폰번호
팩스번호, 전자우편(e-mail)주소

임차보증금반환

청 구 취 지

1. 피고는 원고에게 금 액수 원 및 이에 대한 년도. 월. 일.부터 소장부본 송달일까지는 연 6푼, 그 다음날부터 완제일까지는 연 2할의 각 비율에 의한 금원을 지급하라.
2. 소송비용은 피고의 부담으로 한다.
3. 제1항은 가집행할 수 있다.

라는 판결을 구합니다.

청 구 원 인

1. 원고와 피고는 년도. 월. 일. 피고가 원고에게 서울 ○○구 ○○동 ○○센터상가 비(B)층 1호 및 2호 ○○평을 전세금(임차보증금) 액수 원, 임대기간 년도. 월. 일.부터 년도. 월. 일.으로 임대하기로 하는 임대차 계약을 체결하였습니다.
2. 원고는 같은 날 약정 전세금조로 금 액수 원을 피고에게 지급하였습니다.
3. 원고는 년도. 월. 일.부터 년도. 월. 일.까지 위 건물 부분을 사무실용으로 점유사용하여 오다가, 위 임대계약기간이 만료되자, 피고에게 위 건물부분을 명도하기로 하고 이와 동시에 위 임차보증금의 반환을 구하였음에도 피고는 특별한 이유 없이 위 보증금의 반환을 거부하여 왔습니다.
4. 원고는 미리 계획된 바에 따른 사무실 이전을 더 이상 지체할 수 없어 하는 수 없이 년도. 월. 일. 피고에게 본건 건물부분을 명도하고 서울 ○○구 ○○동 2-1 주식회사 ○○ 건물 내 1층 101호실에 소재한 새로운 사무실로 이전하였습니다. 그러나 피고는 지금까지 위 임차보증금의 지급을 해태하고 있다.
5. 그렇다면, 피고는 원고에게 금 액수 원 및 원고가 피고에게 본건 건물부분을 명도한 날의 다음날인 년도. 월. 일.부터 소장 부본 송달일까지는 상법 소정의 연 6푼, 그 다음날부터 완제일까지는 소송촉진등에관한특례법 소정의 연 2할의 각 비율에 의한 금원을 지급할 의무가 있다 할 것이므로 이를 구하기 위하여 본건 소를 제기하는 것이다.

입 증 방 법

1. 갑 제1호증의 1	(사무실) 임대차계약서 표면
1. 갑 제1호증의 2	(사무실) 임대차계약서 내용

1. 갑 제2호증 완납확인서
1. 갑 제3호증 사무실이전통보(서신)
1. 갑 제4호증 사무실이전연기요청(서신)
1. 갑 제5호증 임대보증금반환요청(서신)
1. 기타의 입증서류는 소송진행 과정에 따라 수시로 제출하겠습니다.

첨 부 서 류

1. 위 입증서류 각 1통.
1. 법인등기부 등본 1통.
1. 소송위임장 1통.
1. 납부서 1통.

20○○. ○. ○.
위 원고 소송대리인
변호사 ○○○ (인)

○○지방법원 귀중

6. 카드사용대금청구의 소

소 장

표지

원 고 ○○○ (주민등록번호)

피 고 ○○○ (주민등록번호)

사 건 명 청구의 소

소송물가액 금 원

첨용인지액 금 원

송 달 료 금 원

○○지방법원 귀중

소 장

원 고 주식회사 회사 ○○

서울시 ○○구 ○○동 00번지 (우편번호)

대표이사 ○○○

지 배 인 ○○○

소관 관리실

송달장소 서울시 ○○구 ○○동 00번지 (우편번호)

피 고 1. ○○○ (주민등록번호)

서울시 ○○구 ○○동 00번지 (우편번호)

2. ○○○ (주민등록번호)

서울시 ○○구 ○○동 00번지 (우편번호)

카드사용대금청구의 소

청 구 취 지

1. 피고들은 연대하여 원고에게 금 액수 원정[3])을 지급하되 이 금액 중 금 액수 원정에 대하여는 년도. 월. 일.부터 완제일까지 연 2할 3푼의 비율에 의한 금원을 지급하라.
2. 소송비용은 피고들의 부담으로 한다.
3. 위 제1항에 한하여 가집행할 수 있다.

3) 이하의 표기 중 "액수 원정"이란 예컨대 금 10,000,000원정과 같다.

라는 판결을 구합니다.

청 구 원 인

1. 피고 ○○○는 년도. 월. 일. 원고의 은행신용카드회원으로 가입신청함에 있어 피고 ○○○이 연대보증하였는 바, 은행신용카드회원 약관에 따라 거래약정서 각 조항을 성실히 이행할 것을 승인하고 피고 ○○○는 원고 발행의 은행신용카드를 사용하여 이용한 대금은 대금결제일까지 이를 변제하여야 하며 만약 이를 이행치 아니할시는 기한의 이익을 상실과 동시에 본 약정은 해지되고 채무액과 부대채무에 대하여 완제일까지 ○○은행이 정한 신용카드 연체이율에 의한 연체료(2할 3푼)를 지급하기로 약정하였습니다(은행신용카드입회신청서 및 동 약관).
2. 그리하여 피고 ○○○는 원고로부터 발급받은 카드를 사용하여 오던 중 약정한 규약을 위반하여 은행신용카드 사용대금을 년도. 월. 일.부터 상환하지 아니하고 있으며 년도. 월. 일. 현재 연체원금 액수 원(현금서비스대금 액수 원, 물품판매대금 액수 원, 할부판매대금 액수 원) 및 이에 대한 연체이자 금 액수 원(현금서비스이자 액수 원, 물품판매이자 액수 원 할부판매이자 액수 원)을 포함한 합계금 액수액수원정의 채무가 발생하였습니다(신용카드계좌 조회표).
3. 따라서 피고 ○○○는 주채무자로서, 그리고 피고 ○○○은 연대보증인으로서 서기 년도 . 월. 일. 현재 은행신용카드사용 대금 액수 원정을 피고에게 지급하여야 함에도 불구하고 이에 응하지 아니하고 있으므로 피고들은 연대하여 원고에게 은행신용카드사용대금 액수 원정을 지급하되 이 금액 중 연체이자 금 액수 원정을 공제한 나머지 금 액수 원정에 대하여 년도. 월. 일.부터 완제일까지 원고은행이 정한 신용카드 연체이율에 의한 연체료의 가산지급을 구하기 위하여 본소 청구에 이른 것이다.

입 증 방 법

1. 갑 제1호증 은행신용카드입회신청서 사본
1. 갑 제2호증 동 약관 사본
1. 갑 제3호증 신용카드계좌 조회표
1. 기타는 구두 변론시 수시 입증하겠음.

첨 부 서 류

1. 위 입증서류 각 1통.
1. 소장부본 2통.
1. 주식회사초본 및 지배인초본 2통.
1. 위 임 장 1통.

20○○. ○. ○.

위 원고 주식회사 ○○은행

대표이사 ○○○

지 배 인 ○○○ (인)

○○지방법원 귀중

제2절 손해배상청구사건의 소

1. 교통사고

가. 상해의 경우

소 장

표지

원 고 ○○○ (주민등록번호)

피 고 ○○○ (주민등록번호)

사 건 명 청구의 소

소송물가액 금 원

첨용인지액 금 원

송 달 료 금 원

○○지방법원 귀중

소 장

원 고 1. ○○○ (주민등록번호)
2. ○○○ (주민등록번호)
3. ○○○ (주민등록번호)
위 원고들 주소 서울시 ○○구 ○○동 00번지
소송대리인 변호사 ○○○
서울시 ○○구 ○○동 00번지

피 고 ○○ 자동차회사
서울시 ○○구 ○○동 00번지
대표자 무한책임사원 ○○○
송달장소 서울시 ○○구 ○○동 00번지

손해배상청구의 소(자)

청 구 취 지

1. 피고는 원고 ○○○에게 금 ○○○원, 원고 ○○○, 같은 ○○○에게 각 금 ○○○원 및 이에 대하여 20○○. ○. ○.부터 이전 소장 부본 송달일까지는 연 5푼의, 그 다음날부터 완제일에 이르기까지는 연 2할의 비율에 의한 금원을 지급하라.
2. 소송비용은 피고의 부담으로 한다.
3. 위 제1항은 가집행할 수 있다.

라는 판결을 구합니다.

청 구 원 인

1. 당사자 신분관계

원고 ○○○은 이건 사고의 피해자 본인이고, 원고 ○○○, 같은 ○○○는 원고 ○○○의 부모이다.

2. 불법행위 책임의 발생

가. 소외 ○○○은 20○○. ○. ○. 09:10경 피고회사 소유인 경기 ○○○아 ○○○호 버스를 운전하여 경기도 ○○시 ○○동 ○○번지 도로를 지나던 중, 전방주시 태만으로 인한 부주의로 말미암아 동일방향으로 앞서 진행하던 서울 ○○○아 ○○○호 차량을 추돌하여 위 차량을 운전 중이던 피해자 ○○○으로 하여금 [경추간판탈골증, 우전박부좌상] 상해를 입게 하였습니다.

나. 그렇다면 피고는 자동차손해배상보장법 제3조 소정의 보유자 지위에서 위 피해자가 입은 재산적, 정신적 손해를 배상할 책임이 있다 할 것이다.

3. 손해배상 범위

가. 기대수입 상실액

(1) 원고 ○○○은 년도. 월. 일.생으로 이건 사고 당시 23세 11개월 남짓한 신체 건강한 남자로서 그 평균여명이 45.77년이므로 특단의 사정이 없는 한 68세까지는 생존이 가능하다 할 것이다.

(2) 이건 사고당시 도시일반 남자 보통 인부의 일일노임은 ○○만원이고, 위와 같은 노동은 월평균 25일을 종사하여 60세가 되는 날까지 가동할 수 있으므로 위 원고는 이건 사고가 없었더라면 이건 사고 다음날인 년도. 월. 일.부터 60세가 되는 년도. 월. 일.까지 36년(432개월) 동안 매월 25일을 종사하여 매월금 ○○만원씩(액수25)의 수입을 얻을 수 있었을 터인데, 이건 사고로 입은 손해로 인한 상당부분 그 노동능력이 상실한 결과 그 상실비율에 따라 일정 월수입을 월차적으로 상실하는 재산적 손해를 입었다 할 것인바, 그 노동능력상실율은 차후 귀원의 위 원고에 대한 신체감정결과에 따르기로 하고 아직 확정되지 아니한 기대수입 상실액 중에서 그 일부금인 금 ○○만원을 청구합니다.

나. 치료비 및 향후치료비

아직 확정되지 아니한 치료비 및 향후치료비로서 금 ○○만원을 청구합니다.

다. 위자료

원고 ○○○은 이건 사고로 인하여 장기간 치료는 물론 평생 불구자로 살아가야 하는 고통과 위 원고와 앞서본 신분관계가 인정되는 나머지 원고들 역시 막심한 정신적인 고통을 입었을 것임은 경험칙상 명백하므로 원고 ○○○에게 금 액수 원, 원고 ○○○, 같은 ○○○에게 각 금 액수 원씩을 지급함이 상당하다 할 것이다.

4. 결 론

그렇다면 피고는 원고 ○○○에게 금 액수 원, 원고 ○○○, 같은 ○○○에게 각 금 만원 및 이에 대하여 년도. 월. 일.부터 이건 소장부본 송달일까지는 연 5푼의, 그 다음날부터 완제일에 이르기까지는 소송촉진등에관한특례법 소정의 연 2할의 각 비율에 의한 금원을 지급할 의무가 있다 할 것이므로 그 지급을 구하기 위하여 이건 청구에 이른 것이다.

입 증 방 법

1. 갑 제1호증 주민등록등본
1. 갑 제2호증 교통사고 사실확인원
1. 갑 제3호증의 1 진단서
1. 추가진단서
1. 기타 입증방법은 변론시 제출하겠습니다.

첨 부 서 류

1. 위 입증서류 각 1통.
1. 위임장 1통.
1. 등기부 등본(법인) 1통.
1. 소장부본 1통.

20○○. ○. ○.

위 원고들 소송대리인

변호사 ○○○ (인)

○○지방법원 귀중

나. 사망의 경우

소 장

표지

원 고 ○○○ (주민등록번호)

피 고 ○○○ (주민등록번호)

사 건 명 청구의 소

소송물가액 금 원

첨용인지액 금 원

송 달 료 금 원

○○지방법원 귀중

소 장

원 고 1. ○○○ (주민등록번호)
2. ○○○ (주민등록번호)
3. ○○○ (주민등록번호)
4. ○○○ (주민등록번호)
서울시 ○○구 ○○동 00번지 (우편번호)
위 원고 소송대리인 변호사 ○○○
서울시 ○○구 ○○동 00번지 (우편번호)

피 고 ○○○ (주민등록번호)
서울시 ○○구 ○○동 00번지 (우편번호)
송달장소 구치소 수감 중(수용번호 ○○○호)

청 구 취 지

1. 피고는 원고 ○○○에게 금 ○○○만원, 원고 ○○○에게 금 ○○○만원, 원고 ○○○에게 금 ○○○만원, 원고 ○○○에게 금 ○○○만원 및 이에 대하여 년도 월. 일.부터 이건 판결선고일까지는 연 5푼의, 그 다음날부터 완제일까지는 연 2할의 각 비율에 의한 금원을 지급하라.
2. 소송비용은 피고의 부담으로 한다.
3. 위 제1항은 가집행할 수 있다.

라는 판결을 구합니다.

청 구 원 인

1. 원고들의 지위

원고 ○○○는 이건 사고 피해자인 소외 망 ○○○의 처이고, 원고 ○○○, 같은 ○○○은 망인의 자식들이고, 원고 ○○○은 망인의 부이다.

2. 손해배상책임의 발생

가. 피고는 경기 ○○○모 ○○○호 5톤 트럭 화물차 소유자 겸 운전사로서 년도 월. 일. 01:40경 위 차량을 운전하여 서울 ○○구 ○○동 ○○시장 내 차선이 설치되어 있지 않는 도로를 운행하게 되었는바, 그곳은 시장 안 이어서 통행인이 많은 곳이었습니다.

나. 당시는 야간 이였고, 눈이 내리고 있어서 노면이 미끄러운 상태이었으므로 이러한 경우 운전업무에 종사하는 자로서는 속도를 줄이고 전방좌우를 잘 살핀 후 안전하게 운행하여야 할 주의의무가 있음에도 불구하고 이를 게을리 한 채 그대로 진행한 과실로 때마침 전방 우측에서 손수레를 밀면서 걸어가던 피해자 소외 망 ○○○를 위 트럭 앞 펌퍼 부분으로 충격하여 땅에 넘어뜨러 골반골 분쇄골절로 인한 심혈 등으로 인하여 같은 날 03:00경 사망케 하였는바, 피고는 원고들에게 자동차손해배상보장법 제3조에 의하여 그 손해를 배상할 책임이 있다할 것이다.

3. 손배배상 범위

가. 기대수입 상실액

소외 망 ○○○는 년도. 월. 일.생으로 사고당시 52세 3개월 남짓한 신체건강한 남자로서 그 평균여명이 20.65년이므로 특단의 사정이 없는 한 72세까지는 생존이 가능하다 할 것이다. 위 소외 망인은 이 사건 사고에 이르기까지 ○○동 농수산물시장 내에서 리어카로 농수산물을 운반하여 매일 일정수입을 얻어 왔는바, 이건 사고당시 도시일반남자 보통인부의 일일노임은 금 액수 원이고 위와 같은 노동은 월평균 25일은 종사할 수 있고 60세 다하는 날까지 가동할 수 있으므로, 위 소외망인은 이 사건 사고가 없었더라면 이건 사고 다음날인 년도. 월. 일.부터 위 평균여명 내 가동연한인 60세가 끝나는 날까지인 105개월(8년 9개월)동안 위 일용노동에 종사하여 매월 금 ○○○만원(액수25)의 수입을 얻을 수 있었을 터인데 이 사건 사고로 말미암아 위 수입상당을 전부 상실하였다할 것이다. 그런데 위 소외 망인의 생계비로서 동 수입의 3분의 1을 공제한 금액이 위 망인의 순수입이라 할 것이나, 위 월차적으로 상실수입금을 위 사고당시를 기준하여 일시에 청구하므로 호프만식계산법에 따라 월 12분의 5푼의 중간이자를 공제하고 이 사건 당시의 현가로 산정하면 금 ○○○만원(액수원 미만은 버립니다)이 됨이 계산상 명백한다.

나. 장례비

본건 사고를 당하여 원고 ○○○는 소외망인의 장례를 위하여 장례비 및 장례를 위한 제반비용으로 금 ○○○만원을 지출하였으므로 피고는 원고 ○○○에게 이를 배상할 책임이 있다할 것이다.

다. 위자료

소외 망인은 이 사건 사고로 사망하는 순간 견딜 수 없는 고통과 이제 52세의 나이로 가장으로써 처자식 및 부를 앞에 둔 채 여명을 다하지 못한 한을 품은 채 운명하였을 것이므로, 피고는 위 망인 및 앞서본 가족관계가 인정되는 망인의 유족들에게 위자할 의무가 있다할 것인바, 망인에게 금 ○○○만원, 원고 ○○○에게 금 ○○○만원, 원고 ○○○, 같은 ○○○, 같은 ○○○에게 각 금 ○○○만원씩을 정함이 상당하다할 것이고, 위 망인의 위자료는 원고 ○○○, 같은 ○○○, 같은 ○○○에게 각 지분별로 공동 상속 되었다 할 것이다.

라. 상속관계

위 망인의 재산적 손해 및 위자료를 합하면 금 ○○○만원(재산적 손해 금 ○○○만원+위자료 ○○○만원)인 바, 망인의 처인 원고 ○○○가 7분지 3을, 원고 ○○○, 같은 ○○○에게 각 7분지 2씩을 공동 상속 하였다 할 것이다.

4. 결 론

그렇다면 피고는 원고 ○○○ 금 ○○○만원(망인의 일실수입 및 위자료 상속분 ○○○만원+위자료 ○○○만원), 원고 ○○○에게 금 ○○○만원(망인의 일실수입 및 위자료 상속분 ○○○만원+위자료 액수+장례비 ○○○만원), ○○○에게 금 ○○○만원(망인의 일실수입금 및 상속분 ○○○만원+위자료 액수 원), 원고 ○○○에게 금 ○○○만원 및 이에 대하여 년도. 월. 일.부터 이건 판결선고일까지는 연 5푼의, 그 다음날부터 완제일까지는 소송촉진에관한특례법 소정의 연 2할의 각 비율에 의한 금원을 지급할 의무가 있다할 것이므로 그 지급을 구하기 위하여 본건 청구에 이른 것이다.

입 증 방 법

1. 소갑 제1호증의 1-2 가족관계부
1. 갑 제2호증 주민등록등본
1. 갑 제3호증 교통사고사실확인원
1. 갑 제4호증 사체검안서
1. 갑 제5호증의 1-2 월간거래표지 및 내용
1. 갑 제6호증의 1-2 한국인표준생명표 표지 및 내용
1. 나머지는 구두 변론시 수시로 입증하고자 한다.

첨 부 서 류

1. 위 입증서류 각 1통.
1. 위 임 장 1통.
1. 납 부 서 1통.
1. 소장부본 1통.

20○○. ○. ○.
위 원고들 소송대리인
변호사 ○○○ (인)

○○지방법원 귀중

2. 산업재해사고

소 장

표지

원 고 ○○○ (주민등록번호)

피 고 ○○○ (주민등록번호)

사 건 명 청구의 소

소송물가액 금 원

첨용인지액 금 원

송 달 료 금 원

○○지방법원 귀중

소　　　장

원　　고　1. ○○○ (주민등록번호)
　　　　　2. ○○○ (주민등록번호)
　　　　　3. ○○○ (주민등록번호)
　　　　　4. ○○○ (주민등록번호)
　　　　　주소 다같이 서울시 ○○구 ○○동 00번지 (우편번호)
　　　　　위 원고 3. ○○○, 4. ○○○는 미성년자이므로
　　　　　법정대리인 친권자 부 ○○○, 모 ○○○
　　　　　위 원고들 소송대리인 변호사 ○○○
　　　　　서울시 ○○구 ○○동 00번지 (우편번호)

피　　고　1. 주식회사 회사 ○○
　　　　　　서울시 ○○구 ○○동 00번지 (우편번호)
　　　　　　대표이사 ○○○
　　　　　2. 주식회사 회사 ○○
　　　　　　서울시 ○○구 ○○동 00번지 (우편번호)
　　　　　　대표이사 ○○○

손해배상금청구의 소(산)
소송물 가액금　　　　만원

청　구　취　지

1. 피고들은 연대하여 원고 ○○○에게 금 ○○○만원, 원고 ○○○에게 금 ○○○만원, 원고 ○○○ 같은 ○○○에게 각 금 ○○○만원 및 이에 대한 년도. 월. 일.부터 이건 소장 부본 송달일까지는 연 5푼의 그 다음날부터 완제일까지는 연 2할의 각 비율에 의한 금원을 지급하라.
2. 소송비용은 피고들의 부담으로 한다.

3. 위 제1항은 가집행할 수 있다.
라는 판결을 구합니다.

청 구 원 인

1. 당사자들의 지위

원고 ○○○는 본건 사고를 당한 피해자 본인이고, 원고 ○○○은 원고 ○○○의 처, 원고 ○○○, 같은 ○○○는 원고 ○○○ 의 자녀들이며, 피고들은 본건 사고를 야기한 불법행위자들이다.

2. 손해배상책임의 발생

피고 주식회사 ○○주택(이하 피고 ○○주택이라고만 한다.)은 대구시 ○○구 ○○동에서 신축 중인 ○○타운 아파트의 건축주이고, 피고 주식회사 ○○기업(이하 피고 ○○기업이라고만 한다.)은 피고 ○○주택으로부터 위 아파트 공사 중 철근 골조 공사 등을 도급받은 회사인바, 원고 ○○○(이하 원고라고만 한다.)는 년도.경부터 각종 공사장에서 형틀 목공으로 일해 오다 년도. 월.경부터는 피고 ○○기업에 고용되어 일해 왔습니다.

원고는 년도. 월. 일. 위 아파트의 지하 주차장 옹벽을 설치하여 위하여 유러폼(옹벽을 설치하기 위하여 옹벽 양쪽에 미리 설치하는 조립식 합판)과 유러폼 사이를 고정시키는 후크(조립식 유러폼에 U자 모양의 후크를 부착하고 비계파이프를 위 후크에 고정하여 유러폼과 유러폼을 고정시키게 하는 것)를 피고 ○○주택 현장사무실에서 지하 옹벽공사 현장으로 옮기어 지하 옹벽공사장에 적재하던 중 위 후크를 싼 포대 밖으로 돌출한 후크 고리에 원고의 손장갑이 걸려서 원고는 3-4m 높이의 위 공사현장에 추락함으로서 약 1개월간의 치료를 요하는 양측성 족부 종골골절 등의 상처를 입었습니다.

그런데 이러한 위험한 지하 옹벽공사에 인부를 투입하는 피고들로서는 지하 웅덩이에 작업인부들의 안전을 고려하여 안전망을 설치하고 지하 웅덩이 주변을 드나드는 통로를 정비하여 공사진행에 차질이 없도록 하여야 함에도 불구하고 원고가 노면이 고르지 아니하고 협소한 이건 공사통로

위에서 후크를 던지다 떨어져 이건 사고를 당하게 하였고 더군다나 이 주택은 후크를 부대 속에 넣을 경우 돌출부분이 없도록 하여야 함에도 부대 밖으로 후크의 고리가 돌출되게 함으로서 원고가 추락하는 직접적인 원인을 제공하였다 할 것이다. 따라서 피고들은 민법 제750조 규정에 의하여 이건 사고로 인하여 원고 및 나머지 원고들이 입은 모든 손해를 배상할 책임이 있다 할 것이다.

3. 손해배상 책임의 범위

가. 원고 ○○○의 일실수입

원고 ○○○은 년도. 월. 일.생으로 사고 당시 32년 1월 남짓한 신체 건강한 남자로서 한국인의 표준생명표에 의하면 그 나이되는 한국 남자의 평균여명이 37.52년 가량이므로 69세까지는 생존할 수 있다 할 것이므로 위 원고는 본건 사고를 당하지 아니하였다면 그 잔존 여명 이내인 60세가 될 때까지인 년도. 월. 일.까지 334개월(월 미만은 제외)동안 각종 건설현장에서 형틀목수로서 종사하여 매월 금 ○○○만원의 수입을 얻을 수 있을 것이나, 본건 사고로 인하여 노동능력을 상실하여 그에 상당한 수입손실을 입게 되었는바, 이는 차후에 신체감정결과에 따라 그 손해액을 확정하기로 하고 우선금 액수 원만 기대수입 상실금으로 청구합니다.

나. 위자료

원고 ○○○는 본건 사고를 당하여 장기간 치료를 받았고, 치료종결 이후에도 중대한 장애가 남게 됨으로서 위 원고는 물론 위에서 본 바와 같은 신분관계에 있는 나머지 원고들이 심한 정신적 고통을 받았을 것임은 경험칙상 명백하므로 피고는 이러한 원고들의 정신적 고통에 대하여 금전으로나마 이를 위자해 주어야 할 의무가 있다 할 것이다.

따라서 원고들의 신분관계, 연령, 생활환경 및 본건 사고의 발생 경위와 치료종결 이후의 후유장애의 정도 등 여러 사정을 참작한다면 피고들은 위자료로서 원고 ○○○에게 금 ○○○만원 원고 ○○○에게 금 ○○○만원 원고 ○○○, 같은 ○○○에게 각 금 ○○○만원씩을 지급함이 상당하다 하겠습니다.

4. 결 론

그렇다면 피고들은 원고 ○○○에게 금 ○○○만원 원고 ○○○에게 금 액수 원 원고 ○○○, 같은 ○○○에게 각 금 ○○○만원 및 이에 대한 본건 사고 익일인 년도. 월. 일.부터 이건 소장 부본 송달 다음날까지는 민법 소정의 연 5푼 그 다음날부터 완제일까지는 소송촉진등에관한특례법 소정의 연 2할의 각 비율에 의한 지연 손해금을 지급할 의무가 있는 바, 원고들은 이에 그 지급을 구하기 위하여 이건 청구에 이른 것이다.

입 증 방 법

1. 갑 제1호증 가족관계부
1. 갑 제2호증 주민등록등본
1. 갑 제3호증의 1, 2 진 단 서
1. 갑 제4호증의 1, 2 한국인의 표준생명표 표지 및 동내용
1. 갑 제5호증의 1, 2 월간 거래가격 표지 및 동내용
1. 나머지는 구두 변론시 수시로 입증하고자 한다.

첨 부 서 류

1. 위 입증서류 각 1통.
1. 등기부등본(법인) 2통.
1. 위 임 장 1통.
1. 소장부본 1통.
1. 납 부 서(송달료) 1통.

20○○. ○. ○.

위 원고들 소송대리인

변호사 ○○○ (인)

○○지방법원 귀중

제3절 부동산에 대한 각종 청구사건의 소

1. 소유권이전등기청구

[사례: ①가등기에 기한 본등기절차이행청구 ②매매를 원인으로 한 소유권이전등기청구 ③ 시효취득을 원인으로 한 소유권이전등기청구 ④환매권행사를 원인으로 한 소유권이전등기청구 등 등]

매매를 원인으로 한 소유권이전등기청구의 소

소　　　　장

표지

원　　고　　○○○ (주민등록번호)

피　　고　　○○○ (주민등록번호)

사 건 명　　청구의 소

소송물가액　금　　　　원

첨용인지액　금　　　　원

송 달 료 금　　　　원

○○지방법원　　　　귀중

소 장

원 고 ○○○ (주민등록번호)
서울시 ○○구 ○○동 00번지 (우편번호)

피 고 1. ○○○ (주민등록번호)
서울시 ○○구 ○○동 00번지 (우편번호)
2. ○○○ (주민등록번호)
서울시 ○○구 ○○동 00번지 (우편번호)
3. ○○○ (주민등록번호)
서울시 ○○구 ○○동 00번지 (우편번호)

부동산소유권이전등기청구의 소

청 구 취 지

1. 피고들은 원고에게 서울시 ○○구 ○○동 ○○대 ○○평방미터 중 7중 902분지 22.55지분에 관하여 피고 ○○○은 피고 ○○○에게 년도. 월. 일. 매매를 원인으로 한 피고 ○○○는 피고 ○○○에게 년도. 월. 일. 매매를 원인으로 한 피고 ○○○는 피고 ○○○에게 년도. 월. 일. 매매를 원인으로 한 피고 ○○○는 피고 ○○○에게 년도. 월. 일. 매매를 원인으로 한 피고 ○○○은 피고 ○○○ 에게 년도. 월. 일. 매매를 원인으로 한 피고 ○○○은 피고 ○○○에게 년도. 월. 일. 매매를 원인으로 한 피고 ○○○은 원고에게 년도. 월 일 매매를 원인으로 한 각 소유권이전등기 절차를 이행하라.

2. 소송비용은 피고의 부담으로 한다.

라는 판결을 구합니다.

청 구 원 인

1. 원고는 이 사건 청구원인으로 피고 ○○○가 년도. 월. 일. 피고 ○○○로부터 피고 ○○○는 년도. 월. 일. 피고 ○○○로부터 피고 ○○○는 년도. 월. 일. 피고 ○○○부터 피고 ○○○은 년도. 월. 일. ○○○로부터 피고 ○○○은 년도. 월. 일. ○○○으로부터 피고 ○○○은 원고에게 년도. 월. 일. 매매를 원인으로 한 소유의 서울시 ○○구 ○○동 대 ○○평방미터의 7지상 연립주택 중 제1동 101호와 그에 대한 대지 지분 101분지 28.187을 매수하였습니다.

2. 그렇다면 위 대지지분 중 원고가 구하는 902분지 22.55에 관하여(그 나머지 5,637 대지지분과 건물에 대하여는 이미 이전등기가 경료되었다) 피고 ○○○은 피고 ○○○에게 년도. 월. 일. 매매를 원인으로 한 피고 ○○○는 피고 ○○○에게 년도. 월. 일. 매매를 원인으로 한 피고 ○○○은 피고 ○○○에게 년도. 월. 일. 매매를 원인으로 한 피고 ○○○는 피고 ○○○에게 년도. 월. 일. 매매를 원인으로 한 피고 ○○○은 피고 ○○○에게 년도. 월. 일. 매매를 원인으로 한 피고 ○○○은 피고 ○○○에게 년도. 월. 일. 매매를 원인으로 한 피고 ○○○은 원고에게 년도. 월. 일. 매매를 원인으로 한 각 소유권 이전등기절차를 이행할 의무가 있다고 봅니다. 그리고 피고 ○○○에 대하여는 피고 ○○○를 대위하여 피고 ○○○에 대하여는 피고 ○○○를 대위하여 피고 ○○○에 대하여는 피고 ○○○를 대위하여 피고 ○○○에 대하여는 피고 ○○○을 대위하여 피고 ○○○ 대하여는 피고 ○○○을 대위하여 피고 ○○○에 대하여는 피고 ○○○을 대위하여 피고 ○○○에 대하여는 직접 각 등기 절차의 이행을 구하는 원고에 이 사건 청구는 이를 인용하여 주시기

바랍니다.

그러므로 원고는 위 부동산에 대한 소유권이전등기절차를 받고자 이 소에 의한 청구에 이른 것이다.

입 증 방 법

1. 갑 제1호증	토지등기부등본
1. 갑 제2호증	건물등기부등본
1. 갑 제3호증	토지대장
1. 갑 제4호증	건물대장

1. 기타 변론시 필요에 따라 수시 제출코자 한다.

첨 부 서 류

1. 위 입증서류	각 1통.
1. 납부서	1통.
1. 소장부본	7통.

20○○. ○. ○.

위 원고 ○○○ (인)

○○지방법원 귀중

2. 말소등기청구

[사례: ①매매를 원인으로 한 가등기 및 소유권이전등기말소청구 ②사해행위취소 등을 원인으로 한 소유권이전등기말소청구 ③원인무효를 원인으로 한 근저당권설정등기말소청구 ④채무부존재를 원인으로 한 근저당권설정등기말소청구 ⑤피담보채권의 소멸을 원인으로 한 근저당권설정등기말소청구 등]

매매를 원인으로 한 가등기 및 소유권이전등기의 말소를 동시에 청구한 경우

소 장

표지

원 고 ○○○ (주민등록번호)

피 고 ○○○ (주민등록번호)

사 건 명 청구의 소

소송물가액 금 원

첨용인지액 금 원

송 달 료 금 원

○○지방법원 귀중

소 장

원 고 ○○○ (주민등록번호)
서울시 ○○구 ○○동 00번지 (우편번호)
위 원고 소송대리인 변호사 ○○○
서울시 ○○구 ○○동 00번지 (우편번호)

피 고 1. ○○○ (주민등록번호)
서울시 ○○구 ○○동 00번지 (우편번호)
2. ○○○ (주민등록번호)
서울시 ○○구 ○○동 00번지 (우편번호)

가등기말소 등

청 구 취 지

1. 원고에 대하여 별지기재 부동산에 관하여,
   가. 피고 ○○○은 년도. 월. 일. ○○지방법원 ○○등기소 접수 제00000호 년도. 월. 일. 매매예약을 원인으로 한 소유권이전청구권가등기 및 년도. 월. 일. 위 등기소 접수 제○○호 년도. 월. 일. 매매를 원인으로 한 소유권이전등기의 각 말소등기절차를 이행하고,
   나. 피고 ○○○은 이 소장부본 송달일자 명의신탁해지를 원인으로 한 소유권이전등기절차를 이행하라.
2. 소송비용은 피고 등의 부담으로 한다.

라는 판결을 구합니다.

청 구 원 인

1. 원고가 실질적인 소유자임.

가. 별지기재의 부동산(이하 본건 부동산이라 한다)은 원고가 년도. 월. 일. 그 소유자인 소외 ○○○으로부터 매수하여 그 소유권이전등기를 함에 있어서 편의상 원고의 동생인 피고 ○○○에게 명의신탁하여 동 ○○○명의로 소유권이전등기를 하였습니다(년도. 월. 일. 접수 제 00000호).

나. 원고는 본건 부동산의 실질적인 소유자로서 현재까지 이를 관리하면서 다른 사람들에게 임대하여 오고 있었습니다(원고가 등기권리증을 소지하고 있음).

다. 피고 ○○○은 명의 수탁자로서 원고가 청구하면 언제든지 본인 부동산의 소유명의를 원고에게 이전하여 주기로 했으며, 또한 만약 피고 ○○○ 명의로 있는 동안에 동 피고가 사망하게 되더라도 원고 명의도 환원하여 감에 아무런 지장이 없도록 하기 위하여 년도. 월. 일.자로 공증인가 합동법률사무소에서 유언공증(피고 ○○○이 원고에게 본건 부동산을 유증한다는 내용)을 하기도 하였습니다.

2. 피고 ○○○ 명의로의 가등기(원인무효)

가. 피고 ○○○의 아들 소외 ○○○는 피고 ○○○이 신병으로 입원 중에 있음을 기화로 동 피고 몰래 동 피고의 인감을 개인하고 이를 이용하여 본건 부동산에 관하여 동 소외인의 친구인 피고 ○○○ 명의로 청구취지와 같이 가등기 및 소유권이전등기를 경료하여 주었습니다.

나. 설사 피고 ○○○명의로의 위 각 등기가 피고 ○○○의 승낙 하에 이루어진 것이라고 가정할지라도, 피고 ○○○ 명의의 위 각 등기는 아무런 법률적인 원인관계 없이 매매를 가장한 통모의 행위이다.

다. 따라서, 피고 ○○○ 명의의 위 각 등기는 어느 모로 보나 원인무효의 등기이므로 그 말소를 면할 수 없다 하겠습니다.

3. 명의신탁해지

원고는 이 사건 소장 부본 송달로써 본건 부동산에 관한 피고 ○○○에 대한 명의신탁을 해지하고, 이를 원인으로 원고 앞으로의 소유권이전등기절차의 이행을 구합니다.

4. 결어

이에 청구취지 기재와 같이 판결을 구합니다.

입 증 방 법

1. 갑 제1호증의 1, 2 등기부 등본
1. 갑 제2호증 토지대장 등본
1. 갑 제3호증 건축물관리대장 등본
1. 나머지는 구두 변론시 수시로 입증하고자 한다.

첨 부 서 류

1. 위 입증서류 각 1통.
1. 위 임 장 1통.
1. 소장부본 1통.

20○○. ○. ○.

위 원고 소송대리인

변호사 ○○○ (인)

○○지방법원 귀중

3. 명도와 인도청구

[사례: ①무허가건축물의 철거 및 토지의 인도청구 ②불법식재된 입목수거와 토지인도를 동시에 청구하는 경우 ③불법점유를 원인으로 한 건물명도청구 ④임대차의 기간만료를 원인으로 한 건물명도청구 등 등]

1) 불법점유를 원인으로 한 건물명도청구

소 장

표지

원 고 ○○○ (주민등록번호)

피 고 ○○○ (주민등록번호)

사 건 명 청구의 소

소송물가액 금 원

첨용인지액 금 원

송 달 료 금 원

○○지방법원 귀중

소 장

원 고 ○○○ (주민등록번호)
서울시 ○○구 ○○동 00번지 (우편번호)
소송대리인 법무법인 담당변호사 ○○○
서울시 ○○구 ○○동 00번지 (우편번호)

피 고 ○○○ (주민등록번호)
서울시 ○○구 ○○동 00번지 (우편번호)
전화·휴대폰번호
팩스번호, 전자우편(e-mail)주소

건물명도청구의 소

청 구 취 지

1. 피고는 원고에게 서울 ○○구 ○○동 00 지상 시멘트벽돌 및 연와조 도단즙 평가건 본가 건평 18평을 명도하라.
2. 소송비용은 피고의 부담으로 한다.
3. 제1항은 가집행할 수 있다.

라는 판결을 구합니다.

청 구 원 인

청구취지 기재의 건물은 원고의 소유인바 피고는 아무런 권원 없이 이를 점유하고 있으므로 소유권에 기하여 명도청구를 하는바 이다.

입 증 방 법

1. 갑 제1호증 건물등기부등본
1. 갑 제2호증 건축물 대장등본
1. 나머지는 구두 변론시 수시로 입증하고자 한다.

첨 부 서 류

1. 위 입증서류 각 1통.
1. 위 임 장 1통.
1. 소장부본 1통.

20○○. ○. ○.
위 원고 소송대리인
변호사 ○○○ (인)

○○지방법원 귀중

2) 임대차기간 만료를 원인으로 한 건물명도청구

소 장

표지

원 고 ○○○ (주민등록번호)

피 고 ○○○(주민등록번호)

사 건 명 청구의 소

소송물가액 금 원

첨용인지액 금 원

송 달 료 금 원

○○지방법원 귀중

소　　　장

원　　고　　학교법인 ○○학원
서울시 ○○구 ○○동 00번지 (우편번호)
대표이사 ○○○
소송대리인 변호사 ○○○
서울시 ○○구 ○○동 00번지 (우편번호)

피　　고　　1. ○○○ (주민등록번호)
서울시 ○○구 ○○동 00번지 (우편번호)
2. ○○○ (주민등록번호)
서울시 ○○구 ○○동 00번지 (우편번호)

건물명도등청구의 소

청 구 취 지

1. 피고들은 연대하여(또는 각자) 원고에게
   가. 별지목록기재 부동산중 별지 약도상의 ○○부분 공장 55평과 ○○부분 사무실 7평을 명도하고,
   나. 년도. 월.분까지의 연체된 임대료 등으로 금 ○○○만원과 년도. 월. 일.부터 위 건물을 명도 할 때까지 매월 금 ○○○만원씩을 지급하라.
2. 소송비용은 피고들의 부담으로 한다.
3. 위 제1항에 대하여는 가집행할 수 있다.

라는 판결을 구합니다.

청 구 원 인

1. 별지목록기재 건물은 원고 소유의 부동산이다(갑 제1호증).
2. 원고는 년도. 월. 일. 피고 ○○○에게 별지목록기재 부동산을 임대보증금은 금 ○○○만원, 공장은 월 임대료 금 ○○○만원, 임대기간은 년도. 월. 일.부터 년도. 월. 일.까지, 사무실은 월 임대료 금 ○○○만원, 임대기간은 년도. 월 일.부터 년도. 월. 일.까지도 하여 임대하였습니다(갑 제2의 1, 2).
3. 원고와 피고는 위 임대차계약서에 피고는 임대료와 관리비를 매월 말에 지급하기로 하고, 피고는 임차물을 타인에게 양도 또는 전매할 수 없으며, 임대계약기간 완료시에는 1개월 전에 협의하여 계약갱신하지 않는 한 기간만료와 동시에 명도하기로 약정하고, 계약기간 내라도 임차료나 관리비 등을 기간 내에 납부하지 아니할 때는 임대인은 계약을 해지할 수 있도록 특약하였습니다.
4. 그런데 피고는 원고의 하등 승낙 없이 제3자인 피고 ○○○에게 전매하였고, 년도. 월. 일. 임대료 잔금 ○○만원과 년도. 월. 일.부터 현재까지 매월 임대료와 각종 관리비 합계금 ○○○만원씩을 지급하지 아니하고 있어 원고는 년도. 월. 일.자로 피고 ○○○에게 년도. 월. 일.자로 계약기간 종료로 계약이 해소되어 명도해 줄 것을 통고하고, 그 후 년도. 월. 일.자 통고서로 수차 임대료 등 연체와 계약기간 만료로 이건 임대계약이 해소되었으니, 공장 내 기계를 철거하여 건물을 명도해 줄 것을 통고한 바 있어(갑 제3호증의 1 내지 5), 이건 임대차계약은 임대료 연체 및 기간만료로 해지되었습니다.
5. 그리고 피고는 년도. 월.분까지는 매달 임대료와 관리비, 전기안전점검, 수수료, 방화관리비와 각 이에 대한 부가가치세로 합계금 ○○○만원을 지급하다가 년도. 월.에 임대료 잔금 ○○○만원과 년도. 월.부터 년도. 월. 일. 현재까지 8개월간 매월 위 금 ○○○만원씩의 임대료와 관리비 등을 지급하지 아니하여 합계금 ○○○만원이 연체되어 있는바, 원고는 이건 소장 송달로써 임대보증금 ○○○만원에 대하여 위 연체된 임대료를 동 동액에서 상계할 것을 통보하고, 나머지 ○○○만원과 년도. 월.

일.부터 이건 건물명도시까지 매월 임대료 및 관리비 등 상당액인 금 ○○○만원의 손해액의 배상을 청구하는 바이다.

6. 그러므로 원고는 피고 ○○○에게는 임대계약 해지 및 기간만료로 인하여 그리고 피고 ○○○에게는 소유권에 기하여, 각 피고들의 불법점거를 배제하여 이건 건물의 명도를 받고자, 공동불법점거자인 피고들에게 연대하여 이건 건물의 명도를 구함과 동시에 피고들의 불법점거로 인한 임대료 및 관리비 상당의 손해액을 부대청구로서 청구하는 바이다.

입 증 방 법

1. 갑 제1호증	부동산등기부등본
1. 갑 제2호증의 1, 2	임대차계약서
1. 갑 제3호증의 1 내지 5	각 통고서
1. 갑 제4호증의 1 내지 2	각 통고서
1. 갑 제5호증	미수금내역서

1. 기타 추후 제출하고자 한다.

첨 부 서 류

1. 소장부본	2통.
1. 건축물관리대장	1통.
1. 법인등기부등본	1통.
1. 납 부 서	1통.
1. 위 임 장	1통.

20○○. ○. ○.
위 원고 소송대리인
변호사 ○○○ (인)

○○지방법원 귀중

E. 공개된 인터넷상 법원 서식

1. 부동산강제경매신청서

부동산강제경매신청서

수입인지
5000원

채 권 자 (○○○) (주민등록번호 -)
(주소)
(연락처)

채 무 자 (○○○) (주민등록번호 -)
(주소)

청구금액 금 원 및 이에 대한 20 . . .부터 20 . . . 까지 연 % 의 비율에 의한 지연손해금

집행권원의 표시 채권자의 채무자에 대한 지방법원 20 . . . 선고 20 가단(합) 대여금 청구사건의 집행력 있는 판결정본

신 청 취 지

별지 목록 기재 부동산에 대하여 경매절차를 개시하고 채권자를 위하여 이를 압류한다
라는 재판을 구합니다.

신 청 이 유

채무자는 채권자에게 위 집행권원에 따라 위 청구금액을 변제하여야 하는데, 이를 이행하지 아니하므로 채무자 소유의 위 부동산에 대하여 강제경매를 신청한다.

첨 부 서 류

1. 집행력 있는 정본 1통
2. 집행권원의 송달증명원 1통
3. 부동산등기부등본 1통
4. 부동산 목록 10통

20 . . .

채권자 (날인 또는 서명)

○○지방법원 귀중

◇ 유 의 사 항 ◇

1. 채권자는 연락처란에 언제든지 연락 가능한 전화번호나 휴대전화번호(팩스번호, 이메일 주소 등도 포함)를 기재하기 바랍니다.
2. 이 신청서를 접수할 때에는 (신청서상의 이해관계인의 수+3)×10회분의 송달료와 집행비용(구체적인 액수는 접수담당자에게 확인바람)을 현금으로 예납하여야 한다.
3. 경매신청인은 채권금액의 1000분의2에 해당하는 등록세와 그 등록세의 100분의20에 해당하는 지방교육세를 납부하여야 하고, 부동산 1필지당 2,000원 상당의 등기수입증지를 제출하여야 한다.

<예시>

부동산의 표시

1. 서울 종로구 ○○동 100
   대 20㎡
2. 위 지상
   시멘트블럭조 기와지붕 단층 주택
   50㎡ 끝.

2. 부동산임의경매신청서

부동산임의경매신청서

수입인지 5000원

채 권 자 (○○○) (주민등록번호 -)
(주소)
(연락처)

채 무 자 (○○○) (주민등록번호 -)
(주소)

청구금액 금 원 및 이에 대한 20 . . .부터 20 . . .까지 연 %의 비율에 의한 지연손해금

신 청 취 지

별지 목록 기재 부동산에 대하여 경매절차를 개시하고 채권자를 위하여 이를 압류한다
라는 재판을 구합니다.

신 청 이 유

채권자는 채무자에게 20 . . . 금 원을, 이자는 연 %, 변제기는 20 . . 로 정하여 대여하였고, 위 채무의 담보로 채무자 소유의 별지 기재 부동산에 대하여 지방법원 20 . . . 접수 제 호로 근저당권설정등기를 마쳤는데, 채무자는 변제기가 경과하여도 변제하지 아니하므로, 위 청구금액의 변제에 충당하기 위하여 위 부동산에 대하여 담보권실행을 위한 경매절차를 개시하여 주시기 바랍니다.

첨 부 서 류

1. 부동산등기부등본　　　1통
2. 부동산 목록　　　　　10통

20 . . .

채권자　　　(날인 또는 서명)

○○지방법원 귀중

◇ 유 의 사 항 ◇

1. 채권자는 연락처란에 언제든지 연락 가능한 전화번호나 휴대전화번호(팩스번호, 이메일 주소 등도 포함)를 기재하기 바랍니다.
2. 이 신청서를 접수할 때에는 (신청서상의 이해관계인의 수+3)×10회분의 송달료와 집행비용(구체적인 액수는 접수담당자에게 확인바람)을 현금으로 예납하여야 한다.
3. 경매신청인은 채권금액의 1000분의2에 해당하는 등록세와 그 등록세의 100분의20에 해당하는 지방교육세를 납부하여야 하고, 부동산 1필지당 2,000원 상당의 등기수입증지를 제출하여야 한다.

<예시>

부동산의 표시

1. 서울 종로구 ○○동 100
   대 20㎡
2. 위 지상
   시멘트블럭조 기와지붕 단층 주택
   50㎡ 끝.

3. 주소보정서 〈A1138〉

주소보정서

사건번호 20 가 (차) [담당재판부 : 제 (단독)부]
원고(채권자)
피고(채무자)

위 사건에 관하여 아래와 같이 피고(채무자) 의 주소를 보정한다.

<table>
<tr><td rowspan="2">주소변동 유무</td><td>☐ 주소변동 없음</td><td>종전에 적어낸 주소에 그대로 거주하고 있음</td></tr>
<tr><td>☐ 주소변동 있음</td><td>새로운 주소 :
(우편번호 -)</td></tr>
<tr><td rowspan="4">송달신청</td><td>☐ 재송달신청</td><td>종전에 적어낸 주소로 다시 송달</td></tr>
<tr><td rowspan="2">☐ 특별송달신청</td><td>☐ 주간송달 ☐ 야간송달 ☐ 휴일송달</td></tr>
<tr><td>☐ 종전에 적어낸 주소로 송달 ☐ 새로운 주소로 송달</td></tr>
<tr><td>☐ 공시송달신청</td><td>주소를 알 수 없으므로 공시송달을 신청함
(첨부서류 :)</td></tr>
<tr><td colspan="3">20 . . . 원고(채권자) (서명 또는 날인)
법원 귀중</td></tr>
</table>

[주소보정요령]

1. 상대방의 주소가 변동되지 않은 경우에는 주소변동 없음란의 □에 "✔" 표시를 하고, 송달이 가능한 새로운 주소가 확인되는 경우에는 주소변동 있음란의 □에 "✔" 표시와 함께 새로운 주소를 적은 후 이 서면을 주민등록등본 등 소명자료와 함께 법원에 제출하시기 바랍니다.
2. 상대방이 종전에 적어 낸 주소에 그대로 거주하고 있으면 재송달신청란의 □에 "✔" 표시를 하여 이 서면을 주민등록등본 등 소명자료와 함께 법원에 제출하시기 바랍니다.
3. 수취인부재, 폐문부재 등으로 송달되지 않는 경우에 특별송달(집행관송달 또는 법원경위송달)을 희망하는 때에는 특별송달신청란의 □에 "✔" 표시를 하고, 주간송달·야간송달·휴일송달 중 희망하는 란의 □에도 "✔" 표시를 한 후, 이 서면을 주민등록등본 등의 소명자료와 함께 법원에 제출하시기 바랍니다(특별송달료는 지역에 따라 차이가 있을 수 있으므로 재판부 또는 접수계에 문의바랍니다).
4. 공시송달을 신청하는 때에는 공시송달신청란의 □에 "✔" 표시를 한 후 주민등록말소자등본 기타 공시송달요건을 소명하는 자료를 첨부하여 제출하시기 바랍니다.
5. 지급명령신청사건의 경우에는 사건번호의 '(차)', '채권자', '채무자' 표시에 ○표를 하시기 바랍니다.
6. 소송목적의 수행을 위하여서는 동사무소 등에 주소보정명령서 또는 소제기증명 등의 자료를 제출하여 상대방의 주민등록등·초본의 교부를 신청할 수 있다(주민등록법 제18조 제2항 제2호, 동법 시행령 제43조 제6항 참조).

4. 가압류(가처분)결정취소신청서

가압류(가처분)결정취소신청서

수입인지
2000원

신 청 인(채무자) (이 름) (주민등록번호 -)
(주 소)
(연락처)
피신청인(채권자) (이 름) (주민등록번호 -)
(주 소)

신 청 취 지

1. 위 당사자 간 ○○○○법원 ○○지원 카 호 신청사건에 관하여 20 . . . 귀원에서 한 (가압류·가처분) 결정을 취소한다.
2. 소송비용은 피신청인의 부담으로 한다.
3. 위 제1항은 가집행 할 수 있다.

라는 재판을 구함

신 청 이 유

별지와 같음

소 명 방 법

1.
2.

20 . . .

위 신청인 (날인 또는 서명)

○○법원 ○○지원 귀중

◇ 유의사항 ◇

1. 신청인은 연락처란에 언제든지 연락 가능한 전화번호나 휴대전화번호(팩스번호, 이메일 주소 등도 포함)를 기재하기 바랍니다.
2. 이 신청서를 접수할 때에는 당사자 1인당 8회분의 송달료를 송달료 수납은행에 납부하여야 한다. 다만, 송달료 수납은행이 지정되지 아니한 시.군법원의 경우에는 송달료를 우편으로 납부하여야 한다.

5. 가압류(가처분)집행해제신청서

가압류(가처분)집행해제신청서

사건번호

채 권 자 (이 름) (주민등록번호 -)

(주 소)

(연락처)

채 무 자 (이 름) (주민등록번호 -)

(주 소)

위 당사자 간 귀원 카 호 가압류(가처분)사건에 관하여 쌍방 원만히 합의가 이루어졌으므로 별지 목록기재 부동산에 대한 가압류(가처분)집행을 해제하여 주시기 바랍니다.

20 . . .

위 채권자 (날인 또는 서명)

○○ 지방법원 귀중

6. (집행문부여,송달증명,확정증명)신청서

<table>
<tr><td colspan="2">신 청 서</td><td>(* 해당사항을 기재하고
해당 번호란에 "○"표)</td></tr>
<tr><td colspan="3">사 건 번 호 20 가 (차) (단독 20 . . . 선고,
기타)

원고(채권자)
피고(채무자)
제3채무자

집행문부여 인지액 500원
송달증명 인지액 500원
확정증명 인지액 500원</td></tr>
<tr><td colspan="3">1. 집행문부여신청
위 당사자 간 사건의(판결, 결정, 명령, 화해조서, 인낙조서, 조정조서) 정본에 집행문을 부여하여 주시기 바랍니다.</td></tr>
<tr><td colspan="3">2. 송달증명원
위 사건의(판결, 결정, 명령, 화해조서, 인낙조서, 조정조서) 정본이 20 . . .자로 상대방에게 송달되었음을 증명하여 주시기 바랍니다.</td></tr>
<tr><td colspan="3">3. 확정증명원
위 사건의 (판결, 결정, 명령,)이 20 . . .자로 확정되었음을 증명하여 주시기 바랍니다.</td></tr>
<tr><td colspan="3">20 . . .
위 (1항, 2항, 3항) 신청인 원고(채권자) (날인 또는 서명)
법원 귀중</td></tr>
<tr><td colspan="3">위 (송달, 확정) 사실을 증명한다.
20 . . .
법원 법원사무관(주사) (인)</td></tr>
</table>

[유의사항] 1. 사건번호는 법원으로부터 수령한 소송서류 등으로 확인하여 정확하게 기재하기 바랍니다.

2. 위 양식사항 중 '(단독 . . .선고, 기타)란에는 담당재판부와 판결을 선고받은 일자(혹은 지급명령을 고지받은 일자, 화해·조정 등의 일자)를 기재한다.

3. 위 양식사항 중 당사자를 표시하는 '원고(채권자)', '피고(채무자)'항은 지급명령신청사건의 경우에 '채권자', '채무자'란에 ○표를 하고, 그 외 소액 및 단독, 합의사건의 경우에는 '원고', '피고'란에 ○표를 하여야 한다..

4. 위 양식사항 중 1 내지 3 신청의 '(판결 …… 조정조서)' 등의 란과 그 하단의 '(1항, 2항, 3항), '(송달, 확정)'란에는 해당사항에 각 ○표를 하여야 한다.

7. 지급명령신청서

지급명령신청서

채 권 자 (○○○) (주민등록번호 -)
(주소)
(연락처)

채 무 자 (○○○) (주민등록번호 -)
(주소)

청 구 취 지

채무자는 채권자에게 아래 청구금액 및 독촉절차 비용을 지급하라는 명령을 구함

1. 금 원
2. 위 1항 금액에 대하여 이 사건 지급명령정본이 송달된 다음날부터 다 갚는 날까지 연 %의 비율에 의한 지연손해금
3. 독촉절차 비용 (내역 : 송달료 원, 인지대 원)

청 구 원 인

첨 부 서 류

1.
2.

20 . . .

채권자 (날인 또는 서명)

○○ 지방법원 귀중

◇ 유 의 사 항 ◇

1. 채권자는 연락처란에는 언제든지 연락 가능한 전화번호나 휴대전화번호(팩스번호, 이메일 주소 등도 포함)를 기재하기 바랍니다.
2. 이 신청서를 접수할 때에는 당사자 1인당 4회분의 송달료를 현금으로 송달료수납은행에 예납하여야 한다(다만, 송달료수납은행이 지정되지 아니한 시·군법원의 경우에는 우표로 납부).

7-1. 지급명령에 대한 이의신청서

지급명령에 대한 이의신청서

사　　건　20　　차
채 권 자　(○○○)
채 무 자　(○○○)
　　　　　(주소)
　　　　　(연락처)

위 독촉사건에 관하여 채무자는 20 . . . 지급명령정본을 송달받았으나 이에 불복하여 이의신청을 한다.

20 . . .

이의신청인(채무자) (날인 또는 서명)

○○지방법원 귀중

◇ 유의사항 ◇

채무자는 연락처란에 언제든지 연락 가능한 전화번호나 휴대전화번호(팩스번호, 이메일 주소 등도 포함)를 기재하기 바랍니다.

8. 가처분신청서

가처분신청서

수입인지
2000원

채권자 (○○○) (주민등록번호 -)
(주소)
(연락처)

채무자 (○○○) (주민등록번호 -)
(주소)

목적물 가액

신청의 취지

신청의 이유

첨부 서류

20 . . .

위 채권자 (날인 또는 서명)

○○지방법원 귀중

◇ 유의사항 ◇

1. 신청인은 연락처란에 언제든지 연락 가능한 전화번호나 휴대전화번호(팩스번호, 이메일 주소 등도 포함)를 기재하기 바랍니다.
2. 이 신청서를 접수할 때에는 당사자 1인당 3회분의 송달료를 송달료 수납은행에 납부하여야 한다. 다만, 송달료 수납은행이 지정되지 아니한 시.군법원의 경우에는 송달료를 우편으로 납부하여야 한다.

9. 가압류결정에 대한 이의신청

가압류결정에 대한 이의신청

수입인지
2000원

신 청 인(채무자) (이 름) (주민등록번호 -)
(주 소)
(연락처)

피신청인(채권자) (이 름) (주민등록번호 -)
(주 소)

신 청 취 지

1. 위 당사자 간 ○○○○법원 ○○지원 카합 호 신청사건에 관하여 20 . . . 동원에서 결정한 결정을 취소한다.
2. 채권자의 이 사건 가압류신청을 기각한다.
3. 소송비용은 채권자의 부담으로 한다.
4. 위 제1항은 가집행 할 수 있다.

라는 재판을 구함

신 청 이 유

별지와 같음

소 명 방 법

1.

2.

20 . . .

위 신청인 (날인 또는 서명)

○○법원 ○○지원 귀중

◇ 유의사항 ◇

1. 신청인은 연락처란에 언제든지 연락 가능한 전화번호나 휴대전화번호(팩스번호, 이메일 주소 등도 포함)를 기재하기 바랍니다.
2. 이 신청서를 접수할 때에는 당사자 1인당 8회분의 송달료를 송달료 수납은행에 납부하여야 한다. 다만, 송달료 수납은행이 지정되지 아니한 시.군법원의 경우에는 송달료를 우편으로 납부하여야 한다.

10. 경매개시결정에 대한 이의신청서

경매개시결정에 대한 이의신청서

사건번호 타경 호 부동산강제경매

신 청 인(채무자) (이 름) (주민등록번호 -)
(주 소)
(연락처)
피신청인(채권자) (이 름) (주민등록번호 -)
(주 소)

신청취지

위 사건에 관하여 년 월 일 귀원이 한 강제경매개시결정은 이를 취소한다. 피신청인의 이 사건 강제경매신청은 이를 각하한다 라는 재판을 구함.

신청이유

1.
2.

20 . . .

위 신청인(채무자) (날인 또는 서명)

○○법원 ○○지원 귀중

11. 강제집행정지결정 신청서

강제집행정지결정 신청서

신 청 인 (○○○)

(주소)

(연락처)

피신청인 (○○○)

신 청 취 지

신 청 이 유

소 명 방 법

20 . . .

신청인 (날인 또는 서명)

○○지방법원 귀중

12. 권리신고 및 배당요구신청서(상가임대차) 〈A3441〉

권리신고 및 배당요구신청서(상가임대차)

사건번호 타경 부동산강제(임의)경매
채 권 자
채 무 자
소 유 자

임차인은 이 사건 매각절차에서 임차보증금을 변제받기 위하여 아래와 같이 권리신고 및 배당요구신청을 한다.

아 래

1	임차부분	전부, 일부(층 전부), 일부(층 중 ㎡) (※건물 일부를 임차한 경우 뒷면에 임차부분을 특정한 내부구조도를 그려 주시기 바랍니다)
2	임차보증금	보증금 원에 월세 원
3	점유(임대차)기간	20 . . .부터 20 . . .까지
4	사업자등록신청일	20 . . .
5	확정일자 유무	유(20 . . .), 무
6	임차권·전세권등기	유(20 . . .), 무
7	계약일	20 . . .
8	계약당사자	임대인(소유자) 임차인
9	건물의 인도일	20 . . .

첨부서류

1. 임대차계약서 사본 1통
2. 등록사항 등의 현황서 등본 1통
3. 건물도면의 등본 1통 (건물 일부를 임차한 경우)

20 . . .

권리신고 겸 배당요구신청인 (날인 또는 서명)

(주소 :)

(연락처 :)

지방법원 귀중

※ 임차인은 기명날인에 갈음하여 서명을 하여도 되며, 연락처는 언제든지 연락가능한 전화번호나 휴대전화 번호 등(팩스, 이메일 주소 등 포함)을 기재하시기 바랍니다.

13. 권리신고 및 배당요구신청서(주택임대차) 〈A3440〉

권리신고 및 배당요구신청서(주택임대차)

사건번호 타경 부동산강제(임의)경매
채 권 자
채 무 자
소 유 자

임차인은 이 사건 매각절차에서 임차보증금을 변제받기 위하여 아래와 같이 권리신고 및 배당요구신청을 한다.

아 래

1	임차부분	전부(방 칸), 일부(층 방 칸) (※건물 일부를 임차한 경우 뒷면에 임차부분을 특정한 내부구조도를 그려 주시기 바랍니다)
2	임차보증금	보증금 원에 월세 원
3	점유(임대차)기간	20 . . .부터 20 . . .까지
4	전입일자 (주민등록전입일)	20 . . .
5	확정일자 유무	유(20 . . .), 무
6	임차권·전세권등기	유(20 . . .), 무
7	계약일	20 . . .
8	계약당사자	임대인(소유자) 임차인
9	입주한 날 (주택인도일)	20 . . .

첨부서류

1. 임대차계약서 사본 1통
2. 주민등록표등(초)본 1통

20 . . .

권리신고 겸 배당요구신청인(날인 또는 서명)

(주소 :)

(연락처 :)

○○지방법원 **귀중**

※ 임차인은 기명날인에 갈음하여 서명을 하여도 되며, 연락처는 언제든지 연락가능한 전화번호나 휴대전화 번호 등(팩스, 이메일 주소 등 포함)을 기재하시기 바랍니다.

14. 기일변경(연기)신청서

기일변경(연기)신청서

사건번호 20 가 [담당재판부 : 제 (단독)부]

원 고

피 고

위 사건에 관하여 20 . . . : 로 변론준비기일이 지정되었으나 원고는 다음과 같은 사유로 출석할 수 없으므로 변론준비기일을 변경(연기)하여 주시기 바랍니다.

다 음

연기(변경)신청사유 : 예비군 훈련

첨 부 서 류

1. 예비군훈련 통지서 1 부.

20 . . .

위 원(피)고 (날인 또는 서명)

(연락처)

○○지방법원 귀중

◇유의사항◇

1. 양식 하단의 ○○○란에 원고의 경우에는 '원'에, 피고의 경우에는 '(피)'에 ○표를 하기 바랍니다.
2. 연락처란에는 언제든지 연락 가능한 전화번호나 휴대전화번호를 기재하고, 그 밖에 팩스 번호, 이메일 주소 등이 있으면 함께 기재하기 바랍니다.

15. 답변서

답 변 서

사건번호 20 가 [담당재판부 : 제 (단독)부]

원 고 (○○○)

(주소)

피 고 (○○○) (주민등록번호 -)

(주소) (연락처)

위 사건에 관하여 피고는 다음과 같이 답변한다.

청구취지에 대한 답변

청구원인에 대한 답변

20 . . .

피고 (날인 또는 서명)

○○지방법원 귀중

◇ 유의사항 ◇

1. 연락처란에는 언제든지 연락 가능한 전화번호나 휴대전화번호를 기재하고, 그 밖에 팩스번호, 이메일 주소 등이 있으면 함께 기재하기 바랍니다.
2. 답변서에는 청구의 취지와 원인에 대한 구체적인 진술을 적어야하고 상대방 수만큼의 부본을 첨부하여야 한다.
3. 「청구의 취지에 대한 답변」에는 원고의 청구에 응할 수 있는지 여부를 분명히 밝혀야 하며, 「청구의 원인에 대한 답변」에는 원고가 소장에서 주장하는 사실을 인정하는지 여부를 개별적으로 밝히고, 인정하지 아니하는 사실에 관하여는 그 사유를 개별적으로 적어야 한다.
4. 답변서에는 자신의 주장을 증명하기 위한 증거방법에 관한 의견을 함께 적어야 하며, 답변사항에 관한 중요한 서증이나 답변서에서 인용한 문서의 사본 등을 붙여야 한다.

16. 당사자 선정서

당사자 선정서

사건번호 20 가 [담당재판부 : 제 단독(부)]

원 고

피 고

위 사건에 관하여 아래 사람을 민사소송법 제53조제1항에 따라 원(피)고들을 위한 선정당사자로 선정한다.

■ 선정당사자 (이 름)
(주 소)
(연락처)

20 . . .

선정자 (이 름) (날인 또는 서명)
(주 소)
(연락처)

선정자 (이 름) (날인 또는 서명)
(주 소)
(연락처)

○○지방법원 귀중

◇ 유의사항 ◇

1. 선정자가 원고인 경우에는 '원'에, 피고인 경우에는 '(피)'에 ○표를 하기 바랍니다.
2. 선정자가 많을 경우에는 선정자 목록을 별지로 작성하시기 바랍니다.
3. 선정당사자는 공동의 이해관계에 있는 당사자들 중의 한 사람(또는 여러 사람)만이 될 수 있으므로 제3자는 선정당사자가 될 수 없다.

17. 배당요구신청서

배당요구신청서

수입인지
500원

사건번호 타경

채 무 자 (○○○)
(주소)

배당요구채권자 (○○○) (주민등록번호 -)
(주소)
(연락처)

청구채권

원금
지연손해금

신청이유

위 배당요구채권자는 채무자에 대하여 귀원 ○○가소○○약속어음금 청구사건에 관한 집행력있는 판결정본에 의한 전기 표시채권을 가지고 있는 바, 채무자는 이 번 타 채권자로부터 ○○타경○○부동산강제경매 사건으로 강제경매집행을 받았으므로 매각대금에 대하여 배당요구를 하고자 함.

[첨부서면]

1.집행력있는 정본·사본 또는 그 밖에 배당요구 자격을 소명하는 서면
2.송달증명

20 . . .

위 배당요구채권자 (날인 또는 서명)

○○법원 ○○지원 경매 계 귀중

◇ 유의사항 ◇

1. 연락처란에는 언제든지 연락 가능한 전화번호나 휴대전화번호(팩스번호, 이메일 주소등도 포함)를 기재하기 바랍니다.
2. 이 신청은 배당요구의 종기까지 할 수 있다.

18. 부동산가압류신청서

부동산가압류신청서

수입인지
2000원

채 권 자 (○○○) (주민등록번호 -)
(주소)
(연락처)
채 무 자 (○○○) (주민등록번호 -)
(주소)

신 청 취 지

채무자 소유의 별지 목록 기재 부동산을 가압류한다는 결정을 구함

청구채권(피보전권리)의 내용
청구금액 금 원

신 청 이 유

소 명 방 법

1. 부동산등기부등본 통
2.

20 . . .

채권자 (날인 또는 서명)

○○지방법원 귀중

◇ 유의사항 ◇

1. 청구채권(피보전권리)의 내용란에는 채권의 발생일자와 발생원인 등을 기재한다.(예시) 2003. 1. 1.자 대여금
2. 신청인은 연락처란에 언제든지 연락 가능한 전화번호나 휴대전화번호(팩스번호, 이메일 주소 등도 포함)를 기재하기 바랍니다.
3. 이 신청서를 접수할 때에는 당사자 1인당 3회분의 송달료를 송달료수납은행에 예납하여야 한다(다만, 송달료수납은행이 지정되지 아니한 시·군법원의 경우에는 우표로 납부).

<예시>

가압류할 부동산

1. 서울 종로구 청운동 100

   대 20㎡

2. 위 지상

   시멘트블럭조 기와지붕 단층 주택

   50㎡ 끝.

19. 소송비용액확정신청

소송비용액확정신청

수입인지
1000원

신 청 인 (이 름) (주민등록번호 -)
(주 소)
(연락처)

피신청인 (이 름) (주민등록번호 -)
(주 소)

신청취지

위 당사자 사이의 이 법원 20 . . . 선고 20 가단(합) 호 사건 판결에 의하여 피(원)고가 상환하여야 할 소송비용액은 금 원임을 확정한다.

신청이유

별지기재와 같음

소명방법 및 첨부서류

1. 판결 등 사본
1. 확정증명원
1. 소송비용계산서(부본은 상대방 수만큼 제출)
1. 기타 소명자료(영수증 등)

20 . . .

신청인(원고, 피고) (날인 또는 서명)

○○지방법원 귀중

◇ 유의사항 ◇

신청인의 연락처란에 언제든지 연락 가능한 전화번호나 휴대전화번호(팩스번호, 이메일 주소 등도 포함)를 기재하기 바랍니다.

20. 소송위임장(소액)

소송위임장 (소액사건)
사건번호 20 가소 (담당재판부 : 제 단독) 원 고 피 고 위 사건에 관하여 아래와 같이 소송대리를 위임한다.
1. 소송대리 위임 가. 소송대리 할 사람의 이 름 주 소 연락처 ( ) - [팩스번호 : ( ) - 이메일 주소 :] 나. 당사자와의 관계(해당란에 ✔ 해 주시기 바랍니다) ☐ 배우자 ☐ 직계혈족(부모, 자 등) ☐ 형제자매 [신분관계 증빙서류]
2. 소송위임할 사항 가. 일체의 소송행위, 반소의 제기 및 응소 나. 재판상 및 재판 외의 화해 다. 소의 취하 라. 청구의 포기·인낙 또는 독립당사자참가소송에서의 소송탈퇴 마. 상소의 제기 또는 취하 바. 복대리인의 선임 사. 목적물의 수령, 공탁물의 납부, 공탁물 및 이자의 반환청구와 수령 아. 담보권행사, 권리행사최고신청, 담보취소신청, 담보취소신청에 대한 동의, 담보취소 결정정본의 수령, 담보취소결정에 대한 항고권의 포기 자. 기타(특정사항 기재요)
20 . . . 위 위임인 : 원(피)고 (날인 또는 서명) 법원 귀중

[유의사항] 1. 이 양식은 소액사건에서 당사자가 위 1. 나.항에 기재된 사람에게 소송대리를 위임함으로써 소송대리허가를 받지 않아도 되는 경우에 한하여 사용하는 양식이다.
2. 사건번호와 담당재판부는 법원으로부터 수령한 소송서류 등으로 확인하여 정확하게 기재하기 바랍니다.
3. 소송대리할 사람의 연락처에는 언제든지 연락 가능한 전화번호나 휴대전화번호를 기재하고, 그 밖에 팩스번호, 이메일 주소 등이 있으면 함께 기재하기 바랍니다.
4. 양식 하단의 ○○○ 란에 원고의 경우에는 '원'에, 피고의 경우에는 '(피)'에 ○표를 하기 바랍니다.

21. 유체동산가압류신청서

유체동산가압류신청서

수입인지
2000원

채 권 자 (○○○) (주민등록번호 -)
(주소)
(연락처)
채 무 자 (○○○) (주민등록번호 -)
(주소)

신 청 취 지

채무자 소유의 유체동산을 가압류한다는 결정을 구함

청구채권(피보전권리)의 내용
청구금액 금 원

신 청 이 유

소 명 방 법

1.
2.

20 . . .

채권자 (날인 또는 서명)

○○지방법원 귀중

◇ 유의사항 ◇

1. 청구채권(피보전권리)의 내용란에는 채권의 발생일자와 발생원인 등을 기재한다.(예시) 2003. 1. 1.자 대여금
2. 신청인은 연락처란에 언제든지 연락 가능한 전화번호나 휴대전화번호(팩스번호, 이메일 주소 등도 포함)를 기재하기 바랍니다.
3. 이 신청서를 접수할 때에는 당사자 1인당 3회분의 송달료를 송달료 수납은행에 납부하여야 한다. 다만, 송달료 수납은행이 지정되지 아니한 시.군법원의 경우에는 송달료를 우표로 납부하여야 한다.

22. 재산명시신청

재산명시신청

인지
1,000원

채 권 자 (이 름) (주민등록번호 -)
(주 소)
(연락처)

채 무 자 (이 름) (주민등록번호 -)
(주 소)

집행권원의 표시 : ○○지방법원 20 . . . 선고 20 가합 손해배상 사건의 집행력 있는 판결정본

채무자가 이행하지 아니하는 금전채무액 : 금 원

신 청 취 지

채무자는 재산상태를 명시한 재산목록을 제출하라

신 청 사 유

1. 채권자는 채무자에 대하여 위 표시 집행권원을 가지고 있고 채무자는 이를 변제하지 아니하고 있다.
2. 따라서 민사집행법 제61조에 의하여 채무자에 대한 재산명시명령을 신청한다.

첨 부 서 류

1. 집행력 있는 판결정본 1부
1. 송달증명원 1부
1. 확정증명원 1부
1. 송달료납부서 1부

20 . . .

채권자 (날인 또는 서명)

○○지방법원 귀중

◇ 유 의 사 항 ◇

1. 채권자는 연락처란에 언제든지 연락 가능한 전화번호나 휴대전화번호(팩스번호, 이메일 주소 등도 포함)를 기재하기 바랍니다.
2. 채권자는 수입인지 외에 5회분의 송달료를 납부하여야 한다.
3. 명시신청을 함에는 집행력 있는 정본과 강제집행을 개시하는데 필요한 문서를 첨부하여야 한다.
4. 신청서를 제출할 때 집행력 있는 정본 외 그 사본을 한 부 제출하면 접수공무원이 사본에 원본대조필을 한 다음 정본은 이를 채권자에게 반환하여 드립니다.

23. 재판기록 열람복사 신청서 [A2200]

재판기록 열람복사 신청서				허	부
신 청 인	성 명		전화 번호		
			담당사무원		
	자 격		소명자료		
신 청 구 분	□ 열람 □ 복사				
대 상 기 록	사 건 번 호	사 건 명		재 판 부	
복사할 부분	(복사매수 매)				
복 사 방 법	□ 필사 □ 변호사단체 복사기 □ 법원 복사기				
신청 수수료	□ 500 원 □ 면 제	(수 입 인 지 첩 부 란)			
복 사 비 용	원 (매×50)				
비 고					
영 수 일 시	20 . . . :		영 수 인		

※ 작성요령

1. 신청인·영수인란은 서명 또는 기명날인
2. 소송대리인·변호인의 사무원이 열람·복사하는 경우에는 담당사무원란에 그 사무원의 성명을 기재
3. 신청수수료는 1건당 500원(수입인지로 납부). 다만, 사건의 당사자 및 그 법정대리인·소송대리인·변호인(사무원 포함)·보조인 등이 그 사건의 계속중에 열람·복사하는 때에는 신청수수료 면제
4. 법원복사기로 복사하는 경우에는 1장당 50원의 복사비용을 수입인지로 납부

24. 주택임차권등기명령신청서

주택임차권등기명령신청서

수입인지
2000원

신청인(임차인) (○○○) (주민등록번호 : -)
(주소)
(연락처)

피신청인(임대인) (○○○)
(주소)

신 청 취 지

별지목록 기재 건물에 관하여 아래와 같은 주택임차권등기를 명한다라는 결정을 구합니다.

아 래

1. 임대차계약일자 : 20 . . .
2. 임차보증금액 : 금 원, 차임 : 금 원
3. 주민등록일자 : 20 . . .
4. 점유개시일자 : 20 . . .
5. 확 정 일 자 : 20 . . .

신 청 이 유

첨 부 서 류

1. 건물등기부등본 1통
2. 주민등록등본 1통
3. 임대차계약증서 사본 1통
4. 부동산목록 5통

20 . . .

신청인 (인)

○○ 지방법원 ○○지원 귀중

◇ 유 의 사 항 ◇

1. 등기수입증지 1부동산 당 2,000원을 납부하여야 한다.
2. 이 신청서를 접수할 때에는 당사자 1인당 3회분의 송달료를 현금으로 송달료수납은행에 예납하여야 한다(다만, 송달료수납은행이 지정되지 아니한 시·군법원의 경우에는 우표로 납부).
3. 등록세 3,600원을 납부하여야 한다.

25. 채권가압류신청서

채권가압류신청서

수입인지
2000원

채 권 자 (○○○)
(주소)

채 무 자 (○○○)
(주소)

제3채무자 (○○○)
(주소)

신 청 취 지

채무자의 제3채무자에 대한 별지 목록 기재의 채권을 가압류한다.

제3채무자는 채무자에게 위 채권에 관한 지급을 하여서는 아니 된다.

라는 결정을 구함

청구채권(피보전권리)의 내용

청구금액 금 원

신 청 이 유

소 명 방 법

1.

2.

20 . . .

신청인 (날인 또는 서명)

(연락처 :)

○○지방법원 귀중

◇ 유 의 사 항 ◇

1. 청구채권(피보전권리)의 내용란에는 채권의 발생일자와 발생원인 등을 기재한다.(예시) 2003. 1. 1.자 대여금
2. 신청인은 연락처란에 언제든지 연락 가능한 전화번호나 휴대전화번호(팩스번호, 이메일 주소 등도 포함)를 기재하기 바랍니다.
3. 공무원 또는 대기업직원의 임금 또는 퇴직금채권에 대한 가압류를 신청할 때에는 채무자의 ○○○과 주소 외에 소속부서, 직위, 주민등록번호, 군번/순번(군인/군무원의 경우) 등 채무자를 특정할 수 있는 사항을 기재하시기 바랍니다.
4. 이 신청서를 접수할 때에는 당사자 1인당 3회분의 송달료를 송달료수납은행에 예납하여야 한다(다만, 송달료수납은행이 지정되지 아니한 시·군법원의 경우에는 우표로 납부).

<예시>

가압류할 채권

○ 매매대금

금 원
(채무자가 제3채무자에게 20 . . . 매도한 다음 물건에 대한 금 원의 매매대금채권)

○ 대여금

금 원
(채무자가 제3채무자에 대하여 20 . . . 대여한 금 원의 반환채권)

○ 급료

채무자가 제3채무자로부터 매월 수령하는 급료(본봉 및 제수당) 및 매년 6월과 12월에 수령하는 기말수당(상여금) 중 제세공과금을 뺀 잔액의 1/2씩 위 청구금액에 이를 때까지의 금액[다만, 국민기초생활보장법에 의한 최저생계비를 감안하여 민사집행법 시행령이 정한 금액에 해당하는 경우에는 이를 제외한 나머지 금액, 표준적인 가구의 생계비를 감안하여 민사집행법 시행령이 정한 금액에 해당하는 경우에는 이를 제외한 나머지 금액] 및 위 청구금액에 달하지 아니한 간에 퇴직한 때에는 퇴직금 중 제세공과금을 뺀 잔액의 1/2씩 위 청구금액에 이를 때까지의 금액

※ 대판 홈페이지(http://www.scourt.go.kr)에서 민사집행법 시행령이 정하는 금액을 확인할 수 있다.

○ 임대차보증금

금 원
(채무자가 제3채무자로부터 20 . . . 서울 구 동 아파트 동 호를 임차함에 있어 제3채무자에게 지급한 임대차보증금 원의 반환채권)

○ 공사대금

금 원
(채무자와 제3채무자 사이의 20 . . .자 택지조성공사 도급계약에 따른 채무자의 금 원의 공사대금채권)

○ 공탁금출급청구권

금 원 (채무자가 제3채무자에 대하여 가지는 20 . . . 공탁자가 아래 물건의 매매대금으로서 지방법원 20 년 금제 호로 공탁한 금 원의 출급청구권)

금 원 (채무자가 제3채무자에 대하여 가지는 20 . . . 피공탁자를 로 하여 아래 물건의 매매대금으로서 지방법원 20 년 금제 호로 공탁한 금 원의 회수청구권)

금 원 (채무자가 지방법원 20 카단(합) 가처분신청사건의 담보로서 지방법원 20 금제 호로 공탁한 금 원의 회수청구권)

○ 예금채권

금 원 [채무자가 제3채무자(지점)에 대하여 가지는 보통예금채권(제 번) 금 원 및 20 . . . 만기의 정기예금채권(제 번) 금 원]

금 원 (채무자가 제3채무자(지점)에 대하여 가지는, 채무자 발행의 아래 약속어음 1매에 대한 피사취신고의 담보로 채무자가 별단예금한 금 원의 반환청구채권)

금 원 다만, 채무자(-)가 제3채무자(취급점 : ○○지점)에 대하여 가지는 다음 예금채권 중 다음에서 기재한 순서에 따라 위 청구금액에 이를 때까지의 금액 다 음 1. 압류되지 않은 예금과 압류된 예금이 있는 때에는 다음 순서에 의하여 가압류한다. 가. 선행 압류·가압류가 되지 않은 예금 나. 선행 압류·가압류가 된 예금 2. 여러 종류의 예금이 있는 때에는 다음 순서에 의하여 가압류한다. 가. 정기예금 나. 정기적금 다. 보통예금 라. 당좌예금 마. 별단예금 3. 같은 종류의 예금이 여러 계좌 있는 때에는 계좌번호가 빠른 예금부터 가압류한다. ※ 채무자의 주민등록번호 또는 사업자등록번호를 반드시 기재하여야 한다.

26. 채권압류 및 전부명령 신청서

채권압류 및 전부명령 신청서

수입인지
4000원

채 권 자　(○○○)　　(주민등록번호　　-　　)
　　　　　(주소)
채 무 자　(○○○)　　(주민등록번호　　-　　)
　　　　　(주소)
제3채무자　(○○○)　　(주민등록번호　　-　　)
　　　　　(주소)

신 청 취 지

채무자의 제3채무자에 대한 별지 기재의 채권을 압류한다.
제3채무자는 채무자에게 위 채권에 관한 지급을 하여서는 아니 된다.
채무자는 위 채권의 처분과 영수를 하여서는 아니 된다.
위 압류된 채권은 지급에 갈음하여 채권자에게 전부한다.
라는 결정을 구함

청구채권 및 그 금액 : 별지 목록 기재와 같음

신 청 이 유

첨 부 서 류

1. 집행력 있는 정본 1통
2. 송달증명서 1통

20 . . .

채권자 ㊞ (서명)

(연락처 :)

○○지방법원 귀중

◇ 유 의 사 항 ◇

1. 채권자는 연락처란에 언제든지 연락 가능한 전화번호나 휴대전화번호(팩스번호, 이메일 주소 등도 포함)를 기재하기 바랍니다.
2. 집행력 있는 집행권원은 "확정된 종국판결, 가집행선고 있는 종국판결, 화해·인낙·조정조서, 확정된 지급명령, 확정된 이행권고결정, 확정된 화해권고결정, 공정증서, 확정된 배상명령" 등이 있다.
3. 공무원 또는 대기업직원의 임금 또는 퇴직금채권에 대한 채권압류 및 추심명령을 신청할 때에는 채무자의 ○○○과 주소 외에 소속부서, 직위, 주민등록번호, 군번/순번(군인/군무원의 경우) 등 채무자를 특정할 수 있는 사항을 기재하시기 바랍니다.
4. 이 신청서를 접수할 때에는 당사자 1인당 2회분의 송달료를 송달료수납은행에 예납하여야 한다.

<예시>

청 구 채 권

금　　　　원 (대여금)
금　　　원 (위 금원에 대한 20 . . .부터 20 . . .까지의 이자 및 지연손해금)
금　　　원 (집행비용의 내역 : 금　　원의 신청서 첩부인지대, 금　　　원의 송달료)
합계 금　　　원

<예시>

압류할 채권의 종류 및 액수

채무자가 제3채무자로부터 매월 수령하는 급료(본봉 및 제수당) 및 매년 6월과 12월에 수령하는 기말수당(상여금) 중 제세공과금을 뺀 잔액의 1/2씩 위 청구금액에 이를 때까지의 금액[다만, 국민기초생활보장법에 의한 최저생계비를 감안하여 민사집행법 시행령이 정한 금액에 해당하는 경우에는 이를 제외한 나머지 금액, 표준적인 가구의 생계비를 감안하여 민사집행법 시행령이 정한 금액에 해당하는 경우에는 이를 제외한 나머지 금액] 및 위 청구금액에 달하지 아니한 간에 퇴직한 때에는 퇴직금 중 제세공과금을 뺀 잔액의 1/2씩 위 청구금액에 이를 때까지의 금액

※ 대판 홈페이지(http://www.scourt.go.kr)에서 민사집행법 시행령이 정하는 금액을 확인할 수 있다.

주 : 압류가 금지된 채권은 아래와 같습니다.

1. 법령에 규정된 부양료 및 유족부조료
2. 공무원연금법에 의한 급여
3. 국가유공자등 예우 및 지원에 관한 법률에 의한 보상금
4. 사립학교교직원연금법에 의한 급여
5. 국민연금법에 의한 각종 급여
6. 각종 보험법에 의한 보험급여
7. 형사보상청구권
8. 생명·신체의 침해로 인한 국가배상금 등

27. 채권압류 및 추심명령 신청서

채권압류 및 추심명령 신청서

수입인지
4000원

채 권 자 (○○○) (주민등록번호 -)
(주소)
채 무 자 (○○○) (주민등록번호 -)
(주소)
제3채무자 (○○○) (주민등록번호 -)
(주소)

신 청 취 지

채무자의 제3채무자에 대한 별지 기재의 채권을 압류한다.
제3채무자는 채무자에게 위 채권에 관한 지급을 하여서는 아니 된다.
채무자는 위 채권의 처분과 영수를 하여서는 아니 된다.
위 압류된 채권은 채권자가 추심할 수 있다.
라는 결정을 구함

청구채권 및 그 금액 : 별지 목록 기재와 같음

신 청 이 유

첨 부 서 류

1. 집행력 있는 정본 1통
2. 송달증명원 1통

20 . . .

채권자 (날인 또는 서명)

(연락처 :)

○○지방법원 귀중

◇ 유 의 사 항 ◇

1. 채권자는 연락처란에 언제든지 연락 가능한 전화번호나 휴대전화번호(팩스번호, 이메일 주소 등도 포함)를 기재하기 바랍니다.
2. 집행력 있는 집행권원은 "확정된 종국판결, 가집행선고 있는 종국판결, 화해·인낙·조정조서, 확정된 지급명령, 확정된 이행권고결정, 확정된 화해권고결정, 공정증서, 확정된 배상명령" 등이 있다.
3. 공무원 또는 대기업직원의 임금 또는 퇴직금채권에 대한 채권압류 및 추심명령을 신청할 때에는 채무자의 ○○○과 주소 외에 소속부서, 직위, 주민등록번호, 군번/순번(군인/군무원의 경우) 등 채무자를 특정할 수 있는 사항을 기재하시기 바랍니다.
4. 이 신청서를 접수할 때에는 당사자 1인당 2회분의 송달료를 송달료수납은행에 예납하여야 한다.

<예시>

청 구 채 권

금 원 (대여금)
금 원 (위 금원에 대한 20 . . .부터 20 . . .까지의 이자 및 지연손해금)
금 원 (집행비용의 내역 : 금 원의 신청서 첩부인지대, 금 원의 송달료)
합계 금 원

<예시>

압류할 채권의 종류 및 액수

채무자가 제3채무자로부터 매월 수령하는 급료(본봉 및 제수당) 및 매년 6월과 12월에 수령하는 기말수당(상여금) 중 제세공과금을 뺀 잔액의 1/2씩 위 청구금액에 이를 때까지의 금액[다만, 국민기초생활보장법에 의한 최저생계비를 감안하여 민사집행법 시행령이 정한 금액에 해당하는 경우에는 이를 제외한 나머지 금액, 표준적인 가구의 생계비를 감안하여 민사집행법 시행령이 정한 금액에 해당하는 경우에는 이를 제외한 나머지 금액] 및 위 청구금액에 달하지 아니한 간에 퇴직한 때에는 퇴직금 중 제세공과금을 뺀 잔액의 1/2씩 위 청구금액에 이를 때까지의 금액

※ 대판 홈페이지(http://www.scourt.go.kr)에서 민사집행법 시행령이 정하는 금액을 확인할 수 있다.

주 : 압류가 금지된 채권은 아래와 같습니다.

1. 법령에 규정된 부양료 및 유족부조료
2. 공무원연금법에 의한 급여
3. 국가유공자등 예우 및 지원에 관한 법률에 의한 보상금
4. 사립학교교직원연금법에 의한 급여
5. 국민연금법에 의한 각종 급여
6. 각종 보험법에 의한 보험급여
7. 형사보상청구권
8. 생명·신체의 침해로 인한 국가배상금 등

28. 추심신고서

추심신고서

사 건 20 타채 채권압류 및 추심

채 권 자

채 무 자

제3채무자

위 사건에 관하여 채권자는 20 . . . 제3채무자로부터 금 원을 추심하였음을 신고한다.

20 . . .

채권자 (날인 또는 서명)

(주소)

(연락처)

○○지방법원 귀중

◇ 유의사항 ◇

채권자는 연락처란에 언제든지 연락 가능한 전화번호나 휴대전화번호(팩스번호, 이메일 주소 등도 포함)를 기재하기 바랍니다.

29. 매매계약서(예시)

공적 매매에서는 계약이라는 개념이 없으므로(경매나 압류재산의 공매에서는 매각결정이 이에 갈음한다) 이하는 위 공사의 사적 매매로서의 유입자산과 수탁재산의 공매에서 부동산을 매수한 경우의 계약서작성 예이다.

1. A 유형 부동산매매계약서[1)]

O 부동산의 표시: 붙임 2 목록과 같음.

위 부동산의 매매계약을 체결함에 있어 매도인을 甲이라 하고 매수인을 乙이라 칭하여 다음과 같이 계약을 체결함.

다 음

제1조(매각대금) 甲은 위 표시 부동산을 붙임1의1호 금액으로 乙에게 매도하고 乙은 이를 매수한다.

제2조(계약보증금) 乙은 계약보증금으로 붙임1의2호 금액을 甲에게 지급하고 甲은 이를 영수한다.

제3조(대금지급방법) ① 乙은 제1조 매각대금에서 제2조의 계약보증금을 제외한 잔액을 붙임 1의4호와 같이 정하여 甲에게 지급하기로 한다.

② 乙이 제1항에서 정한 기일에 대금을 지급하지 아니할 때에는 그 익일부터 지급지연액에 대하여 연체발생시점의 부실채권정리기금채권발행금리를 기준으로 붙임 1의5호에 의한 지연손해금[2)]을 甲에게 가산 지급하기로 하되

1) 한국자산관리공사 소유부동산을 매각하는 경우의 매매계약서의 예이다. 계약서는 부동산에 한하고 표지는 생략하여 기재한다.

2) 채무자가 채무불이행에 따른 손해배상액[손해배상, 지연배상, 지연손해금, 지연이자, 연체이자는 같은 의미로, 그 법률적 성질은 손해배상이지 이자가 아님에 주의(곽윤직, 신정수정 채권총론,박영사,49면,50면). 판례도 보증보험계약에 따른 지연이자는 보험계약자가 보험회사의 보험금지급액에 대한 구상채무의 이행을 지체함으로써 발생한 손해배상금이지 이자가 아니므로 민법 제163조제1호 소정의 1년 단기소멸시효의 대상이

2개월 이상을 연체한 때에는 甲은 계약을 해제할 수 있다.

③ 乙은 매매계약체결 후 잔대금의 전액 또는 일부를 선납할 수 있으며, 1개월 이상 선납할 경우에는 甲은 선납기간 및 선납금액에 대하여 부실채권정리기금채권발행금리에 해당하는 이자 상당액을 감면할 수 있다. 다만, 점유 사용, 명의변경 및 근저당권설정조건부 소유권이전에 따른 선납의 경우에는 이자를 감면하지 아니한다.

④ 제5조에 의거 대금지급기간 연장으로 매각대금에 부실채권정리기금채권발행금리에 해당하는 이자를 가산한 경우에는 동 금리를 적용한 이자를 감면한다.

⑤ 甲은 乙로부터 받은 납입금을 체당지급비용, 지연손해금, 매각대금 순으로 충당한다.

⑥ 매각대금의 지급장소는 붙임1의7호로 한다.

제4조(매각대금의 감액) ① 매매목적물이 천재지변 등 불가항력적인 사유로 인하여 상당한 피해를 입은 경우에는 다음 각호의 기준에 따라 매각대금을 감액할 수 있다.

1. 매매목적물의 피해부분이 보험금으로 보전되는 경우에는 수령보험금 전액
2. 제1호 이외의 경우에는 감정평가 실시결과 감정가액이 매각대금에 미달하는 금액의 범위 이내

② 제1항제2호에 의한 감정평가를 실시할 경우에는 평가비용의 부담은 甲과 乙이 협의하여 정할 수 있다.

제5조(대금지급기한의 연장) ① 乙의 자금사정 등으로 대금지급기한 연장이 필요한 경우에는 1회에 한하여 기존 대금지급기간을 포함하여 3년까지 연장할

아니며(대판 1993.9.10,93다20139), 또 은행이 그 영업행위로서 한 대출금에 대한 변제기 이후의 지연손해금채권도 민법 제163조제1호 소정의 단기소멸시효대상인 이자채권이 아니라고 한다(대판 1980.2.12,79다2169)]은 약정이 있으면(법령의 제한에 위반되지 아니하여야 한다) 약정이 우선하고(민법 제398조. 손해배상액의 예정, 위약금의 특약), 약정이 없으면 법정이율에 의한 지연손해금을 지급하여야 한다. 또 법률에 특별규정이 있는 경우(민법 제685조, 제705조, 제958조 등)에도 이에 따른다(전게,곽윤직,채권총론,49면).

수 있다. 다만 다음 각호의 1에 해당하는 자는 제외한다.

1. 매각대금을 연체 중인 자
2. 매매계약 해약 후 부활한 매수자
3. 명도지연 등으로 잔대금 납부가 유예된 자
4. 대금완납 전 소유권을 이전한 자
5. 매수자 명의변경 계약을 한 신매수자

② 제1항의 연장기간에 대하여는 부실채권정리기금채권발행금리에 해당하는 이자를 가산한다.

③ 제1항에 따라 대금지급기한을 변경하는 경우에는 乙은 공사 소정 양식의 부동산매매계약 변경계약체결요청서를 제출하여야 하며, 기간연장에 따른 매매대금의 증액부분에 대한 10%의 계약보증금을 추가로 납부하여야 한다.

제6조(소유권이전 및 명의변경) ① 乙이 제3조에서 정한 매각대금과 乙이 부담하여야 할 제비용을 완납하였을 때에는 甲은 乙에게 소유권이전등기에 필요한 서류를 교부하여야 한다.

② 乙은 위 제1항의 서류를 교부 받은 때에는 부동산등기특별조치법이 정하는 기일 내에 이전등기를 완료하여야 하며, 이를 지연함으로 인하여 발생하는 책임은 乙이 부담한다.

③ 乙은 매각대금 및 제비용 완납 전이라도 甲의 승인을 받은 경우에는 잔대금 등 전액을 충당할 수 있는 예금, 적금, 금융기관발행 지급보증서, 국·공채, 금융채 또는 보험회사가 발행하는 지급계약(이행)보증보험증권을 담보로 제공하였을 때에는 소유권이전등기에 필요한 서류를 교부할 수 있다.

④ 乙이 매각대금의 1/2 이상을 납부하고 잔대금 납부보장책으로 매매목적물에 대하여 다음 각호의 기준에 의한 근저당권설정을 요청할 시는 매각대금 완납 이전에도 甲은 소유권이전을 승낙할 수 있다.

1. 설정순위 : 제1순위
2. 설정금액 : 매매잔대금의 130%
3. 설정 및 말소비용 부담 : 乙

기타조건 : 甲이 정한 바에 따르기로 한다.

⑤ 소유권이전절차에 관한 인지대 등 일체의 비용은 乙의 부담으로 한다.

⑥ 乙의 명의변경요청은 甲의 소정양식인 명의변경신청서에 의하며, 甲은 乙의 명의변경요청에 대하여 명의변경승낙조건 및 기준에 적합할 경우 이를 승낙할 수 있다.

제7조(하자책임 및 위험부담) ① 乙은 매매목적물의 권리와 현 상태 및 사용에 관한 제반사항에 관하여 상세히 조사검토한 후 이 계약을 체결하는 것으로서, 甲은 다음 각호의 사항에 관하여는 책임을 지지 아니한다. 다만, 제3호 및 제4호의 경우 乙이 선의인 경우에 한하여 대금감액을 청구할 수 있다.

1. 별첨 기계기구 목록 중 수량의 차이 및 품명, 규격, 품질, 제작회사명 상이
2. 공부 및 지적상의 흠결이나 환지로 인한 감평, 미등기건물, 행정상의 규제 등으로 인한 구조, 수량의 차이
3. 권리의 일부가 타인에게 속함으로 받는 권리의 제한
4. 등기부상 표시내용과 현상과의 상이

② 이 계약에 관하여 할부급매매계약체결일 이후에 매매목적물의 공용징수, 도시계획의 변경, 건축제한, 도로편입 등 일체의 공법상 부담이 부과되었을 경우 이에 따른 모든 책임은 乙의 부담으로 한다.

제8조(명도 또는 인도) ① 매매목적물의 명도 또는 인도는 붙임 1의8호와 같이 그 책임을 부담한다.

② 명도 또는 인도책임을 甲이 부담하는 경우에는 다음과 같이 하기로 한다.

1. 甲은 매각대금완납 후에 매매목적물을 현존상태대로 乙에게 인도한다.
2. 명도 또는 인도소송이 법원에 계속 중이거나 집행관의 명도 또는 인도집행 장애로 인하여 명도가 지연되는 때에는 甲은 그 지체의 책임을 지지 아니 한다. 다만 최종할부금 납부기일까지 명도소송이 종료되지 아니하거나 명도집행 장애로 인하여 매매목적물의 명도 또는 인도가 지연될 경우에는 최종 잔대금 납입기일을 명도 완료시까지 연장할 수 있다.

제9조(점유사용 등) ① 甲은 다음 각호의 기준에 따라 乙에게 매매목적물에 대

한 점유사용을 승낙할 수 있다.

1. 계약보증금을 포함하여 매각대금의 1/3 이상을 선납하거나, 제6조제3항에서 정한 방법에 따라 매각대금물의 1/3 이상을 납부보장책으로 제시하는 경우
2. 기계기구 수리비가 매각대금의 1/3 이상이 소요되는 경우로써 乙이 직접 수리하여 사용하는 경우. 단, 매매계약이 해제되어도 수리비 및 유익비를 甲에게 청구하지 아니하며 매매목적물에 대한 경비관리를 甲이 수행하는 것으로 한다.

② 乙이 매매계약체결 이후 甲의 승인 없이 매매목적물에 대하여 임의로 전매, 임대, 전세, 점유이전, 제3자에의 권리설정 등을 하였거나, 동산의 교체 및 무단반출, 식목, 목적물의 개량, 구조변경이나 목적물건의 성질을 변경하는 행위를 하였을 경우는 甲은 매매계약을 해제할 수 있으며, 이 경우 계약보증금은 甲의 귀속으로 한다.

③ 乙이 제1항의 매매목적물을 점유사용 할 때에는 점유사용 이후 발생하는 수도료, 전기료, 관리비 등 공과금 및 비용은 乙의 부담으로 하며, 다음 각 호의 사항을 준수하여야 한다.

1. 선량한 관리자로서의 주의의무를 다하여 당해 물건 허용시설 능력범위에서 점유사용 하여야 한다.
2. 매매목적물에 대하여 화재 또는 이에 부대하는 파괴적 사고가 발생하였을 때에는 乙은 즉시 사실을 甲에게 통지하고 화재보험회사에 제출할 이재상황 설명서와 손해추산서 사본을 甲에게 교부하여야 한다.
3. 甲이 乙의 점유사용기간 중 매매목적물의 실황을 조사하거나 실황파악을 위하여 제보고를 요청할 때에는 乙은 지체 없이 이에 응하기로 한다.

④ 乙은 甲의 승낙 없이 잔대금 완납 이전에 매매목적물을 점유 사용 할 수 없으며, 특별한 사유로 인하여 점유사용 하게 될 때에는 지체 없이 甲에게 신고하여야 하며 이 경우에도 위 제1항과 제3항의 적용을 받기로 한다.

제10조(손해배상책임) ① 乙의 고의 또는 과실로 매매목적물이 멸실, 파손되거나

乙이 제9조의 조건을 위반하여 甲에게 재산상 손해를 초래하게 하였을 때에는 乙은 지체 없이 원상복구하거나, 그 상당액을 甲에게 배상하여야 한다. 이 경우 손해배상금의 산정은 부동산가격공시및감정평가에관한법률에 의한 감정평가법인이 평가한 금액을 기준으로 한다.

② 乙이 별도로 변제충당금을 제세한 경우를 제외하고는 乙은 제1항의 손해배상금을 甲이 乙로부터 이미 수령한 중도금에서 공제하여도 이의 없기로 한다.

제11조(점유사용료) ① 乙의 귀책사유로 매매계약이 해제되는 때에는 점유사용물건을 지체 없이 甲에게 명도 또는 인도하고 乙은 다음 각호의 점유사용료를 甲에게 지급하기로 한다.

1. 부동산 기타 이에 유사한 물건의 점유사용은 매 1년 마다 매각대금에 붙임 1의9호 "가"를 적용한 금액. 기계 또는 시설물 기타 이에 유사한 물건에 대한 사용료는 매 사용 1년 마다 매각대금에 붙임 1의9호 "나"를 적용한 금액

② 제1항 점유사용료는 甲이 乙로부터 이미 수령한 중도금에서 공제하여도 이의 없기로 한다.

③ 제1항의 점유사용기간은 일할로 계산하되, 甲이 乙에게 점유를 승인한 날로부터 기산하고 만약 乙이 甲의 승인 없이 점유 사용하였을 경우에는 매매계약체결일로부터 기산한다.

12조(대금분할지급의 기한이익 상실) 乙이 계약 중 제9조, 제10조를 위반하여 甲이 본건 매각대금의 전액 변제를 요구하면 乙은 대금분할지급의 기한이익을 상실한다.

제13조(계약의 해제) ① 甲, 乙 쌍방 공히 이 계약을 1개조라도 위반하였을 때에는 각 상대방은 이 계약을 해제할 수 있다.

② 甲의 위약으로 이 계약이 해제될 경우에는 위약배상금으로 계약보증금의 배액해당액을 乙에게 지급한다. 그러나 그 위약이 매매목적물에 관하여 甲이 취득한 권리에 대한 원인무효판결에 기인하는 경우에는 甲은 계약보증금과 기납입대금과 이에 대한 납입일로부터 환급일까지의 법정이자를 환

급한다.

③ 乙의 위약으로 이 계약이 해제될 경우에는 다음 각호와 같이 한다.

1. 甲이 이미 수취한 계약보증금과 지연손해금은 甲의 귀속으로 한다.
2. 乙이 매매목적물에 대하여 지출한 필요비나 유익비 및 乙이 甲에게 지급한 일체의 비용은 대금완납 전 점유사용승인에 따라 甲과 乙간에 별도로 체결하는 점유사용약정에 따르기로 한다.
3. 甲은 乙이 부담하는 제10조의 손해배상금, 제11조의 점유사용료 및 제3조의 지연손해금 기타 제비용 및 손해금을 乙이 별도의 변제충당금을 제시한 경우를 제외하고는 乙로부터 이미 수령한 대금 중에서 공제하여도 乙은 이의 없기로 한다.
4. 乙은 甲으로부터 기납부한 할부금 원금 중에서 제3호 해당액을 공제한 잔여금 수령과 동시에 매매목적물을 甲에게 반환하기로 한다. 그 반환이 지연되는 때에는 지연에 따른 손해금을 甲에게 지급하기로 한다.

제14조(변경사항 신고) 乙은 계약 이후 乙의 상호 및 주소지 등이 변경될 때에는 지체 없이 갑에게 신고하기로 한다. 신고를 이행하지 아니하여 발생한 손해에 대해서는 乙의 부담으로 한다.

위 각 조항을 엄수하기 위하여 이 계약서를 2통 작성하여 서명날인하고 각각 1통씩 보관한다.

붙임 : 1. 부동산 계약내용
2. 부동산의 표시
3. 특약사항

<붙임 1. 예시>

1. 매각대금 : 금 원정 (w)

2. 계약보증금 : 금 원정 (w)

3. 대금지급기간 : 1개월/일시불

4. 대금지급방법

차수	납부일자	납부금액
1	2004년 월 일	금 원정
2	2004년 월 일	금 원정
3	2004년 월 일	금 원정

5. 지급지연손해금 : 연체이율 상한금리는 연 17%로 하되, 기간별 연체이율은 다음과 같다.

연체기간	연체이율
1개월 미만	부실채권정리기금채권발행금리 + 3%P
1개월 이상 3개월 미만	부실채권정리기금채권발행금리 + 6%P
3개월 이상	부실채권정리기금채권발행금리 + 9%P

6. 부실채권정리기금채권발행금리 : 부실채권정리기금채권발행금리에 따른 최근 3개월 이자의 가중평균금리를 3개월 단위 복리로 환산한 이율

7. 대금지급장소 : 한국자산관리공사로 한다.

8. 명도책임 : 매도자(또는 매수자)

9. 점유사용료(예시. 점유사용을 하는 경우)

 가. 부동산(대지와 건물) 매각대금의 10%

 나. 기계기구 및 시설물 매각대금의 14.2%

10. 계약체결일 : 2005년 월 일

11. 계약당사자

매도인(甲) : 한국자산관리공사 ○○부장

법인등록번호 : 114671-0023169

주소 : 서울특별시 강남구 역삼동 814

매수인(乙) : 성 명

주민등록번호

주소

전화번호

<붙임 2. 부동산의 표시>

생략(부동산등기부등본에 의거 정확하게 기재하여야 한다)

<붙임 3. 특약사항의 예시>

1. 본건에 대한 매매계약 체결이후 乙이 부실채권의 이해관계인으로 확인된 경우에는 명의변경(인수계약)금지 등 제한을 받을 수 있다.
2. 매매목적물에 표시되지 않은 물건(쓰레기 및 산업폐기물 포함)의 명도나 철거는 乙의 책임이며, 매매목적물에 표시된 미등기건물에 대한 행정관청의 무허가 건물철거명령에 따른 철거책임(이행강제금, 벌과금 등 제비용 부담 포함)과 철거에 따른 매매목적물의 감소로 인한 손해도 乙이 부담한다.
3. 할부매매계약 체결 이후 乙의 위약으로 계약이 해제되는 경우에는 이자 가산 없이 할부금 원금만을 반환한다.
4. 본건은 잔대금 납부기일까지 할부계약이 가능하며, 할부급에 의한 대금납 부요청시에는 공실 또는 명도 완료된 경우와 매수자가 점유자일 경우에는 매각대금의 1/3 이상을 납부하는 조건으로 매매계약체결 및 사전 점유사용 약정을 체결할 경우에만 대금지급기한 연장이 가능합니다.[3)]
5. 본건 부동산매매계약서 검인에 관한 사항은 乙의 책임으로 한다.

---

3) 사전점유란 매수자가 매각대금을 전액 지급하기 전 신청에 의하여 목적물을 점유·사용할 수 있도록 하는 제도로서 목적물이 빈 집이거나 명도집행이 완료된 물건을 그 대상으로 한다. 그 신청요건으로는 위 매각대금의 3분의 1이상을 선납하는 경우 이외에 공매의 종류에 따라 다르지만, 납부보장책을 제시하는 경우에도 포함되며, 특히 기계·기구는 그 특성상 수리비가 매매대금의 3분의 1이상 소요되는 경우로써 매수자가 직접 수리하여 사용하는 경우도 있다. 특히 금융기관 소유인 경우에는 금융기관별로 그 조건이 다르며, 점유사용료를 부담하여야 한다.

B 유형 부동산매매계약서[4)]

O 부동산의 표시: 붙임 2 목록과 같음.

위 부동산의 매매계약을 체결함에 있어 매도인을 甲이라 하고 매수인을 乙이라 칭하여 다음과 같이 계약을 체결함.

다　　　　음

제1조(매각대금) 甲은 위 표시 부동산을 붙임1의 1호 금액으로 乙에게 매도하고 乙은 이를 매수한다.

제2조(계약보증금) 乙은 계약보증금으로 붙임1의 2호 금액을 甲에게 지급하고 甲은 이를 영수한다.

제3조(대금지급방법 등) ① 乙은 제1조 매각대금에서 제2조의 계약보증금을 제외한 잔액을 붙임 1의 3호와 같이 정하여 甲에게 지급하기로 한다.

② 乙이 제1항에서 정한 기일에 대금을 지급하지 아니할 때에는 그 익일부터 지급지연액에 대하여 매각위임 금융기관의 연체이율을 적용한 지연손해금을 甲에게 가산 지급하기로 하되 30일 이상을 연체한 때에는 甲은 계약을 해제할 수 있다. 다만, 대금불납에 따른 계약해제시기는 甲의 재산매매계약 해제기준에 의한다.

③ 乙이 매매계약 체결 후 잔대금의 전액 또는 일부를 3개월 이상 선납할 경우에는 甲은 선납기간 및 선납금액에 대하여 매각위임 금융기관의 정기예금이자율 상당액을 감면할 수 있다. 다만, 선납이 甲의 대출, 점유사용, 명의변경 등에 의한 경우에는 예외로 한다.

④ 甲은 乙로부터 받은 납입금을 체당지급비용, 지연손해금, 매각대금 순으로 충당한다.

⑤ 매각대금의 지급장소는 붙임1의5호로 한다.

4) 한국자산관리공사가 금융기관소유부동산을 매각하는 경우의 부동산매매계약서로 표지는 생략한다.

제4조(소유권이전) ① 乙이 제3조에서 정한 매각대금과 乙이 부담하여야 할 제비용을 완납하였을 때에는 甲은 乙에게 소유권이전등기에 필요한 서류를 교부하여야 한다.

② 乙은 위 제1항의 서류를 교부받은 때에는 부동산등기특별조치법이 정하는 기일 내에 이전등기를 완료하여야 하며, 이를 지연하므로 인하여 발생하는 책임은 乙이 부담한다.

③ 甲은 乙이 매각대금 및 제비용 완납 전이라도 잔대금 등 전액을 충당할 수 있는 예금, 적금 또는 타 금융기관발행 지급보증서를 담보로 제공하였을 때에는 소유권이전등기에 필요한 서류를 교부할 수 있다.

④ 소유권이전절차에 관한 인지대 등 일체의 비용은 乙의 부담으로 한다.

제5조(하자책임 및 위험부담) ① 乙은 매매목적물의 권리와 현 상태 및 사용에 관한 제반사항에 관하여 상세히 조사 검토한 후 이 계약을 체결하는 것으로서, 甲은 다음 각호의 사항에 관하여는 책임을 지지 아니한다. 다만, 제3호 및 제4호의 경우 乙이 선의인 경우에 한하여 대금감액을 청구할 수 있다.

1. 별첨 기계기구 목록 중 수량의 차이 및 품명, 규격, 품질, 제작회사명 상이
2. 공부 및 지적상의 흠결이나 환지로 인한 감평, 미등기건물, 행정상의 규제 등으로 인한 구조, 수량의 차이
3. 권리의 일부가 타인에게 속함으로 받는 권리의 제한
4. 등기부상 표시내용과 현상과의 차이

② 이 계약체결에 관하여 할부급매매계약 체결일 이후에 매매목적물의 공용징수, 도시계획의 변경, 건축제한, 도로편입 등 일체의 공법상 부담이 부과되었을 경우 이에 따른 모든 책임은 乙의 부담으로 한다.

제6조(명도 또는 인도) ① 매매목적물의 명도 또는 인도는 붙임 1의 6호와 같이 그 책임을 부담한다.

② 명도 또는 인도책임을 甲이 부담하는 경우에는 다음과 같이 하기로 한다.

1. 甲은 매각대금 완납 후에 매매목적물을 현존상태대로 乙에게 인도한다.
2. 명도 또는 인도소송이 법원에 계속 중이거나 집행관의 명도 또는 인도집행 장애로 인하여 명도가 지연되는 때에는 甲은 그 지체의 책임을

지지 아니한다. 다만, 최종할부금 납부기일까지 명도소송이 종료되지 아니하거나 명도집행 장애로 인하여 매매목적물의 명도 또는 인도가 지연될 경우에는 최종 잔대금 납입기일을 명도완료시까지 연장할 수 있다.

제7조(점유사용 등) ① 乙이 매매계약체결 이후 甲의 승인 없이 매매목적물에 대하여 임의로 전매, 임대, 전세, 점유이전, 제3자의 권리설정 등을 하였거나 동산의 교체 및 무단반출, 식목, 목적물의 개량, 구조변경이나 목적물건의 성질을 변경하는 행위를 하였을 경우는 甲은 매매계약을 해제할 수 있으며, 이 경우 계약보증금은 甲의 귀속으로 한다.

② 매매계약체결 이후 乙이 대금완납 전에 매매목적물을 점유 사용하고자 할 때에는 甲의 승인을 받아야 하며, 이 경우 甲이 별도로 제시하는 조건을 이행하여야 한다.

③ 乙이 제2항의 매매목적물을 점유사용 할 때에는 점유사용 이후 발생하는 수도료, 전기료, 관리비 등 공과금 및 비용은 乙의 부담으로 하며, 다음 각 호의 사항을 준수하여야 한다.

1. 선량한 관리자로서의 주의의무를 다하여 당해 물건의 용도에 맞게 사용하며 甲의 허락 없이 시설을 증축 또는 개축하여서는 아니된다.
2. 매매목적물에 대하여 화재 또는 이에 부대하는 재산상 손실사고가 발생하였을 때에는 乙은 즉시 사실을 甲에게 통지하고 화재보험회사에 제출할 이재상황 설명서와 손해추산서 사본을 甲에게 교부하여야 한다.
3. 甲이 乙의 점유사용기간 중 매매목적물의 실황을 조사하거나 실황파악을 위하여 제보고를 요청할 때에는 乙은 지체 없이 이에 응하기로 한다.

④ 乙은 甲의 승낙 없이 잔대금완납 이전에 매매목적물을 점유 사용할 수 없으며, 특별한 사유로 인하여 점유 사용하게 될 때에는 지체 없이 甲에게 신고하여야 하며 이 경우에도 위 제1항과 제3항의 적용을 받기로 한다.

제8조(손해배상책임) ① 乙의 고의 또는 과실로 매매목적물이 멸실, 파손되거나 乙이 제7조의 조건을 위반하여 甲에게 재산상 손해를 초래하게 하였을 때에

는 乙은 지체 없이 원상복구하거나, 그 상당액을 甲에게 배상하여야 한다. 이 경우 손해배상금의 산정은 부동산가격공시및감정평가에관한법률에 의한 감정평가법인이 평가한 금액을 기준으로 한다.

② 乙이 별도의 변제충당금을 제시한 경우를 제외하고 乙은 제1항의 손해배상금을 甲이 乙로부터 이미 수령한 중도금에서 공제하여도 이의 없기로 한다.

제9조(점유사용료) ① 乙의 귀책사유로 매매계약이 해제되는 때에는 점유사용물건을 지체 없이 甲에게 명도 또는 인도하고 乙은 다음 각호의 점유사용료를 甲에게 지급하기로 한다.

1. 부동산 기타 이에 유사한 물건의 점유사용은 매 1년 마다 매각대금에 붙임 1의 7호 "가"를 적용한 금액
2. 기계 또는 시설물 기타 이에 유사한 물건에 대한 매 사용 1년 마다 매매 대금에 붙임 1의 7호 "나"를 적용한 금액

② 제1항 점유사용료는 甲이 乙로부터 이미 수령한 중도금에서 공제하여도 이의 없기로 한다.

③ 제1항의 점유사용기간은 일할로 계산하되, 甲이 乙에게 점유를 승인한 날로부터 기산하고 만약 乙이 甲의 승인 없이 점유 사용하였을 경우에는 매매계약체결일로부터 기산한다.

제10조(대금분할지급의 기한이익 상실) 乙이 계약 중 제7조, 제8조를 위반하여 甲이 본건 매각대금의 전액 변제를 요구하면 乙은 대금분할지급의 기한이익을 상실한다.

제11조(계약의 해제) ① 甲, 乙 쌍방 공히 이 계약을 1개조라도 위반하였을 때에는 각 상대방은 이 계약을 해제할 수 있다.

② 甲의 위약으로 이 계약이 해제될 경우에는 위약배상금으로 계약보증금의 배액 해당액을 乙에게 지급한다. 그러나 그 위약이 매매목적물에 관하여 甲이 취득한 권리에 대한 원인무효판결에 기인하는 경우에는 甲은 계약보증금 및 기납입대금과 이에 대한 납부일로부터 환급일까지의 법정이자를 환급한다.

③ 乙의 위약으로 이 계약이 해제될 경우에는 다음 각호와 같이 한다.

1. 甲이 이미 수취한 계약보증금과 지연손해금은 甲의 귀속으로 한다.
2. 乙이 매매목적물에 대하여 지출한 필요비나 유익비 및 乙이 甲에게 지급한 일체의 비용은 대금완납 전 점유사용승인에 따라 甲과 乙간에 별도로 체결하는 점유사용약정에 따르기로 한다.
3. 甲은 乙이 부담하는 제8조의 손해배상금, 제9조의 점유사용료 및 제3조의 지연손해금 기타 제비용 및 손해금을 乙이 별도의 변제충당금을 제시하는 경우를 제외하고는 乙로부터 이니 수령한 대금 중에서 공제하여도 乙은 이의 없기로 한다.
4. 乙은 甲으로부터 기납부한 할부금 원금 중에서 제3호 해당액을 공제한 잔여금 수령과 동시에 매매목적물을 甲에게 반환하기로 한다. 그 반환이 지연되는 때에는 지연에 따른 손해금을 甲에게 지급하기로 한다.

④ 乙이 계약체결 이후 매매목적물에 대한 전 차주 및 연대보증인 또는 사실상 이에 준하는 자임이 발견되었을 때에는 甲이 따로 전하는 조건으로 계약을 체결하여야 하고 이에 응하지 않을 경우 일방적으로 계약을 해제할 수 있으며, 계약보증금은 甲의 귀속으로 한다.

제14조(변경사항 신고) 乙은 계약 이후 乙의 상호 및 주소지 등이 변경될 때에는 지체 없이 갑에게 신고하기로 한다. 신고를 이행하지 아니하여 발생한 손해에 대하여는 乙의 부담으로 한다.

위 각 조항을 엄수하기 위하여 이 계약서를 2통 작성하여 서명날인하고 각각 1통씩 보관한다.

붙임 : 1. 부동산 계약내용
2. 부동산이 표시
3. 특약사항

부 록
용어해설(강제집행)

✦ 가등기

가등기는 본등기에 필요한 실체법상 또는 절차법상 요건이 구비되지 아니한 경우 우선 가등기를 하여두고 장래 필요한 조건이 구비된 때에 본등기를 하기 위하여 사전에 그 순위를 확보해 두는 등기로서, 소유권·용익물권·담보물권, 물권에 준하는 권리를 취득하기 이전에 사전조치로서 보전의 목적으로 취득하고자 하는 권리에 대한 청구권을 등기부에 공시하는 예비등기이다. 가등기 그 자체로서는 완전한 등기로서의 효력이 없으나 본등기로 되면 본등기의 순위는 가등기순위에 따르게 되는(부동산등기법 제6조제2항) 순위보전적 효력이 있다.

현행법상 假(가)란 용어는 가압류·가등기·가처분·가집행 등이 있고, 이 중에서 가집행은 강제집행시 문제가 되는 이질적인 제도이며, 다른 용어는 강제집행시 장래의 집행보전을 위하여 있는 제도이다. 假란 용어는 독일어 einstweiligen을 일본에서 假라고 번역한 것을 우리가 그대로 계수한 것으로 그 뜻은 "임시의, 일시적인"이라는 뜻이다. 즉 임시의 압류, 임시의 등기 등으로 이해하면 된다.

✦ 가등기의 종류(일반가등기와 가등기담보)

우리 법제상 가등기에는 두 종류가 있다. 즉 부동산물권 및 이에 준하는 권리(권리질권·부동산임차권)의 변동을 목적으로 하는 청구권을 보전하려는 본래 의미의 가등기(소유권이전등기청구권보전을 위한 가등기 또는 일반가등기라 한다. 순위보전의 가등기이다)로서(가등기는 소유권, 지상권, 지역권, 전세권, 저당권, 권리질권, 임차권에 대한 권리의 설정·이전·변경·소멸의 청구권을 보전하려 할 때 또는 그 청구권이 시기부 또는 정지조건부인 때 기타 장래에 있어서 확정될 것인 때에 한다. 부동산등기법 제3조) 부동산등기법상 가등기와 채권담보목적의 가등기를 하는 가등기담보등에관한법률상 가등기(가등기담보; 담보가등기; 담보목적의 가등기)가 있다. 실무상 전자를 보통 본래 의미의 가등기·일반가등기·보전가등기·순위보전의 가등기 또는 단순히 가등기라고 하고, 후자를 가등기담보라고 한다.

가등기가 가등기담보인지 여부는 그 부동산등기부상 표시나 등기를 할 때에 주고받은 서류의 종류에 의하여 형식적으로 결정될 것이 아니고 거래의 실질과 당사자의 의사해석에 따라 결정될 문제이고, 당해 가등기의 등기부상 원인이 매매예약으로 기재되어 있는지 아니면 대물변제예약으로 기재되어 있는가 하는 형식적 기재에 의하여 결정되는 것이 아니다. 경매나 공매실무상으로는 가등기가 가등기담보인지 여부가 불분명한 경우에는 가등기권자에게 최고를 하여 채권액 신고(배당요구)의 여부에 따라 가등기담보 여부를 판단한다. 즉 채권액을 신고하면 담보목적의 가등기로 본다. 판례(대판 1992.2.11,91다36932,공1992.4.1,1001)도 가등기가 가등기담보인지 여부의 판단기준에 대하여 가등기가 가등기담보인지 여부는 그 등기부상 표시나 등기시에 주고받은 서류의 종류에 의하여 형식적으로 결정될 것이 아니고 거래의 실질과 당사자의 의사해석에 따라 결정될 문제라 할 것이라고 한다.

① 양자의 차이점

양자는 그 형식에 있어서는 동일하지만 본래의 가등기는 가등기 자체로서는 실체법상 등기로서의 효력이 없으나 본등기를 하면 본등기의 순위는 가등기순위로 소급하는 순위보전적 효력(등기절차법상 효력)을 가지며, 가등기담보는 형식은 가등기이지만 가등기담보설정등기로서 실체법적 효력(가등기가 특수한 저당권설정등기로서의 실체적 효력)을 갖는다. 또 가등기담보권자는 본등기를 함으로써 가등기담보를 실행을 할 수도 있고, 경매에 의한 우선변제청구권도 있다. 양자의 구분은 등기부상 기재된 어떤 문언(형식)이 아닌 당사자의 의사에 의하여 구분이 된다. 판례도 가등기가 가등기담보인지의 여부는 가등기가 실제상 채권담보를 목적으로 한 것인지 여부에 의하여 결정되는 것이지, 당해 가등기의 등기부상 원인이 매매예약으로 기재되어 있는지 아니면 대물변제예약으로 기재되어 있는가 하는 형식적 기재에 의하여 결정되는 것이 아니라고 한다.

② 구분의 실익

일반가등기가 된 부동산의 경우에 본등기를 하면 그 이후의 권리들은 모두 소멸되므로 가등기 이후의 보전조치는 무의미하다. 다만 부동산등기부상으로는 일반가등기와 가등기담보 모두 소유권이전청구권가등기로 표시되기 때문에 등기부등본에 의한 구분은 불가능하고 당사자의 의사에 따라 구별하여야 한다.

✦ 가등기의 효력

가등기(소유권이전청구권보전을 위한 가등기)란 소유권·용익물권·담보물권·물권에 준하는 권리를 취득하기 이전에 사전조치로서 보전의 목적으로 취득하고자 하는 권리에 대한 청구권을 등기부에 공시하는 예비등기이다. 부동산의 매수자는 매도인에 중도금까지 지급한 후 또는 중도금지급과 동시에 매수인 명의의 소유권이전등기시까지 발생할지도 모르는 목적부동산상의 권리변동 때문에 매매계약상 잔금지급일에 잔금을 지급하여도 소유권취득을 할 수 없는 위험을 사전에 예방·차단하고자 매도자와 합의로(매수자 단독으로도 가능) 부동산등기부에 이를 공시하는 보존목적의 등기의 하나로 가등기를 한다. 즉 가등기란 본등기를 할 실체적·절차적 요건이 불비한 경우에 장래 그 요건이 완비되어 할 본등기를 위하여 미리 그 순위를 보전하기 위한 등기(부동산등기법 제3조, 제37조)를 말하고, 가등기의 순위가 그대로 본등기의 순위로 된다(동법 제6조제2항). 가등기는 부동산등기법 제6조제2항에 의한 본등기시, 본등기의 순위를 가등기의 순위에 의하도록 하는 순위보전적 효력만이 있을 뿐, 가등기만으로는 아무런 실체법상 효력을 갖지 아니한다.

즉 가등기는 그 성질상 본등기의 순위보전적 효력만이 있어서 후일 본등기가 경료된 때에는 본등기의 순위가 가등기한 때로 소급하는 것뿐이지 본등기에 의한 물권변동의 효력이 가등기한 때로 소급하여 발생하는 것은 아니다. 즉 본등기시 물권변동(소유권이전)의 효력이 발생한다. 예컨대 가등기가 말소의 기준이 된 권리보다 그 접수일이 빠른 경우 경매의 매수인에 대항력이 있으며, 늦은 경우에는 매각으로 가등기는 소멸한다. 따라서 이러한 가등기가 최선순위의 저당권보다 앞선 경우 매수인은 가등기를 인수하게 되고, 가등기의 본등기이행으로 결국 매수물건의 소유권은 결국 잃게 되므로 원매자는 주의를 요한다.

✦ 가압류·가처분과 시효중단

민법 제168조제2호는 압류 또는 가압류·가처분을 동조 제1호의 청구와 구분되는 시효중단사유로 규정하는 바, 이는 압류 또는 가압류·가처분이 강력한 권리실현의 행위일 뿐만 아니라 판결을 전제로 하는 것도 아니고, 또 판결이 있는 경우에도 새로이 진행되는 시효 예컨대 시효의 재연장을 저지할 필요가 있기 때문이다. 압류·가압류·가처분으로 발생한 시효중단의 효력은 강제집행의 종료시까지 계속하며 강제집행의 종료시 새로운 시효가 진행하고, 압류·가압류·가처분이 취소된 경우에는 시효중단의 효력이 상실된다. 예컨대 경매신청의 취하로 압류의 효력은 상실되고(민사집행법 제93조제1항), 법률의 규정에 따른 압류의 취소(집행법 제49조, 제50조의 집행처분의 취소)의 경우에도 압류의 효력은 상실된다. 특히 강제경매신청에 의한 압류는 강제집행의 시작이라는 면에서 임의경매신청과 동일하므로 임의경매신청에 따른 소멸시효중단과 같다.

압류·가압류·가처분은 권리자가 시효이익을 받을 자에 하여야 하므로(민법 제176조), 예컨대 채권자 甲이 채무자 乙의 제3채무자 丙에 대한 채권을 압류하여도 乙의 丙에 대한 채권은 시효중단이 되지 아니하지만(甲은 乙에 대한 채권자이고, 丙은 甲의 채무자가 아니며, 또 乙과 丙의 채권·채무와 무관하다), 채권자 甲이 채무자 乙의 丙에 대한 권리를 대위하여 행사하는 경우에는 시효중단의 효력이 있다.

집행관이 유체동산의 압류에 착수하였으나 압류할 물건이 없어 집행불능이 된 경우(유사하게 국세징수법상 세무공무원이 압류하기 위하여 수색을 하였으나 압류할 재산이 없는 경우도 같다. 국세징수법기본통칙 26-0…6)에도 시효중단의 효력은 있으나 채무자가 소재불명이기 때문에 집행불능이 된 경우의 일본 판례는 집행에 착수하지 아니한 것으로 보아 시효중단을 부인하고 있다. 재판상 일부청구에서와 같이 가분채권의 일부를 피보전채권으로 가압류한 경우 그 피보전채권의 부분에만 시효중단의 효력이 있고, 가압류에 의한 시효중단의 효력은 가압류의 집행보전의 효력이 존속하는 동안 가압류에 의한 시효중단의 효력이 계속되며, 가압류의 피보전채권에 관하여 본안의 승소판결이 확정된 경우(이전된 경우)에도 가압류에 의한 시효중단의 효력은 소멸되지 아니한다. 다만 주의하여야 할 점은 보증인에 대한 가압류로 인하여 주채무자의 시효는 중단의 효력이 없다. 직접점유자를 상대로 점유이전금지가처분을 한 뜻을 간접점유자에게 통지한 바가 없다면 가처분은 간접점유자에 대하여 시효중단의 효력을 발생할 수 없고, 채권자가 물상보증인 소유부동산에 임의경매신청을 한 경우, 이 사실을 채무자에게 통지한 때 피담보채권에 대한 시효중단이 된다.

보전처분에 의한 시효중단의 효력은 보전처분의 집행보전의 효력이 존속하는 동안 계속되고, 피보전권리에 관하여 본안의 승소판결이 확정되었다고 하더라도 보전처분에 의한 시효중단의 효력이 이에 흡수되어 소멸되는 것은 아니며, 가압류가 본압류로 이행된 경우에도 가압류에 의한 시효중단의 효력은 그대로 존속한다. 다만 가압류가 취소된 때에는 시효중단의 효력이 없고(민법 제175조), 가압류는 시효이익을 받을 자에 대하여 하지 아니한 때에는 이를 그에게 통지한 후가 아니면 시효중단의 효력이 없다(민법 제176조).

✦ 가압류

금전채권이나 금전으로 환산할 수 있는 채권에 대하여 장래에 실시할 강제집행이 불능이 되거나 현저히 곤란할 염려가 있는 경우에 미리 채무자의 현재의 재산을 압류하여 확보함으로써 강제집행을 보전함을 목적으로 하는 명령 또는 그 집행으로써 하는 처분. 즉 금전채권이나 금전채권으로 환산할 수 있는 청구권을 위하여 소를 제기하고 강제집행을 실행하고자 할 때 소송기간 동안 채무자가 자기 재산을 도피, 은닉하지 못하도록 묶어 두는 보전수단으로 소송 후 경매를 실행한다.

✦ 가압류명령

가압류신청이 적법하고 가압류요건을 구비한 경우에는 가압류명령을 발한다(이를 인용이라고 한다). 가압류명령은 결정으로 한 경우에는 채권자에게 고지된 때 그 효력이 발생한다(민사소송법 제221조제1항). 가압류명령이 결정으로 발하여진 때에는 그 재판의 형식을 구비하여야 하는 바, 다음 사항은 반드시 기재하여야 한다. ①당사자(법정대리인·소송대리인), ②피보전권리와 금액

(보전되어야 할 청구권의 원인과 금액), ③담보에 관한 사항(그 담보와 담보방법. 예컨대 현금공탁인지 담보제공의 지급보증위탁계약을 맺은 문서인지), ④가압류선언, ⑤목적재산의 표시, ⑥가압류해방금액의 표시, ⑦소송비용에 관한 재판(가압류재판절차의 소송비용), ⑧신청취지 및 신청이유, ⑨기타 일반재판서에 기재할 사항 등이다.

✦ 가압류신청

가압류소송(가압류명령의 재판절차)은 채권자의 신청에 의하여 개시된다. 가압류신청은 법원에 대하여 가압류재판을 구하는 당사자의 신청행위를 말하고, 이는 민사소송에 있어서의 소의 제기에 해당하는 것이므로 성질에 반하지 아니하는 한, 소의 제기에 관한 민사소송법 규정(민소법 제248조, 제249조)이 준용된다(민사집행법 제23조제1항). 가압류신청은 서면으로 하여야 하고, 신청의 취지와 신청이유(피보전권리와 보전의 필요성)를 적어야 한다(서면주의. 민소법 제248조, 집행법 제4조, 민사집행규칙 제203조제1항제1호, 집행법 제279조). 보전처분의 신청은 보전절차를 개시하는 소송행위로서 그 중대성이나 정확성의 요청에서 서면으로 함이 타당하다.

가압류명령은 집행문 없이 집행할 수 있으나 가압류명령의 신청과 가압류명령의 집행은 그 절차적 성격에 차이가 있는 것으로서 전자는 재판절차에, 후자는 집행절차에 해당한다. 따라서 보전처분의 신청과 그 집행의 신청은 그 의미와 법적 규제가 다르다. 다만 부동산과 채권에 대한 보전처분의 신청과 같이 법원(집행관이 아닌)을 집행기관으로 하는 보전처분의 신청은 동시에 집행신청이 병합되어 있다고 보는 것이 실무이다.

✦ 가압류와 가압류의 경합

가압류 상호간에 그 결정이 이루어진 선후에 따라 뒤에 이루어진 가압류에 대하여 처분금지적 효력을 주장할 수는 없다고 하여, 그 우열을 두지 아니한다(판례). 동일한 가압류대상물에 대한 가압류집행의 경합이 허용되며, 중복압류절차에 의하여 집행한다. 채권에 대하여는 가압류법원이 중복하여 채권가압류명령을 제3채무자에 송달하는 방법으로(민사집행법 제296조제2항, 제3항,

제227조제2항), 부동산의 가압류명령은 제3의 채권자를 위하여 중복하여 등기부에 기입함으로써(동법 제293조) 집행할 수 있고, 선박도 중복하여 등기부에 기입하면 된다(동법 제295조). 가압류채권자 상호간에는 우열이 없다. 가압류집행이 경합된 경우 그 중 하나가 본압류로 이전할 때에는 다른 가압류채권자는 본압류에 있어서 배당요구채권자로서의 지위를 갖는다(동법 제148조제3호).

✦ 가압류와 가처분과의 경합

다툼의 대상(계쟁물)에 대한 가처분(민사집행법 제300조제1항)과 가압류 모두는 집행보전을 목적으로 하는 점에서는 양자가 같으나, 전자는 금전채권 외의 특정청구권의 보전을, 후자는 금전채권의 보전을 목적으로 하는 점에서 다르다. 따라서 가압류와 가처분은 그 내용이 서로 모순·저촉되지 아니하는 한 경합이 가능하다. 예컨대 甲이 채권보전을 위하여 丙소유의 부동산을 가압류하고, 乙은 그 부동산에 대하여 丙이 자신에게 매매하였음을 주장하여 소유권이전등기청구의 소를 제기하면서 그 보전을 위하여 丙소유의 부동산에 처분금지가처분을 하는 경우나 甲이 丙이 점유하는 동산을 가압류하고, 乙도 그 동산에 대하여 丙의 점유를 풀고 집행관에게 보관할 것을 구하는 가처분을 하는 것과 같이 서로가 그 내용 대로의 집행이 가능하다.

그 내용이 모순·저촉되는 경우 효력의 우열은 부동산의 경우에는 집행의 선후에 의하여 결정한다. 즉 일반적으로 가압류와 가처분이 경합하면 선행하는 보전집행에 우선적 지위가 인정된다. 즉 가압류가 가처분에 선행한 경우 압류선착수주의에 의하여 후에 된 가처분집행에 의하여 선착수한 가압류가 효력을 저지당할 이유는 없으므로 가압류가 우선한다. 다만 선집행에 대항할 수 있는 실체상의 권리를 가진 후집행자는 제3자이의의 소(민사집행법 제48조)에 의하여 구제를 받을 수 있을 뿐이다. 여기에서의 우열이란 후행처분은 선행처분을 방해할 수 없는 한도 내에서 그 효력을 유지한다는 일반원칙을 말하고, 이는 금전채권 사이의 우선문제는 아니며(예컨대 국세징수법기본통칙 35-0…2는 민사소송법 제300조제2항의 가처분과 금전급부를 내용으로 하는 체납처분과는 경합이 생기지 아니한다고 한다), 상호 모순되는 경우의 해결문제이다.

등기관이 동일한 부동산에 관한 가압류등기촉탁서와 처분금지가처분등기

촉탁서를 동시에 받아 양 등기에 대하여 동일 접수번호와 순위번호를 기재하여 처리한 경우, 그 등기의 순위는 동일하고, 순위가 같은 가압류와 가처분채권자 상호간에 한해서는 처분금지적 효력을 서로 주장할 수 없다. 따라서 가압류권자가 집행권원을 얻어 강제경매를 신청하기 전에 가처분권자 명의로 소유권이전등기가 경료되면 가압류권자가 그 소유권이전등기의 효력을 부정할 수 없으므로 가압류권자의 강제경매신청은 타인 소유의 부동산에 대한 것으로서 부적법하게 된다. 채권에 대한 가압류와 처분금지가처분은 그 내용이 모순·저촉되는 경우에도 집행의 선후에 관계없이 효력에 우열이 없다. 판례는 선행의 가처분은 뒤에 이루어진 가압류에 우선하는 효력이 없다고 한다. 따라서 소유권이전등기청구권에 대하여 처분금지가처분이 있은 후 그 등기청구권에 대한 가압류가 이루어졌어도 가처분이 가압류에 우선하는 효력이 없다.

✦ 가압류와 가처분의 차이점

가압류는 채무자의 재산을 확보하여 금전채권(또는 금전으로 환산할 수 있는 채권)을 보전하려는 것이지만, 민사집행법 제4편의 가처분(협의의 가처분)은 금전채권 이외의 권리 또는 법률관계(즉 특정급여청구권)에 관한 확정판결의 강제집행을 보전하기 위한 집행보전제도로서(예컨대 명도소송을 하면서 동시에 점유이전금지가처분을 하는 경우, 이는 금전채권 즉 빌려준 돈을 받기 위한 목적으로 하는 것은 아니다), 그 종류에는 다툼의 대상(계쟁물)에 관한 가처분(민사집행법 제300조제1항)과 임시의 지위를 정하기 위한 가처분(동조 제2항)이 있고, 양자는 목적과 성질이 다르다. 전자는 가압류와 같이 집행보전을 목적으로 하고, 후자는 회복할 수 없는 손해방지를 위하여 임시로 잠정적인 법률 상태를 형성하거나 그 사실적 실현을 꾀하는 것을 목적으로 한다. 가처분에 관하여는 가압류에 관한 절차규정이 준용되므로(집행법 제301조) 성질상 몇 가지가 차이나는 것 이외에는 가압류명령의 내용이 그대로 가처분에 적용된다.

✦ 가압류와 강제집행의 경합

강제집행은 금전채권에 기초한 것과 금전채권 외의 청구권에 기초한 것이 있는 바, 가압류의 목적물에 대하여 금전채권의 강제집행(임의경매를 포함)을 하는 것은 가능하다. 즉 가압류등기 후 다른 채권자의 강제집행이 있어서 경합한 경우(즉 가압류가 선행하는 경우) 가압류는 그 강제집행으로 그 효력을 잃지 아니하며, 가압류채권자는 배당요구의 필요 없이 당연히 배당받을 권리를 가지며(민사집행법 제148조제3호, 제148조제1호, 제169조제4항, 제172조, 제187조, 제256조, 제160조제1항제2호, 제268조 내지 제270조, 제272조, 제279조), 반대로 강제집행에 의한 압류가 된 물건에 대하여 가압류를 할 수 있는지에 대하여, 가압류권자는 배당요구를 할 수 있다는 이유로 그 경합을 부정하는 견해도 있지만, 압류가 취소되는 경우를 생각하면 경합을 인정하여야 한다고 본다.

즉 강제집행에 있어 평등주의를 취하는 민사집행법 하에서는 가압류채권자와 강제집행신청채권자 사이에 안분배당(동일한 지위이며, 우선적 효력이 없다)을 하게 되고, 배당금은 가압류채권자를 위하여 공탁하여야 한다. 즉 이를 달리 표현하면 이는 강제집행에서의 압류가 경합할 때와 유사한 문제로, 압류경합은 주로 금전채권의 경합에서 일어나고, 복수의 압류채권자의 이익의 조화가 문제로 된다. 이는 근본적으로 집행의 순서에 관계없이 평등한 권리를 인정하는 평등주의를 취하기 때문에 일어나는 문제이며, 먼저 집행하는 채권자에 우선권을 주는 우선주의에서는 이러한 문제가 없다.

✦ 가압류와 채권양도와의 경합

판례는 확정일자 있는 채권양도통지와 가압류결정정본의 제3채무자(채권양도의 경우에는 채무자에 해당)에 대한 도달의 선후에 의하여 그 우열을 결정하여야 하고 채권양도통지, 가압류 또는 압류명령 등이 제3채무자에 동시에 송달되어 그들 상호간에 우열이 없는 경우에도 그 채권양수인, 가압류 또는 압류채권자는 모두 제3채무자에 대하여 완전한 대항력을 갖추었다고 할 것이므로, 그 전액에 대하여 채권양수금, 압류전부금 또는 추심금의 이행청구를 하고 적법하게 이를 변제받을 수 있고, 제3채무자로서는 이들 중 누구에게라도 그 채무 전액을 변제하면 다른 채권자에 대한 관계에서도 유효하게 면책되는 것이며, 만약 양수채권액과 가압류 또는 압류된 채권액의 합계액이 제3채무자에 대한 채권액을 초과할 때에는 그들 상호간에는 법률상의 지위가 대등하므로 공평의 원칙상 각 채권액에 안분하여 이를 내부적으로 다시 정산할 의무가 있다고 한다.

✦ 가압류와 체납처분과의 경합

가압류와 체납처분에 의한 압류가 경합된 경우의 가압류효력에 대하여는 국세징수법상 명문규정이 없으므로 국세징수법 제35조(체납처분은 재판상 가압류 또는 가처분으로 인하여 영향을 받지 아니한다)의 해석문제로 귀착된다. 이와 관련 하여 종래 효력유지설과 효력소멸설이 대립되고 있었으며, 가압류와 체납처분이 경합한 경우에는 가압류가 선행된 때에도 체납처분이 선행된 때에도 양자의 경합은 인정되고, 어느 경우라도 체납처분에 의한 현금화(매각)가 인정되며 현금화에 의하여 가압류는 실효된다.

가압류가 체납처분에 의한 압류보다 선행한 경우에도 체납처분의 집행이 가능한 것은 가압류와 체납처분이 강제집행으로서의 금전채권집행의 경우와 같고, 가압류는 최종적으로 금전집행을 목적으로 하므로 가압류는 만족단계에서 권리를 확보하면 충분하기 때문에 현금화단계에서 저지할 필요는 전혀 없기 때문이다. 즉 체납처분에 의한 압류와 가압류는 그 선후를 불문하고 압류의 경합은 아니다. 또 국세기본법 제35조제1항 본문도 국세·가산금 또는 체납처분비는 다른 공과금 그 밖의 채권에 우선하여 징수한다고 하여 조세채권우선주의를 취하고 있다. 따라서 가압류집행이 선행되었다 하더라도 체납처분은 아무런 장애 없이 집행할 수 있고, 조세채권을 징수하고 남는 돈은 체납자에게 반환하고 가압류채권자를 위하여 공탁하는 것은 아니다.

즉 체납처분은 일반채권에 우선하는 조세채권에 기한 집행임에 대하여 가압류는 평등주의원칙에 따라야 하는 일반채권의 장래의 집행보전을 목적으로 행해지기 때문에 그 만족단계에 있어서는 체납처분에 의한 압류권자는 가압류권자에 우선하여 추심할 수 있음은 당연하다. 가압류는 체납처분의 집행에 영향을 주지 아니하며 가압류채권자의 지위는 존중되는 것이 타당하므로, 가압류된 재산에 대하여 체납처분에 의한 압류를 한 경우의 가압류효력은 체납처분에 의한 압류로 소멸되는 것이 아니고, 체납처분에 의한 현금화에 의하여 비로소 가압류효력이 소멸한다. 따라서 가압류채권자는 매수인에 대하여 가압류의 효력을 주장할 수 없고, 현금화 전에 압류가 해제되면 가압류효력은 부활된다

(효력유지설).

✦ 가압류의 요건

가압류를 하기 위하여서는 실체법상 보전하여야(받아야) 할 권리가 있어야 하고, 그와 같은 권리를 미리 보전하여야 할 필요성이 있어야 한다. 전자를 피보전권리라고 하고, 후자를 보전의 필요성(보전의 이유)이라고 부른다. 가압류에 대하여는 민사집행법 제276조와 제277조는 위 두 요건이 필요함을 밝히고 있고, 가처분에 관하여는 동법 제301조가 이를 준용하고 있다. 한 가지라도 흠결이 있으면 가압류신청은 배척된다.

보전처분을 할 때에는 피보전권리와 보전의 필요성의 존재에 관한 소명이 있어야 한다(집행법 제279조제2항, 제301조). 위 두 요건은 서로 별개 독립된 요건이기 때문에 그 심리에 있어도 상호 관계없이 독립적으로 심리되어야 한다. 위 두 요건의 심리의 순서는 법정되어 있지 아니하지만 먼저 피보전권리의 존부를 심리하여 일응 그 존재가 소명되면 그 다음에 보전의 필요성에 관하여 심리하는 것이 논리적이고 실무상으로도 통상 그와 같은 순서에 따르고 있고 판례도 같다. 보전처분의 신청은 보통 본안소송 전에 하는 것이지만 본안소송 중에도 보전처분을 할 필요성이 있을 수도 있으므로, 집행권원을 얻기 전까지는 보전처분의 신청이 가능하지만 일단 집행권원을 얻은 후에는 특별한 사정이 없는 한 보전의 필요성이 없기 때문에(즉 얻은 집행권원으로 강제경매를 하면 될 것이므로) 신청을 할 수 없다.

✦ 가압류의 집행

가압류의 집행절차는 가압류명령을 집행권원으로 한 집행절차로서 가압류집행에 관하여는 민사집행법 제292조 이하 몇 조문의 특칙이 있는 것을 제외하고는 강제집행에 관한 규정을 준용한다(민사집행법 제291조, 민사집행규칙 제218조). 가처분의 집행에 관하여도 같다(집행법 제301조). 그러므로 보전처분의 성질에 반하지 아니하고 특칙에서 따로 규정되어 있지 아니하는 한 보전처분의 집행에 관하여는 강제집행에 관한 규정이 모두 준용된다고 보아도 좋다. 다만 청구에 관한 이의의 소(집행법 제44조)의 규정은 준용되지 아니하며, 집행문부여에 대한 이의의 소(집행법 제45조)의 규정도 원칙적으로 준용되지 아니한다(승계집행문이 있는 경우는 예외이다).

✦ 가압류의 집행방법

금전채권을 피보전권리로 하는 가압류집행은 금전채권에 대한 강제집행과 유사하지만, 가압류는 집행보전을 목적(처분권을 빼앗아 두는 집행의 보전)으로 하므로 본집행에 있어서의 압류→현금화→배당 중 압류단계에 머무는 것이 원칙이며, 원칙적으로는 현금화 단계까지는 나아가지 아니하고(민사집행법 제296조제5항), 그 이상의 절차는 본집행에 맡겨진다.

가압류집행신청은 서면으로 하여야 한다(민사집행규칙 제203조)고 하지만, 이는 집행관에게 별도의 집행위임에 의하여 시작하는 유체동산가압류의 경우에 한하고, 가압류의 발령법원이 동시에 집행법원이 되는 채권, 그 밖의 재산권에 대한 가압류나 부동산가압류의 경우에는 가압류신청시 인용될 경우에 대비한 집행신청도 함께 한 것으로 해석하여 별도의 집행신청 없이 가압류명령과 동시에 집행에 착수한다.

✦ 가집행(가집행선고)

미확정의 종국판결에 확정된 경우와 동일한 집행을 주는 형성적 재판을 말한다. 즉 소송이 종료되지는 아니하였지만(예컨대 상소심에 계류 중인 경우), 집행이 가능한 경우이다. 이는 패소자의 절차지연을 위한 상소권남용을 방지(강제집행절차의 지연을 방지)하기 위함이며, 승소한 채권자의 신속한 권리실현에 이바지 한다. 재산권상의 청구에 관한 판결로서 널리 집행을 할 수 있는 것이면, 상당한 이유가 없는 한 직권(당사자의 신청유무를 불문한다)으로 가집행선고를 하여야 한다(민사소송법 제213조). 따라서 비재산권상의 청구나 의사표시를 하여야 할 의무에 관한 이행판결(민사집행법 제263조제1항, 민법 제389조제2항)에는 가집행선고를 붙일 수 없다.

가집행선고 있는 판결은 선고 즉시 집행력이 발생한다. 따라서 이행판결이라면 바로 집행권원이 되며, 이의 집행력을 배제하기 위하여서는 청구에 관한 이의의 소를 제기하는 것이 아니라, 그 판결에 대한 상소를 제기하여야 한다. 다만 피고의 상소로서 그 집행력에 의한 집행이 정지되지 아니하므로 별도의 강제집행정지신청(민소법 제500조제1항, 제501조)을 하여야 한다. 즉 법원이 가집행 선고를 할 수 있게 하는 목적은 강제집행의 지연을 위한 패소자의 고의적 상소를 막고(판결은 확정 후에 집행력이 발생하는 것이 원칙이므로 하급심에서 패소한 피고의 무익한 상소로 판결의 확정이 지연되어 원고는 회복할 수 없는 손해를 받을 염려가 있으므로, 소송지연책의 방지를 위하여 형평사상에서 이 제도가 인정되었다), 제1심에서 피고의 집중적 변론을 유도하며 판결이 상소심에서 취소 또는 변경되는 경우에는 피고가 집행을 받지 아니한 상태로 회복시킬 무과실책임을 원고가 지는 것을 전제로 인정된 제도이다. 그러므로 상대방이 상소하여도 집행은 계속된다. 경정명령은 즉시 집행력이 발생하는 것이 원칙이므로 가집행 선고의 필요성이 없다. 다만 경우에 따라서는 집행의 정지 또는 취소가 명해지는 때도 있다(민소법 제501조). 가압류나 가처분 등도 가집행의 일종이지만, 이들의 집행효력은 확정판결의 집행과 동일한 것이므로 그 판결이 상소심에서 취소되더라도 이미 완료한 집행절차는 무효로 되지 않는 점에서 구별된다.

재산권의 청구에 관한 판결(따라서 비재산권상의 청구나 의사표시를 구하는 청구에 관한 판결에는 할 수 없다)은 가집행의 선고를 붙이지 아니할 상당한 이유가 없는 한 직권으로 담보를 제공하거나, 제공하지 아니하고 가집행을 할 수 있다는 것을 선고하여야 한다. 다만, 어음금·수표금 청구에 관한 판결에는 담보를 제공하게 하지 아니하고 가집행의 선고를 하여야 한다(민소법 제213조제1항). 가집행의 선고는 그 선고 또는 본안판결을 바꾸는 판결의 선고로 바뀌는 한도에서 그 효력을 잃는다. 본안판결을 바꾸는 경우에는 법원은 피고의 신청에 따라 그 판결에서 가집행의 선고에 따라 지급한 물건을 돌려 줄 것과, 가집행으로 말미암은 손해 또는 그 면제를 받기 위하여 입은 손해를 배상할 것을 원고에게 명하여야 한다(민소법 제215조제1항 및 제2항).

✦ 가처분

특정물에 대한 각종 청구권을 가지는 채권자가 장래의 집행보전을 위하여 현재의 상태대로 현상을 고정·유지시킬 필요가 있을 때 채무자의 재산은닉, 제3자에게 양도 등의 처분을 금지시키고 그 보관에 필요한 조치를 해 두는 보전처분을 말한다. 즉 금전채권 이외의 특정물의 급여, 인도, 기타의 특정의 급여를 목적으로 하는 청구권의 집행보전을 목적으로 하거나 다툼이 있는 권리관계에 관하여 임시의 지위를 정함을 목적으로 하는 재판 혹은 그 집행으로서 행하는 처분이다. 보통의 경우 부동산상 가처분은 점유이전금지가처분(명도소송의 경우)과 처분금지가처분이 있으며, 후자의 경우는 소유권에 대한 처분의 금지(장래 본안에서 소유권에 대하여 다투려고 하는 경우)가 보통의 경우이지만 반드시 그러한 것은 아니다(예컨대 장래 저당권설정을 목적으로 한 경우).

✦ **가처분의 종류**(사례)

① 처분금지가처분

다툼의 대상에 관한 가처분으로서 권리의 이전청구권 또는 등기·등록청구권을 피보전권리로 하는 부동산에 대한 처분금지가처분은 목적물에 대한 채무자의 소유권이전, 저당권·전세권·임차권의 설정 기타 일체의 처분행위를 금지하고자 하는 가처분으로서 그 집행은 가압류의 예에 따라 실시한다(민사집행규칙 제215조). 따라서 집행기관이나 집행방법이 모두 가압류의 경우와 동일하다. 피보전권리의 대부분은 목적물에 대한 이전등기·말소등기청구권과 같은 특정물에 대한 이행청구권이나 자기 소유 토지 위의 채무자소유 건물의 철거청구를 본안으로 할 때와 같이 방해배제청구권의 보전을 위하여도 할 수 있다.

② 점유이전금지가처분

점유이전금지가처분이란 유체물의 인도청구권의 집행보전을 위하여 목적물의 점유를 집행관에게 옮기는 것으로서 다툼의 대상에 관한 가처분의 전형이다. 예컨대 건물인 경우 점유이전금지가처분의 피보전권리는 건물의 명도청구권이고, 본안소송은 명도청구소송이 된다. 채권자는 가처분재판의 정본을 가지고 집행관에게 집행을 위임함으로써 집행한다. 집행관은 채권자, 채무자 또는 그 대리인의 참여하에 목적물이 집행관의 보관 하에 있음을 밝히는 고시를 목적물의 적당한 곳에 부착하고 채무자에게 가처분의 취지를 고지함으로써 집행을 실시한다(건물의 경우).

③ 채무자의 적극적 행위를 금지하는 가처분(공사금지가처분 등)

건축공사로 인한 지반침하, 주택붕괴의 위험 또는 일조나 조망, 경관 그 밖의 생활이익의 침해를 이유로 건물의 공사금지(또는 공사중지)를 구하거나 그 건축에 대한 방해금지를 구하는 것과 같이 건물의 공사와 관련된 가처분과 일정한 토지·건물에 대하여 채무자의 진입·통행을 금지하는 가처분은 채무자가 일정한 적극적 행위를 하는 것을 금지하는 부작위의무를 명하는 가처분이다.

④ 채권자에 대한 수인의무를 명하는 가처분

채권자가 권원에 기하여 어떤 행위(권리행사)를 하고 있는 것을 채무자가 방해하고 있거나 방해할 우려가 있을 때, 그 방해배제청구권 또는 방해예방청구권의 보전을 위하여 행하는 가처분이다.

⑤ 방해물배제의 가처분

이 가처분은 소유권이나 그 밖의 사용·수익권에 기하여 방해배제를 구하는 권리를 보전하기 위한 가처분으로서, 작위를 명하는 가처분이라고도 한다. 작위의무는 일신전속적이 아닌 대체적인 것이어야 한다. 토지 위의 건물의 철거나 수목의 수거를 명하는 가처분이 그 예이다.

⑥ 그 밖에 채권의 추심 및 처분금지가처분, 금전지급을 명하는 가처분, 지적재산권에 대한 가처분, 직무집행정지·대행자선임의 가처분(예컨대 회사 그 밖의 법인 등 단체의 내부분쟁에서 볼 수 있는 상법 제407조, 제408조의 이사의 직무집행정지 및 직무대행자선임의 가처분은[1] 집행법상 임시지위를 정하기 위한 가처분으로 보는 것이 통설·판례이다) 등이 있다.

---

1) 주문은 보통"채권자의 ○○주식회사에 대한 주주총회결의부존재확인사건의 본안판결 확정시까지, 채무자는 같은 회사 이사 겸 대표이사의 직무를 집행해서는 안 된다. 위 직무집행정지 중 ○○○을 같은 회사 이사 겸 대표이사의 직무대행자로 선임한다."와 같다. 이 설례는 본안소송이 주주총회결의부존재확인의 소(상법 제380조)의 경우이지만, 총회결의취소의 소(상법 제376조), 결의무효확인의 소(상법 제380조), 이사해임청구의 소(상법 제385조) 등을 본안소송으로 하는 경우에도 인정이 된다.

✦ 가처분의 취소신청

가처분명령의 불복절차는 가처분명령이 내려진 후 이의신청절차와 가처분 취소절차가 있다. 불복사유는 채권자의 공격에 대한 채무자의 방어수단으로서 사정변경에 의한 가처분취소(민사집행법 제288조제1항), 특별한 사정에 의한 가처분취소(동법 제307조), 제소명령위반에 의한 가처분취소(동법 제287조제3항), 3년간 본안소송을 제기하지 아니한 것을 이유로 하는 가처분취소(동법 제288조제4항)의 각 신청도 가처분취소를 구하는 점에서는 그 목적이 가처분에 대한 이의나 상소와 같으므로 이러한 가처분취소신청이 제기된 경우에는 민사집행법 제309조를 준용하여 가처분의 집행정지 또는 취소를 할 수 있다(동법 제310조). 청구에 관한 이의의 소(동법 제44조)나 가처분취소의 소는 허용되지 아니한다. 더 간단하고 신속한 불복신청절차가 있기 때문이다. 가처분에만 있는 특유한 취소사유인 특별한 사정에 의한 가처분취소의 경우 외에는 가압류의 경우와 같다.

✦ 강제경매

채무자 소유의 부동산을 압류, 현금화(환가)하여 그 매각대금을 가지고 채권자의 금전채권의 만족을 얻음을 목적으로 하는 강제집행절차 중의 하나로, 담보권(담보권은 현실적으로는 근저당권이 대부분이다)을 설정하지 아니한 채권자가 확정된 이행판결, 가집행선고부판결, 확정된 지급명령, 화해조서, 조정조서 등 집행권원에 표시된 이행청구권을 실현하기 위하여 채무자소유의 부동산을 압류한 후 매각처분하여 그 매각대금으로 채권의 만족을 얻는 강제집행방법이다. 즉 강제경매란 집행력 있는 집행권원에 의한 경매로서 담보권실행을 위한 경매(임의경매)에 대칭되는 경매이다. 강제경매는 채권자의 신청에 의하여(신청주의), 채권자를 위하여, 국가의 공권력에 의한 채무자소유의 특정 재산(주로 부동산)을 압류하여(특히 강제경매의 경우 채무자소유의 부동산만 경매가 가능하다. 가압류를 해놓은 경우에는 그 후 소유권변동이 있더라도 종전 소유자에 대하여 경매가 가능하다. 법원의 경매실무는 채무자와 등기부상 소유자와의 동일성은 주민등록초본을 제출하게 하여 확인한다), 소유자의 처분권을 박탈한 후 강제적으로 압류재산을 현금화하고 그 매각대금으로 채권자들의 금전채권을 만족하는 강제집행절차라는 점에서는 임의경매와 동일하며, 민사집행법은 강제경매에 대하여 자세한 규정을 두고 이를 임의경매에 준용하도록 한다. 또 강제경매는 그 실행에 집행권원을 필요로 한다. 집행권원이란 일정한 사법상 이행청구권의 존재와 범위를 표시하고 그 청구권에 집행력을 인증한 공정의 증서를 말하고, 어떠한 증서가 집행권원이 되는지는 민사집행법 그 밖의 법률에 정하여져 있다.

✚부연설명

민사집행법 제1조는 민사집행의 종류로 강제집행(강제경매), 담보권실행을 위한 경매(임의경매), 형식적 경매(이들을 민사집행이라 한다), 보전처분의 4종류(광의)를 인정한다. 이하는 강제경매에 대한 설명이다.

■ 민사(강제)집행이란

채권자의 신청에 의하여, 채권자를 위하여(채권자의 신청에 의하여), 채무자에 대하여, 국가의 강제력에 의하여 사법상의 이행청구권의 실현을 강제적으로 종국적인 실현을 도모하기 위한 법정의 절차이며(절차적인 권리이다), 이는 개별집행에 한하므로 채무자회생및파산에관한법률상 도산(파산)절차에서의 일반(포괄)집행절차를 포함하지 아니하지만 도산절차 역시 개개 채권자의 사법상 권리실현이라는 측면은 부인할 수는 없으므로 일반집행은 개별집행에 대립되는 최광의의 민사집행에 속한다.

민사집행 중 강제경매(민사집행법 제24조 내지 제263조. 민사집행의 가장 핵심을 이룬다)는 집행기관의 강제력행사로서 집행권원이라는 법정의 격식문서에 의한 집행권원에 표시된 청구권(집행청구권)의 실현을 목적으로 하는 절차로서(집행권원을 필요로 한다는 점에서 임의경매나 형식적 경매와는 구별되며, 민사집행법의 규정형식도 강제경매에 대하여 규정하고 임의경매가 이들 조문을 준용한다), 민사집행의 원칙적인 방법이지만 입법론으로는 반드시 집행권원을 요하는 것은 아니다.

강제경매는 채무자의 개별(일반)재산을 그 대상으로 하는 채권자의 개별적 청구권 만족을 목적으로 하는 개별집행이지만[임의경매는 개별집행이지만 특정의 책임재산을 그 대상으로 한다. 강제경매와 임의경매는 위와 같은 차이점이 있으나 모두 금전채권의 만족을 얻기 위하여 국가가 목적물을 강제로 매각(환가; 경매)한다는 공통점이 있다. 어느 절차가 선행하든지 이중경매신청이 가능하다(민사집행법 제87조제1항, 제268조). 일반집행인 파산절차는 총채권자의 채권회수를 위하여 채무자의 전재산을 그 대상으로 한다], 개별집행의 경우에도 동일 집행절차에 복수의 채권자의 여러 가지 청구권의 만족을 구하는 절차가 경합하는 경우에는 일반집행에 근접하는 면이 있다(특히 채무자의 유일한 재산을 대상으로 하는 경우).

✦ 강제경매절차의 개요

강제경매는 채무자소유의 부동산을 압류한 후 현금화하여 그 매각대금으로 채권자의 금전채권에 만족을 줄 목적으로 하는 집행절차이다. 채권자가 경매신청을 하면 집행장애가 없는 한 집행법원은 집행을 개시(강제경매개시결정. 민사집행법 제83조의 압류)하며[집행법원이란 집행행위의 실시, 집행관의 집행에 대한 협력·감독 등을 직분으로 하는 법원이다(민사집행법 제3조제1항). 집행행위에 법률상 판단이 요구되는 경우에 법은 그 집행기관을 법원으로 정하였다. 집행법원이 되는 법원을 보면, 집행에 관한 재판사무는 신속을 요하며 또 실체관계를 종국적으로 판정하지 아니하는 점에서 간이한 것이므로 법은 지방법원단독판사를 원칙적 집행법원으로 정하고 있다(집행법 제3조, 법원조직법 제7조제4항). 그러나 지방법원 외의 법원이 집행법원이 되는 경우가 있다], 법원사무관등은 경매개시결정사유를 등기관에게 촉탁하여 부동산등기부에 기입을 하고 그 정본을 채무자에게 송달한다(임의경매와 동일). 집행을 개시한 후 집행정지의 원인(집행법 제49조 제1호에서 제6호)이나 집행취소의 사유(동법 제50조제1항)가 없는 한 강제경매절차는 진행된다. 이후 집행법원은 배당요구의 종기를 첫 매각기일 이전으로 정하여 공고하고(동법 제84조제1항), 채권신고의 최고를 하며, 현금화절차의 준비로서 집행관에게는 부동산현황 등의 조사명령을(동법 제85조), 감정업자(감정인)에게는 매각부동산의 감정평가를 명하여, 그 평가액을 참작하여 최저매각가격을 정한다(동법 제97조).

위 매각의 준비절차가 끝나면 법원은 매각기일과 매각결정기일을 정하여(동법 제104조) 이를 공고한다. 매각기일에 집행관은 집행법원의 보조기관으로서 매각을 실시하고 당일 최고가매수신고인을 호창하며, 집행법원은 매각결정기일에 이해관계인의 의견을 들은 후 매각의 허부를 결정한다. 매각을 허가할 매수가격의 신고가 없는 경우에는 법원은 최저매각가격을 저감하고(실무상 보통 전차 가격의 20%를 저감하지만 법원마다 그 체감율은 다르다), 새로운 매각기일을 정하여 다시 새 매각을 실시한다.

매각허가여부의 결정에 대하여 이해관계인은 즉시항고를 할 수 있다. 매각허가결정이 확정되면 법원은 매수인에게 대금지급기한을 정하여 매수인에게 대금의 지급을 명한다. 매수인이 정해진 기일까지 매각대금을 완납하지 아니한 때에는 차순위매수신고인이 있는 때에는 그에 대하여 매각허가의 여부를 결정하고, 차순위매수신고인이 없는 경우에는 재매각을 명한다(이는 임의경매와 동일하다). 매수인은 매각허가결정이 있은 후에는 매각부동산의 관리명령을, 대금완납 후에는 인도명령을 각 신청할 수 있다. 매수인이 매각대금을 완납한 경우에 채권자의 경합이 없거나 그 대금으로 각 채권자의 채권과 비용을 변제하기에 충분한 때에는 각 채권자에 이를 지급하고, 각 채권자의 채권 및 비용을 변제하기에 부족한 때에는 배당절차를 행한다(이는 임의경매와 동일하다). 매수인이 대금을 완납한 경우에는 소유권을 취득하므로(동법 제135조), 경매법원은 매수인이 취득한 권리의 등기를 촉탁한다.

✦ 강제집행과 가압류집행의 관계

가압류집행은 집행권원이 없는 채권자가 금전채권에 대한 집행보전을 하기 위하여 채무자의 재산에 대하여 하는 것이므로 가압류집행이 선행된 경우에도 민사집행을 개시할 수 있다. 선행한 가압류권자는 배당요구 없이 당연히 배당을 받을 수 있다(민사집행법 제148조제3호, 제215조, 제248조 등). 다만 비금전채권에 대한 강제집행은 가압류집행이 선행하는 경우 집행목적물에 따라 부동산의 경우에는 강제집행이 가능하고 가압류집행도 영향을 받지 않지만, 동산의 경우에는 인도집행은 불가능하다. 금전채권에 의한 민사집행이 선행된 경우에도 가압류집행은 가능하다. 가압류권자는 배당요구의 종기까지 배당요구를 하여야 배당을 받을 수 있다.

✦ 강제집행과 가처분집행의 관계

가처분집행이 된 동일 부동산에 대하여도 본안의 승소판결의 확정시까지 민사집행이 경합할 수는 있지만, 판례는 가처분집행(등기) 이후에 된 가처분의 내용에 위반된 등기는 가처분채권자가 후일 본안의 승소판결에 의하여 말소청구를 할 수 있다고 하여, 가처분우위설을 취한다(학설상으로도 다수설). 반대로 민사집행 중인 부동산에 대하여 가처분을 할 수는 있으나, 가처분채권자는 매수인에게 대항할 수 없다(가처분우위설).

✦ 강제집행과 실체법

강제집행은 국가권력에 의하여 강제로 사법상청구권에 대한 만족을 실현하는 재판상 절차이므로 강제집행을 규율하는 절차법은 실체법의 실현목적으로 실체법을 지표로 하여 그 내용이 정하여 지며, 그 목적물은 집행할 청구권을 위한 책임재산에 한정된다. 즉 집행제도의 존립목적의 가장 중요한 지표는 실체법이며, 실체법은 민사집행의 정당성을 보장하는 것이므로 실체적 정당성의 요건을 갖춘 경우에만 행하여야 하지만, 양 법리는 충돌하는 경우가 있다. 즉 집행의 실체면에서는 실체법리가 절차면에서는 절차법리가 적용되어야 할 것이지만, 양법리가 저촉하는 경우에는 일반법에 대한 특별법의 관계에서 절차법리의 우선을 인정하여야 한다.[2] 강제집행에 관한 법률은 각국 또는 시대 특히 권력구조에 따라 많은 영향을 받을 수밖에 없기 때문에 통일적인 시각에서의 제도의 전개가 어렵고 재판절차의 역사를 찾기보다 어렵지만, 각국의 실체법규(특히 담보권제도)와 밀접한 관계를 가지고 있으며 신속하고 능률적인 집행을 목표로 한다는 점에서는 각국은 공통의 목표를 가지고 있다.

✦ 강제집행의 3단계

강제집행의 3단계는 소유자의 처분권을 박탈하는 압류단계, 압류에 의하여

---

2) 양 규정에 내용상 모순이 있는 경우에는 절차법을 우선하여 적용한다.

확보된 재산을 금전화 하는 환가(매각: 현금화. 국가권력에 의하여 그 교환가치를 실현하는 단계 즉 협의의 경매절차)단계, 환가에 의하여 얻어진 금전을 만족(채권자에게 교부하는, 각 채권자의 이익을 조정하는)시키는 배당의 단계가 있으며, 어느 한 단계는 다음 단계의 기초가 되고 후의 단계는 전의 단계를 전제로 하여 시작·발전·종료하는 연쇄(連鎖)의 절차로서(즉 어느 한 단계가 없거나 유효하지 못하면 다음 단계로 나아갈 수 없다), 재화의 유통을 필요(필수)적 수단으로 하는 오늘날의 경제생활관계는 권리와 의무라는 법질서 형태로 나타나므로 강제집행은 현실의 경제사회에서 재화유통에 직접적으로 개입을 한다. 이를 행위라는 측면에서 보면 부동산에 대한 강제집행은 환가권의 징수(압류), 환가권의 행사(환가), 환가금의 교부(배당)의 3단계로 구성되며, 민사집행에 대한 기본법인 민사집행법은 금전채권에 대한 집행에 있어서 부동산 등에 대한 기본적인 환가방법으로서 집행권원에 의하는 강제경매에 관하여 규정하고, 이를 임의경매에 준용하고 있으므로(민사집행법 제268조), 강제경매의 절차규정은 부동산 등에 대한 환가절차의 기본모델이 된다.

즉 강제집행은 채무자·체납자의 책임재산에 대한 처분권을 집행기관이 취득(압류)하고, 이 압류된 재산을 환가하여 금전적 가치를 실현하고(환가), 그 결과로 금전화 된 것을 가지고 채권자(개인 및 국가·지방자치단체)의 만족에 충당하는(교부 또는 배당) 직접강제방식으로 각종 목적재산의 특성(종류)에 따라 위 기본절차를 자세하게 수정한 각종 집행절차가 법률에 규정되어 있다.

✦ 강제집행의 배당단계

경매절차에 있어서 배당(국세징수법상 공매의 경우에는 청산 또는 배분이라는 용어를 쓰지만 동일한 의미이다), 즉 만족이란 압류(금전 자체를 압류한 경우) 또는 환가에 의한 결과물인 금전(매득금)을 이해관계인(채권자, 國 등)들에게 법률의 규정에 의한 권리의 순위에 따라 배분하는 절차로서, 매각대금에 의하여 채권자의 채권을 변제하기 위한 절차에는 배당과 교부의 두 종류가 있다. 즉 민사집행법 및 국세징수법은 다른 법률, 예컨대 민법(저당권 등), 상법(선박우선특권 등), 기타 세법(조세채권), 근로기준법, 근로자퇴직급여보장법(임금채권 등), 주택임대차보호법 및 상가건물임대차보호법(주택 또는 상가건물의 임차금) 등의 규정에 따라 권리의 순위를 정하여 배당을 하도록 규정하고 있다.

매각대금의 교부란 변제받을 수 있는 금액에 대하여 채권자간에 다툼의 여지가 없는 경우, 예컨대 채권자가 1인(압류채권자만 있는 경우)이거나 2인 이상인 경우에도 채권 전액(집행비용 포함)을 만족할 경우에 허용되는 간이한 배당방법이고, 배당은 변제받을 수 있는 수액에 대하여 채권자간에 다툼의 여지가 있는 경우에 하는 것이므로 절차가 보다 엄격하다. 즉 금전채권은 채무자의 총재산을 집행의 대상으로 하기 때문에 동일 재산에 대하여 다수 채권자를 위한 집행이 경합하는 경우 또는 그 집행에 관하여 배당요구나 교부청구 등에 의하여 채권자가 경합하는 경우가 많다. 이 경우 채무자의 재산을 환가한 매각대금으로 각 채권자의 채권 및 집행비용 전부를 변제할 수 있을 때나 채권자가 1인인 경우에는 배당이의의 문제는 없으므로(현금화한 금액을 그에게 교부하여 집행절차는 종료되므로) 반드시 배당절차를 개시할 필요는 없고, 또한 배당표를 작성하지 아니하고 단순히 매각대금교부계산서를 작성하여 변제금을 채권자에 교부한 후에 잔여가 있으면 채무자에게 교부하면 되지만, 매각대금으로 경합하는 각 채권자의 채권을 만족시킬 수 없는 경우에는 채권자가 우선변제권을 가지지 아니 한 이상, 채권은 성립 전후를 불문하고 평등한 효력밖에 없으므로 엄격한 배당표를 작성하는 배당기일 을 개시하여 각 채권자가 가지는 채권액에 비례하는 평등배분을 하기 위한 배당절차를 행하여 야 한다. 다만 현실로는 배당을 하여야 할 경우가 대부분으로 결국 배당절차란 매각대금으로 각 채권자를 만족시키지 못하거나 각 채권자사이에 합의가 되지 못한 경우, 민법·상법 그 밖의 법률에 의하여 공평·평등하게 배분을 하는 재판상 절차로서 채권의 성질에 따라 그 우열이 있는 경우 에는 그 순위에 따라서 배당하고, 동순위의 경우에는 채권액에 안분하여 평등하게 배당을 한다(평등배당주의).

✦ 강제집행의 부수절차(소유권이전절차)

민사집행법상 경매나 국세징수법상 체납처분인 공매의 부수절차로서 소유권이전절차란 법원 등이 매수자를 위하여 직권으로 매수인에게 소유권이전 및 제권리의 말소등기를 등기소에 촉탁하는 절차이다. 즉 집행기관이 소유권이전절차를 취하는 경우 매수인이 취득한 부동산상 제권리의 말소와 소유권이전을 위하여 제세금의 납부 등 매수인의 협력을 필요로 하므로, 실무적으로는 매수인의 신청에 의하여 동 절차가 진행된다.

✦ 강제집행의 압류단계

압류란 금전집행(돈을 받기 위한 강제집행절차)에서의 필수적 1단계 절차로서 집행기관이 채무자(조세채권의 경우 체납자. 이하도 같다) 소유의 일정한 재산(경매나 공매의 대상물)을 구속하고, 채무자에 의한 처분을 금지하는 집행처분으로서 매각절차를 위한 준비단계이다. 즉 민사집행법에 의한 경매나 국세징수법에 의한 공매는 부동산 자체의 교환가치(매매)를 실현하여 채권자의 만족(대출채권의 회수)을 얻을 목적으로 집행하므로 목적달성을 위하여 일단 개시된 절차의 속행은 그 후의 사정에 의하여 방해받지 아니할 법적 수단의 강구가 필요하며, 그 수단으로 채무자의 목적물(매각대상)에 대한 처분권을 박탈하는 것으로서 이를 압류의 효력 내지 처분금지효력이라고 한다. 즉 처분금지효력이란 채권자의 만족을 보장하고 채무자의 처분권능을 박탈하는 것으로 강제 매각절차의 자기 보존능력에 기초한 제도라고 할 수 있다. 경매는 절차개시(경매개시결정)를 할 때 채권자를 위하여 압류명령을 하여야 하고(민사집행법 제83조제1항), 공매(체납처분절차) 역시 압류에 의하여 절차가 개시되므로 양 절차에서의 압류의 효력은 동일하다.

위에서와 같이 압류의 본질은 채무자나 소유자의 특정한 집행목적의 재산(담보물이나 압류 된 부동산)에 대하여 국가의 특별한 지배관계를 만드는 의사표시로서 국가는 그 특정 압류재산에 대하여 처분권한을 취득하므로 소유자의 의사에도 불구하고 강제로 처분(즉 경매나 공매)을 하고 소유자가 압류물을 제3자에게 처분하더라도 압류권자에게는 대항할 수 없다. 이러한 압류는 압류재산의 종류(동산·부동산)에 따라 그 모습을 달리하며, 위 처분금지의 위반효과에 대하여 절대적 무효라고 하는 주장과 상대적 무효라는 주장이 있었으나 현재에는 절대적 무효설을 주장 하는 자는 없다. 결국 압류는 채무자에게 상대적인 양도금지효력이 생기는데 불과하고, 채무자의 처분은 집행채권자(압류권자)에게는 효력이 없다. 즉 압류는 채무자에게 상대적인 양도금지의 효력을 생기게 하는데 불과하므로 채무자의 처분은 집행채권자에게는 효력이 없다. 따라서 담보권자가 집행채권자인 경우 압류효력발생 이후의 목적물의 양도는 경매절차진행에 영향을 미치지 아니한다(그 처분은 무효이다). 따라서 압류 이후에 목적물을 양수받은 새로운 소유자는 압류권자에게 대항할 수 없어 목적물의 궁극적인 소유권을 취득할 수 없으므로 특히 주의를 요한다. 예컨대 체납처분에 의하여 압류만 되어 있는 부동산을 개인간의 거래에 의하여 매수한 경우에는 체납된 세금이 납부되어 압류 말소가 되지 아니하는 한 언젠가는 공매로 매각되어 소유권을 잃을 수 있다(체납처분에 의한 압류의 경우에는 경매와는 달리 압류시 경매처럼 절차개시의 등기가 되지 아니하므로 특히 조심하여야 한다).

압류의 본질적인 효력은 처분금지효력이지만 그 이외에 시효중단의 효력, 종물과 과실에 압류효력이 미치는 효력(따라서 매수인은 주물만을 매수하는 것이 아니고 종물·부합물과 과실까지도 매수하는 것이므로 자신이 취득한 부동산의 범위를 정확하게 알아야 한다)과 조세채권에서의 우선변제 등의 효력이 있다.

✦ 강제집행의 절차구조

부동산에 대한 경매절차(체납처분에 의한 공매절차도 같다)는 목적물의 압류절차, 현금화(매각)절차, 배당절차(매각한 대금의 배분절차)의 3단계로 구성되며, 부수절차로서 소유권이전절차가 있고, 채권자의 신청에 의하여(국세징수법상 체납처분절차로서 공매는 자력집행에 의하여) 집행법원이 경매개시결정을 하고, 관할등기소에 촉탁하여 등기관이 기입등기를 함으로써 시작된다. 압류된 부동산은 집행관에 의한 부동산현황조사와 공과금을 주관하는 공공기관에 대한 조세·공과금을 통지할 최고, 감정인에 의한 부동산평가 등의 매각을 위한 준비를 한 후, 매각기일에 집행관의 최고가매수신고인 결정과 매각결정일 매수신고인에 대하여 집행법원이 매각허가결정을 하고, 매수인은 집행법원이 정한 대금지급기한 내에 매각대금을 완납하면, 법원은 매각부동산에 대한 소유권이전등기를 한다. 매각대금에 대한 배당은 등기부상 이해관계인과 채권자의 배당요구, 채권계산서제출, 배당표작성, 배당금지급 등의 절차로서 이루어진다.

✦ 강제집행의 환가(매각; 현금화)단계

환가란 집행기관(법원·세무서 등)이 그 처분권(국가공권력; 강제력)에 기하여, 스스로 또는 보조자를 사용하여 강제적으로 압류한 채무자 소유의 재산권(채무자의 재산이 금전 이외일 경우를 말한다. 환가 자체가 금전화의 절차이므로 예컨대 부동산인 경우를 말한다)을 매각(양도) 또는 기타의 방법으로 금전화 하는 절차이며, 이는 채무자의 의사에 반하여(반대에도 불구하고) 채무자의 소유권을 강제적으로 이전시키는 처분행위 또는 절차로서, 채무자의 권리를 상실하게 하는 중요한 처분이므로 그 방법과 절차는 법률에서 엄격하게 정하고 있으며, 집행기관이 그 대가를 얻고 피압류재산(압류목적물)을 타인에 양도하는 것이므로 민법상 매매에 준하고, 민법에 관한 제규정이 원칙적으로 적용되지만, 다른 면에서 매각은 국가기관인 집행기관이 강제 집행권에 의한 강제환가방식으로 하므로, 사인 간의 매매와는 다른 본질을 가진다. 이를 민사집행법상으로는 경매, 국세징수법상으로는 공매라고 부르며, 강학상 공적 매매 내지는 경매(또는 공매)라고 부른다.

환가의 방법은 원칙적으로 경매(공매)의 방법(불특정다수의 원매자를 모집하여 매수가액의 자유로운 경쟁에 의하여 매각하는 방법)에 의하고, 환가 후 환가대금을 집행채권자 등에 배당하면 경매절차는 종료한다.

✦ 강제집행의 흐름

강제경매는 보전단계(가압류)→소송단계(집행권원의 취득)→집행단계(자력집행금지원칙이 적용되므로 당사자가 법원에 경매를 신청), 임의경매는 신청채권자(저당권자)가 저당권을 집행권원으로 하여(당사자의 약정) 집행법원에 신청하며, 행정상 강제집행절차인 국세징수법상 체납처분은 국가 또는 지방자치단체가 가지는(國에 내재하는) 자력집행권에 의하여, 법원의 조력 없이, 집행권원 없이(법원에 신청하지 아니하고) 직접 압류하여 현금화 한 후, 만족(배당: 배분)을 얻는 절차를 거친다.

✦ 경매

협의의 경매란 다수의 매수희망자 중에서 집행관의 면전에서 구술로 매수신청을 하도록 하고(민사집행법상 호가경매라 한다) 최고가매수신고인에게 매각하는 방법으로 종래에는 이 방법에 의하였으며, 이에 대하여 입찰이란 매수희망자들로부터 서면으로 매수신청을 하도록 한 후 최고가매수신청인에 매각하는 매각방법을 말한다. 경매절차는 민사집행법에 의하여 진행되는 공적 매매이다. 공개하여, 경쟁하는 매매로서 이러한 사전적 의미에서는 경매와 공매는 같은 말이다. 광의의 경매란 국가기관에서 관련법률(민사집행법, 국세징수법 등)에 따라 행하는 경우로, 사적 매매에 비하여 공평하게 진행되고, 또 경매란 채권자 입장에서 보면, 채권자(국가나 지방자치단체 등)가 자신의 채무를 변제받기 위하여 채무자소유의 부동산을 법원(세무서 등)에서 강제로 처분을 신청(공매의 경우는 신청이 아닌 자력집행)하고, 국가권력기관인 법원 등이 채무자의 소유재산을 압류·현금화(환가)한 금액으로 사법상(공매의 경우에는 공법상) 이행청구권을 실현하는 절차를 의미하고, 강제경매와 임의경매(담보권실행 등을 위한 경매)로 구분된다(국세징수법상 체납처분인 경우에는 공매).

경매(광의)도 매매의 일종이지만 사법상의 매매와는 달리 국가의 강제력(공권력; 압류)에 의하여 채무자(소유자)의 처분권을 박탈하여 압류목적물을 강제적으로 매각하는 차이가 있을 뿐이다. 따라서 경매나 체납처분으로서의 공매에서의 매각기일의 공고는 사적 매매에서의 청약의 유인이고, 매수신청은 청약이며, 매각결정은 승낙의 의사표시에 해당되고, 경매의 실시는 최고가매수신청인을 정하는 방법에 해당한다. 결국 협의의 경매란 국가제도로서의 광의의 경매가 아닌, 매각의 한 방법으로서(서류에 기재하여 매각하는 방법인 입찰에 대칭하여 부르는), 집행관의 면전에서 입찰자가 구술로 하는 경쟁매매의 방법으로서 민사집행법에서는 호가경매라고 부르고 있으며, 민사집행법상 경매(민사집행)나 국세징수법상 공매는 입찰의 방법에 의하여 매각하고 있다.[3)]

---

3) 민사집행법상 경매란 다수의 매수희망자가 구술로 매수의 청약을 하고, 그 중 최고가매수신고인에 매각하는 경쟁체결에 의한 매매로서 매수신청은 청약이라고 본다. 물적책임의 강제적 실현인 임의경매와 인적 책임의 강제적 실현방법인 강제경매는 국가가 스스로 통치권에 근거하여 독점한다. 즉 현행법상 강제를 하는 권리(das Recht zum

✦ 경매개시결정(강제경매, 임의경매)

경매신청서의 기재 및 첨부서류를 기초로 경매개시의 형식적 요건(예컨대 당사자능력, 대리권의 흠결, 인지불첨용, 신청서 기재사항의 흠결, 첨부서류 미비 등) 및 실질적 요건의 구비를 심사하여 집행법원의 사무를 처리하는 사법보좌관이 경매개시결정을 한다(사법보좌관규칙 제2조제1항제11호). 요건에 흠결이 있으면 결정으로 신청을 각하하고, 하자의 보정(추후보완)이 가능한 것이면 보정을 명하는 것이 통상의 실무 예이다.

경매신청이 적법하고 첨부서류도 모두 구비되었으면 집행법원은 경매절차를 개시하는 경매개시결정의 재판을 한다. 집행법원의 사무를 처리하는 사법보좌관은 경매신청이 적법하여 경매개시결정을 하면, 경매절차를 개시한다는 뜻과 동시에 신청채권자를 위하여 그 부동산의 압류를 명하여야 하며(민사집행법 제83조제1항), 법원사무관등은 즉시 그 사유를 부동산등기부에 기입하도록 등기관에게 촉탁하여야 한다(집행법 제94조). 압류는 부동산에 대한 채무자의 관리·이용에 영향을 미치지 아니하며, 법원은 직권으로 또는 이해관계인의 신청에 따라 부동산에 대한 침해행위를 방지하기 위하여 필요한 조치를 할 수 있고, 압류는 채무자에게 그 결정이 송달된 때 또는 경매신청의 기입등기가 된 때에 효력이 생긴다(동법 제83조제2항, 제3항, 제4항). 이 압류에 의하여 채무

Zwange)를 갖는 것은 국가뿐이고, 채권자는 강제를 구하는 개별의 권리(ein Recht zum Zwange)를 갖는데 불과하고, 집행행위는 국가의 권리와 의무이고 국가가 독점하며 통치권에 근거한다. 이는 강제적으로 행사하며 사법권에 의한 절차로서 어느 절차나 집행법원의 법률에 의한 강제적 환가라는 점에서는 모두 같다. 환가로서의 경매는 재산을 유상으로 양도하므로 경제적인 면에서는 매매 유사의 성질도 있지만, 경매의 성질과 관련 학설상 사법상 매매설과 공법상 처분설 및 절충설로 나뉜다. 담보권실행을 위한 경매(임의경매)는 담보권자인 私人이 가지는 실체법상 매각권능의 실행으로서 이를 담보권에 내재하는 환가권의 발동으로 보아, 강제집행(협의의 강제집행 즉 강제경매)과 구별하여 강제경매의 성질과 달리 설명하는 소수의 견해도 있으나 다수설은 이에 반대하고 일반적으로 임의경매는 강제집행의 일종으로 본다. 따라서 민소법은 한 절차 내에서 임의경매에 대하여 강제경매에 관한 조항을 준용하게 하고 있다. 즉 강제집행을 할 때 집행권원의 필요여부는 양자의 본질인 차이에 기하는 것은 아니며, 통일적인 파악이 불가능하다고 할 어떤 이론적 또는 실정법 규정상 장애도 없고, 독일과 같은 입법 예는 담보권실행으로서 경매에도 집행권원 내지 집행정본을 필요로 하고, 스위스에서는 강제집행시 집행권원이 불필요하다.

자에 대한 집행목적물의 처분제한의 효과(압류된 부동산을 타에 양도하거나 담보권 또는 용익권을 설정하는 등의 처분행위를 할 수 없다)를 발생하며, 그 부동산에 대한 처분권이 국가로 귀속된다. 경매신청이 이유 없거나 부적법한 때에는 신청의 기각이나 각하의 결정을 한다. 비용을 예납하지 아니한 경우에도 신청을 각하하거나 집행절차를 취소할 수 있다(동법 제18조제2항).

경매개시결정에는 그 밖에 당사자의 주소와 성명, 부동산의 표시, 집행권원, 대리인의 표시를 하고(법률에 명시된 것은 아니다) 경매개시결정일을 기재하여 판사가 서명 또는 기명한 후(집행법 제23조제1항, 민사소송법 제224조제1항 단서)에 날인한다. 경매개시결정을 하면 이를 민사집행법상 소정의 이해관계인(동법 제90조)에게 직권으로 송달하여야 하고, 그 결정이 채무자에 송달된 때 또는 압류등기가 된 때 중 빠른 쪽에 의하여 압류효력이 생긴다(동법 제83조제4항). 경매실무는 부동산경매의 경우에 등기관에게 압류촉탁 후 압류의 기입등기가 된 등기부등본을 등기관으로부터 받은 후 채무자에게 송달을 하므로 통상은 압류등기가 빠르다. 채무자의 전거 기타 사유로 송달불능이 된 경우에는 채권자 등의 협력을 얻어 그 소재를 찾아 송달하여야 하지만 소재를 찾지 못하는 경우에는 직권으로 공시송달을 하여야 한다. 채무자 아닌 다른 이해관계인에게는 경매개시결정은 송달할 필요는 없고, 압류채권자에게는 상당한 방법으로 고지하면 되며, 채권자에게 송달하지 아니하고 절차를 진행하여도 매각허가의 효력에는 아무런 영향이 없다. 경매개시결정에 대하여 이해관계인은 이에 대하여 이의를 제기할 수 있다.

✦ 경매개시결정의 기입등기

법원이 경매개시결정을 한 때에는 법원사무관등은 즉시 직권으로 그 사유를 등기부에 기입할 것을 등기관에게 촉탁하여야 하고, 등기관은 위 촉탁에 따라 경매개시결정사유를 기입하여야 하며(민사집행법 제94조) 이는 압류를 공시하기 위한 것이다(또 집행법 제83조제4항은 경매개시결정의 등기가 된 때를 압류효력의 발생시기의 일종으로 규정한다). 미등기부동산인 경우에는 직권으로 보존등기를 먼저 한 후(부동산등기법 제134조)에 압류의 기입등기를 하여야 한다. 부동산공유지분의 경매시에는 채무자의 지분에 관하여 경매개시가 있음을 등기부에 기입한다(집행법 제139조제1항). 등기관은 기입등기를 한 후에 등기부등본을 작성하여 집행법원에 송부하여야 한다(동법 제95조). 등기부상 채무자에 속하지 아니하거나 공장재단의 일부를 이루어 그것만을 독립하여 압류할 수 없음이 명백하거나 그 밖의 사유로 등기를 할 수 없을 때에는 등기관은 이 사유를 법원에 통지하여야 할 것이다. 그 통지를 받은 법원은 그 통지의 내용에 따라 바로 경매개시결정을 취소하거나 채권자에게 상당한 기간을 주어 장애가 소멸되었음을 입증하게 하여 다시 촉탁을 하든지 채권자가 그 입증을 하지 못하고 기간을 초과하면 직권으로 개시결정을 취소하여야 한다(동법 제96조).

✦ 경매개시결정의 효력

경매개시결정을 하면 이를 소정의 이해관계인(민사집행법 제90조)에게 직권으로 송달하여야 하고, 그 결정이 채무자에 송달된 때 또는 민사집행법 제94조에 따른 압류등기(경매신청의 기입등기)가 된 때 중 빠른 쪽에 의하여 압류효력이 생긴다(집행법 제83조제4항). 다만 송달의 특례가 적용되는 한국자산관리공사(이 공사가 채권회수수임인으로서 하는 경우 포함)의 경우 임의경매에 한하여 통지 또는 송달은 경매신청 당시 당해 부동산의 등기부에 기재되어 있는 주소에 발송함으로써 송달된 것으로 본다(발송주의. 금융기관부실자산등의 효율적처리및한국자산관리공사설립에관한법률 제45조의2).

압류가 되어도 소유자는 경매목적물에 대한 사용수익권을 상실하는 것이 아니며, 천연과실과 법정과실도 취득할 수 있다. 다만 소유자 등의 부동산에 대한 침해행위를 방지하기 위하여 필요한 조치를 취할 수 있다(집행법 제83조제3항의 준용). 경매개시결정 후에 같은 부동산에 다른 경매신청이 있으면 이중으로 경매개시결정을 하는 것도 강제경매와 같다(동법 제87조의 준용). 압류가 되면(임의경매나 국세징수법상 체납처분에 의한 압류도 같다), 압류된 부동산은 처분이 금지되고, 채권의 시효가 중단이 되며, 종물과 과실에도 압류의 효력이 미친다(즉 압류효력이 발생한다. 압류효력이 미치는 범위는 저당권의 효력이 미치는 범위와 같다. 저당부동산을 증축한 경우 증축부분에도 압류의 효력이 미치며 저당권설정등기 후에 부속시킨 부합물이나 종물에도 미친다).

집행법원은 매각준비를 하는 바, 감정업자(감정인)에게 입찰부동산의 감정평가를 명하고 집행관에게 임대차 등 현황조사를 명령한 후, 이들 결과를 참작하여 최저매각가격을 정한 후에 매각기일을 정하여 이해관계인에게 통지(송달)를 한다.

✦ 경매나 공매라는 용어의 법률상 사용례(구분)

민사집행법에서는 경매라는 용어를, 국세징수법에서는 공매라는 용어를 두 법률이 구분하여 쓰고 있으나, 양자는 공개하여 경쟁하는 방법에 의한 매매라는 의미에서 그 뜻은 동일하다. 다만 금융기관·한국자산관리공사 등이 법원의 경매절차에서 대출채권과 상계하여 매수(취득)한 부동산을 다시 매각하는 경우(대출채권을 화수하기 위한 방법)에도 공매라는 동일한 용어를 쓰고 있으나 이는 사적인 매매이고, 위 법률에서 말하는 국가 등에서의 공적 매매와는 용어는 동일하지만 다른 제도이다. 다만 금융기관 등 공매는 사적 매매로서 일반의 매매계약이지만 절차의 공개성·엄정성·반복성·전문성·기관의 공신력 등에서 사인에 의한 매매와는 질적 차이가 있을 뿐이다.

✦ 경매에서의 매각방법

국가제도로서 경매(광의로 채무자소유 부동산을 압류·현금화하여 배당하는 일련의 경매절차)는 압류한 채무자소유 부동산을 매각하는 방법에 따라 경매방법과 입찰의 방법으로 구분하고, 입찰의 방법으로는 기일입찰과 기간입찰의 방법이 있다. 협의의 경매란 다수의 매수희망자 중에서 집행관의 면전에서 구술로 매수신청을 하도록 하고(민사집행법상 호가경매라 한다) 최고가매수신고인에게 매각하는 방법으로 종래에는 이 방법에 의하였다. 이에 대하여 입찰이란 매수희망자들로부터 서면으로 매수신청을 하도록 한 후 최고가매수신청인에 매각하는 매각방법을 말한다.

경매의 구체적인 부동산의 매각방법으로 집행법원이 정한 매각방법에 따르며, 그 방법으로는 호가경매와 매각기일에 입찰 및 개찰을 하는 기일입찰(매수가격 등을 기재한 입찰표(서)를 투함하게 하여 최고가매수인을 당일 호창하는 방법), 일정한 입찰기간을 정하여 그 기간 내에 입찰표에 의하여 입찰하게 하여 매각기일에 개찰하는 기간입찰의 세 가지 매각방법이 있다(민사집행법 제103조제2항). 호가경매는 일반인의 참가가 어렵고 경매브로커에게 경매목적물이 독점됨으로써 매각가액이 낮아지고 경매절차가 지연되는 경우가 많았기 법원은 1993.5부터 입찰방법(기일입찰)을 채택한 것이지만, 입찰 역시 매수희망자가 지정된 기일에 모두 한 자리에 모여 행하는 것이라는 점에서 호가경매의 문제점을 완전히 해결하기에는 부족한 점에서 집행법은 기간입찰제를 새로이(구민소법은 기일입찰만을 인정) 도입하였고(민사집행규칙 제68조) 이는 일본에서 계수된 제도이고, 또 실무운용을 위하여 재판예규를 만들어 2004.9.1 이후 기간입찰을 병행할 수 있게 하였으나[이에 따라 2004.9.1부터 시행되는 대판 재판예규 제970호(2004.8.24 제정)의 부동산등에 대한 경매절차처리지침(재민 2004-3)이 있다], 경매실무는 주로 기일입찰에 의하고 있다. 각 매각방법에 따른 세부절차는 민사집행규칙 제61조 내지 제72조에 규정한다.

✦ 계약

둘 이상의 당사자의 서로 대립하는 의사표시의 합치에 의하여 성립하는 법률행위를 말한다. 계약이란 민법상 2가지의 의미로 쓰이는 바, 광의의 계약은 사법상의 일정한 법률효과의 발생을 목적으로 하는 2인 이상의 당사자의 대립되는 의사표시의 합치의 총칭, 즉 합의에 의하여 성립하는 법률행위(채권발생을 목적으로 하는 채권계약뿐만 아니라 물권변동을 목적으로 하는 합의, 준물권계약, 가족법상의 법률관계의 변동을 목적으로 하는 행위 포함)를 말한다. 민법은 광의의 계약에 관한 통칙적 규정은 없으므로 협의의 계약에 관한 통칙적 규정이 채권계약에만 특수한 것이 아니라면, 광의의 계약에 준용이 되어야 한다(통설). 협의의 계약(채권계약)이란 채권의 발생을 목적으로 하는 합의, 즉 채권계약을 말한다. 합의란 서로 대립하는(상대방에 서로 다른 경제적 의의를 가지는) 2개 이상의 의사표시가 합치하는 것을 말한다. 즉 채권계약이란 일정한 채권의 발생을 목적으로 하는, 복수 당사자의 서로 대립하는 의사표시의 합치로 성립하는 법률행위이다.

✦ 계약자유의 원칙

민법상 계약자유의 원칙(사적자치의 원칙; 법률행위자유의 원칙)이란 개인이 사회생활을 함에 있어서 자기의 의사에 따라 자유로이 계약을 체결할 수 있으며 국가는 이에 간섭하지 아니하고 그 계약내용이 실현될 수 있도록 협력한다는 원칙을 말하고, 그 내용으로는 계약체결의 자유, 상대방 선택의 자유, 내용결정의 자유, 계약방식의 결정에 대한 자유 등이다. 다만 계약자유의 원칙에서도 계약내용 등이 공공의 복지 및 사회질서의 유지에 반하는 것이 되어서는 아니되고, 그 계약은 자유의사에 기한 것이어야 한다[따라서 전자의 경우 당사자의 의사표시(계약내용)가 우선하여 특히 선량한 풍속 기타 사회질서에 위반한 내용의 법률행위가 아닌 한 유효하며(민법 제103조), 의사표시가 없거나 불분명하여 다툼이 있는 경우에 비로소 법률해석으로 당사자의 의사를 보완한다].

사적 매매로서의 공매(예컨대 금융기관이나 한국자산관리공사에서의 법원에서 매수한 부동산을 매각하는 절차)는 私人에 의한 부동산매각으로 계약자유의 원칙에 의하는 것이므로 원매자가 공매(매각)내용을 잘 알고 응찰하여야 한다. 반면 민사집행법에 의한 강제집행(임의·강제경매)이나 국세징수법에 의한 체납처분으로서의 공매는 법의 집행으로 법률의 규정에 의하므로 민법상 의미의 계약자유원칙이 적용될 여지가 없다(이들 법률과 민법 등 많은 법에 의하여 절차가 규율되므로 원매자는 이들 법 규정 내용을 이해하고 있어야 한다).

✦ 공매

광의의 공매란 법률의 규정에 따라 국가나 지방자치단체 등에서 행해지는 모든 매각방법을 말하며, 강제매각과 임의매각이 포함된다. 강제매각방법으로는 민사집행법에 의한 법원의 경매와 국세징수법 및 지방세법(또는 이들 법률을 준용하는 법률 포함)에 의하여 압류된 물건을 강제로 매각하는 공매가 포함된다(공적 매매라고 한다). 임의매각에는 국·공유재산(매각할 수 있는 잡종재산에 한한다)의 매각이나 금융기관·한국자산관리공사 등에서 시행하는 법원으로부터 인수한 자산이나 비업무용자산의 매각이 있다(사적 매매). 일반적인 의미(협의)의 공매는 법원의 경매를 제외한 매각방식으로 매각하는 경우를 지칭하는 경우도 많으나, 국세징수법에 의한 체납처분절차로서의 공매만을 지칭하는 경우도 있다. 공적 매매로서의 경매나 공매(체납처분절차로서의 공매)와 사적 매매로서의 공매는 "공개하여 경쟁하는 매각방법"이라는 점에서 법률적 성질은 같다.

공매라는 용어는 국세징수법에서, 경매(입찰 또는 매각)라는 용어는 민사집행법과 국세징수법에서 사용하는 용어로서 "공개하여 경쟁하는 방법에 의한 매매"라는 의미에서는 동일하며, 금융기관 등에서 사적 매매를 공매라고 하는 것은 법률상 용어를 차용하여 사용하는 것으로 경쟁매매라는 면에서 경매나 공매(국세징수법에 의한 공매와 금융기관 등의 사적 매매로서의 공매)는 매도할 상대방이 사전에 미리 정해지지 아니한 불특정다수인을 그 대상으로 하고, 특정 개개인을 상대로 하지 아니하므로 매수를 원하는 다수에게 동일한 내용의 매각조건을 미리 정하여 신문 등을 통하여 공고할 필요가 있고, 그 조건을 수락한 자들(불특정다수 원매자의 매수청약)이 가격을 경쟁하여 최고가격으로 응찰한 자를 매수인으로 정하는 매매의 방법이다(경쟁방법은 다양하지만 실무상 주로 가격경쟁을 한다). 이는 매수를 원하는 자는 경매나 공매의 매각조건(법률내용)을 모두 알고 있다는 것을 전제로 하기 때문이다

✦ 공정증서

광의로 공무원이 그 권한 내에서 적법하게 작성한 일체의 증서를 의미하지만, 일반적으로는 공증인이 공증인법 등이 정하는 바에 따라 법률행위 기타의 사건에 관한 사실에 대하여 작성한 증서를 말한다(공증인법 제2조). 이러한 의미의 공정증서작성의 절차와 방법은 공증인법에 자세히 규정한다. 공정증서는 공문서로 강력한 증거력을 가지며 공증인의 공정증서는 강제집행에 있어서는 집행권원으로서 집행력을 가진다.

공정증서(집행증서)는 공증인법 제35조에 따라 작성하여야 한다. 다만 어음·수표의 공증은 그 어음·수표의 뒤에 부착하여 공정증서를 작성한다(공증인법 제56조의2). 공정증서에는 일정한 금액의 지급이나 대체물 또는 유가증권의

일정한 수량의 급부를 목적으로 하는 특정의 청구를 표시하여야 하므로(따라서 특정물의 인도에 관하여는 집행증서를 작성할 수 없다), 청구는 정확하게 구체적으로 기재되어 다른 청구와 구별될 수 있어야 한다. 즉 지급할 금액수량이 증서상 특정되어야 한다. 따라서 이자의 청구라면 그 이율과 기간이 결정되어 있어야 한다. 판례도 공정증서상 지연손해금채권에 대하여 아무런 표시가 없는 경우에는 그에 대하여 강제집행을 청구할 수 없다고 한다. 또 공증증서에는 만일 변제기에 변제하지 못하면 즉시 강제집행을 당해도 좋다는 채무자의 의사표시가 기재되어야 한다.

✦ 공증인

당사자 기타 관계인의 촉탁에 의하여 법률행위 기타 私權(사권)에 관한 사실에 대한 공정증서의 작성, 사서증서에 대한 인증과 공증인법 및 기타의 법령이 정하는 공증인의 사무를 처리함을 그 직무로 하는(공증인법 제2조) 공무원을 말한다. 공증인은 법무부장관이 임명하고 그 소속지방검찰청을 지정하며(동법 제11조), 판사·검사 또는 변호사의 자격을 가진 자만이 공증인에 임명될 수 있다(동법 제12조). 공증인은 공증인법에 의한 임명공증인, 변호사법에 의한 법무법인·유한법무법인, 공증인가법무조합의 3원화로 되어 있고, 각 적용되는 법률이 다르다. 자세하게는 공증인법에 규정한다. 공정증서의 설명을 참조.

✦ 공탁(민법상 일반적인 공탁)

공탁이란 법령의 규정에 따른 원인에 기하여 금전, 유가증권 기타의 물품을 국가의 기관인 공탁소(공탁기관)에 임치하여 관리를 위임하고 공탁소를 통하여 그 재산을 어느 사람에게 수령하게 하여 일정 법률상 목적(변제·담보·보관 등)을 달성하려는 제도이며, 당해 공탁의 목적물을 공탁물, 공탁소에 공탁물을 임치한 자를 공탁자, 공탁소를 통하여 공탁물을 수령하려는 자를 피공탁자라 한다. 공탁은 공탁자가 공탁서를 작성하여 공탁소(공탁공무원)에게 공탁신청을 하면 공탁공무원이 이를 심사하여 타당하면 수리결정을 하고, 수리되면 공탁자는 공탁소에 공탁물을 납입하는 일련의 절차로 이루어진다.

✦ 광의의 강제집행(민사집행 및 행정상 강제집행)

광의의 강제집행이란 재판 등에 의하여 사법상 권리의 내용을 강제적으로 실현하는 절차(협의의 강제집행 즉 민사집행으로 임의경매, 강제경매)와 행정처분의 내용을 강제적으로 실현하는 절차인 체납처분절차와 행정대집행절차, 즉 민사집행과 행정상 집행으로 대별할 수 있다(행정상 집행은 행정집행, 행정상 강제집행, 공법상 강제집행, 공법상 의무에 대한 집행 등으로 표현하지만 같은 의미이다).

즉 광의의 강제집행이란 ①채권자의 채권회수를 위하여(fűr), 채무자의 소유재산에 대하여(dagegen), ②채권자의 신청(국가의 자력집행권)에 의하여, ③국가의 집행기관(집행법원, 세무서 등)이, ④집행권원(임의경매의 경우에는 근저당권, 강제경매의 경우에는 판결문 등. 체납처분의 경우 집행권원 없이 자력집행으로)에 표시된 사법상(조세채권 등 체납처분의 경우에는 공법상) 이행청구권을, ⑤당사자의 신청에 의하여(조세채권 등은 신청이 아닌 스스로의 자력집행권에 기하여), ⑥국가공권력(법원, 세무서 등)에 의하여 강제적으로 실현되는 ⑦법적 절차를 말하며, 금전채권에 대한 집행이다(체납처분절차에서는 금전채권에 한하고, 민사집행에서는 비금전채권의 집행도 포함된다). 즉 채무자의 처분권을 박탈한 후(압류), 압류한 재산에 대하여 공개하여, 경쟁매각을 실시하고(환가, 매각 또는 현금화절차라고 한다), 그 매각대금으로 부동산 위의 이해관계인에게 권리의 순위에 따라 배당하는(이해관계의 조정), 법적 절차(법의 집행)를 말한다.

✦ 근저당권(근저당)

당좌대월계약 등과 같이 기초적인 거래관계에 기한, 계속적 거래관계로부터 발생하고 소멸하는 다수의 불특정채권을 장래의 결산기에 약정된 일정 한도액(채권최고액)까지 담보하기 위하여 현재 설정하는 저당권을 근저당이라고 하고(민법 제357조제1항 본문), 저당권의 부종성을 완화한(예외) 것이다(피담보채권의 존재형태가 다르다). 즉 근저당권도 저당권의 일종이므로 저당권의 일반적 개념규정에 포섭됨은 당연하다. 예컨대 A은행과 B회사 사이에 대출과 상환이 반복적으로 발생하는 거래관계가 있을 때, 이러한 대출채권을 보통저당권만으로 담보하여야 한다면 저당권의 부종성 때문에 대출을 할 때마다 구저당권의 말소와 신저당권의 설정이라는 절차를 반복하여야 하고, 이는 시간과 비용의 낭비라는 점에서 불합리하므로 1회의 저당권설정으로 그러한 거래관계에서 계속적으로 발생하는 대출채권을 중간의 채무소멸이나 이전에 관계없이 일정한 한도액의 범위에서 담보할 수 있도록 할 담보제도를 필요로 하게 되었으며, 이러한 요청을 충족시키도록 고안된 것이 바로 근저당제도인 것이다. 즉 담보되는 채권을 개개의 구체적인 채권에 특정하지 아니하고(즉 불특정채권을 담보), 증감·변동하는 채권(미확정채권을 담보)을 1개 담보권에 의하여 담보할 목적의 특수한 형식에 의한 저당권이 근저당이다.

현재의 금융대차관계는 당좌대월계약·어음할인계약·어음대부계약·상호계산계약, 객주나 도매상과 소매상간 등과 같이 계속적·중첩적으로 성립하고 이러한 대차관계(기본적 계약관계)로부터 다수의 채권·채무가 발생·소멸하는 것이므로 그 때마다 이에 상응하는 담보권을 설정·변경·소멸시키는 복잡성을 제거하는데 근저당의 기능이 있다. 이러한 불특정 다수의 장래의 채권을 담보하는 방법으로 근저당 이외에도 근질·근보증이 있으나(근담보로서 같은 기능을 한다) 저당권의 그 기능을 잘 발휘할 수 있는 분야에서는 근저당이 가장 많이 활용되지만, 이와 같은 근저당은 보통의 저당권과 그 유형을 달리하기 때문에 담보권의 통유성인 부종성이론을 중심으로 하여 그 유효성이 문제되었고, 구민법 때에는 명문규정은 없었지만 판례는 일찍부터 그 유효성을 인정하였고 학설도 이를 지지하였으며, 근저당의 법리는 근질·근보증에 널리 유추적용할 수 있으므로 근저당에 준하여 이해를 하여야 한다.

✦ 근저당권의 실행(임의경매신청)

기본계약에 의하여 결산기의 약정이 있으면 결산기의 도래에 의하여 채권은 확정되고, 근저당권은 확정된 채권을 담보하는 보통저당권으로 된다. 근저당권에 존속기간이 약정되어 있는 경우에는 이 기간의 도과에 의하여 피담보채권은 확정되고 보통저당권으로 확정되며, 위 결산기도래의 경우와 같이 생각하면 된다. 다만 피담보채권의 변제기가 등기된 경우에도 채권자의 청구가 있으면 이를 지급하기로 하는 특약이 있는 경우(보통 금융기관의 근저당권설정계약서의 경우는 이러하다)에는 그 특약에 의하여 등기부상 변제기 여부에도 불구하고 담보권을 실행할 수 있다.

근저당권자가 피담보채무의 불이행을 이유로 경매신청을 한 경우에는 경매신청시 근저당권의 피담보채권액이 확정되고, 그 이후부터 근저당권은 부종성을 가지게 되어 보통저당권과 같은 취급을 받게 되고, 또 위 기간의 경과 전에도 기본계약은 약정이 없는 경우에도 해지할 수 있고, 기본계약이 해지되면 근저당권을 실행할 수 있다. 즉 피담보채권이 확정되고, 확정된 피담보채권의 변제기가 도래하면 근저당권을 실행하여 최고액까지 피담보채권의 확정액을 우선변제받을 수 있다.

근저당권의 실행절차는 보통저당권의 실행절차에 의하며, 이는 실행단계의 근저당권은 보통저당권으로 전환되기 때문이다. 다른 채권자가 근저당권의 목적부동산에 경매신청을 한 경우 근저당권자는 그 절차에서 우선변제권을 주장할 수 있고(배당요구), 이 경우 언제 피담보채권이 확정되느냐가 문제된다. 이 경우에 민법은 아무런 규정을 두고 있지 아니하지만, 판례는 후순위근저당권자가 경매를 신청한 경우 선순위근저당권의 피담보채권은 그 근저당권이 소멸하는 시기, 즉 매수인이 매각대금을 완납한 때 확정된다고 하고, 학설은 경매개시결정이 있는 때라는 설이 다수인 것 같고, 이 경우 경매개시결정을 기준으로 그 전에 생긴 채권을 최고액에 포함시켜서 우선변제를 받을 수 있다고 한다.

✦ 근저당권의 효력

결산기에 있어서 일정한 채권액을 담보하고 우선변제를 받는 효력이 있으며, 이자는 최고액 중에 산입한 것으로 본다. 다만 포괄근저당은 근저당의 일종이지만 기본계약이 없고 당사자 사이에 발생하는 현재와 장래의 모든 채권을 일정한 한도액까지 담보하므로 연대보증인의 입장에서 주의를 요한다. 즉 근저당권은 채권최고액의 범위 내에서 근저당권의 효력이 미치는 피담보채권을 담보한다. 채권최고액과 근저당권의 효력이 미치는 피담보채권의 범위는 근저당권자와 근저당권설정자간의 약정에 의하여 정하여 진다. 채권최고액이란 근저당권에 의하여 담보되는 한도액, 즉 담보목적물로부터 우선변제를 받을 수 있는 최고한도를 의미하고, 근저당권에 기한 경매권 및 우선변제권의 한계를 의미한다.

결산기의 도래 등으로 확정된 피담보채권액이 채권최고액을 초과하면, 그 초과부분은 근저당권에 의하여 담보되지 아니하고 그 최고액의 범위 내의 채권만 담보하며, 초과부분은 일반채권자의 지위에서 변제받는다(즉 우선변제권이 없다). 반대로 확정된 피담보채권액이 채권최고액에 미달할 때에는 근저당권자는 그 확정액만을 우선변제받을 수 있다(저당권의 부종의 원칙). 그러나 채무액이 채권최고액을 초과하는 경우에 판례는 채무자겸 근저당권설정자는 그 최고액만을 변제하고 근저당권설정등기의 말소를 청구할 수 있는 것은 아니다(저당권의 불가분성). 즉 근저당권은 소멸하지 아니한다고 한다. 이 경우에 근저당권설정자가 채무자 아닌 물상보증인이거나 저당물의 제3취득자인 경우에는 그 최고액만을 변제하고 근저당권설정등기의 말소를 청구할 수 있다고 본다. 결산기가 도래할 때까지의 사이에 일시적으로 채권액이 채권최고액을 초과하고 있어도 상관없으며, 또 개개의 채권이 일시적으로 전무하더라도 저당권은 이에 의하여 소멸되지 아니한다. 이는 그 후에 발생하는 개개의 채권의 총계를 채권최고액까지 담보하는 것이다.

✦ 금전으로 환산(평가)할 수 있는 채권

특정물의 이행 그 밖의 재산상의 청구권이 채무불이행이나 계약해제 등에 의하여 금전적 손해배상청구권으로 변하거나 강제집행불능시의 대상청구권과 같이 금전채권으로 변환될 수 있는 채권을 말한다. 예컨대 특정물의 인도청구라고 하여도 그 이행불능·집행불능에 따른 손해발생을 예상하여 그 손해배상청구권의 보전을 위하여 가압류를 할 수 있다. 이러한 경우 본래의 채권에 관하여는 계쟁물(다툼의 대상)에 관한 가처분을 하여야 할 것이지만 손해배상채권으로 변경된 때에는 가압류가 가능하게 된다. 그러므로 가압류명령을 발할 당시에 금전채권으로 되어 있을 필요는 없다. 본래의 청구권에 관하여 가처분명령을 받고 그 본안소송이 진행되는 중에 장차 손해배상채권으로 바뀔 것을 예상하여 예비적으로 손해배상청구를 추가할 수 있고, 이 경우에 그 손해배상청구권의 집행보전을 위한 가압류도 가능하다.

✦ **금전집행**(금전채권의 집행; 금전채권에 기초한 강제집행; 금전채권을 위한 강제집행)

금전채권(일정액의 금전을 지급할 것을 청구하는 채권, 다시 말하면 집행권원이 일정 금액의 금전의 급부를 목적으로 하는 것이다)의 강제적 실현(만족)을 얻기 위하여 채무자소유의 부동산에 대하여 하는 강제집행으로 민사집행사건(강제지행절차)의 대부분을 차지하며, 이는 현대사회에서 금전채권이 가지는 우선적 지위에 따른 것이다. 금전집행은 집행대상 재산의 종류에 따라 부동산에 대한 집행, 선박·자동차·건설기계·항공기에 대한 집행(부동산에 준하는 경우) 및 동산에 대한 집행으로 구분되며, 동산에 대한 집행은 다시 유체동산에 대한 금전집행(유체동산집행)과 채권 그 밖의 재산권에 대한 금전집행으로 세분된다(채권 그 밖의 재산권에 대한 금전집행은 채권집행과 그 밖의 재산권에 대한 집행으로 더 세분할 수 있다). 집행대상인 재산의 성질에 따라서 집행기관, 집행절차 등에 차이가 있다. 즉 부동산에 대한 집행이 가장 정치하게 규정되어 이를 다른 재산의 집행에 준용하는 형식을 취하며, 부동산에 대한 집행방법(민사집행법 제78조)은 강제경매와 강제관리의 방법이 있는 바, 전자는 채무자의 부동산을 매각하여 그 매각대금으로 금전채권의 만족(즉 배당)을 받는 것임에 대하여, 후자는 채무자소유 부동산을 관리하여 그 수익으로 만족을 얻는 차이가 있으나 실무상 강제관리의 예는 찾기 어렵다.

민사집행법의 동산은 민법상 동산과는 달리 유체동산 뿐만 아니라 채권 그 밖의 재산권도 포함하며, 선박·자동차·건설기계 및 항공기 중 등기나 등록의 대상이 되는 것은 민법상으로는 동산이지만 민사집행법에서는 대부분 부동산에 준하여 취급된다.

✦ **금전으로 환산**(평가)**할 수 있는 채권**

특정물의 이행 그 밖의 재산상의 청구권이 채무불이행이나 계약해제 등에 의하여 금전적 손해배상청구권으로 변하거나 강제집행불능시의 대상청구권과 같이 금전채권으로 변환될 수 있는 채권을 말한다. 예컨대 특정물의 인도청구라고 하여도 그 이행불능·집행불능에 따른 손해발생을 예상하여 그 손해배상청구권의 보전을 위하여 가압류를 할 수 있다. 이러한 경우 본래의 채권에 관하여는 계쟁물(다툼의 대상)에 관한 가처분을 하여야 할 것이지만 손해배상채권으로 변경된 때에는 가압류가 가능하게 된다. 그러므로 가압류명령을 발할 당시에 금전채권으로 되어 있을 필요는 없다. 본래의 청구권에 관하여 가처분명령을 받고 그 본안소송이 진행되는 중에 장차 손해배상채권으로 바뀔 것을 예상하여 예비적으로 손해배상청구를 추가할 수고, 이러한 경우 그 손해배상청구권의 집행보전을 위한 가압류도 가능하다.

✦ 금전채권과 배당절차

민사집행을 경제적인 측면에서 보면 결국 투하자본의 강제적 회수이므로, 채권 기타재산권은 공시방법이 없어 그 파악이 어렵고 동산의 경우에는 가액이 적어 공시방법이 없기 때문에 그 파악이 용이한 부동산에 중점이 주어질 수밖에 없고, 이들의 대부분을 점하고 있는 금전채권에 대한 집행이 주를 이룰 수밖에 없다. 이를 채무자의 입장에서 보면 대부분의 경우에는 복수 채권자가 경합하는 채무초과 상태로 공정한 배분문제가 필연적으로 요구되는 것이 집행관계의 현실이다. 금전채권은 채무자의 총재산을 집행의 대상으로 하기 때문에 동일 재산에 대하여 다수 채권자를 위한 집행이 경합한 경우 또는 그 집행에 관하여 배당요구나 교부청구에 의하여 채권자가 경합한 경우가 많다. 이 경우 채무자의 재산을 환가한 매각대금으로 각 채권자의 채권 및 집행비용 전부를 변제 할 수 있을 때 또는 채권자가 1인 밖에 없는 경우에는 배당이의의 문제는 생각하지 아니하여도 되므로, 반드시 배당절차를 개시할 필요는 없고 또한 배당표를 작성하지 아니하고 단순히 매각대금 교부계산서를 작성하여 변제금을 채권자에 교부하고 잉여가 있으면 채권자에게 교부하면 되지만, 매각대금으로 경합하는 각 채권자의 채권을 만족시킬 수 없는 경우에는 채권자가 우선변제권을 가지지 아니한 이상, 채권은 성립전후에 불문하고 평등한 효력 밖에 없으므로 엄격한 배당표를 작성하여 배당기일을 개시하여 각 채권자가 가지는 채권액에 비례하여 평등배분을 하기 위한 배당절차를 행하여야 한다. 즉 배당절차란 경락대금으로 각 채권자를 만족시키지 못하거나 각 채권자 간에 협의가 성립하지 못한 경우에는 민법, 상법, 기타 법률에 의하여 공평·평등하게 배당하는 재판상 절차로서, 채권의 성질에 따라서 그 우열이 있는 경우에는 그 순위에 따라서 배당하고 동순위의 경우에는 채권액에 按分(안분)하여 평등하게 배당한다.

배당절차의 성격은 집행기관과 배당할 금전(배당재단)을 둘러싸고 동일절차에서 경합하는 복수채권자 상호간의 관계로 당사자 간 집행관계를 종축으로 경합하는 다수채권자간의 배당관계가 교착하는 복합적 구조로서, 집행관계는 전적으로 강행규정으로 그 규정은 효력규정이며 이는 국가제도로서 대량의 집행사건을 신속하고 경제적으로 처리하기 위하여 획일적일 필요가 있기 때문이다. 반면 배당관계는 채권자들의 자주적 형성의 여지가 있어 합의배당이 가능하지만(집행법 제150조제2항), 여기에 채무자의 동의를 받는 것은 아니다. 즉 배당은 집행법에 의한 형식상 절차에 의하여 매각대금을 채권자에 배분하는 절차로 채권자의 채권을 실질적으로 확정하여 매각대금을 교부하는 것은 아니며, 매각대금을 교부하는 것은 배당절차에서 집행법상 배당할 수 있는 상태에 있기 때문에 법원은 직책상 매각대금을 배당할 뿐이므로 배당행위는 실체상의 권리를 확정하는 효과는 없고, 배분(배당)원칙은 실체법에서 규정하므로(집행법 제145조제2항, 징수법 제81조제4항) 절차법에서 간섭할 수는 없다. 집행법 제145조제2항은 민법·상법 그 밖의 법령(예컨대 가담법, 보호법, 근로기준법, 국세기본법, 국세징수법, 지방세법 등)에 의하여 배당한다고 하여, 배당순위가 실체법에 규정되어야 함을 명확히 하였다. 따라서 실체법상 우선권이 없는 일반채권자는 압류권자인 경우에도 가장 후순위로 배당을 받는다. 물론 실체법상 우선권을 가지는 채권이라 하여도 배당받을 채권자의 범위 내가 아니면 배당받을 수 없음은 물론이다.

✦ 담보물권

목적물을 채권의 담보(채권의 만족을 확보하기 위함)로 제공하는 것을 목적으로 하는 제한물권 및 그 유사의 권리를 말한다. 즉 담보물권은 채권담보를 위하여 물건이 가지는 교환가치의 지배를 목적으로 하는 물권이며, 담보물권은 민법에 규정된 유치권·질권·저당권·전세권 이외에 가등기담보등에관한법률상 담보가등기, 관습법상 양도담보가 있고, 상법 또는 특별법상 인정되는 것도 있다. 또 민법은 전세권자에게 전세금의 반환을 확보해 주기 위하여서 전세권에 대하여 용익물권인 동시에 담보물권적 성질을 부여하고 있다. 같은 제한물권이지만 물건의 물질적 이용을 목적으로 하는 용익물권과 달라서 물건의 교환가치를 파악하여 거기에서 우선하여 채권의 변제를 확보함을 그 목적으로 한다. 채권자(또는 채권) 평등원칙을 피하기 위하여 인정되는 제도이다. 담보물권 중 유치권은 법률에 의하여 일정한 요건이 갖추어질 때에 당연히 성립하는 법정담보물권이며, 질권과 저당권은 원칙적으로 당사자의 설정행위에 의하여 성립하는 약정담보물권이다.

✦ 담보의 취소

담보제공자(공탁자)가 담보의 필요가 소멸된 경우 제공한 담보(공탁물)를 반환받는 절차를 말하고, 담보제공자가 담보를 회수하기 위하여서는 담보제공자나 그 승계인(포괄승계인 및 특정승계인)의 신청에 의하여 담보취소결정을 받아야 하고, 담보취소결정은 민사집행법 제19조제3항에 의하여 준용되는 민사소송법 제125조에 따른다(집행법 제23조제1항, 민소법 제502조제3항의 준용에 따른 민소법 제125조에 의한다는 설명도 가능하다). 따라서 담보제공결정을 한 법원(민사집행규칙 제18조, 민사소송규칙 제23조)은 신청에 의하여 담보취소사유가 있으면 담보취소결정을 하여야 한다(담보취소에 대한 재판은 결정으로 한다). 위 담보취소결정에 대하여는 즉시항고를 할 수 있으며, 즉시항고는 집행정지의 효력이 있다(민소법 제447조). 따라서 담보취소결정은 확정되어야 효력이 있다. 담보취소신청에 대한 관할법원은 담보제공결정을 한 법원 또는 그 기록을 보관하고 있는 법원이며(민사소송규칙 제23조), 담보의 취소는 담보권자의 동의(집행법 제19조제3항, 제23조제1항, 민소법 제125조제2항), 담보사유의 소멸(집행법 제19조제3항, 제23제1항, 민소법 제125조제1항), 권리행사기간이 도과(집행법 제19조제3항, 제23제1항, 민소법 제125조제3항)된 경우에 인정이 된다.

✦ 담보제공에 의한 가압류취소

법원의 명령에 의한 담보제공을 사정변경으로 본다. 가압류취소는 위와 같은 사정변경이 없는 경우에도 채무자는 법원이 정한 담보를 제공한 때에는 가압류취소를 신청할 수 있다(민사집행법 제288조제1항제2호). 가압류는 금전채권의 집행보전을 위한 것이므로 피보전채권을 위하여 충분한 담보제공이 있으면 언제라도 가압류의 필요성이 없게 되기 때문으로 이는 사정변경으로 인한 취소의 일종이지만, 그 사정의 변경이 법원의 담보제공명령에 따라 된 차이가 있다. 사정변경에 의한 취소신청은 가처분의 경우에도 준용되지만(집행법 제301조), 담보제공에 의한 취소신청은 성질상 가처분에는 준용되지 아니한다. 즉 가처분의 경우에는 집행법 제307조에 의한 "특별한 사정이 있는 때에 한하여" 담보제공에 의한 취소신청이 가능하므로 그 요건이 더 엄격하다. 따라서 가압류의 경우에만 이러한 취소신청이 인정된다.

채무자가 가압류명령에 정한 금액을 공탁한 때에는 법원은 결정으로 집행한 가압류를 취소하여야 한다(집행법 제299조). 즉 법원이 정한 담보를 제공 이외 가압류해방금을 공탁하고 가압류집행을 취소할 수도 있다(집행법 제307조와 같은 관념). 법원은 담보의 제공을 조건으로 하여 취소판결을 한다. 담보의 액은 법원의 재량으로 정하며 당사자의 의견에 구애받지 아니한다. 이 담보는 가압류의 목적물이 되는 가압류해방금액과 달라서 직접 피보전채권의 담보가 된다(집행법 제19조제3항, 민소법 제123조). 위 담보는 현금 또는 이에 상응하는 유가증권을 공탁하거나 지급보증위탁계약 문서의 제출로도 가능하다(민사소송법 제122조)고 본다.

✦ 대리(대리제도)

민법상 타인(대리인)이 본인의 이름으로 제3자에게 법률행위(의사표시)를 하거나(현명주의) 또는 의사표시를 수령함으로써 그 법률효과가 직접 본인에 관하여 발생되는 제도를 말한다. 대리제도는 사적 자치의 확장(임의대리)과 사적 자치의 보충(법정대리)을 위하여 사회적·입법적으로 승인된 제도이다. 즉 대리인을 통하여 본인의 행동반경을 확대할 수 있다(법률행위를 하는 자와 법률효과를 받는 자가 분리된다). 위 사적 자치의 확장으로서의 기능은 거래관계를 중심으로 하여 맺어지는 대리관계이고, 사적 자치의 보충으로서의 기능은 일정한 신분관계를 중심으로 법률상 당연히 생기는 대리관계이다.

대리의 종류로는 분류기준에 따라 임의대리(본인의 위임을 받아 대리인이 되는 경우이다. 그 위임형식은 보통 계약 예컨대 위임, 고용, 도급, 조합 등과 함께 한다)와 법정대리[법정대리란 본인의 의사에 의하지 아니하고 대리인이 되는 경우로 본인에 대하여 일정한 지위에 있는 자가 당연히 대리인이 되는 경우(민법 제911조의 친권자, 민법 제932조의 법정후견인 등), 본인 이외의 사인이 지정하는 자가 대리인이 되는 경우(민법 제931조의 지정후견인. 민법 제1093조, 제1094조의 지정유언집행자. 민법 제936조의 법원이 선임하는 자가 대리인이 되는 선정후견인)가 있다] 및, 유권대리와 무권대리, 능동대리(적극대리)와 수동대리(소극대리), 단독대리(각자대리)와 공동대리로 나눌 수 있으며, 대리와 구별되어야 할 개념으로는 간접대리, 사자(使者), 대표, 간접점유 등이 있다.

✦ 대리권

대리란 타인이 본인의 이름으로 법률행위(의사표시)를 하거나(현명주의), 의사표시를 수령함으로서 그 법률효과가 직접 본인에게 귀속되게 하는 제도를 말한다. 대리인은 대리권을 가지는 바, 대리권이란 타인이 본인의 이름으로 의사표시를 하거나 또는 수령하여, 본인에 관하여 그 법률효과를 발생케 하는 법률상의 지위 또는 자격을 말한다. 대리행위가 유효하기 위하여서는 대리인에게 대리권이 있고, 대리권의 범위 내에서 대리행위가 행하여져야 한다. 대리권이 없는 자가 제3자에 대하여 타인의 대리인으로서 행한 의사표시는 무권대리로 되고, 원칙상 무효이지만 본인이 추인을 하면 이로서 대리권이 추완된다. 또한 표면상 대리권이 있는 것처럼 보이는 소위 표현대리에 있어서는 유권대리와 같이 본인이 책임을 부담한다.

✦ 매수인의 대금지급과 권리의 취득시기

매수인은 매각대금을 납부함으로써 매각의 목적인 권리를 취득하며(민사집행법 제135조, 국세징수법 제77조. 민법 제187조), 이 경우의 매수인의 권리취득은 원시취득은 아니고, 소유자(체납자)로부터 매수인에 권리가 이전하는 승계취득이다. 즉 현금화는 채무자(소유자·체납자·양도담보권자·물상보증인 등 포함)와 매수인 사이에 매매계약을 성립하는 효과가 발생한다(부동산경매나 공매는 채권자의 권리실행을 위한 공권력에 의한 매각처분이지만, 그 실질은 민법상 매매와 같고, 경매나 공매를 민법상의 매매에 비유한다면 매수신청은 매매의 청약에 해당하고, 매각허가결정은 청약에 대한 승낙에 해당하여, 매각허가결정의 선고로 매매계약은 성립한다. 국세징수법기본통칙 75-0…2 및 국세징수법 제65조제4항도 "매수인이…매매계약을 체결하지 아니한 때…"라고 하여 같은 취지이다). 따라서 매각에 수반하여 소멸되는 권리를 제외하고는 매각재산 위의 부담은 매수인에게 승계된다.

매수인이 매각대금을 납부하면 등기 없이도 권리를 취득하며(민법 제187조. 이를 법률규정에 의한 물권변동이라고 한다. 등기를 하지 아니하면 이를 처분하지 못하는 제한을 받게 된다), 매각대금의 납부에 의하여 경매절차상의 흠은 치유된다. 따라서 권리취득의 효과는 예컨대 대금지급 후에 가집행선고 있는 판결이 취소되거나 재심으로 원판결이 취소되어 압류채권자의 집행채권이 부존재·소멸하더라도 매수인은 소유권취득에 영향을 받지 아니한다(경매의 공신의 효과. 매각물건에 대한 선의취득이 인정된다).[4] 그러나 승계취득을 하므로 만일 부동산이 제3자소유인 경우에는 매수인은 소유권을 취득할 수는 없고, 민법상 담보책임을 주장할 수 있을 뿐이다.

✦ 매수인의 대금지급과 법원의 소유권이전등기 등

매수인이 대금지급을 하여 소유권을 취득하면, 법원은 직권으로 매수인 앞으로의 소유권이전등기, 매수인이 인수하지 아니한 부동산의 부담에 관한 기입등기의 말소, 경매개시결정의 기입등기의 말소를 하여야 하며(민사집행법 제144조제1항), 이 경우 등기에 드는 비용은 매수인이 부담한다(동조 제2항). 다만 소유권이전 등에 따르는 제세금 등은 매수인이 납부한 후 제서류를 첨부하여 집행법원에 신청을 하지만, 이는 소유권이전 등에 대한 직권발동의 촉구의미가 있을 뿐, 매수인의 신청에 의하여 소유권이전 등 등기가 되는 것은 아니다.

---

4) 즉 경매절차를 매수인의 대금납부 전에 미리 정지시키거나 취소시키지 못하여 경매가 속생되는 한, 확정판결이 재심의 소에 의하여 취소되었다 하여도, 대금납부를 한 매수인은 소유권을 취득한다. 대판 1996.12.20,96다42628,공1997.2.1,377;대판 1993.4.23,93다3165,공1993,1536 등도 같은 취지.

✦ 매수인의 대금지급과 소유권취득

매각허가결정이 확정되면 법원은 대금의 지급기한을 정하고, 이를 매수인과 차순위매수신고인에게 통지하여야 하며, 매수인은 대금납부기한까지 매각대금에 대한 대금지급의무가 있고(민사집행법 제142조제1항, 제2항), 차순위매수신고인이 없는 경우로서 매수인이 대금지급기한까지 그 의무를 완전히 이행하지 아니한 때 매각은 실효하고, 법원은 재매각을 명하여야 하지만(집행법 제138조제1항), 매수인이 재매각기일의 3일 전까지 매각대금과 지급기한 이후 실제 지급일까지의 지연이자(민사집행규칙 제75조에 의한 연 2할)와 절차비용을 지급한 때에는 재매각절차를 취소하여야 한다(동조 제3항 전단). 이 경우 차순위매수신고인이 매각허가결정을 받았던 때에는 위 금액을 먼저 지급한 매수인이 매매목적물의 권리를 취득한다(동조 제3항 후단). 매수인은 매각대금을 다 낸 때에는 매매의 목적인 권리(소유권)를 취득한다(집행법 제135조). 즉 민법 제187조에 의하여 부동산에 대한 등기 없이 법률상 소유권을 취득하며, 이는 국세징수법 제77조에 의한 체납처분절차로서의 공매에서 매수인이 매각대금의 납부한 경우에도 동일하다.

채권자가 매수인인 경우에는 매각결정기일이 끝날 때까지 법원에 신고하고 배당받아야 할 금액을 제외한 대금(즉 상계)을 배당기일에 낼 수 있다(집행법 제143조제2항). 이 경우 배당받아야 할 금액에 대하여 이의가 제기된 때에는 매수인은 배당기일이 끝날 때까지 이에 해당하는 대금을 내야 한다(동조 제2항).

✦ 매수인의 대금지급의 효력

부동산이 매각되어 매수인이 매각대금을 다 낸 때에는 매수인은 매각의 목적인 권리(소유권)를 취득한다(민사집행법 제135조). 매수인이 매각대금을 다 낸 후에 법원에 신청을 하면[실무상 매수인은 필요한 서류를 갖추어 소유권이전 및 제권리 말소를 집행법원(법원사무관등이 담당한다)에 신청을 하고 있는바, 이는 직권발동촉구의 의미일 뿐 당사자의 신청에 의하는 것이 아니고 직권으로 소유권이전을 하는 것이다. 이 경우 등록세영수증 등 소유권이전 등에 필요한 서류가 있어야 하므로 매수인이 이를 갖추어 신청하는 것이다], 법원사무관등은 매각허가결정등본을 붙여 민사집행법 제144조제1항 각 호의 등기를 촉탁하여야 한다(집행법 제144조제1항). 다만 위 매수인이 등기촉탁의 신청을 하지만 이는 직권에 의한 등기촉탁이며, 매수인은 등기비용을 부담하여야 한다(동조 제2항).

✦ 명도소송

매수인이 매수 후 인도명령의 신청기간의 도과되었거나 인도명령의 상대방이 아닌 점유자를 상대로 하는 인도소송이다. 이 절차를 개관하면 우선 점유자를 조사하기 위한 현장조사 후 점유이전금지가처분신청[명도소송의 승소판결문에 의한 명도집행시 점유자의 점유이전을 방지하기 위하여, 본 신청은 반드시 필요하다. 그 비용으로는 인지대, 송달료(이해관계인수+1)×1회 송달료), 처분금지가처분공탁금(소송물가액×(1/8 또는 10분의 1)], 집행관수수료, 변호사보수 등이고, 공탁금은 법원에 따라 다르며, 집행관과 점유자의 수에 따라 비용이 증가한다]과 명도소송[이 경우에도 인지대(소송물가액×5/1000+320), 송달료, 제공부 비용, 현장검증 및 감정료, 변호사 보수, 집행관 특별송달료가 소요된다]을 제기하여 승소판결을 받아야 하고, 그 집행에 따른 비용과 소요기간은 대상 목적물의 크기, 종류, 점유자 수, 상대방의 응소여부에 따라 달라지지만, 비용으로는 집행관 위임료, 동 출장여비, 집행노무인건비, 그 밖의 부대비용(경우에 따라 보관비용, 측량비용) 등이 있고, 자료에 의하면 30평 1층 아파트의 경우 약 집행관수수료 인부비용 등으로 80만원 정도가 소요되고, 집행이 불능된 경우에도 위 비용의 30% 정도가 소요되며, 보통 명도까지의 소요기간은 6~8개월이 걸린다고 한다. 실무상 명도소송과 아울러 건물철거(구조물수거의 소)소송이 병행되는 경우가 있고, 매수인이 명도소송 제기한 경우 임차인은 반대로 부속물매수청구권(민법 제646조제1항)을 행사하여(예컨대 음식점 용도의 건물을 임차하면서 음식점의 편의시설로 부대시설을 한 경우 임차인은 그 부대시설을 매수할 것을 주장할 수 있다) 동시이행의 항변권 또는 유치권으로 건물의 명도를 거절할 수 있다. 판례도 토지임차인이 건물매수청구권을 행사한 경우, 토지임차인의 건물명도 및 소유권이전등기의무와 토지임대인의 건물대금지급의무가 동시이행관계에 있다고 한다. 또한 예컨대 임차인이 건물의 지붕보수를 위하여 지출한 비용 등 필요비상환청구권과 유익비상환청구권(민법 제622조제1항, 제2항)을 행사하여 동시이행의 항변권 또는 유치권으로 건물의 명도를 거절할 수 있다. 부동산인도명령과 명도소송의 설명을 참조.

✦ 명시선서

채무자의 재산관계(현재의 재산과 채무자의 소유로 있다가 일정한 기간내에 양도됨으로써 책임재산의 범위에서 일탈한 일정한 범위의 재산)를 명시하고 그 내용에 허위가 있으면 처벌을 받겠다고 선서를 하는 제도이다(민사집행법 제65조제1항). 즉 채무자의 현재 소유재산의 내역과 집행을 면탈할 목적으로 허위양도의 개연성이 높은 재산의 내역을 감치제도와 형사처벌의 위협하에 명시하게 하는 것은 채권자에게는 책임재산의 탐지·확보 및 집행을 용이하게 하고 채무자에게는 감치 및 형사처벌의 위협과 재산내용의 공개를 꺼려하는 심리로 인하여 간접적으로 채무이행을 강제하는 효과를 준다. 특히 명시선서와 결부되어 있는 채무불이행자명부제도는 채무자의 신용과 명예에 영향을 주므로 양자가 결합하여 간접강제의 효과를 일층 높게 하는 것이다.

✦ 민사상 강제집행

광의의 집행은 재판 등에 의하여 사법상 권리의 내용을 강제적으로 실현하는 절차(협의의 강제집행 즉 민사집행)와 행정처분의 내용을 강제적으로 실현하는 절차인 체납처분절차와 행정대집행절차 즉 민사집행과 행정상 집행으로 나눌 수 있고, 행정상 집행은 행정집행, 행정상 강제집행, 공법상 강제집행, 공법상 의무에 대한 집행 등으로 표현하지만 같은 의미이다. 민사집행이란 민사에 관한 국가(집행기관), 채권자, 채무자간의 3면적인 공법적 법률관계로 채권자와 집행기관과의 관계는 신청관계, 집행기관과 채무자의 관계는 침해관계, 채권자와 채무자의 관계는 권리실현 관계(배당관계)로, 채권자의 신청에 의하여 집행기관이 절차를 개시하고 제단계를 거쳐 전개되는 집행처분과 당사자 기타 이해관계인들의 행위가 조합되어 이루어지는 절차이다. 이 급부청구권은 보통 사법상 청구권이지만 법률의 규정에 의하여 공법상 급부청구권도 있으며,

공법상 급부청구권 중 민사집행 기타 민사상 강제집행의 절차에 관한 규정에 따르도록 법률로 정하여진 경우(민형사상 벌금·科料·過料·몰수·추징·소송비용 등), 이를 강학상 형식적 강제집행이라 부른다. 이와 같이 민사집행은 사인 간의 청구권(물권적 청구권, 채권적 청구권) 중 집행권원에 표시된 권리(집행청구권)에 대하여 국가기관에 의하여 강제적으로 실현하는 절차로서 강제집행의 원칙적인 방법이며, 私人의 공법상 청구권도 일반 민사집행과 동일하게 집행법원에 의하여 실시되며, 특별한 규정이 없는 한 민소법에 의한 강제집행에 의하여야 한다. 다만 적용될 법률은 강제집행에 관한 절차적 요건에 관한 규정에 한하고 실체적 요건에 관한 규정은 포함되지 아니한다.

민사집행 중 강제경매는 집행권원이라는 法定(법정)의 격식문서에 의한 집행으로 민사집행의 원칙적인 방법이나, 입법론으로는 반드시 집행권원을 요하는 것은 아니다.[5] 보전집행은 장래에 할 강제집행청구권의 보전을 위하여 현상을 유지·보전하기 위한 잠정적 임시적인 집행이며, 담보권실행을 위한 경매(담보집행)는 피담보채권의 만족을 위하여 실체권인 담보권에 내재하는(근저당권 등 약정담보의 경우) 환가권에 기하여 국가가 소유자의 처분권을 박탈하여 담보목적물을 경매의 방법에 의하여 강제적으로 환가하는 것이다. 담보권실행과 관련하여 소유자의 처분권과 관리권을 국가 아닌 제3자가 이양 받아 집행하는 법제도 역시 이론상 가능할 것이나, 국가가 매각절차를 실시하는 것은 정책적 배려이며, 이러한 이유 때문에 경매행위가 공법적 처분으로 되는 것은 아니다. 법정담보의 경우에도 민소법 이외의 다른 법령(예컨대 민법, 상법)에 의하여 환가권이 인정되고 그 실행절차를 정하면 환가가 가능할 것이며, 이는 환가권이 없이 타인의 권리실현절차에 편승하여 권리를 보호받는 경우와 환가권이 주어진 예는 후술하며, 이는 민소법이 말하는 강제집행은 아니다.

민사집행은 집행에 의하여 만족하는 청구권이 금전을 목적으로 하는지 아닌지에 따라서 금전집행과 비금전집행으로 나눌 수 있고, 전자는 그 집행대상(경제적 측면에서 재산적인 가치)의 성질에 따라 부동산, 동산, 부동산에 준하는 것, 채권 및 기타재산권으로 나눌 수 있으며, 이에 대응하는 절차방식이 다

5) 입법론상 각국의 자료는 전게, 곽용진,국세징수실무해설,85면 각주 50을 참조.

르다. 즉 부동산과 이에 준하는 것에 대한 원칙적인 민사집행의 방법은 강제경매와 강제관리이며, 임의경매의 경우에도 이에 준하고 동산과 채권 기타 재산권은 전자와 현저한 차이가 있다. 위에서와 같이 채권자가 국가(집행기관)에 대하여 민사집행의 실시를 요구할 수 있는 권리(지위)를 민사집행청구권이라 하고, 국가가 집행권을 독점하는 대신 채권자는 자력구제가 금지되며, 이는 국가에 대한 공법상 권리로 판결절차에 있어 訴權(소권)과 같이 헌법상 보장된 사법행위청구권의 발전적 형태이다. 즉 민사집행청구권은 공권으로서 실체사법상의 권리인 집행채권 또는 담보권에 있어 담보권에 내재하는 실체법상 환가권과는 그 상대방, 요건, 내용을 달리하고 양자는 명확히 구별된다.

✦ 배당

매수인이 매각대금을 지급하면 그 금원을 가지고(실제의 배당재원은 매각대금에서 신문공고비·감정료·현황조사비·송달료 등 경매집행비용과 입찰부동산을 관리한 사람이 지출한 관리비·수리비 등을 차감한 것이다), 각 채권자의 채권을 모두 만족시킬 수 없는 경우, 부동산 위의 이해관계인 등에게 실체법(민법·상법, 그 밖의 법률)상의 순위에 따라 배분하는(채권자의 변제에 충당하는) 절차를 말하고, 공매절차에서는 청산 또는 배분절차라고 하지만 양자는 동일한 의미이다. 결국 배당이란 경매절차의 종결절차로서 채권자·채무자·매수인의 입장에 따라 다른 의미를 부여하는 것으로, 채권자가 매수인인 경우에는 채권회수 가능성을 예측하는 것으로서 권리분석과 관련하여서는 부동산을 채권과 상계하여 매수하는 금액결정의 중요한 요인이 되며, 정확한 배당액 예측을 위하여서는 종합적이고 복잡·다양한 법률지식이 요구된다.

✦ 배당과 배분

배당과 배분이라는 용어의 사용은 민사집행법상 경매나 국세징수법상 공매의 배당 또는 배분절차에서 매각(현금화)에 의하여 얻어진 금전으로 채권자를 만족시키는 절차로서 경매의 경우는 배당이라는 용어를, 공매에서는 배분 또는 청산이라는 용어를 사용하고 있으나, 환가(매각)의 결과물인 금전을 이해관계인에게 법정의 절차에 따라 그 순위에 따라 나누어 준다는 의미에서 동일한 의미이다.

✦ 배당요구

경매절차에서 압류채권자 이외의 채권자가 경매절차에 참가(편승)하여 자기 채권의 만족을 구하는 것(민사집행법 제88조), 즉 경매절차에서 신청채권자 이외의 채권자가 자신은 집행신청을 하지 아니하고 다른 채권자의 신청에 의하여 진행된 집행절차에 편승하여 경매절차에 참가방식으로 자기 채권의 만족을 구하는(배당을 받는) 제도로서, 이중압류신청에 비하여 절차가 간단하다. 배당요구는 다른 채권자의 신청에 의하여 진행된 집행절차에 편승하는 것이므로(신청채권자에 종속하여 배당을 받을 수 있는 지위만 인정된다) 그 절차의 취소나 정지에 의하여 배당요구의 효력도 당연히 소멸하거나 정지된다. 국세징수법상 체납처분절차에서도 동일한 목적으로 교부청구(국세징수법 제56조)라는 제도가 있다.

배당요구를 할 수 있는 채권자는 집행력 있는 정본을 가진 채권자, 경매개시결정이 등기된 후에 가압류를 한 채권자, 민법·상법 그 밖의 법률에 의하여 우선변제청구권이 있는 자는 배당요구를 할 수 있다(민사집행법 제88조제1항). 또한 저당권·압류채권·가압류채권에 대항할 수 있는 최우선전세권자가 민사집행법 제88조에 따라 배당요구를 하면 매각으로 소멸하므로(동법 제91조제4항 단서), 이 경우에는 전세권자도 배당을 받기 위하여서는 배당요구를 하여야 한다.

배당요구를 한 채권자는 일반적인 효력으로서 경매부동산의 매각대금으로부터 채권의 순위에 따라 교부 또는 배당을 받을 권리를 가지는 외에 배당기일의 통지를 받을 권리(집행법 제146조), 배당기일에 출석하여 배당표에 대한 의견을 진술할 수 있는 권리(동법 제151조) 등을 가진다. 특히 집행력 있는 정본에 의한 배당요구를 하는 경우 배당요구권자는 경매절차의 이해관계인이므로(동법 제90조제1호), 다른 채권자로부터 배당요구가 있으면 그 통지를 받고(동법 제88조), 매각기일에 출석하여 경매조서에의 기명날인(동법 제116조제2항), 매각조건의 변경에 합의(동법 제110조), 매각결정기일에 출석하여 매각허가여부에 관한 의견을 진술(동법 제120조), 매각허가여부의 결정에 대한 즉시항고(동법 제129조)를 할 수 있다. 또한 임금채권자 등 실체법상 우선변제청구권이 있는 채권자가 적법한 배당요구를 하지 아니한 경우(즉 배당요구 없이 당연히 배당받을 자가 아니고 배당요구를 하여야만 배당을 받을 수 있는 배당요구채권자는 첫 매각기일 전에 법원이 정한 날까지 배당요구를 한 경우에 한하여 비로소 배당을 받을 수 있고, 배당요구를 하지 아니하면 그 뒤에 배당을 받은 후순위자를 상대로 부당이득반환청구를 할 수 없다), 부당이득반환청구권의 인정하지 아니하므로 주의를 요한다. 즉 이러한 자가 적법한 배당요구를 하였으나 받아드려지지 아니한 경우에는 배당이 실체법상의 권리를 확정하는 것이 아니므로 부당이득반환청구권이 인정되지만, 위의 경우 실체법상 우선변제청구권 있는 채권이라고 하더라도 절차법인 집행법이 요구하는 배당요구를 하지 아니하였으므로 부당이득반환청구권이 인정되지 아니한다는 취지이다. 따라서 배당을 받기 위하여서는 신청채권자 이외의 자는 반드시 배당요구를 하여야 한다.

물론 다른 채권자의 신청에 의하여 개시된 경매절차를 이용하여 배당요구를 신청하는 행위도 집행권원에 기하여 능동적으로 그 권리를 실현하려는 점에서는 강제경매의 신청과 동일하다고 할 수 있으므로 부동산경매절차에서 집행력 있는 집행권원의 정본을 가진 채권자가 하는 배당요구는 민법 제168조제2호의 압류에 준하는 것으로서 배당요구에 관련된 채권에 관하여 소멸시효를 중단하는 효력이 생긴다(민법 제168조, 제176조).

✦ 배당요구의 방법

배당요구는 채권(이자·비용 그 밖의 부대채권을 포함한다)의 원인과 수액을 기재한 서면에 의하여야 하며, 그 서면에는 집행력 있는 정본 또는 배당요구의 자격을 소명하는 서면을 붙여야 한다(민사집행규칙 제48조). 집행권원이 있는 채권자나 가압류채권자는 위 자격을 입증하기 쉽고, 또 집행정본 또는 가압류명령에 의하여 채권의 원인을 쉽게 알 수 있으며 거기에 표시된 내용을 채권의 원인으로 기재하면 되지만, 우선변제청구권 있는 채권자의 경우에는 그 입증이 쉽지 아니하므로 채권의 특정을 위하여 채권의 발생 연월일이나 원인을 상세하게 기재하여야 한다.

✦ 배당요구의 절차

배당요구는 배당요구를 할 수 있는 채권자가 배당요구종기까지 집행법원에 소정의 서면을 제출하여 한다. 다만 배당요구의 종기를 넘긴 배당요구에 대하여는 즉시 각하를 하지 아니하는 바, 이는 이중경매개시결정이 있는 경우에는 새로이 배당요구종기가 결정될 수도 있기 때문이다(민사집행법 제87조제3항). 배당요구가 있는 때에는 이중경매개시결정이 있는 때와 동일하게 법원은 그 사유를 이해관계인에게 통지하여야 한다(집행법 제89조).

✦ 배당요구의 종기

배당요구를 할 수 있는 민사집행법상 시한을 말한다.

✦ 법정담보물권

담보물권이 성립하는 두 형태는 당사자의 계약에 의하여 담보물권을 설정하는 것(약정담보)과 당사자의 계약에 의하지 아니하고 법률규정에 따라 법률상 당연히 발생하는 것(법정담보)이 있다. 법정담보물권이란 당사자의 약정이 없더라도 법률의 규정(법정요건의 충족)에 의하여 일정한 채권에 대하여 당연히 성립하는 담보물권을 말한다. 이에는 타인의 물권에 관하여 생긴 채무의 변제를 받을 때까지 이를 유치하는 유치권, 일정한 채무에 관하여 채무자의 일정한 재산으로부터 우선변제를 받는 법정질권(민법 제648조, 제650조) 및 법정저당권(민법 제649조)이 있고, 그 밖에 특별법상 우선특권(우선변제청구권. 법정담보물권)이 있다. 우선특권이란 공공의 복리를 위한 경제적 약자를 위하여 사회정책상 배려에서 특별법을 제정하여 민법상 담보물권에 우선할 수 있는 특별한 권리를 부여한다. 예컨대 주택임대차보호법·상가건물임대차보호법상 보증금 중 일정액의 최우선변제청구권, 근로기준법상 임금채권의 최우선변제청구권, 근로자퇴직급여보장법상 퇴직금, 세법상 당해세의 최우선변제청구권, 조세채권의 우선원칙, 선박우선특권(상법 제861조), 상사유치권(상법 제58조 등), 회사사용인의 우선변제권(상법 제468조) 등으로 이는 법정담보물권이다.

✦ 보전명령절차

보전명령절차는 채권자의 신청에 의하여 개시되며, 변론을 열거나 변론 없이 심리를 한 후 법률관계에 관한 보전자격 및 보전의 필요성이 인정된 때에는 판결이나 결정으로 보전명령(가압류·가처분)을 발하는 절차이다. 따라서 통상소송에 있어서의 판결절차와 비슷한 면이 있다. 보전명령은 주로 강제집행의 기능을 하고 그 집행에는 강제집행에 관한 규정을 준용할 필요가 있어서 민사집행법 제4편에 규정하고 있지만, 이러한 규정체계가 보전명령절차와 판결절차의 유사성을 부인하는 것은 아니다. 따라서 판결절차에 관한 민사소송법 제1편 내지 제4편의 규정이 적용 또는 준용된다. 예컨대 본안이 원칙적으로 민사소송사건일 것, 당사자능력(민소법 제51조 이하), 소송대리(동법 제56조 이하), 공동소송(동법 제65조 이하), 소의 객관적·주관적 병합(동법 제65조, 제253조), 소송참가(동법 제71조 이하), 변론(동법 제134조 이하), 재판의 형식과 효력(특히 집행력), 소송절차의 중단과 중지(동법 제233조 이하), 증거(동법 제288조 이하), 중복제소의 금지(동법 제259조), 상소(동법 제390조 이하) 및 재심(동법 제451조 이하) 등과 이송(동법 제34조, 제35조), 소송비용(동법 제98조 이하), 소송목적의 값(동법 제26조), 소송구조(동법 제128조 이하) 등의 규정은 보전명령절차에도 준용이 된다. 보전절차에 있어서 능동적 당사자를 채권자 또는 신청인이라고 부르고 수동적 당사자를 채무자 또는 피신청인이라고 부른다.

✦ 보전의 필요성(보전의 이유. 가압류 경우)

보전처분은 소송에 의하여 권리의 존부가 확정되기 전에 그 집행을 보전하여 주고자 하는 제도이므로 채무자에게는 큰 불편을 주게 된다. 따라서 보전처분은 채무자에게 불편을 감수시키더라도 집행을 보전하기 위하여서는 미리 보전처분을 하여야 할 경우이어야 한다(보전의 필요성이 있어야 보전처분을 할 수 있다). 즉 가압류는 이를 하지 아니하면 판결을 집행할 수 없거나 판결을 집행하는 것이 매우 곤란할 염려가 있을 경우에 할 수 있다(민사집행법 제277조). 즉 판결 등 집행권원이 쓸모없게 되는 경우이다. 가압류는 피보전권리 이외 가압류의 필요성이 요구된다.

집행법 제277조는 집행권원으로 판결을 예시하고 있으나, 판결 이외 이와 동일시 할 수 있는 공정증서(집행증서)·인낙조서·화해조서 같은 집행권원에 의한 강제집행의 경우도 같다. 집행할 수 없거나 집행하는 것이 매우 곤란할 염려가 있을 때란 채권자가 가압류를 하지 아니하고 채무자의 재산을 그대로 놓아두면 장래 금전채권에 기하여 본안판결에서 승소하더라도 그 집행이 불능으로 돌아가거나 집행이 매우 곤란할 염려가 있는 경우를 말한다. 예컨대 채무자의 책임재산이 채무자의 낭비·포기·은닉·훼손·염가매매 등으로 감소하든지 채무자의 무모한 차용(과대한 담보권설정)·도망·주거부정·빈번한 이사·해외이주·재산의 해외도피 등과 같다.

집행할 수 없거나(집행불능) 집행하는 것이 매우 곤란할 염려(사유)는 채무자에 있음을 요하고(보증인 또는 연대채무자에 있는 것만으로는 보전의 사유가 될 수 없다), 또 그 사유는 제3자의 행위 또는 불가항력에 의하여 발생되거나 채무자의 고의·과실에 의하여 생긴 것이거나를 불문한다. 그 염려는 객관적으로 인정될 수 있어야 한다. 가압류는 채무자의 책임재산을 보전하려는 것이므로 이와 직접 관련이 없는 사정, 예컨대 채무자가 청구권을 부인한다든지 이행을 거절하는 태도를 취한다는 것은 그 사유만으로는 집행재산에 변동을 가져오는 것이 아니므로 가압류의 필요성이 인정될 수 없다. 또 가압류는 집행불능을 방지하려는 것이므로 현재의 채무자의 재산으로 채무를 완제할 수 없다든지 다른 채권자가 다수 있어서 집행을 할 염려가 있다는 사정은 직접으로는 가압류필요성이 인정될 수 없다.

✦ 보전절차의 구조

보전절차는 전체로서 강제집행에 부수하는 절차의 성격을 가지며, 그 절차는 다시 신청의 당부를 심리하여 보전명령을 내릴 것인지를 판단하는 재판절차(보전소송절차. 이는 법 편제상 민사집행법에 속해있지만, 강제집행절차가 아니고 재판절차로서 민사소송의 일종이다)와 발령된 보전명령을 집행권원으로 하여 그 내용을 강제로 실현하는 집행절차(보전집행절차)로 나누어진다. 통상의 권리구제절차가 판결절차와 강제집행절차의 구별에 대응하는 것으로서 전자를 보전소송 후자를 보전집행이라고 부르고, 보전명령절차에는 소송절차

(민사소송법 제1조 내지 461조)가, 보전집행절차에는 강제집행절차가 원칙적으로 준용된다(민사집행법 제291조, 제301조). 다만 보전절차는 권리의 잠정적 확정과 잠정적 집행을 위한 것이라는 점에서 통상의 권리구제절차와는 차이가 있다. 또 보전집행은 보전명령이 있어야 행할 수 있고, 보전명령은 즉시 집행하여야만 그 목적을 달성할 수 있으므로 양자의 관계는 통상의 소송과 그 집행의 관계보다 훨씬 더 밀접하다고 할 수 있다.

✦ 보전집행절차

보전집행절차는 채권자가 보전명령을 집행권원으로 하여 집행을 신청하면 보전집행기관이 이의에 의하여 채무자의 재산을 압류하고 그 밖에 보전명령의 목적을 달성하기 위하여 필요한 처분을 행하는 절차를 말하며, 통상소송에서의 강제집행절차와 유사하다. 따라서 특별한 규정이 없는 한 강제집행(본집행)에 관한 규정은 원칙적으로 보전집행절차에 준용된다(민사집행법 제291조, 제301조). 예컨대 집행에 관한 이의신청(동법 제16조), 즉시항고(동법 제15조), 제3자이의의 소(동법 제48조), 집행의 정지(동법 제49조), 집행비용(동법 제53조) 등의 규정은 준용이 되지만, 청구에 관한 이의의 소(동법 제44조)에 관한 규정은 적용이 없다. 이에 대응하는 것으로서 별도의 사정변경 등에 의한 보전처분취소제도(동법 제288조, 제301조)가 있기 때문이다.

✦ 보전처분(보전집행)

법원이 권리자의 집행보전과 손해방지를 목적으로 행하는 잠정적인 조치를 명하는 내용의 재판을 말한다. 보전처분에는 가압류와 가처분이 있다. 채권자가 강제집행절차를 밟아 권리의 종국적 실현을 얻으려면 판결 그 밖에 집행권원을 얻어야 하므로 필연적으로 많은 시일을 소요하게 되고 그 사이에 채무자의 재산 상태가 변하거나 멸실, 처분 등으로 사실적 또는 법률적 변경이 생기게 되면 채권자는 많은 시간과 경비만을 소비하였을 뿐 권리의 실질적 만족을 얻을 수 없게 된다. 이러한 결과를 방지하기 위하여 확정판결을 받기 전에 미리 채무자의 일반 재산이나 다툼의 대상목적물의 현상을 동결시켜 두거나 임시로 잠정적인 법률관계를 형성시켜 주는 조치가 필요하며, 나중에 확정판결을 얻었을 때 그 판결의 집행을 용이하게 하고 그때까지 채권자가 입게 될지 모르는 손해를 예방할 수 있는 수단이 필요하게 된다. 따라서 법원은 채권자의 신청을 받아 필요한 최소한의 심리를 거쳐 집행보전을 위한 잠정적 조치를 명하는 재판을 하게 되고, 그 재판의 집행을 통하여 현상을 동결하거나, 임시적 법률관계를 형성하게 하는 제도가 필요한데, 이러한 잠정적인 조치를 명하는 재판을 보전처분 또는 보전재판이라 한다.

즉 강제집행(민사집행)은 청구권의 만족을 위한 집행(즉 만족집행)임에 대하여 보전집행(가압류·가처분)은 장래에 행할 집행청구권(사인이 자신의 채권 만족을 위하여 국가의 강제집행제도를 이용하고자 국가에 대하여 그 집행권력의 발동을 구하는 권능으로 공법상의 권리이다)의 보전을 위하여 "현재의" 현상을 유지·보전하기 위한 잠정적·임시적인 집행이다. 즉 강제집행은 권리의 실현절차이고 보전처분은 권리의 보전절차이며, 협의의 민사집행에는 포함되지 아니한다.

보전처분은 보전명령(예컨대 가압류명령)을 얻기 위한 보전소송절차(소송절차적인 측면도 있다)와 그 집행(예컨대 가압류등기)을 위한 집행절차가 있으며, 집행절차의 일종임에는 틀림없지만 위 민사집행과는 다른 면이 있으며 보전명령의 집행절차는 민사집행절차를 준용하고 있다(민사집행법 제291조, 제301조). 따라서 보전처분(보전집행)을 제외한 절차를 협의의 민사집행이라고 볼 수 있다.

✦ 보전처분의 본집행 이전(이행; 전이)

보전처분은 임시적인 처분이므로 가압류채권자가 집행권원을 얻어 강제집행(본집행)을 할 요건이 갖춘 후에 강제집행의 신청을 하면, 가압류의 집행상태에서 본집행으로서의 집행처분이 되고, 이를 본집행으로의 이행(전이 또는 이전이라고 한다. 민사집행법 제224조제3항은 이전이라고 한다) 이라고 한다. 가압류의 처분금지효력은 본집행으로 인계되고 가압류집행의 결과를 이용하여 본집행을 실시할 수 있다.

보전처분의 집행 후 채권자가 피보전권리에 대하여 집행권원을 얻은 경우나 가지고 있는 집행권원에 기한 강제집행이 가능한 경우에는 채권자는 본래의 강제집행이 가능하지만, 그 경우 보전처분의 집행으로서 본래의 강제집행과 같은 절차가 이미 행하여진 때에는 본집행으로서 다시 처음부터 중복하여 동일한 절차를 반복할 필요는 없고, 보전처분집행으로서 이미 된 것을 이용하여 그 이후의 절차를 취하면 족하다. 본집행으로서 중복되는 절차를 반복하는 것은 무의미하고, 원래 집행의 보전으로서 보전처분의 집행은 장래의 강제집행에의 발전을 예상한 것이므로 기존의 절차의 결과를 그대로 본집행절차에 이용하는 것은 부자연스럽고 합리적이 아니기 때문이다. 이는 계쟁물에 관한 가처분(집행법 제300조제1항)에 있어도 발생하지만 가장 문제가 되는 것은 가압류집행으로부터 본집행으로의 이행이다.

✦ 보전처분의 종류

보전처분에는 가압류와 가처분의 두 종류가 있고 가처분은 다시 다툼의 대상(계쟁물)에 관한 가처분(민사집행법 제300조제1항)과 임시의 지위를 정하기 위한 가처분(동조 제2항)이 있다. 가압류에 대하여는 가압류의 설명을, 가처분은 가처분의 설명과 그 부연설명을 참조.

✦ 부동산등기

일정 국가기관(등기관)이 부동산등기법의 절차에 따라 등기부라는 공적 장부에 부동산에 관한 상황(위치나 면적 등)과 일정한 권리관계를 기재하는 행위 또는 그 기재 자체를 말하며(절차법적 의미), 부동산에 대한 현황의 등기를 사실의 등기, 권리관계에 대한 등기를 권리의 등기라고 한다(즉 부동산 위의 물권의 상태를 공부에 기재하여 공시하는 개개 부동산에 대한 이력서이다). 민법 제186조를 포함하여 실체법상 등기라고 할 때에는 권리의 등기를 의미하고, 부동산등기법상 등기라고 할 때에는 사실의 등기와 권리의 등기 양자를 의미한다. 즉 등기란 법원 등기과 및 등기소에 비치되어 있는 등기부에 부동산의 표시와 부동산에 관한 일정한 권리관계를 기재하는 것 또는 그러한 기재 자체를 말한다.

매매·교환·증여 등의 법률행위로 인한 부동산에 관한 권리의 취득·변경·소멸은 등기를 하여야만 효력이 발생하지만(민법 제186조. 효력발생주의), 상속·공용징수·판결·경매(강제경매, 임의경매), 기타 법률의 규정에 의한 부동산의 취득(민법 제187조)은 등기 없이도 물권변동의 효력이 발생하지만, 등기를 하여야만 권리의 처분 등이 가능하다. 기타 법률의 경우 중요한 예는 국세징수법상 공매(동법 제77조), 신축건물의 소유권취득(다만 이 경우에는 민법 제187조 단서 규정의 적용이 없음에 주의), 관습법상 법정지상권의 취득, 법정지상권(민법 제305조, 제366조, 입목에관한법률 제6조), 분배농지에 대한 상환완료에 의한 소유권취득, 법정저당권(민법 제649조, 공장저당법 제4조)의 취득, 관습법상 분묘기지권, 혼동에 의한 물권의 소멸(민법 제191조), 대위에 의한 저당권 등의 이전(민법 제399조, 제482조, 제484조), 피담보채무의 소멸에 의한 저당권의 소멸, 용익물권의 존속기간의 만료에 의한 소멸, 소멸시효에 의한 물권의 소멸, 법률행위의 무효에 의한 복귀 등도 같다.

✦ 부동산등기를 단독으로 신청할 수 있는 경우

부동산등기의 신청은 공동신청이 원칙이다. 공동신청주의는 등기로 불이익을 받을 자를 등기신청에 참여시켜 등기의 진정을 보장하기 위한 것이므로, 공동신청을 하지 아니하여도 등기의 진정을 보장할 수 있거나 등기의 성질상 등기의무자가 있을 수 없는 때에는 등기권리자에 의한 단독신청이 예외적으로 인정된다(부동산등기법 제29조). 예컨대 판결(등기청구의 소에서 승소한 등기권리자)·상속(상속인이 등기권리자이다)에 의한 등기(동법 제29조), 멸실회복등기(동법 제79조, 제80조), 가등기(동법 제37조, 제38조)는 공동신청을 하지 아니하여도 등기의 진정을 보장할 수 있다는 이유에서, 미등기부동산의 소유권보존등기(동법 제130조, 제131조), 부동산의 분합 기타 건물의 변경등기(동법 제90조, 제101조), 등기명의인의 표시변경(성명, 주소 등)의 등기(동법 제31조), 부동산표시의 변경등기(동법 제56조), 상속에 의한 등기(동법 제29조) 등은 등기의 성질상 등기의무자가 있을 수 없다(등기권리자와 등기의무자라는 관념이 없다)는 이유에서 등기권리자 단독신청을 인정한다. 예컨대 소유권보존등기의 등기신청자는 소유자(자기 또는 피상속인이 소유자로서 기재된 자, 판결에 의하여 자기의 소유권을 증명하는 자, 수용 등에 의하여 소유권을 취득한 자)이고, 등기명의인의 표시변경의 등기신청권자는 등기명의인이다.

✦ 부동산등기부

부동산등기부란 부동산에 관한 권리관계와 권리의 객체인 부동산의 현황을 기재하는 공적 장부로서, 토지와 건물은 별개의 부동산이므로 토지등기부와 건물등기부를 각각 별도로 만든 두 종류가 있으며(부동산등기법 제14조제1항), 각각 1필의 토지 또는 1동의 건물에 대하여 1등기용지를 사용한다(동법 제15조제1항. 1부동산1등기용지원칙. 다만 구분건물은 예외). 우리 법제에 있어서 등기부는 권리의 객체인 1개의 부동산을 단위(각 부동산 별로)로 하여 편성한 이른바 물적 편성주의를 취하고 있으므로, 등기부를 열람하기 위하여서는 부동산이 위치하는 지번에 따라 찾아야 한다. 부동산등기부의 용지는 표제부(물건의 표시)와 갑구란(소유권), 을구란(소유권 이외의 권리)의 3부분으로 구성되어 있으며, 등기부는 접수한 순으로 편철하게 되어 있다.

부동산등기에 관한 법령으로는 민법(물권편)의 부동산물권변동에 관한 규정(민법 제186조, 제187조) 이외에 이에 관한 특별법령이 있다. 그 주요한 것은 부동산등기법, 부동산등기규칙, 부동산등기특별조치법, 부동산실권리자명의등기에관한법률 등이 있다. 등기부에는 특별법에 의한 입목·선박·공장저당·광업재단의 등기부가 있다.

✦ 부동산등기부등본

부동산등기부의 내용을 복사한 문서를 의미한다. 수수료를 납부함으로써 누구라도 그 등본의 교부를 청구할 수 있다. 전부를 등사한 것이 등본이고, 일부를 등사한 것이 초본인데 모두 등기내용에 상위 없음이 증명된다.

✦ 부동산등기부의 갑구와 을구

부동산등기부의 갑구란은 사항란과 순위번호란으로 구분되어, 사항란에는 소유권에 관한 등기상황을, 순위번호란은 사항란의 등기사항을 순서대로 기재한다. 을구란도 사항란과 순위번호란으로 구분되어, 사항란에는 소유권 이외의 권리 즉 지상권·지역권·전세권·저당권·권리질권·임차권에 관한 등기사항을 기재하며(부동산등기법 제16조제5항), 순위번호란은 위 사항을 기재한 순서이다

(동조 제6항). 즉 갑구는 소유권에 관한 사항을 등기하는 것으로, 소유권보존과 이전, 압류·가압류·가처분, 경매, 예고등기, 파산에 관한 등기와 위 권리의 변경·말소·회복에 관한 등기를 하고, 을구는 소유권 이외의 사항, 즉 저당권·지상권·지역권·전세권과 같은 제한물권과 임차권 등에 관한 사항 및 이들 권리의 가압류·가처분, 예고등기와 이들 권리의 관계의 변경, 이전이나 말소도 을구에 기재한다. 부동산등기부의 구성(도표)의 설명을 참조.

✦ 부동산등기부의 등기번호란

등기번호란에는 각 토지 또는 각 건물대지의 지번을 기재하고(부동산등기법 제16조제2항), 이 등기번호에 의하여 당해 부동산의 등기용지가 특정된다. 1필지 또는 수필의 지상에 수개의 건물이 있는 경우에는 등기번호 이외에 따로 등기번호란 다음의 여백에 건물의 번호를 기재하여야 한다(부동산등기규칙 제5조).

✦ 부동산등기부의 물적 편성주의

부동산등기부란 부동산에 관한 권리관계와 권리의 객체인 부동산의 현황을 기재하는 공적 장부로서, 토지와 건물은 별개의 부동산이므로 토지등기부와 건물등기부를 각각 별도로 만든 두 종류가 있으며(부동산등기법 제14조제1항), 각각 1필의 토지 또는 1동의 건물에 대하여 1등기용지를 사용한다(동법 제15조제1항. 1부동산1등기용지원칙. 다만 구분건물은 예외). 우리 법제에 있어서 등기부는 권리의 객체인 1개의 부동산을 단위(각 부동산 별로)로 하여 편성한 이른바 물적 편성주의를 취하고 있으므로, 등기부를 열람하기 위하여서는 부동산이 위치하는 지번에 따라 찾아야 한다. 부동산등기부의 설명을 참조.

✦ 부동산등기부의 표제부

표제부는 표시란과 표시번호란으로 구성되고(부동산등기법 제16조제1항), 표시란에는 토지 또는 건물의 현황(토지는 소재지·지번·지목·지적, 건물은 소재지·지번·건물의 종류·구조·건평 등)과 그 변경에 관한 사항이 기재되며, 표시번호란에는 표시란에 기재된 등기사항의 순서를 기재한다(동조 제3항). 따라서 표제부등기에 의하여 당해 부동산의 동일성이 표시된다. 판례도 등기의 표제부에 표시된 부동산에 관한 권리관계의 표시가 유효한 것이 되기 위하여서는 우선 그 표시가 실제의 부동산과 동일하거나 사회관념상 그 부동산을 표시하는 것이라고 인정될 정도로 유사하여야 하고, 그 동일성 내지 유사성 여부는 토지의 경우에는 지번과 지목·지적에 의하여 판단하여야 한다고 한다.

집합건물(아파트·다세대·연립주택·상가 등)에서 1동의 건물을 구분한 경우에는 표제부가 1동의 건물의 표제부(1동 전체에 대한 표제부로, 각 층의 면적·구조·종류를 기재하고 대지권에 목적이 되는 토지의 소재·면적·지목 등을 표시한다)와, 구분건물(전유부분의)의 표제부(각 구분된 세대별 부분의 구조·종류·면적을 기재하고 대지권의 종류 및 지분권을 기재를 한다. 대지권이 없는 구분소유권도 있으니 주의를 요한다)로 구분되어 2장의 표제부가 있다. 이들 표제부는 좌측에 표시번호란과 건물을 표시하는 표시란이 우측에는 표시번호란과 대지권을 표시하기 위한 표시란을 두고 있고, 기타 규약상 공용부분의 표제부가 있으며, 여기에는 별도의 갑구, 을구가 없다.

✦ 부동산등기와 물권변동

부동산등기는 부동산 권리관계의 발생·변경 등의 성립요건이다. 부동산에 관한 소유권 등의 권리관계가 발생하거나 그 권리가 이전 또는 변경되기 위하여서는 등기가 되어야만 그 효력이 생기므로(민법 제186조), 예컨대 갑이 자신의 집을 을에게 매도하고 잔대금까지 모두 받은 후 그 집을 다시 병에게 매도하고 을보다 먼저 병에 이전등기를 해주었다면 소유권은 병이 취득하게 되고, 또 이전등기를 하기 전에 갑의 채권자 정이 아직도 소유권자가 갑 명의로 되어 있는 부동산을 압류한다면, 그 이후 소유권이전등기를 마친 병은 채권자 정의 압류등기에 우선할 수 없다. 이는 민법이 부동산에 관한 법률행위(매매·증여·근저당권설정계약 등)로 인한 권리의 득실변경은 등기를 하여야만 그 효력이 생기는 물권변동에 대한 형식주의 또는 성립요건주의를 택한 결과이다.

✦ 부동산등기의 공동신청주의(원칙)

부동산등기신청(권리의 등기에 관한 것이다)은 원칙적으로 등기권리자와 등기의무자(또는 그 대리인)가 등기소에 출석하여 공동으로 신청을 하여야 한다(부동산등기법 제28조). 등기권리자란 등기를 함으로써 등기부상 권리를 취득하거나 그 권리가 강화되는 자 예컨대 실체법상 등기할 권리를 가지는 자인 매수인, 저당권자, 말소등기신청의 경우에 있어서 정당한 권리자 등을, 등기의무자란 등기를 함으로써 등기부상 권리를 상실하거나 그 권리가 약화되는 불이익을 받는 자 예컨대 매도인, 저당권설정자, 부정당한 등기명의인 등을 말한다. 또 소유권이전등기의 경우에는 매도인과 매수인이, 근저당권설정등기와 그 말소등기는 근저당권자와 근저당권설정자(또는 현소유자)가 공동으로 신청하여야 한다. 이는 부동산상 권리관계는 당사자 상호간 이해관계가 매우 커 어느 일방이 일방적으로 등기를 한다면, 다른 일방은 큰 손해를 보게 되기 때문이다. 즉 양 당사자의 공동신청을 요건으로 하여 일방당사자가 실체적 권리관계와 다른 등기기재를 신청함으로써 입게 될 다른 당사자의 불이익을 미연에 방지할 수 있게 된다.

부동산등기법은 등기관에게 등기신청서에 대하여 형식적인 심사권만을 주고 등기권리자와 등기의무자가 공동으로 등기신청을 하게 함으로써 등기권리관계가 실체적 사실과 부합되도록 유도하지만, 공동신청에 의하지 아니하고도 등기의 진정성을 기대할 수 있는 경우에는 단독신청을 인정한다. 즉 판결에 의한 등기신청(승소한 등기권리자나 등기의무자가 단독으로 신청), 상속에 의한 등기(부동산등기법 제29조. 등기권리자 단독으로 신청), 멸실회복등기(동법 제79조. 등기권리자 단독으로 신청), 등기된 자의 사망을 이유로 한 말소등기, 등기의무자 행방불명의 경우 말소등기(동법 제167조. 민사소송법에 의한 공시최고, 제권판결 후 등기권리자 단독으로 신청), 가등기나 가등기가처분(동법 제37조, 제38조. 소정의 서류를 첨부하여 가등기권리자의 단독으로 신청), 미등기부동산의 소유권보존등기(동법 제130조, 제131조), 부동산의 분합 기타 변경등기(동법 제90조, 제101조), 등기명의인의 표시변경, 주소변경(동법 제31조) 등은 단독으로도 신청할 수 있다. 실무상 보통은 법무사가 쌍방의 위임을 받아서 처리한다.

✦ 부동산등기의 당사자신청주의

등기는 사권보호를 목적으로 하므로(사적 자치의 원칙), 등기는 관공서의 촉탁이나 법률에 특별한 규정이 있는 경우를 제외하고는 그 등기가 어떤 등기이건 당사자의 신청에 의해서만 이를 할 수 있으며(부동산등기법 제27조), 어떠한 법률관계가 성립되거나 변경 또는 소멸되더라도 당사자의 신청이 없으면(당사자는 공법상 등기의무가 없으며, 등기를 하지 아니하여 사법상 불이익을 받는 것은 별개문제) 등기관이 직권으로는 등기를 할 수 없다는 원칙이 당사자신청주의 원칙이다. 부동산의 표시에 관한 등기도 같다.

✦ 부동산등기절차

등기는 법률에 다른 규정이 있는 경우를 제외하고 원칙적으로 당사자의 신청 또는 관공서의 촉탁에 의하여 행하여지며(부동산등기법 제27조제1항), 예외적으로 등기관이 스스로 직권으로써 하는 경우와 법원의 명령에 의하여 하는(동법 제177조, 제185조) 4가지 경우가 있다. 즉 등기는 등기권리자(매수인)와 등기의무자(매도인)가 본인임을 확인할 수 있는 주민등록증을 지참하고 등기소에 쌍방이 출석하여 직접 신청하거나 신청대리권한을 가진 자(법무사 등)에게 위임하여 신청할 수 있다. 이때 구비서류로는 등기원인을 증명하는 서면(등기원인증서) 예컨대 매매계약서, 등기의무자(매도인)의 권리에 관한 등기필증(속칭 구권리증), 등기원인에 대하여 허가 또는 승낙을 요할 때에는 이를 증명하는 서류 예컨대 농지매매증명·토지거래허가증명서, 등기의무자(매도인)의 인감증명서 및 주민등록표등본, 등기권리자(매수인)의 주민등록표등본, 토지대장·건축물대장등본, 소정의 등록세 및 인지, 소정의 주택채권매입필증 기타 대리인에 의할 경우에는 위 서류 이외에 대리권한을 증명하는 서면, 신청인이 상속인인 경우에는 상속인임을 증명하는 서류(부동산등기법 제47조), 채권자대위권행사의 경우에는 대위원인을 증명하는 서면(동법 제52조)이 필요하다.

✦ 부동산등기제도

부동산에 관한 물권(부동산물권. 토지 및 그 정착물)을 국가가 등기부라는 공적 장부제도를 만들어 등기관이 등기부에 부동산의 표시와 그 부동산에 관한 권리관계를 기재하여 일반인에게 널리 공시하는 제도로서 부동산물권의 거래안전을 위하여 근대법이 창안한 법 기술적인 제도이다. 즉 등기는 채권과는 다른 여러 효력이 있는 물권(지배권·절대권·배타성)을 공시하는 제도이다. 등기는 부동산에 관한 일정한 사항(예컨대 부동산의 지번·지목·구조·면적 등 부동산 표시사항과 소유권·지상권·저당권·전세권·가압류 등의 권리관계), 특히 부동산물권에 관한 사항을 등기부에 적어 부동산의 현상과 물권관계를 공시함으로써 부동산에 관하여 거래를 하려는 자의 예기하지 못한 손해를 방지하고 나아가 거래안전을 신속하게 하며, 등기는 부동산물권변동의 성립요건이다.

✦ **부동산등기필증**(등기권리증)

등기관이 등기를 완료한 때 등기의무자가 등기신청시 제출한 등기원인을 증명하는 서면(또는 이에 갈음한 신청서부본)에 등기필의 뜻을 기재하고 등기소인을 찍어 등기권리자에게 교부하는(부동산등기법 제67조제1항) 증서이다. 등기를 신청할 때에 제출한 등기원인을 증명하는 서면 또는 신청서의 부본에 접수연월일, 접수번호, 순위번호와 등기필의 취지 및 기타 일정한 사항을 기재하고 등기소인을 날인하여 등기권리자에게 교부하는 것이다. 등기필증을 소지하고 있으면 권리자로서 추정되기 때문에 권리증이라고 한다. 단순한 증명서에 지나지 않는데도 불구하고, 실제로는 이것에 등기의 위임장을 붙여서 부동산거래가 이루어지는 경우도 있다. 등기신청을 할 때에는 등기의무자의 권리에 관한 등기필증을 제출해야 하며(이를 등기신청시에 첨부하도록 한 것은 등기관이 등기의무자가 진정한 권리자인지를 확인하여 부실한 등기신청을 억제하기 위함이다), 분실했을 때에는 등기의무자가 직접등기소에 출석하거나 변호사 또는 법무사가 본인임을 확인하거나 등기신청서 또는 위임장에 공증인의 공증을 받아야 한다. 등기필증은 등기의무자 본인의 증명에 있으므로 등기권리자 단독신청의 경우에는 이러한 문제는 생기지 아니한다. 등기필증이 멸실된 경우에는 원칙적으로 재발행이 불가능하며, 보증서 등으로 이에 갈음할 수 있다(동법 제49조).

✦ 부동산인도명령

경매종료 후 경매절차의 부수절차로서 행하는 간이한 명도절차로서 법원은 매수인이 매각대금을 낸 뒤 6월 이내에 신청하면 채무자·소유자 또는 부동산점유자(**주의**: 구 민사소송법에는 압류효력이 발생한 후에 점유를 시작한 부동산점유자로 한정되었다)에 대하여 부동산을 매수인에게 인도하도록 명할 수 있다. 다만, 점유자가 매수인에게 대항할 수 있는 권원에 의하여 점유하고 있는 것으로 인정되는 경우에는 인도명령을 발할 수 없다(민사집행법 제136조제1항). 즉 주택임대차보호법, 상가건물임대차보호법상 대항력 있는 임차인은 인도명령의 상대방이 아니다. 위 인도명령결정에 대하는 즉시항고를 할 수 있고(집행법 제136조제5항), 채무자·소유자 또는 점유자가 위 인도명령에 따르지 아니할 때에는 매수인은 집행관에게 그 집행을 위임할 수 있다(동조 제6항. 인도명령의 집행에 의하여 부동산을 인도받을 수 있다). 법원이 채무자 및 소유자 이외의 점유자에 대하여 인도명령을 하려면 그 점유자를 심문하여야 한다. 다만 그 점유자가 매수인에게 대항할 수 있는 권원에 의하여 점유하고 있지 아니함이 명백한 때 또는 이미 그 점유자를 심문한 때에는 그러지 아니한다(동조 제4항).

✦ 부동산인도명령과 명도소송

인도와 명도는 동일한 의미로서 특별히 법률이 구분하여 사용하는 것은 아니지만 실무상 주택의 경우에는 명도, 대지의 경우에는 인도라고 한다. 또 제도로서는 인도명령의 경우에는 경매의 부수절차로서 신속·간이한 절차이고, 명도소송은 통상의 소송절차이다. 경매와 공매절차에서 부동산을 매수하여 매각대금을 납부하고 소유권이전등기까지를 하였음에도 현실적으로 부동산을 인도받지 못하는 경우에는 비록 매수인은 법률상으로는 소유자이지만 구소유자 등이 점유를 하고 있으면 자력집행금지의 원칙에 의하여 스스로의 명도집행은 불가능하고 법에 의하여 명도문제를 해결을 하여야 하는 바, 그 법적인 해결방법이 인도명령과 명도소송이다.

인도명령은 매수인이 대금을 낸 뒤 6개월 이내에 채무자·소유자 또는 부동산 점유자에 대하여 하는 것이지만, 다만 점유자의 점유가 정당한 권원에 의할 경우에는 인도명령을 할 수 없다(민사집행법 제136조). 통상 인도명령절차는 동 신청서를 법원에 제출하면, 법원은 관련서류를 심사한 후 신청인과 점유자에게 결정문을 송달하며, 동 명령서를 송달 받고도 인도를 거부하면 매수인은 집행관에게 강제(인도)집행을 신청한다(인도명령서와 송달증명원 및 비용납부 영수증 첨부). 집행관은 추후 인도집행의 일자를 지정(보통 신청 후 2~3일 후)하고, 강제로 인도집행을 한다.

인도명령 대상 이외의 사람이 매각부동산을 점유한 경우 명도소송을 한다. 그 대상은 보통은 임차보증금을 전액 배당받지 못한 임차인인 경우가 많으나 그 이외의 경우도 있다. 명도소송을 하기 전(또는 동시)에는 반드시 현점유자의 점유를 변경하지 못하게 하는 점유이전금지가처분을 하여야 한다. 가처분신청을 하지 아니하면 현점유자가 소송 중 제3자에게 점유를 이전하면 비록 소송에서 승소판결을 받아도 새로운 불법점유자를 상대로 다시 소송을 하여야 하기 때문이다(민사집행법 제25조의 집행력의 주관적 범위문제. 즉 이중소송을 방지하기 위한이다. 판결문상 집행대상자과 점유자가 다르기 때문에 명도판결에 의한 명도집행을 할 수 없기 때문이다).

실무상 주요 명도소송의 대상은 인도명령의 대상자이지만 대금납부 후 6개월을 도과하여 인도명령신청을 하지 못한 자, 확정일자를 구비하였으나 배당순위가 늦어 배당절차에서 배당을 받지 못한 임차인, 상가건물의 임차인으로 전세권을 설정하였지만 선순위채권이 많아 배당받지 못한 임차인, 경매기입등기(압류) 이전에 점유하고 있던 임차인으로부터 매각허가 결정전에 임차권승계를 받은 임차인, 경매등기 이전에 전입한 임차인이나 전입 전에 근저당권 등 다른 채권액이 매각가격보다 많아 소액보증금도 배당받지 못한 임차인, 상가건물의 세입자로 경매기입등기 이전에 전입신고한 임차인, 기타 정당하게 점유할 사유가 없는 불법점유자 등이다.

점유이전금지가처분은 가처분채권자가 목적물의 인도 또는 명도청구권을 보전하기 위하여 본집행시까지 가처분채무자로 하여금 목적물의 점유를 타인에게 이전하거나 점유명의를 변경하지 못하도록 금지하는 가처분이다. 가처분채권자의 신청에 의하여 법원이 가처분결정을 하고 가처분채권자는 집행관에 가처분결정정본을 교부하여 집행을 위임하며 집행관은 목적물의 점유를 집행관이 보관한다는 취지의 공시서를 목적물의 명백한 부분에 부착함으로써 집행이 완료 되고, 후일 승소판결을 얻어 가처분권자가 명도집행을 한다.

✦ 부부공유 유체동산의 압류

민법은 부부별산제를 취하면서 부부 누구에 속하는 것인지가 불분명한 재산은 부부의 공유로 추정하고(민법 제830조) 특유재산은 부부 각자가 관리·사용·수익을 한다(민법 제831조). 소유의 명의가 부동산등기부 등 공부에 의하여 공시되는 부동산 등의 강제집행은 집행대상을 정함에 문제가 없지만, 유체동산은 점유를 표준으로 압류함이 원칙이고(민사집행법 제189조제1항) 그 점유에는 권리추정력이 있지만(민법 제200조), 이 추정은 소유권의 귀속과는 반드시 일치하는 것은 아니므로 일률적으로 집행대상물을 정하기가 관란하게 된다. 이에 민사집행법은 채무자와 그 배우자의 공유로서 채무자가 점유하거나 그 배우자와 공동으로 점유하고 있는 유체동산은 집행법 제189조의 규정에 따라 압류할 수 있다(집행법 제190조)고 규정한다. 즉 채무자 단독점유물처럼 압류하며, 유체동산의 범위는 집행법 제189조제2항의 규정에 따르고 그 효과도 동일하다(다만 공동점유이지만, 압류시 공유자의 승낙은 불필요하다). 이는 부부 일방에 대해서만 집행권원을 가지고 있는 채권자가 강제집행을 하는 경우로서, 부부 쌍방에 대하여 집행권원을 가지고 있는 채권자는 부부의 특유재산이건 공동재산이건 가리지 아니하고 모두 강제집행의 대상으로 할 수 있으므로 민사집행법 제190조의 대상이 아니다.

압류물이 채무자 아닌 배우자의 특유재산인 때에는 제3자이의의 소에 의하여 소유권을 다툴 수 있고, 귀속이 불분명한 재산은 부부의 공유로 추정되기 때문에(민법 제830조제2항) 특유재산이라는 사실은 이를 주장하는 배우자에게 입증책임이 있다. 채무자 아닌 배우자에게는 우선매수권(집행법 제206조. 최고가매수신고인에 우선하여 최고가매수신고가격과 동일한 가격으로 매수할 수 있는 권리. 이는 부동산에 있어서의 집행법 제140조와 같은 취지이다)과 배당요구에 준한 공유지분에 해당하는 매각대금의 지급요구권(집행법 제221조)을 인정한다. 여기의 부부는 사실혼관계의 배우자도 포함한다는 것이 다수설·판례이다.

✦ 사건번호

법원의 각종 사건기록에 부여하는 번호를 말한다. 사건에 관하여 최초애 붙인 사건번호와 사건명은 그 사건이 종국에 이르기까지 이를 사용한다. 사건번호는 서기 연수의 네 자리 아라비아 숫자, 사건별 부호문자와 진행번호인 아라비아 숫자로 표시한다. 예컨대 부동산등 경매사건의 부호문자는 "타경"으로 해당 법원에서 2000년에 시작되고 1924번째로 실시되는 경매사건의 경우에는 "2000타경1924"으로 부여한다(법원재판사무처리규칙 제19조).

✚참고／주요 사건별 부호

①가 : 1심법원사건(가합: 민사 제1심 합의사건, 가단: 민사 제1심 단독사건, 가소: 민사소액사건), ②나 : 고등법원(민사항소)사건, ③다 : 대판(민사상고)사건, ④라 : 민사항고사건 ⑤마 : 민사재항고사건, ⑥바 : 민사준항고사건, ⑦자 : 화해사건, ⑧차 : 독촉사건, ⑨카합 : 가압류, 가처분 및 이에 대한 이의, 취소(집행취소는 제외) 사건 중 합의사건, ⑩카단 : 가압류, 가처분 및 이에 대한 이의, 취소(집행취소는 제외) 사건 중 단독사건, ⑪카담 : 담보취소, 담보제공, 담보물변환, 담보권리행사 최고사건, ⑫카공 : 공시최고사건, ⑬카기 : 기타 민사신청사건, ⑭타경 : 부동산 등 경매사건, ⑮타기 : 기타 집행사건

✦ 사실상의 혼인관계(사실혼)

사실상 실질적으로는 부부관계를 이루어 혼인생활을 하고 있으나 법률상의 방식 즉 형식적으로 혼인신고만을 하지 아니하여 법률혼으로 인정되지 아니한 부부관계를 말한다. 예컨대 결혼식을 올리고 주거와 침식을 같이 하면서 부부간의 생활관계를 이루어 함께 살기는 하지만, 아직 혼인신고를 하지 아니한 부부의 경우이다. 그러나 본처가 있는 유부남이 아파트를 빌려 다른 여자와 이중살림을 하던 중 사망한 경우와 같은 축첩관계는 이에 해당하지 아니한다.

✦ 사정변경 등에 의한 가압류취소

가압류를 발령할 당시에는 이유가 있었으나 그 뒤의 사정변경이 된 경우이다. 채무자는 ①가압류이유가 소멸되거나 그 밖에 사정이 바뀐 때, ②법원이 정한 담보를 제공한 때, ③가압류가 집행된 뒤에 3년간 본안의 소를 제기하지 아니한 때에는 가압류가 인가된 뒤에도 그 취소를 신청할 수 있으며(민사집행법 제288조제1항), 이 신청에 대한 재판은 가압류를 명한 법원이 한다. 다만, 본안이 이미 계속된 때에는 본안법원이 한다(동조 제2항). 이 경우의 재판에는 민사집행법 제286조제1항 내지 제4항, 제6항 및 제7항을 준용한다(동조 제3항). 가압류명령은 신속성의 요청에 따른 일시적·잠정적 재판이므로 가압류명령 후의 사정변경에 의하여 가압류명령의 존속이 부당하게 된 경우에는 채무자의 신청으로 가압류명령을 취소할 수 있다. 즉 원칙으로 가압류요건이 후발적으로 소멸되었음을 이유로 한다. 따라서 가압류요건이 처음부터 성립하지 않은 것을 주장하여 불복하는 이의나 상소와는 다르다(물론 이의나 상소도 후발적 사유를 항변으로 주장할 수 있다).

✦ 상계(차액납부)

채권자가 동시에 매수인인 경우에 있을 수 있는 매각대금의 특별한 지급방법이다. 현금을 납부하지 아니하고, 채권자가 받아야 할 채권액과 납부하여야 할 매각대금을 같은 금액만큼 서로 소멸시키는 것이다. 매수인(채권자)은 매각대금을 상계방식으로 지급하고 싶으면, 매각결정기일이 끝날 때까지 법원에 위와 같은 상계를 하겠음을 신청하여야 하며, 배당기일에 매각대금에서 배당받아야 할 금액을 제외한 금액만을 납부하게 된다(채권액이 매각대금보다 적은 차액을 납부해야 한다). 그러나 그 매수인이 배당받을 금액에 대하여 다른 이해관계인으로부터 이의가 제기된 때에는 매수인은 배당기일이 끝날 때까지 이에 해당하는 대금을 납부하여야 한다. 법원은 매수인이 채권자인 때에는 대금지급이 확실하고 또한 상계의 기회를 주는 차원에서 대금지급기일과 배당기일을 동일로 지정하고 있다. 매수인의 특별한 대금지급방법의 부연설명을 참조.

✦ 상계의 방법(경매의 경우)

당사자 쌍방의 채무가 서로 상계적상에 있다고 하더라도 별도의 의사표시 없이도 상계된 것으로 한다는 특약이 없는 한, 그 자체만으로 상계로 인한 채무소멸의 효력이 생기는 것은 아니고, 상계의 의사표시를 기다려 비로소 상계로 인한 채무소멸의 효력이 생긴다. 따라서 반드시 법원에 상계신청서를 제출하여야 한다.

✦ 선순위가등기

가등기에는 담보목적의 가등기와 소유권이전등기청구권을 보전하기 위한 가등기의 두 종류로 구분할 수 있으며, 선순위가등기가 소유권이전등기청구권(본래 의미의 가등기)일 때에는 1순위의 저당권 또는 압류등기보다 앞서있는 가등기는 압류 또는 저당권에 대항할 수 있으므로 경매로 인한 매각 후 소유권이전을 할 때에도 이 가등기는 말소되지 아니하고, 후일 매수인은 선순위가등기권자의 본등기이행으로 소유권취득이 무효로 될 수 있다. 따라서 경매물건이 소유권이전등기청구권보전을 위한 선순위가등기인 경우에는 원매자는 응찰하지 않는 것이 좋다. 법원 실무는 이와 같은 경우에는 경매개시결정 후 경매를 정지하고 있다. 가등기가 담보목적의 가등기일 때, 이 가등기는 저당권으로 보므로(가등기담보등에관한법률 제12조제1항, 제17조제3항 등) 특별히 문제될 것은 없다.

✦ 선순위가처분

1순위의 저당권 또는 압류등기보다 앞서있는 가처분등기는 압류 또는 저당권에 대항할 수 있으므로 경매 후 촉탁에 의하여 말소되지 않는다. 따라서 이러한 경우에 경매가 진행되고, 선순위가처분권자가 본안소송에서 승소한 경우에는 선순위가처분등기 이후의 모든 등기부상 권리는 효력을 상실하므로 설혹 위와 같은 경매에서 매수하였다고 하더라도 매수인은 결국 소유권을 취득할 수 없게 된다.

✦ 성립요건주의와 대항요건주의

성립요건주의란 소정의 공시방법을 갖추지 아니하면 물권변동의 효력은 당사자는 물론 제3자에 대한 관계에서도 발생하지 아니하는 주의를 말하고(한국), 대항요건주의란 공시방법을 갖추지 아니한 경우 당사자 사이에는 물권변동이 있지만 제3자에게는 대항할 수 없는 주의를 말한다(일본). 예컨대 물권변동(소유권이전)과 관련 성립요건주의를 취하는 한국에서는 법률행위인 경우에는 부동산등기라는 공시방법을 갖추지 아니하면 소유권이전의 효과가 없다(민법 제186조). 다만 법률규정에 의한 물권변동(상속, 공용징수, 판결, 기타 법률규정 예컨대 공매)의 경우에는 등기 없이 물권변동이 생기지만, 이를 처분하기 위하여서는 등기를 하여야 한다(민법 제187조).

✦ 소명과 증명

소명이란 증명보다는 낮은 정도의 진실에 대한 개연성으로 법관으로 하여금 일응 확실한 것이라는 추측을 얻게 한 상태 또는 같은 상태에 이르도록 증거를 제출하는 당사자의 노력을 말하고, 소명에 관하여는 민사소송법 제299조의 적용이 있으므로 소명의 방법에는 제한이 없다. 채권자(신청인)가 제출하는 것은 예컨대 소갑 제1호증, 채무자(피신청인)가 제출하는 것을 소을 제1호증 등으로 표시한다. 가압류·가처분절차에서 소명방법은 즉시 조사할 수 있는 증거에 한하므로 소명방법의 제출이 사실상 불가능하거나 곤란한 경우가 있을 수 있고, 이러한 채권자의 소명곤란을 구제하기 위하여 담보를 제공하게 하는 것이다.

✦ 소비대차

당사자 일방(貸主)이 금전 기타 대체물의 소유권을 상대방(借主)에게 이전할 것을 약정하고 상대방은 동종·동질·동량의 물건을 반환할 것을 약정(즉 빌린 물건 그 자체를 반환하는 것이 아니며, 이러한 점에서 사용대차나 임대차와는 다르다)함으로써 성립하는 계약(민법 제598조)으로, 원칙적으로는 무상·편무·낙성·불요식계약이다. 금융기관에서 등에서의 소비대차시 공정증서 또는 어떤 형식의 증서를 작성하는 경우 이는 입증방법에 불과하고, 증서의 작성은 소비대차의 법률상 요건은 아니며, 소비대차는 불요식계약이다.

✦ 소액보증금(보증금 중 일정액)

주택임대차보호법 제8조, 상가건물임대차보호법 제14조에 따라 경매나 공매의 매각대금(배당)에서 최우선으로 보호받을 수 있는 임차보증금. 위 법률에서는 "보증금 중 일정액"이라는 용어를 사용한다. 보증금 중 일정액의 범위와 우선변제를 받을 임차인의 범위는 동법 시행령에 규정한다.

✦ 소액사건

소액사건심판규칙 제1조의2(소액사건의 범위)에 의하면 제소한 때의 소송목적의 값이 2,000만원을 초과하지 아니하는 금전 기타 대체물이나 유가증권의 일정한 수량의 지급을 목적으로 하는 제1심의 민사사건으로 한다. 다만, 소의 변경으로 본문의 경우에 해당하지 아니하게 된 사건, 당사자참가, 중간확인의 소 또는 반소의 제기 및 변론의 병합으로 인하여 본문의 경우에 해당하지 않는 사건과 병합심리하게 된 사건은 이를 제외한다.

주택 및 상가건물의 임대차보증금과 관련하여, 소액사건심판법의 취지에 따르면 위 임차보증금 중 2천만원을 초과한 경우에는 일반의 민사소송에 의하여야 할 것이지만, 주택임대차보호법 제13조, 상가건물임대차보호법 제18조는 보증금반환청구소송을 할 때 소액사건심판법을 준용하여 절차를 신속·간이하게 하는 특례를 인정한다.

✦ 소의 종류

訴의 종류를 청구의 성질에 따라 분류하면 이행의 소, 확인의 소와 형성의 소로 분류한다. 이행의 소(구 민사소송법상 급부의 소)란 이행청구권의 확정과 피고에 대한 이행명령을 할 것을 요구하는 소, 확인의 소란 권리나 법률관계의 존재나 부존재의 확정을 요구하는 소, 형성의 소란 법률관계의 변동을 요구하는 소이다. 이행의 소를 법원이 받아들여 인용하는 이행판결은 집행권원이 되고 이에 의하여 강제집행을 할 수 있다(원고 승소의 확인판결에는 기판력은 있으나 집행력은 없다. 또 청구인용의 형성판결은 기판력과 형성력이 발생한다). 즉 이행의 소란 이행청구권의 확정과 피고에 대하여 이행명령을 할 것을 요구하는 소이다. 따라서 이는 다툼이 있거나 불확실한 청구권을 확정 받는 일방, 피고에 대한 이행명령의 선고를 받아 강제집행의 방법으로 청구권을 실현시키려는 것이다. 즉 명령형의 소이다.

✦ 손해배상

법률이 규정하는 일정한 경우에 타인이 입은 손해를 전보(塡補)하여 손해가 발생하지 않은 것과 같은 상태로 하는 것을 말한다. 민법상 통상 채무자의 위법행위인 채무불이행이나 불법행위로 인하여 채권자에게 손해가 발생한 경우에 채무자가 그 손해를 배상하는 것을 말한다. 배상하여야 하는 손해는 재산적·정신적 손해이며, 재산 감소와 같은 적극적 손해뿐만 아니라 증가할 재산이 증가하지 못한 소극적 손해도 포함된다. 손해의 범위는 손해배상책임을 발생하게 한 원인 사실과 인과관계(상당인과관계)에 있는 것에 한한다. 손해배상은 금전배상을 원칙으로 하며 예외적으로 원상회복이 인정된다.

✦ 송 달

민사소송법상 법정의 방식에 의하여 당사자 그 밖의 소송관계인에게 소송서류를 교부하여 그 내용을 알릴 것을 목적으로 하는 통지행위이며, 재판권의 한 작용이다. 송달의 목적은 단순한 통지의 목적, 소송행위의 효력완성을 위한 경우, 불변기간(상소 등 기간 진행)의 진행의 개시, 강제집행의 개시요건으로 하는 경우 등이 있다. 송달담당기관은 법원사무관등이고, 그 실시기관은 원칙적으로 집행관과 우편집배인이다. 송달은 법원이 그 재판권에 기하여 행하는 공권적 행위이므로 적법하게 송달이 행하여진 이상, 송달받을 자가 현실적으로 서류의 내용을 알았는지 몰랐는가의 여부에 상관없이 법적으로 정해진 효과가 발생하며, 민사소송법은 재판사무의 처리에 있어서 그 규정하는 일정한 중요사항에 관하여는 법정된 방식이 요구되는 송달의 방법에 의해 통지하도록 하여 절차의 확실성을 담보하고 있다. 송달은 송달장소에서 송달서류를 받을 자에게 교부하여 하는 교부송달이 원칙이며, 보충송달, 유치송달, 우편송달, 송달함 송달, 공시송달 등의 방법이 있다.

✦ 시 효

사법상 시효란 일정한 사실상태가 장기간 계속한 경우에 이 상태가 진실의 권리관계와의 합치여부를 불문하고 그 상태를 존중하여 이를 권리관계로 인정하려는 제도로서, 취득시효란 타인의 물건을 일정기간 계속하여 점유한 자에게 그 소유권을 취득하게 하거나 소유권 이외의 재산권을 일정한 기간 계속하여 사실상 행사하는 자에게 그 권리를 취득하게 하는 제도를 말한다. 소멸시효란 권리의 불행사가 일정한 기간 계속함으로써 권리를 소멸시키는 제도로 예컨대 민사채권의 소멸시효는 10년(민법 제162조제1항. 물론 단기소멸시효도 있다), 상사채권의 경우는 5년과 같다.

✦ 실체법과 절차법

실체법이란 법 주체간의 관계(법률관계) 그 지체를 규율하는 법. 즉, 권리·의무에는 어떠한 종류가 있고, 그것은 어떻게 변동하며, 어떠한 주체에 귀속하며, 또한 어떠한 효과를 가지느냐 등 일반적으로 권리·의무의 실체를 규정하는 것이며 민법·상법·형법 등이 이에 속한다. 절차법에 대하는 말이며, 실질법이라고도 한다. 실체법과 절차법이 모순되면 실체법이 우선한다. 절차법이란 권리의 실질적 내용을 실현하기 위하여 취하여야 할 방법을 규율하는 법을 말한다. 민법과 같은 실체법상 권리를 실행하거나 또는 의무를 실현시키기 위한 절차, 즉 권리 또는 의무의 행사·보전·이행이나 강제 등을 규율하는 법을 말하며, 예컨대 민사소송법, 민사집행법, 형사소송법, 부동산등기법, 비송사건절차법, 국세징수법 등과 같고, 절차법 규정 중에도 실체법적 규정이 있는 경우가 있지만, 절차법 예컨대 국세징수법은 체납처분절차 진행 중에 발생할 수 있는 모든 행위를 상정하여 규정할 수 없는 없으며, 그 중요하고 기본이 되는 조문만으로 구성된다. 실체법의 목적은 서로 대립하는 이해를 통제조화하고 실체법상 권리는 궁극적으로 절차법에 의하여 실현(달성)이 된다(민법과 같은 실체법상 권리는 궁극적으로 민사소송법 또는 민사집행법과 같은 절차법에 의하여 실현이 된다). 절차법은 수단적·기술적 성격을 가지는 것이 보통이다. 이와 같이 절차법관계는 실체법상 청구권(채권)을 실현하는 절차이므로, 그 원인이 된 실체법 내용은 물론이고 많은 관련법률(실체법, 절차법)의 이해 없이는 법정의 절차를 이해할 수는 없다.

✦ 압류

압류란 넓은 의미로는 특정의 물건 또는 권리에 대하여 개인의 사실상 또는 법률상의 처분을 제한하는 국가기관에 의한 강제적 행위를 말하지만, 좁은 의미로서는 금전채권에 대한 강제집행의 제1단계로서 집행기관이 채무자의 재산을 확보하고 채무자의 처분권을 제한하는 강제적 행위(집행처분)를 의미한다. 압류 후 매각(현금화절차)로 이행된다. 민사집행법에 의한 경매나 국세징수법에 의한 공매는 부동산 자체의 교환가치를 실현하여 채권자의 만족을 얻을 목적으로 집행하므로, 목적달성을 위하여 일단 개시된 절차의 속행은 그 후의 사정에 의하여 방해받지 아니할 법적 수단의 강구가 필요하며, 그 수단은 채무자의 목적물에 대한 처분권을 박탈하는 것으로 이를 압류효력 내지 처분금지효력이라고 한다.

즉 압류란 채무자나 소유자의 특정 집행목적 재산에 대하여 국가의 특별한 지배관계를 설정하는 의사표시로서 국가는 그 특정재산의 처분권한을 취득하지만 목적재산의 종류 예컨대 동산·부동산에 따라 압류의 모습이 다르다. 민사집행은 경매개시결정에 의한 압류에 의하여, 체납처분 역시 압류에 의하여 절차가 개시되고 양 절차에 있어서 압류효력은 동일하다. 즉 체납처분은 금전집행으로서 기능적으로 민사집행에 근접하는 제도이고, 집행기관과 집행요건의 측면에서는 민사집행과는 차이가 있으나 국가권력에 의한 청구권의 강제적 실현으로서는 본질이 같다. 따라서 체납처분도 일반의 금전집행절차와 많은 부분이 공통하므로 양 절차의 경합가능성이 많고 조정의 필요성이 있지만, 우리나라는 양 절차의 조정법이 없어 해석의 어려움을 내포하고 있다.

✦ 압류의 시효중단효력

집행법원의 경매개시결정을 하고 부동산에 대하여 압류를 하면 경매를 신청한 때(집행신청시설)에 집행채권(민사채권) 및 조세채권(공법상 채권)의 징수권 등의 소멸시효가 중단(민법 제168조제2호, 국세기본법 제27조, 제28조제1항 제4호) 되고(통설), 경매절차(체납처분절차)가 신청취하 또는 집행절차의 취소(남을 가망이 없는 경우의 민사집행법 제102조제1항, 또는 제50조제1항에 의한 제49조제1호, 제3호, 제5호, 제6호의 집행정지문서의 제출에 의한 집행절차취소), 해제 그 밖의 사유에 의하여 종료된 때에는 시효중단의 효력이 없다. 즉 새로이 시효가 진행된다(민법 제175조, 국세기본법기본통칙 28-0…2). 판례도 채권자의 신청에 의한 경매개시결정에 따라 연대채무자 1인의 소유부동산이 압류된 경우, 이로써 위 채무자에 대한 채권의 소멸시효는 중단되지만, 압류에 의한 시효중단의 효력은 다른 연대채무자에게 미치지 아니한다고 한다.

✦ 압류의 처분금지(제한)의 효력

경매개시결정을 하고 그 취지(압류)를 등기하면(민사집행법 제83조제4항, 제93조제1항, 제268조) 채무자(소유자)는 처분권을 상실하고, 그 처분권은 국가에 이전하며 채무자의 처분은 금지(무효)되는 바(국세징수법에 의한 공매의 경우에는 채권자의 공매신청 및 개시결정이라는 개념은 없고, 국가의 자력집행권에 근거하여 압류촉탁서로 바로 압류등기를 촉탁한다. 부동산등기법 제32조) 이를 압류의 처분금지효력이라고 하고,[6] 이는 압류가 집행채권을 강제로 회수하기 위하여서는 매각을 전제로 하기 때문에 매각대상을 보전하여야 하는 압류제도의 목적에서 보면 처분금지의 효력은 압류의 본질적인 것이다.

다만 압류의 처분금지의 효력을 어느 범위까지 인정할 것인가에 관하여 절대적 무효설과 상대적 무효설(통설)이 있고, 전자에서는 처분금지의 효력을 넓게 보아 채무자의 처분행위는 절대적으로 무효이고 압류가 취소되거나 취하되어도 유효로 되지 아니한다고 하고, 후자에서는 압류를 한 목적은 그 물건의 매각에 의하여 집행채권을 만족하는데 있으므로 이를 위반한 범위 내에서만

---

6) 압류의 처분금지효력은 채권과 그 밖의 재산권에 대한 압류는 압류명령에 기재되지만(집행법 제227조제1항), 부동산에 대한 압류는 채무자에 대한 처분금지효력이 있음을 당연한 전제로 하여, 압류 후 목적부동산에 대한 권리를 취득한 제3자는 압류에 대항하지 못한다는 취지를 규정하며(동법 제92조제1항), 유체동산의 경우에는 채무자에 대한 점유를 박탈하여 사실상처분의 가능성을 없애고, 또 형사상의 제재(형법 제140조, 제176조)에 의하여 처분금지효력을 간접적으로 보장한다.

(강제집행의 목적달성에 필요한 범위 내) 처분금지에 저촉되는 행위의 효력을 부인하면 된다고 보아, 처분금지의 효력에 위반한 채무자의 행위라도 당사자 사이에서는 유효하고, 압류채권자에 대한 관계에서만 무효라고 본다. 통설에 의하면 압류의 처분금지위반은 상대적인 무효로서, 처분이 금지된다는 의미는 채무자의 특정재산에 대한 법률상 또는 사실상 처분을 금지하는 효력을 가지므로 압류를 한 후에 한 채무자의 처분(재산의 양도, 채권의 양도, 채무변제 또는 권리의 설정) 등 압류채권자에게 불리한 법률상 처분은 압류권자에 대한 관계에서는 무효일 뿐 사법상 당사자 사이에서는 유효하다. 즉 압류의 처분금지효력이 상대적이라는 말은 압류의 효력은 채무자와 압류채권자와의 관계에서 처분이 무효라는 의미이며, 제3자에 대한 관계에서까지 처분을 금지하는 것은 아니라는 의미이다.

즉 압류로 금지되는 것은 처분행위(담보권·용익권의 설정과 양도)이므로 처분행위가 아닌 보존행위나 예컨대 부동산이 교환가치를 감소하지 아니하는 한도에서의 목적물의 관리·사용·수익은 가능하고(집행법 제83조제2항), 또한 처분금지의 효력은 상대적인 것으로서 압류권자나 압류효력을 원용할 수 있는 매수인에게만 대항할 수 없을 뿐이므로, 압류 후에 담보권설정도 가능하다. 다만 압류 후에 담보권을 취득한 자는 경매절차의 이해관계인으로서 절차참가가 가능하고, 배당요구를 하면 압류권자에게 대항할 수 없으므로 압류채권에는 우선할 수 없으나, 담보권설정 이후의 채권자(저당권자, 가압류채권자)보다는 우선배당을 받는다. 또한 압류에 의하여 금지된 법률상 또는 사실상 처분은 압류채권자에 불이익한 처분에 한하므로 예컨대 압류재산에 대한 임대차계약의 해제나 압류재산의 개량, 채권에 대한 시효중단 등 처분은 압류채권자에게 불이익한 것이 아니므로 채무자가 할 수 있다. 따라서 채권압류통지를 받은 제3채무자는 채무자에 지급이 금지되므로(압류결정문에 이러한 금지문언이 기재된다), 압류 후에 채무자에게 한 변제로서 압류채권자인 국가가 대항할 수 없고, 제3채무자는 국가에 다시 지급하여야 한다. 판례도 제3채무자는 피압류채권에 대하여 체납자에게는 변제할 수 없고, 추심권자인 국에게만 이행할 수 있다고 한다.

위 처분금지의 효력은 압류채권자와 채무자 사이에서의 상대적인 효력(압류나 체납처분의 목적과 범위에 한정된다)에 그치고 절대적으로 처분을 금지하는 것은 아니므로 압류부동산을 채무자가 처분한 경우 이 처분은 압류채권자에게는 대항할 수 없지만, 양 당사자 사이에서는 유효한 처분으로 유효한 양도가 되며, 이들 처분금지는 각종 벌칙에 의하여 간접적으로 보장되어 있다. 그러나 위 압류에 의한 법률상 또는 사실상의 처분금지는 제3자의 정당한 권리행사를 방해할 수는 없으므로 예컨대 채권압류 후 제3자가 채권발생의 기초로 된 계약에 대하여 해제권을 행사한 결과 피압류채권이 소멸되거나 국가나 지방공공단체 등이 공익사업을위한토지등의취득및보상에관한법률, 농지법 등 규정에 의한 토지수용, 농지매수(농지법 제6조제2항제1호, 제9호) 등 처분(매수)이 가능하고 또한 이들의 처분이 있으면 압류효력은 상실된다. 물론 이러한 압류효력은 집행법상 압류와 체납처분에 의한 압류를 달리 취급할 이유가 없다.

✦ **압류의 효력발생시기**

압류의 효력은 채무자에게 경매개시결정이 송달된 때 또는 민사집행법 제94조에 따라 경매개시결정기입의 등기가 된 때에 생긴다(민사집행법 제83조제4항). 즉 양자 중 먼저 행하여진 때가 압류효력의 효력발생시기이다. 그런데 민사소송의 일반원칙에 의하면 결정은 상당한 방법으로 고지하면 효력이 발생하며(민사소송법 제221조), 경매개시결정도 재판의 형식은 결정이지만 민사소송법의 원칙이 적용되지 아니하고(즉 고지시에 효력이 발생하지 아니하고) 압류효력의 효력발생시점을 달리 규정한다.

위와 같이 압류효력의 효력발생시점을 달리 규정하는 이유는 경매개시결정은 경매절차의 가장 기초의 단계이고, 이 결정으로부터 이후의 절차가 진행된다는 중요성 외에 실무상으로는 채무자에게 집행면탈의 기회를 주지 아니하기 위하여, 먼저 압류등기의 촉탁을 하고 등기관으로부터 등기부등본 또는 그 밖의 등기필의 회답이 오면 그 후 채무자에게 경매개시결정을 송달하는 방법으로 처리한다(예컨대 등기를 하지 아니하고 고지에 의하여 효력을 발생하게 한다면 채무자는 소유재산을 처분하여 강제집행을 피하려고 할 것이다). 결국 민사집행법 제83조제4항은 경매개시결정의 송달 또는 기입등기시 압류효력이 발생하는 것으로 규정하지만 실제로는 경매개시결정의 기입등기에 의하여 압류효력이 발생하는 것으로 운용하고 있다. 그러나 압류효력이 경매개시결정의 기입등기가 된 때에도 발생한다고 하여도 경매개시결정을 채무자에게 송달하여야 하는 것은 압류의 필요불가결한 절차이므로 채무자에 대한 송달 없이는 그 이후의 절차진행은 할 수 없다.

✦ 약정담보물권

당사자가 담보물권의 설정합의와 등기·등록을 하여 성립하는 담보물권을 말한다. 이에는 전형담보로 채무가 변제될 때까지 목적물을 유치하고 변제가 없을 때에 그 물건에 관하여 우선변제를 받는 질권(민법 제329조), 목적물의 인도를 받지 아니하고 그 물건 위에 우선변제권을 확보하는 저당권(민법 제356조) 및 전세권이 있고, 비전형담보로 담보가등기·양도담보·소유권유보부매매 등이 있다.

✦ 임금채권을 보호받는 방법

임금채권 중 일부는 근로기준법과 근로자퇴직급여보장법이 우선변제권을 인정하며(임금우선특권), 당사자의 약정이 없어도 법률의 규정에 의하여 당연히 성립하는 법정담보물권이다. 이 우선변제권은 사용자의 재산이 경매 등이 되는 경우에 배당을 우선하여 받게 하는 보호방법이며, 그러지 않은 경우 임금채권보장법은 일정사업 또는 사업장의 근로자에 대하여, 국가가 일정 범위에서 임금 등을 지급한다. 즉 동법 제6조는 노동부장관은 사업주가 파산 등 대통령령이 정하는 사유에 해당하는 경우에 퇴직한 근로자가 지급받지 못한 임금 등에 대하여 지급을 청구하는 경우에는 민법 제469조(제3자의 변제)의 규정에 불구하고 그 근로자의 미지급 임금 등을 사업주를 대신하여 지급한다고 한다.

✦ 임금채권의 추급권

근로기준법 제38조제2항의 임금채권은 채무자의 재산에 대하여 강제집행을 하였을 경우에 그 강제집행에 의한 환가금에서 저당권 등의 피담보채권이나 일반채권에 우선하여 변제받을 수 있음에 그치며(즉 추급효가 있는 것은 아니다), 또 그 규정취지는 최종 3월분의 임금 등에 관한 채권은 다른 채권과 동시에 사용자의 동일 재산으로부터 경합하여 변제받는 경우에 그 성립의 선후나 질권이나 저당권의 설정여부에 관계없이 우선적으로 변제받을 수 있는 권리가 있음을 밝힌 것일 뿐, 나아가 사용자의 특정재산에 대한 배타적 지배권을 본질로 하는 추급효까지 인정한 것은 아니므로, 사용자의 재산이 제3자에게 양도된 경우에 있어서는 양도인인 사용자에 대한 임금 등 채권의 우선권은 이 재산에 대하여는 더 이상 추구될 수 없고, 양수인의 양수재산에 대해서까지 우선권을 인정할 수는 없으며, 사용자가 재산을 취득하기 전에 설정된 담보권에 대해서까지 임금채권의 우선변제권을 인정할 수도 없다. 지방세의 당해세도 경우도 마찬가지이다(판례).

✦ 임대차계약

일방(임대인)이 목적물을 사용·수익하게 할 것을 약정하고, 타방(임차인)이 차임을 지급할 것을 약정함으로써 성립하는 유상·쌍무·낙성·불요식의 계약(민법 제618조)을 말한다. 임대차는 소비대차·사용대차와 함께 타인의 물건을 사용·수익하는 계약관계라는 점에서는 공통되지만, 임차인은 그가 사용·수익한 차용물 그 자체를 반환하여야 하고 소유권을 취득하지 아니하는 점에서는 소비대차와 다르고, 사용·수익의 대가로서 차임을 지급하는 점에서 사용대차와 다르다. 임대차에 있어서 임대인은 목적물을 임차인의 사용수익에 필요한 상태를 유지하게 할 적극적 의무를 부담하며, 임차인은 임차물을 반환할 때까지 선량한 관리자의 주의로 그 목적물을 보존하고 계약 또는 임대물의 성질에 의하여 정한 용법에 따라서 사용·수익하여야 한다. 또한 민법은 임차인이 임대인의 승낙 없이 임차인으로서의 권리 즉 임차권을 양도하거나 임차물을 전대하는 것을 금하고 만약에 임차인이 이에 반하여 무단히 제3자에게 임차물의 사용수익을 하게 하면 임대차를 해지할 수 있다고 한다.

주택임대차보호법상 임대차계약이란 임대인이 임차인에게 주거용 건물의 전부 또는 일부를 사용·수익하게 할 것을 약정하고, 상대방이 차임을 지급할 것을 약정하는 계약으로, 민법상 임대차규정으로는 경제적 약자인 임차인의 보호가 미흡하기 때문에 등기하지 아니한 임대차계약도 일정요건을 갖추면 제3자에 대항할 수 있게 하여, 국민의 주거생활의 안정을 보장하여(주택임대차보호법 제1조), 최소한의 인간다운 생활을 영위할 수 있도록 하기 위한 민법에 대한 특례를 규정한 특별법이다. 다만 주택임대차보호법 제3조, 제3조의2, 제3조의3은 2007.8.3 개정되어 자연인이 아닌 법인의 경우에도 국민주택기금을 재원으로 하여 저소득층의 무주택자에게 주거생활안정을 목적으로 전세임대주택을 지원하는 법인(대한주택공사법에 따른 대한주택공사, 지방공기업법 제49조에 따라 주택사업을 목적으로 설립된 지방공사. 동법 시행령 제1조의2)이 주택을 임차한 후 지방자치단체의 장 또는 해당 법인이 선정한 입주자가 그 주택에 관하여 인도와 주민등록을 마친 때에는 대항력, 우선변제청구권, 임차권등기명령이 인정된다. 위 설명은 주택임대차보호법상의 설명이므로, 상가건물임대차보호법상 상가건물인 경우에는 위 설명 중 주택은 상가건물로 고쳐 읽으면 양자는 동일하다.

✦ 임대차계약증서의 확정일자

임대차계약증서(임대차계약서)의 확정일자란 그 날짜에 임대차계약증서가 존재한다는 사실을 증명하기 위하여 계약서에 공신력 있는 기관(법원·공증인·동사무소 등)에서 확인도장을 찍어주는 것을 의미한다(공증인 또는 법원서기의 확정일자인 있는 사문서는 그 작성일자에 대한 공증력이 있다. 일자확정의 청구를 받은 공증인 또는 법원서기는 확정일자부에 청구자의 주소, 성명 및 문서명목을 기재하고 그 문서에 기부번호를 기입한 후 일자인을 찍고 장부와 문서에 계인을 하여야 한다. 일자확정을 공증인에게 청구하는 자는 법무부령이 법원서기에게 청구하는 자는 대판규칙이 정하는 바에 의하여 수수료를 납부하여야 한다). 주택임대차계약을 체결하고 입주 및 주민등록을 한 후 임대차계약증서에 확정일자를 받아두면 대항력 외에 우선변제청구권을 취득하게 된다. 우선변제청구권을 취득하면, 선순위담보권자 등이 있는 관계로 경매(또는 체납처분에 의한 공매)로 인하여 임차권이 소멸하고 매수인에 대하여 대항할 수 없게 되더라도, 일반채권자나 후순위권리자에 우선하여 보증금을 배당받을 수 있다. 물론 건물만에 대한 확정일자 있는 임차인이라고 하더라도 대지의 매각대금까지를 포함하여 우선변제를 받을 수 있는 점은 소액임차인의 경우와 같다(주택임대차보호법 제3조의2 제2항). 위 설명은 주택임대차보호법상의 설명이므로, 상가건물임대차보호법상 상가건물인 경우에는 위 설명 중 주택은 상가건물로, 주민등록은 사업자등록으로 고쳐 읽으면, 양자는 동일하다. 확정일자를 받은 경우와 전세권설정등기를 한 경우의 차이점은 도표와 같다.

비 교	확정일자	전세권등기
보증금반환 지체시	승소판결 후 강제경매신청.	임의경매신청이 가능하다.
대항요건	인도, 주민등록, 확정일자	등기
배당요구의 필요성	배당요구를 하여야 한다.	배당요구 없이도 당연히 순위에 의한 배당(담보물권성)
대지매각대금의 배당	포함된다.	불포함 한다. (건물만 전세한 경우)
공통점	경매나 공매의 배당시 후순위권리자나 기타 채권자에 우선하여 배당을 받는다.	

✦ 임의경매(담보권실행 등을 위한 경매)

저당권·질권(민법은 부동산질권을 인정하지 아니하므로 동산질권에 기한 경매는 극소할 것이다)·전세권 등 담보물권실행을 위한 강제적 환가방법으로(이를 실질적 경매라 한다), 담보물권이 본래 지니고 있는 환가권에 의하여 경매의 신청권이 인정되는 것으로 강제경매처럼 집행권원이 요구되지 아니하며, 단지 담보권의 존재를 증명하는 서류만 첨부하면 된다(민사집행법 제264조제1항). 집행법 제3편(동법 제264조 내지 제275조)은 담보권실행 등을 위한 경매라고 하여 그 실행에 집행권원이 불필요한 경매에 관한 규정을 두고 있는 바, 이러한 경매를 강학상(실무상) 임의경매라고 부른다. 그 절차에 대하여는 강제경매절차에 관한 대부분[동법 제79조 내지162조. 특히 부동산에 대한 임의경매절차에는 강제경매에 관한 규정 전부(동법 제80조 내지 제162조)를 준용하도록 한다]을 준용하도록 하고 있다. 다만 위 담보물권의 경우에도 대부분은 저당권실행을 위한 경매이다(부동산담보권 중에는 저당권이 아닌 전세권과 가등기담보권과 같은 예도 있다).

임의경매절차는 그 대상인 재산의 종류에 따라 적용되는 절차가 다르며, 임의경매는 담보권실행을 위한 경매(동법 제264조 내지 제268조)와 유치권 등에 기초한 경매(동법 제274)로 크게 나누고 담보권실행을 위한 경매는 다시 그 목적물에 따라 부동산·선박·자동차·건설기계·항공기·유체동산·채권과 그 밖의 재산권에 대한 담보권실행으로 구분하여 규정한다. 2005.7부터 부동산강제경매는 물론 부동산 임의경매(부동산에 준하는 선박·자동차 등 포함)에 대한 업무는 사법보좌관의 업무가 되었다.

임의경매는 담보권의 부존재나 원인무효, 피담보채권의 불발생, 소멸 등의 실체상의 하자가 있으면 경매절차가 중지되므로 대금을 지급하고 소유권이전등기를 완료하였더라도 매수인은 목적물의 소유권을 취득하지 못한다. 다만, 실체상 존재하는 저당권에 기하여 경매개시결정이 있었다면(즉 유효하게 성립한 후 사후에 소별한 경우), 그 후 저당권이 소멸되었거나 변제 등에 의하여 피담보채권이 소멸되었더라도 경매개시결정에 대한 이의 등에 의하여 경매절차가 취소되지 아니한 채 경매절차가 진행되고 매각대금이 지급되었다면 예외적으로 매수인은 적법하게 소유권을 취득한다(동법 제267조). 즉 처음부터 담보권이 존재하지 아니한 경우(부존재·원인무효인 경우)에는 공신력을 인정하지 아니한다(임의경매에는 부분적인 공신력이 인정될 뿐이다).

✦ 임의경매개시결정에 대한 이의신청

임의경매에서 경매개시결정에 대한 이의란 경매개시결정을 한 당해 집행법원에 경매개시결정을 취소하여 줄 것을 신청하는 행위로서 이에 대한 재판은 법관의 업무이다. 이때 판사는 민사집행법 제16조제1항의 규정에 따른 이의신청 즉 집행에 관한 이의신청(집행이의신청; 집행방법에 관한 이의신청)의 일종으로 처리하며(사법보좌관규칙 제3조제2호) 이는 강제경매의 경우도 같다. 즉 경매개시결정에 대한 이의는 이미 결정된 경매개시결정의 취소를 구하는 민사집행법상(집행절차 내)의 집행의 배제를 구하는 불복방법으로서 경매개시결정에 대하여 이해관계인은 제1차적으로 매수인이 매각대금을 납부할 때까지(즉 매수인이 소유권을 취득하는 시점) 경매개시결정을 한 집행법원에 이의신청을 할 수 있고(집행법 제86조제1항), 제2차적으로 본 이의신청에 대한 재판에 대하여는 즉시항고를 할 수 있으며(동조 제3항), 경매신청을 기각하거나 각하하는 결정에 대하여는 즉시항고를 할 수 있다(동조 제5항).

강제경매는 공권력에 의하여 채권의 존재가 확인된 집행권원에 근거하여 실시되므로 이 집행권원의 효력은 재심의 소에 의해서만 다툴 수 있고, 또 집행권원이 성립한 후 채권이 소멸한 경우에는 청구에 관한 이의의 소에 의해서만 그 집행력을 배제할 수 있기 때문에 집행권원의 부존재나 소멸을 주장하려면 경매절차 밖에서 재심의 소 또는 청구에 관한 이의의 소를 제기하여야 하는 것이지 경매절차 안에서 그러한 사유를 주장하는 것은 허용되지 아니한다. 그러나 임의경매는 집행권원 없이 담보권의 실체권에 내재하는 환가기능에 기하여 실시되고, 또 단순히 담보권의 존재를 증명하는 서류의 제출만으로 절차가 개시되기 때문에 경매신청의 기본인 담보권 또는 피담보채권의 존재나 이행기의 도래 등과 같은 실체상의 요건에 이상이 있으면 그 경매절차에 바로 영향을 미치므로 이러한 사유를 경매절차 안에서 주장하는데 있어서 강제경매와 같은 제약이 있어서는 안 된다.

이해관계인은 매수인이 집행법원에 매각대금을 납부할 때까지 임의경매개시결정에 대한 이의신청을 할 수 있으며(집행법 제268조, 제86조제1항), 즉시항고는 인정되지 아니한다. 그러나 경매신청을 기각하는 결정에 대하여는 즉시항고 할 수 있으며(동법 제268조, 제83조제5항), 이는 모두 강제경매에서와 같다. 임의경매개시결정에 대한 이의신청은 강제경매개시결정에 대한 이의신청에 관한 집행법 제85조가 준용되고(동법 제268조, 제275조), 특별규정으로는 이의사유로서 절차상의 하자 이외에 담보권이 없다는 것 또는 소멸되었다는 것을 주장할 수 있다(동법 제265조). 즉 강제경매개시결정에 대한 이의신청은 경매개시결정에 관한 형식적인 절차상의 하자에 대한 불복방법이기 때문에 절차상 하자에 한하고, 실체적 권리관계에 관한 사유를 경매개시결정에 대한 이의의 원인으로 삼을 수 없으며, 이의사유는 원칙적으로 경매개시결정 전에 생긴 하자이어야 한다. 그러나 임의경매에 있어서 경매개시결정에 대한 이의는 절차상의 위법을 주장할 수 있음은 물론 담보권의 부존재 또는 소멸 등 실체상의 하자를 집행절차 안에서 주장할 수 있는(동법 제265조) 점이 강제경매에서와 다른 점이다. 즉 임의경매에 있어서 경매개시결정에 대한 이의신청은 집행절차 안에서 집행에 관한 이의신청(동법 제16조)이라는 방법으로 실체권의 부존재를 주장하여 집행의 배제를 구하는 간편한 청구이의의 소의 기능을 한다.

경매개시결정에 대한 이의신청은 집행정지의 효력이 없으므로(집행법 제86조제3항) 이의신청만으로는 경매절차가 당연히 정지되는 것이 아니고 계속 진행한다[일반적으로 항고에는 집행정지효력이 없고, 즉시항고의 경우에는 집행정지의 효력이 있으나(민사소송법 제447조), 강제집행절차에 관한 재판에 대한 즉시항고는 집행정지의 효력이 없다(민사집행법 제15조제6항)]. 주의할 점은 그 결과 매수인이 대금납부를 하면 적법·유효하게 경매부동산의 소유권을 취득하고, 그 이후에는 이의신청의 사유가 있다고 하여도 경매절차는 취소되지 아니하므로 매수인의 대금납부를 저지하기 위하여서는 미리 민사집행법 제86조제2항에 의한 경매절차의 일시정지를 명하는 잠정처분을 받아야 한다.

다시 말하면 저당권의 피담보채무가 소멸하였음에도 불구하고 경매가 진행되어 매수인이 매각대금을 납부하면 매수인의 소유권취득을 다투지 못하고(동법 제267조), 이를 임의경매에 일부 공신적 효과가 부여되었다고 한다. 다만 처음부터 저당권의 피담보채무가 부존재한 경우는 그러지 아니한다(저당권의 부종성). 즉 채무자는 매수인이 대금을 납부하기 전에 다툴 기회가 있었음에도 다투지 아니하였기 때문에 매수인은 경매목적물의 소유권을 취득하는 것으로 보호되고, 이는 국가의 경매제도를 신뢰한 자에 대한 공신력을 보완하는 것이다. 따라서 저당권설정자(소유자)로서는 경매개시결정에 대한 이의신청(동법 제265조) 및 경매절차의 일시정지신청(동법 제266조)을 하여야 한다. 물론 소유자는 경매절차 이외에서 부당이득이나 손해배상청구가 가능하다(부동산 자체의 회복은 불가능하다).

✦ 임차권

임대차계약에 의하여 임차인이 목적물을 사용·수익할 수 있는 권리. 임차인은 계약 또는 목적물의 성질에 의하여 정하여진 용법으로 이를 사용·수익하여야 하고(민법 제654조, 제610조제1항), 또 임차인은 임대인의 승낙 없이는 임차물을 타인에게 용익하게(임차권의 양도, 임차물의 전대) 할 수 없다(민법 제

629조). 임차권의 성질은 임대인의 사용·수익하게 할 채무에 대응하는 임차인의 사용·수익청구권이라는 채권에 부수하는 권리이다. 따라서 임차인은 임대인 이외의 제3자에 대하여 이것을 주장하여 대항하지 못한다.

임차권은 목적물을 직접 지배하는 것을 본질로 하지만 배타성이 없는 채권이다. 부동산임차인은 반대약정이 없으면 임대인에 임대차등기절차의 협력을 청구할 수 있고, 부동산임대차를 등기한 경우에는 제3자에 대항력을 가진다(민법 제621조제2항). 또 건물의 소유를 목적으로 하는 토지임대차는 이를 등기하지 아니한 때에도 임차인이 그 지상건물을 등기한 때는 제3자에 대하여 대항력을 가진다(동조 제1항). 주택임대차보호법은 주거용 건물(채권적 전세 포함)에, 상가건물임대차보호법은 상가건물에 대한 임대차는 등기 없이도 일정요건하에 제3자에 대하여 효력이 있는 등 임차권이 물권화하고 있다.

등기된 임차권에는 용익권적 권능 이외에 임차보증금반환채권에 대한 담보권적 권능이 있고, 임대차기간이 종료되면 용익권적 권능은 임차권등기의 말소등기 없이도 곧바로 소멸하나 담보권적 권능은 곧바로 소멸하지 아니한다고 할 것이므로 임차권자는 임대차기간이 종료한 후에도 임차보증금을 반환받기까지는 임대인이나 그 승계인에 대하여 임차권등기의 말소를 거부할 수 있고, 따라서 임차권등기가 원인 없이 말소된 때는 그 방해를 배제하기 위한 청구를 할 수 있다.

✦ 임차권등기명령의 효력발생시기

임차권등기명령의 효력발생시기 역시 일반의 재판과 같다. 즉 임차권등기명령은 판결에 의한 때에는 선고를 한 때(민사소송법 제205조. 판결은 선고로 효력이 생긴다), 결정에 의한 때에는 상당한 방법으로 임대인에게 고지를 한 때 그 효력이 발생한다. 통상 결정의 형식으로 임차권등기명령을 발하고 특별송달우편으로 임대인에게 송달되면 그 효력이 발생한다.

유의하여야 할 점은 주택임대차보호법 제3조의3 제5항(상가건물임대차보호법 제6조제5항)은 임차권등기명령의 집행에 의한 임차권등기가 되면 임차인은 동법 제3조제1항의 규정에 의한 대항력 및 제3조의2 제2항의 규정에 의한 우선변제청구권을 취득한다. 다만 임차인이 임차권등기 이전에 이미 대항력 또는 우선변제청구권을 취득한 경우에는 그 대항력 또는 우선변제청구권은 그대로 유지되며, 임차권등기 이후에는 동법 제3조제1항의 대항요건을 상실하더라도 이미 취득한 대항력 또는 우선변제청구권을 상실하지 아니한다고 하여, 이미 대항력 또는 우선변제청구권을 취득한 경우에는 그 대항력 또는 우선변제청구권은 임차권등기시가 아닌 대항력을 구비한 때로 소급(주택임대차보호법 제3조의3 제5항 단서의 유지한다는 의미)하여 효력이 있는 점이다(이는 임차권등기명령제도의 특징상 등기를 물권변동의 효력발생요건으로 하는 민법 제186조의 취지와는 다른 예이다). 즉 임차권등기는 등기순위에 의하여 권리순위가 정하여 지는 것이 아니라 등기사항란의 전입신고일, 입주일, 확정일자 중 가장 늦은 날을 기준(판례)으로 그 선후를 정한다(주택임대차보호법 제3조의3 제5항 단서). 상가건물의 경우에는 상가건물임대차보호법 제6조제5항에 따라 위 설명 중 법조문을 고쳐 읽으면 된다.

✦ 임차권등기명령제도

임차권등기명령이란 본제도 신설 전 구법에 의하면 임대차가 종료하였으나 보증금을 반환받지 못한 상태에서 점유이전을 한 경우에 대항력과 우선변제청구권을 상실하게 되어(즉 점유의 계속은 임차금을 반환받기 위한 요건이다) 현실적으로 많은 불편이 있었다. 이에 주택임대차보호법 제3조의3(상가건물임대차보호법 제6조)은 임차권등기명령제도를 두어, 임차인이 법원에 임차권등기를 신청하고, 법원은 간이한 절차로 임차권등기명령을 발하여 이를 등기촉탁함으로써, 임대인의 협력 없이도 임차인이 단독으로 임차권등기를 할 수 있도록 하였다. 이와 같이 임차권등기명령제도는 임차권등기를 한 경우에 임차인이 점유를 이전(이사를 가거나 주민등록을 옮긴 경우)하여도 기존의 대항력과 우선변제청구권의 효력을 유지하도록 하여, 임차인에 거주이전의 자유를 보장하고 보호하려는 제도이다.

임차기간 만료 후(임대차기간이 끝나지 아니한 경우에는 제도이용이 불가능)에 보증금을 받지 못하고 이사를 갈 경우의 대항력의 유지방법은 임대차가 종료된 후 보증금을 반환받지 못한 임차인이 임대인의 동의나 협력 없이 단독으로 임차주택의 소재지를 관할하는 지방법원·동 지원 또는 시·군법원에 임차권등기명령을 신청하여 임차권등기가 마쳐지면, 등기와 동시에 대항력과 우선변제청구권을 취득하도록 하고, 임차인이 이미 대항력과 우선변제청구권을 취득한 경우라면 종전의 대항력과 우선변제청구권을 그대로 유지하며, 임차권등기 이후에는 주택의 점유와 주민등록의 요건을 갖추지 아니하더라도 임차인이 종전에 가지고 있던 대항력과 우선변제청구권이 유지되도록 한다.

임차권등기명령신청은 임대차의 계약기간만료 1개월 전까지 계약해지의 통보를 하고 그 기간이 만료되면, 임차권등기명령을 신청할 수 있다. 다만 주의할 점은 우선순위의 기준은 임차권등기에 의하여 공시된 점유·전입신고·확정일자를 갖춘 최종시점과 담보권설정등기일 또는 가압류등기일이다. 이와 같은 효과는 임차권등기가 마쳐진 시점부터 발생하므로 임차권등기명령을 신청한 후 바로 다른 곳으로 이사를 가거나 전출하여서는 아니되고, 등기가 된 이후에 이사나 전출을 하여야만 보호를 받는다.

임차권등기명령의 집행에 의한 임차권등기가 경료된 주택(임대차의 목적이 주택의 일부분인 경우에는 해당 부분에 한한다)을 그 이후에 임차한 임차인은 소액임차인의 우선변제를 받을 권리가 없다(주택임대차보호법 제3조의3 제6항, 상가건물임대차보호법 제6조제6항).

✦ 임차보증금 중 일정액(소액보증금)

경매나 공매물건이 주택의 경우에는 주택임대차보호법 제8조, 상가건물인 경우에는 상가건물임대차보호법 제14조에 의한 임차보증금(국세기본법 제35조 제1항제4호)으로, 임차인이 최우선변제청구권을 가지는 경우를 말한다.

✦ 임차인의 대항력

대항력이란 주택임차인이 주택의 점유와 주민등록을 마친 때(등기 없이도) 임차주택이 매매나 경매 등에 의하여 소유자가 변경되는 경우에도 신소유자에 대하여 계속 임차권을 주장(대항)할 수 있는 권리(법률상 힘)를 말하고(주택임대차보호법 제3조제1항), 따라서 주택임대차에 있어서 대항력이 있다는 것은 임차주택의 양수인, 임대권한을 승계한 자 기타 임차주택에 관하여 이해관계를 갖게 된 자 등에 대하여 임대차관계의 존속을 주장하면서 임차주택을 계속 점유·사용할 수 있고(명도할 필요가 없고), 임대차기간이 만료되면 양수인 등에게 임차보증금의 반환을 청구할 수 있다는 것을 의미한다. 결국 대항력을 갖춘 임차인은 그 이후 권리를 취득한 제3자에 대하여 대항할 수 있음은 물론, 계약기간 중 임차물의 소유자가 바뀌더라도 임대차관계가 소멸되지 아니하고 임대인의 지위가 당연히 새로운 소유자에게 이전됨으로써 그에게 임차권을 주장할 수 있는 것이다.

이에 대하여 임차인의 우선변제권(동법 제3조의2 제2항)이란 위 대항요건을 갖춘 임차인이 임대차계약서에 확정일자를 갖춘 경우에 인정되는 것으로서 임차주택이 경매 또는 공매될 경우 매수대금에서 후순위권리자에 우선하여 배당금을 지급받을 수 있는 권리를 말한다. 다만 주의하여야 할 점은 대항력을 갖추었다 하더라도 그 이전에 임차주택에 대하여 등기부상 선순위권리자(저당권자·압류채권자·가압류채권자 등)가 있는 경우에는 선순위권리자의 권리실행으로 인한 경매절차에서 소유권을 취득한 사람에 대해서는 대항력을 행사할 수 없으므로[동법 제3조에 의하여 임차권자는 등기 없이도 주택의 인도와 주민등록을 마침으로써 제3자에 대한 대항력을 갖는다고 하지만, 이에 의하여 임차권자가 보호를 받는 것은 한계가 있다(동법 제3조의 권리는 경매나 공매의 배당절차에서 배당을 받는 권리가 아니고, 집행목적물의 매수인이 임차금을 인수하여 부담함으로써 임차인이 임차금을 회수하게 되는 권리이다). 즉 대항력 있는 임차권이 생기기 전에 임차주택에 대하여 저당권 등의 선순위의 물권이 설정되어 있고, 소유자가 변경될 경우에는 신소유자에게 임차권이 승계되지 아니하므로, 이 경우 전소유자인 임대인이 무자력이면 임차인은 보증금을 반환받지도 못하고 임차주택에서의 임차권을 상실하게 된다], 이러한 경우를 위하여 계약서상의 확정일자를 받아 우선변제권을 확보하여야 한다. 즉 주택의 인도와 주민등록을 마친 때(대항력을 구비한 때)에는 그 다음날부터 대항력이 있으며, 확정일자를 갖춘 경우에는 그 날부터 후순위권리자, 기타 채권자보다 우선하여 보증금을 민사집행법상 경매 또는 국세징수법상 공매에서 배당받을 수 있다(우선변제권). 위 설명은 주택임대차보호법상의 설명이므로, 상가건물임대차보호법상 상가건물인 경우에는 위 설명 중 주택은 상가건물로, 주민등록은 사업자등록으로 고쳐 읽으면, 양자는 동일하다.

✦ 임차인의 대항력과 우선변제청구권의 구별

주택임대차보호법 및 상가건물임대차보호법상 대항력이 있다는 의미는 임대인이나 소유자가 바뀌더라도 임차인이 매수인에 대하여 종전의 임대차의 효력을 주장할 수 있는 권리일 뿐(매수인이 구소유자의 지위를 양수하므로), 경매절차에서 우선변제청구권이 인정되는 것은 아니다. 즉 배당에 참여하여 우선변제를 받는 권리는 아니다.

반면 우선변제청구권은 특정채권자가 채무자의 전재산 또는 특정재산으로부터 다른 채권자보다 우선하여 채권의 변제를 받을 수 있는 권능 내지 효력을 말하므로, 임차인이 우선변제청구권을 가진다는 것(즉 주택임대차보호법 제3조의2, 상가건물임대차보호법 제5조 요건을 갖춘 경우)은 임차주택에 관한 경매절차 등에서 담보권과 같이 후순위권리자 기타 일반채권자보다 우선하여 임차보증금을 변제받을 권능 내지 효력을 임차인이 갖는다는 의미이다. 즉 대항력은 임차주택의 소유자가 변경되는 경우 신소유자에 대하여 임차권을 주장할 수 있느냐 하는 문제이고, 우선변제청구권은 임차주택이 경매된 경우 그 매각대금으로부터 보증금을 다른 채권자들보다 우선적으로 배당을 받을 수 있느냐 하는 문제이다. 임차권이 임차물을 점유·사용할 수 있는 권리로 임차보증금약정은 그에 부수한 약정이라고 본다면, 우선변제청구권은 대항력보다 더 약한 권리라고 볼 수 있다.

✦ 임차인의 대항력발생시기

대항력의 요건(인도와 주민등록 또는 전입신고)을 갖추면 그 다음날(오전 0시)부터 대항력이 생긴다(주택임대차보호법 제3조제1항). 따라서 입주는 했으나 전입신고를 하기 전에 또는 당일에 근저당권이 설정되면 임차인은 대항력을 상실한다. 판례도 그 익일부터 제3자에 대하여 효력이 생긴다는 의미는 그 다음날 오전 0시부터 대항력이 생긴다는 취지라고 한다. 또한 주택임차권의 대항력은 취득시에 한번 구비하는 것으로 족한 것이 아니라 대항력을 유지하기 위하여서는 계속적으로 존속하여야 하고, 임차인이 대항력취득 후 가족과 함께 일시 다른 곳으로 주민등록을 이전했다가 재전입한 경우, 원래의 대항력은 소멸하고 재전입하였다고 하더라도 이로써 소멸되었던 대항력이 당초에 소급하여 회복되는 것이 아니라 그 재전입한 때부터 그와는 동일성이 없는 새로운 대항력이 재차 발생하는 것이다. 따라서 주택의 임차인이 임차권의 대항력을 취득하고 임대차계약증서상에 확정일자를 갖춘 후 다른 곳으로 주민등록을 이전하였다가 재전입한 경우, 임차인이 재전입 이후에 그 주택에 관하여 담보물권을 취득한 자보다 우선하여 보증금을 변제받을 수 있다. 즉 우선변제요건으로서 대항력(주택의 인도와 주민등록)은 배당요구의 종기까지(민사집행법상 법원이 종기로 정한 날. 민사집행법 제84조제1항) 계속 존속하고 있어야 한다.

대항력의 발생시기를 대항요건을 갖춘 그 때로 하지 아니하고, 그 다음날부터 발생하는 것으로 규정한 이유는 주택의 인도 및 주민등록과 제3자 명의의 등기가 같은 날 이루어진 경우에 그 선후관계를 명확히 하여 불완전한 공시방법을 갖춘 임차인보다 원칙적 공시방법인 등기를 한 자를 우선시키고자 함이다. 위 설명은 주택임대차보호법상의 설명이므로, 상가건물임대차보호법상 상가건물인 경우에는 위 설명 중 주택은 상가건물로, 주민등록은 사업자등록으로 고쳐 읽으면, 양자는 동일하다.

✦ 임차인의 대항력취득시기와 존속요건

대항력의 취득시기에 관하여 주택임대차보호법 제3조제1항(상가건물의 경우에는 상가건물임대차보호법 제3조제1항)은 주택의 인도와 주민등록(전입신고)을 한 때에는 그 익일로부터 생긴다고 하는 바, 동조에서 규정하는 그 익일이 구체적으로 어느 날을 의미하는가에 관해서는 문언 그대로 인도일과 전입신고일 중 늦게 이루어진 날의 익일로 보아야 한다. 주택의 인도와 주민등록은 대항력의 취득요건일 뿐만 아니라 그 존속요건이므로 주택의 인도와 주민등록은 대항하고자 하는 제3자의 출현시에도 계속되고 있어야 한다. 또 위 주택의 점유와 주민등록은 주택임차인의 가족인 처나 자 등 점유보조자나 전차인 등 점유매개자에 의한 것이라도 무방하다. 또 임차인이 주택의 점유를 제3자에게 침탈당했다가 점유소권에 의하여 회복된 경우에도 대항력의 계속성은 인정되는 것으로 본다. 위 설명은 주택임대차보호법상 의 설명이므로, 상가건물임대차보호법상 상가건물인 경우에는 위 설명 중 주택은 상가건물로, 주민등록은 사업자등록으로 고쳐 읽으면, 양자는 동일하다.

✦ 임차인의 대항력취득요건

주택임차인이 당해 임차권의 대항력을 갖추려면 주택의 인도를 받아야 한다. 주택의 인도를 받는다는 것은 임차인이 임대차의 대상목적물인 주택의 점유를 이전받아 사실상의 지배권을 확보하는 것을 말하는 바, 사회통념상 주택에 대한 실력적 지배관계가 임대인으로부터 임차인에게 이전되었다고 인정될 수 있는 사실이 있으면 인도가 있다고 볼 수 있다.

주택임차인이 임차권의 대항력을 취득하려면 당해 주택의 인도를 받는 이외에 주민등록도 마쳐야 한다. 주민등록법상 주민의 거주지변경은 전입신고, 주민등록표 등의 이송요청, 주민등록표 등의 이송 및 주민등록표 등의 정리 또는 작성이라는 4단계를 거치도록 되어 있지만, 주민으로서는 전입신고를 함으로써 위 절차를 마치게 되므로 주택임대차보호법도 그러한 점을 감안하여 제3조제1항은 주민등록표의 정리·작성시기 여하와는 관계없이 전입신고를 한 때 주민등록이 된 것으로 본다고 한다. 위 설명은 주택임대차보호법상의 설명이므로, 상가건물임대차보호법상 상가건물인 경우에는 위 설명 중 주택은 상가건물로, 주민등록은 사업자등록으로 고쳐 읽으면, 양자는 동일하다.

✦ 임차인의 사망과 임차권의 승계(주택임대차보호법상)

임차권도 재산권이므로 임차인의 사망으로 당연히 상속에 의하여 승계된다. 따라서 주택임대차보호법 이외에 민법의 상속에 관한 규정이 적용된다. 즉 일반적인 상속의 경우에는 민법이 적용되겠지만, 예컨대 임차인(피상속인)과 가정공동생활을 하던 사실상의 혼인관계에 있는 자는 임차인의 사망으로 민법상 주거할 법적 근거가 없어(상속인이 아니므로), 상속인의 명도요구에 응할 수밖에 없는 점에서 이들을 보호하기 위하여, 주택임대차보호법은 민법(상속편)에 대한 특례를 규정하여 특별히 임차권의 승계를 인정하고 있다. 즉 임차인이 상속인(민법상 법률혼) 없이 사망한 경우에 그 주택에서 가정공동생활을 하던 사실상의 혼인관계에 있는 자는 임차인의 권리와 의무를 승계하고(주택임대차보호법 제9조제1항), 또 임대차관계에서 생긴 채권·채무는 이 승계인에게 귀속한다(동조 제4항). 그러나 임차인이 사망한 후 1월 이내에 사실상의 혼인관계에 있는 자가 임대인에 대하여 반대의사를 표시함으로써 임차권을 승계하지 아니할 수 있다(동조 제3항).

임차인이 사망한 경우에 사망 당시(상속인이 있지만) 상속인이 그 주택에서 가정공동생활을 하고 있지 아니한 때에는 그 주택에서 가정공동생활을 하던 사실상의 혼인관계에 있는 자와 2촌 이내의 친족은 공동으로 임차인의 권리와 의무를 승계한다(주택임대차보호법 제9조제2항). 이 경우에도 임대차관계에서 생긴 채권·채무는 이들(사실상의 혼인관계에 있는 자와 2촌 이내의 친족)에게 귀속한다(동조 제4항). 이 경우에도 이들이 반대의사를 표시하여 임차권을 승계하지 아니할 수 있다(동조 제3항).

이러한 임차권의 승계는 일반적인 민법상 재산권의 상속과는 다르다. 민법은 법률혼만을 인정하고, 판례도 법률상의 혼인을 한 부부 어느 한쪽이 집을 나가 장기간 돌아오지 아니하고 있는 상태에서 부부의 다른 한쪽이 제3자와 혼인의 의사로 실질적인 혼인생활을 하고 있다고 하더라도, 특별한 사정이 없는 한 이를 사실혼으로 인정하여 법률혼에 준하는 보호를 허여할 수는 없고, 법률상의 혼인을 한 부부의 어느 한쪽이 집을 나가 장기간 돌아오지 아니하고 있는 상태에서 부부의 다른 한쪽이 제3자와 혼인의 의사로 실질적인 혼인생활을 하고 있다고 하더라도, 특별한 사정이 없는 한, 이를 사실혼으로 인정하여 법률혼에 준하는 보호를 허여할 수는 없다고 한다.

임대인과 사망한 임차인 사이의 임대차관계에서 생긴 채권·채무는 임차인의 권리의무를 승계한 자에게 귀속한다(주택임대차보호법 제9조제4항). 이는 민법상 상속인의 재산권에 대한 포괄적 권리의무(민법 제1005조)의 승계와 궤를 같이한다.

✦ 임차인의 사망에 따른 임차권의 승계인(주택임대차보호법상)

① 상속권자(상속인)가 없이 사망한 경우

임차인이 사망하였으나 상속인이 없는 경우에는 그 주택에서 가정공동생활을 하던 사실상의 혼인관계에 있는 자가 단독으로 임차권을 승계한다(주택임대차보호법 제9조제1항). 이 규정은 상속인 부존재로 인한 상속재산의 국가귀속원칙(민법 제1058조)에 대한 예외를 인정한 것이다. 다만 유의한 점은 위 설명은 임차권에 한하고, 일반재산권은 민법에 의한다. 상속인이 없다는 것은 법정상속인이 없는 경우뿐만 아니라 법정상속인이 있지만 상속결격자로 된 경우이다.

② 임차인이 사망하고 상속인이 있는 경우

임차인이 사망하고 상속인이 있는 경우에는 그 상속인이 임차주택에서 가정공동생활을 하고 있었는지 여부에 따라 나누어진다. 상속인이 그 주택에서 가정공동생활을 하지 아니한 경우, 임차인이 사망하였으나 법정상속인이 임차주택에서 같이 생활하지 아니한 경우에는 임차주택에서 가정공동생활을 하던 사실상의 혼인관계에 있던 자가 법정상속인 중 2촌 이내의 친족과 공동으로 임차권을 승계하며(주택임대차보호법 제9조제2항), 2촌 이내의 친족이 없는 때에는 그 주택에서 가정공동생활을 하던 사실상의 혼인관계에 있던 자가 단독으로 임차권을 승계함은 당연하다. 2촌 이내의 친족의 예는 임차인의 부모(1촌)와 형제(2촌)이며, 이들 사이는 상속의 일반원칙에 따른 상속순위(민법 제1000조 이하)에 의한다.

상속인이 그 주택에서 가정공동생활을 하고 있는 경우, 주택임대차보호법 제9조에 명문규정은 없지만, 사망한 임차인의 민법상 상속인이 임차주택에서 동거한 경우, 민법의 상속규정에 따라 법정상속인만이 임차권을 승계한다고 본다(법률혼만을 인정하므로). 다만 사실상의 혼인관계에 있는 자에게도 임차권의 승계를 인정하여야 한다는 견해도 있을 수 있다.

✦ 임차인의 우선변제청구권 발생시기

판례는 주택임차인이 주택의 인도와 주민등록을 마친 당일 또는 그 이전에 임대차계약증서상에 확정일자를 갖춘 경우의 우선변제청구권의 발생시기에 대하여, 주택임대차보호법 제3조제1항은 임대차는 그 등기가 없는 경우에도 임차인이 주택의 인도와 주민등록을 마친 때에는 그 익일부터 제3자에 대하여 효력이 생긴다고 하고, 동법 제3조의2 제2항은 동법 제3조제1항의 대항요건과 임대차계약증서상의 확정일자를 갖춘 임차인은 경매 등에 의한 매각대금에서 후순위권리자 기타 채권자보다 우선하여 보증금을 변제받을 권리가 있다고 하고 있는바, 주택의 임차인이 주택의 인도와 주민등록을 마친 당일 또는 그 이전에 임대차계약증서상에 확정일자를 갖춘 경우, 동법 제3조의2 제2항에 의한 우선변제청구권은 동법 제3조제1항에 의한 대항력과 마찬가지로 주택의 인도와 주민등록을 마친 다음날을 기준으로 발생한다고 하고, 또 대항력의 취득시점은 대항력의 모든 요건을 최종적으로 취득한 시점이며, 특히 유의하여야 할 점은 확정일자부여의 효력은 확정일자를 받은 즉시 효력이 있으나 주택의 인도와 주민등록전입은 그 익일 오전 0시에 대항력을 취득한다는 점이다(동법 제3조제1항). 위 설명은 주택임대차보호법상의 설명이므로, 상가건물임대차보호법상 상가건물인 경우에는 위 설명 중 주택은 상가건물로, 주민등록은 사업자등록으로 고쳐 읽으면, 양자는 동일하다.

✦ 임차인의 우선변제청구권

일반적으로 우선변제청구권이란 특정 채권자가 채무자의 全재산 또는 특정재산으로부터 다른 채권자보다 우선하여 채권의 변제를 받을 수 있는 권능 내지 효력을 말하므로 주택임차인이 우선변제청구권을 가진다는 의미는 임차주택이 경매 또는 공매(체납처분) 등에 의한 매각으로(소제주의) 임대차관계가 소멸될 경우, 임대차가 종료를 할 때 발생하는 보증금반환채권을 임차주택의 환가(매각)대금으로부터 후순위권리자 기타 채권자보다 우선하여 변제받을 수 있는 권능 내지 효력을 말한다.

주택임차인의 우선변제청구권은 당해 임차주택이 경매 또는 공매절차에서 매각되어 배분절차에서 그 순위에 따라 배분을 할 때의 문제이다. 따라서 경매나 공매의 배분문제가 아닌 부동산의 사적 매매 등의 법률행위에 의하여 임차주택이 양도되는 경우에는 우선변제청구권의 문제는 발생하지 아니한다. 또한 경매절차라고 하더라도 주택임대차보호법 제3조제1항의 요건만을 구비한 경우(즉 동법 제3조의2 제2항의 요건은 구비하지 못한 경우)에도 동일하다. 따라서 사적 매매 등의 경우에는 임차인의 양수인에 대한 대항력(동법 제3조제1항) 주장의 가능성이 문제로 될 뿐이다.

주택임대차보호법 제3조의2 제2항은 임차인의 우선변제청구권을 인정한다. 우선변제청구권은 대항력의 요건(동법 제3조제1항의 점유와 주민등록)을 갖춘 임차인이 임대차계약증서상의 확정일자를 갖춘 경우와 법원의 임차권등기명령에 의하여 임차권등기를 한 임차인 및 민법 제621조에 의하여 임대차등기를 한 임차인에게는 그 보증금반환채권에 관하여 순위에 따른 우선변제청구권을 부여하여 임차인을 보호하고 있다. 주택임대차보호법상 우선변제청구권을 갖는 임차인은 민사집행법에 의한 경매 또는 국세징수법에 의한 공매시 임차주택(대지를 포함한다)의 환가대금에서 후순위권리자 기타 채권자보다 우선하여 보증금을 변제받을 권리가 있다. 위 설명은 주택임대차보호법상의 설명이므로, 상가건물임대차보호법상 상가건물인 경우에는 위 설명 중 주택은 상가건물로, 주민등록은 사업자등록으로 고쳐 읽으면, 양자는 동일하다.

✦ 임차인의 종류와 보호받는 방법

주택임대차보호법, 상가건물임대차보호법상 임차인은 주택임대차보호법 제3조 임차인, 제3조의2(상가건물은 동법 제5조) 임차인, 제8조(상가건물은 동법 제14조) 임차인의 세 종류가 있다(물론 민법상 임차인도 있으나 위 법들은 민법상 임대차에 대한 특별법임에 유의). 이하 주택 및 상가건물의 경우 그 법리는 동일하고 법 규정 역시 동일하므로, 상가건물의 경우에는 주택임대차보호법상 주택인 경우의 대응조문을 포함하여 읽어야 한다.

주택임대차보호법 제3조 임차인은 강제집행절차에서 배당받을 권리(우선변제청구권)는 아니고(경매나 공매로 매각이 된 경우에는 임차권은 소멸하며, 다만 보증금이 전액 변제되지 아니한 대항력 있는 임차권에만 대항력이 유지된다), 경매나 공매절차가 종료된 후에 매수인이 인수(부담)하여야 하는 매수인에게 대항력 있는 권리이며(즉 매수인과 임차인의 관계이다), 주택임대차보호법 제3조의2, 제8조의 임차인은 배당절차에서 우선변제를 받는 권리로서 이들 임차인은 우선변제청구권이 있고, 그 중 동법 제8조의 임차인은 최우선변제청구권이 있다. 이를 도표로 정리하면 아래와 같다(주택인 경우의 설명이지만, 상가건물임대차보호법상 상가건물인 경우에도 동일하다).

구분	대항력 있는 임차인	우선변제받을 임차인	최우선변제받을 임차인
근거	주택임대차보호법 제3조	보호법 제3조의2	보호법 제8조
요건	주민등록+인도(점유, 거주)	주민등록+인도+확정일자	주민등록+인도
효력	매수인에 대항력 있음	배당을 받음	좌동
기타	①매수인이 인수하는 권리로 배당절차에서 배당받을 권리가 아님. ②최선순위근저당권설정 이전에 요건을 구비하여야 한다.	①배당을 받아 보호받음. ②권리신고로서는 부족하고 배당요구 하여야 한다(판례). ③저당권이 없는 경우에는 조세채권의 법정기일과 우선순위를 비교(압류일과 비교하는 것이 아님) 한다.	①압류(또는 경매기입등기) 전에 위 요건을 구비하여야 한다. ②보증금 중 일정액만을 최우선변제를 받음.

✦ 임차인의 최우선변제권(소액임차인; 소액보증금; 보증금 중 일정액)

대항요건을 구비한 일정금액 이하의 임차보증금(주택임대차보호법시행령에 그 규모를 규정한다)의 임차인(즉 소액임차인)에 대하여 일정액(최우선 배당받을 금액)만을 배당에서 최우선하여 보호(그 금액은 시행령에 규정)한다(주택임대차보호법 제8조). 다만 임차인이 수인인 경우 개인적으로 배당받을 금액은 주택가액의 2분의 1을 초과하지 못한다(보증금 중 일정액의 비율로 분할). 주택가액이란 경매시의 매각허가가액을 말한다. 주택가액에는 대지가액도 포함되지만 대지와 주택의 소유자가 다를 경우에는 대지와 건물은 별개의 부동산으로 취급되므로 대지를 제외한 주택가액의 2분의 1의 범위에서만 우선변제를 받을 수 있다.

하나의 주택에 임차인이 2인 이상이고 그 각 보증금 중 일정액의 합산액이 주택가액의 2분의 1을 초과하는 경우에는 그 각 보증금 중 일정액의 합산액에 대한 각 임차인의 보증금 중 일정액의 비율로 그 주택가액의 2분의 1에 해당하는 금액을 분할한 금액을 각 임차인의 보증금 중 일정액으로 본다(보호법시행령 제3조제3항). 하나의 주택에 임차인이 2인 이상이고 이들이 그 주택에서 가정공동생활을 하는 경우에는 이들을 1인의 임차인으로 보아 이들의 각 보증금을 합산한다(보호법시행령 제3조제4항). 또 소액임차인의 소액보증금반환채권은 현행법상 집행법 제88조제1항에서 규정하는 배당요구가 필요한 배당요구채권에 해당한다. 위 설명은 주택인 경우의 주택임대차보호법상 설명이며,

상가건물임대차보호법상 상가의 경우에도 같은 취지를 규정하지만, 그 범위에서 약간 차이가 있다(예컨대 상가건물임대차보호법 제14조제3항의 임대건물가액의 3분의 1의 범위, 동법 시행령 제6조의 임차인의 범위, 제7조의 보증금의 범위 등).

✦ 저당권

채권자가 채무자 또는 제3자(물상보증인)가 담보로 제공한 부동산 기타 목적물을 채무자 또는 제3자가 질권에서와 같이 점유(사용·수익)하지 아니하면서(목적물의 점유를 채권자에게 이전하는 것이 담보물권에 반드시 필요한 것만은 아니다), 채무의 변제가 없는 경우에는 목적물의 교환가치(매각대금)로부터 우선변제를 받을 수 있는(경매를 신청하거나 배당을 받아 우선변제를 받는다) 약정담보물권을 말한다(민법 제356조 내지 제372조). 저당권은 질권과는 달리 목적물을 유치하지 아니하고 저당권설정자가 계속 사용·수익할 수 있으므로 부동산과 같이 설정자(소유자)가 계속 사용할 필요가 있는 경우에는 저당제도가 특히 중요한 작용을 발휘하게 된다. 그러나 점유를 수반하지 않으므로 제3자에게 저당권이 설정되어 있음을 알 수 있도록 하기 위하여 저당권은 등기·등록과 같은 공시방법을 갖추어야 성립할 수 있다. 저당권은 약정담보물권이므로 당사자 간의 저당권설정을 목적으로 하는 합의와 등기에 의하여 성립한다. 하나의 목적물에 2개 이상의 저당권이 설정되면 설정등기의 전후에 의하여 순위가 붙여지고 1순위저당권, 2순위저당권이라 부른다. 민법상은 1순위저당권이 소멸되면 2순위저당권이 승진하여 1순위저당권이 되는 순위승진의 원칙을 택하고 있다.

✦ 전부명령

피압류채권(금전채권에 한한다)을 그 권면액으로 집행채권자에게 이전시키고 그 대신 동액 상당의 집행채권을 소멸시킴으로써 채무자의 채무변제에 갈음하게 하는 집행법원의 재판을 말한다. 예컨대 甲이 乙에게 100만원을 받을 채권이 있고, 乙은 丙에게 100만원의 받을 채권이 있을 경우, 甲이 乙의 丙에 대한 위 100만원의 피압류채권에 대하여 전부명령을 신청하여 발령받으면 甲 자신의

乙에 대한 100만원의 채권은 소멸하게 되고 그 대신 丙에 대하여 100만원의 채권을 가지게 된다. 즉 전부명령이란 집행채권과 피압류채권 모두가 금전채권이기 때문에 집행채권의 지급(변제)에 갈음하여 피압류채권을 권면액으로 압류채권자에게 이전하는(집행법 제229조제3항) 집행법원의 명령(결정)이다.

전부명령이 확정되면 전부명령이 제3채무자에 송달된 때에 채무자가 채무를 변제한 것으로 보므로(민사집행법 제231조), 제3채무자가 무자력하여 실제 변제를 받지 못하게 되더라도 압류(전부)채권자의 집행채권은 부활하지 아니하여 압류채권자에게는 위험부담이 있으나 전부명령으로써 즉시 집행절차가 종료하고 다른 채권자의 배당요구(이중압류)가 인정되지 아니하여 제3채무자의 자력이 충분한 경우에는 사실상 우선변제를 받는 결과가 되어 평등주의를 취하는 집행법 하에서는 예외적인 제도이다.

✦ 전세권

전세권자가 전세금을 지급하고 타인의 부동산을 그 용도에 따라 사용·수익하고, 전세권이 소멸하면 전세금을 그 부동산 전부에 대하여 후순위권리자 기타 채권자보다 우선변제를 받을 수 있는 용익물권이다(민법 제303조제1항). 전세권은 타인의 부동산을 이용한다는 점에서는 임대차와 지상권과 유사하지만, 우선변제청구권, 경매권(경매신청권)의 유무(즉 전세권은 전세금의 반환이 지체된 때에는 경매를 청구할 권리가 있다), 존속기간의 장단, 물권인지 여부 등 구체적인 점에서는 차이가 있다. 전세권은 설정계약과 전세권등기를 하여야 한다. 전세권은 용익물권으로 전세권설정계약을 통하여 설정되며 등기하여야 효력이 생긴다. 따라서 등기하지 않은 전세는 채권적 전세에 불과하며, 민법 중 임대차에 관한 규정을 적용받고, 채권적 전세의 경우 대상물이 주택이라면 주택임대차보호법을, 상가건물이라면 상가건물임대차보호법에 의하여 보호를 받는다.

농지는 전세권의 목적으로 하지 못하고(민법 제303조제2항), 입목이나 공장저당·광업재단에 대하여는 전세권설정이 허용되지 아니한다. 또한 전세권이 담보물권인 이상 물상대위성이 있으므로 우선변제권행사시에는 금전 기타 물건이 지급 또는 인도되기 전에 압류하여야 함에 유의를 하여야 한다.

✦ 전세권과 임대차계약의 법적 성질

전세권은 전세금을 지급하고 타인의 부동산을 점유하여 그 부동산의 용도에 좇아 사용·수익하며 그 부동산 전부에 대하여 후순위권리자 기타 채권자보다 전세금의 우선변제를 받을 권리를 내용으로 하는 물권이지만, 임대차계약은 당사자 일방이 상대방에게 목적물을 사용·수익하게 할 것을 약정하고 상대방이 이에 대하여 차임을 지급할 것을 약정함으로써 그 효력이 발생하는 채권계약으로서, 주택임차인이 주택임대차보호법 제3조제1항의 대항요건을 갖추거나 민법 제621조의 규정에 의한 주택임대차등기를 마치더라도 채권계약이라는 기본적인 성질에 변함이 없다. 상가건물의 경우에도 상가건물임대차보호법에 의하여 주택인 경우와 동일한 법리에 의한다.

✦ 점유이전금지가처분

가처분채권자가 목적물의 인도 또는 명도청구권을 보전하기 위하여 본집행시까지 가처분채무자로 하여금 목적물의 점유를 타인에게 이전하거나 점유명의를 변경하지 못하도록 금지하는 가처분이다. 가처분채권자의 신청에 의하여 법원이 가처분결정을 하고 가처분채권자는 집행관에 가처분결정정본을 교부하여 집행을 위임하며 집행관은 목적물의 점유를 집행관이 보관한다는 취지의 공시서를 목적물의 명백한 부분에 부착함으로써 집행이 완료되고, 후일 승소판결을 얻어 가처분권자가 명도집행을 한다. 예컨대 경매로 부동산을 매수하여 매각대금을 완납하면 법률상으로는 대금납부시에 소유권을 취득하지만(민법 제187조, 민사집행법 제135조), 전소유자(임차인) 등이 명도(점유이전)를 해주지 않는 한 자력집행은 불가능하므로 명도소송을 하여야 하고, 이 경우 점유이전금지가처분을 하지 아니한 경우에는 후일 승소판결을 받아도 전소유자 등이 다른 사람에게 점유이전을 해버리면, 위 승소판결에 의한 집행이 불가능하게 되기 때문에 점유이전금지가처분을 소송과 동시하여야 한다.

✦ 제3자이의의 소

집행의 목적물에 대하여 양도 또는 인도를 저지할 수 있는 권리를 가진 제3자가 이를 침해하는 강제집행에 대하여 이의를 주장하고 당해 집행의 배제를 구하는 소송을 말한다. 즉 강제집행을 할 때에 채무자의 책임재산이 아닌 제3자의 재산을 잘못 압류하는 경우가 있는 바, 이에 대한 구제방법이 제3자이의의 소(민사집행법 제48조)이다. 이의의 원인은 제3자가 강제집행의 목적물에 대하여 소유권을 주장하거나 목적물의 양도나 인도를 저지하는 권리를 가진 것으로 점유권, 양도담보권 등을 말한다. 예컨대 경매부동산이 등기부상 집행채무자명의로 등기되어 있으나 제3자가 민법 제187조 등에 의하여 자기 소유임을 주장하는 경우의 소를 말한다.

제3자이의의 소는 강제집행의 목적물에 대하여 소유권이나 양도 또는 인도를 저지하는 권리를 가진 제3자가 그 권리를 침해하여 현실적으로 진행되고 있는 강제집행에 대하여 이의를 주장하고 집행의 배제를 구하는 소이므로, 당해 강제집행이 종료된 후에 제3자이의의 소가 제기되거나 또는 제3자이의의 소가 제기된 당시 존재하였던 강제집행이 소송계속 중 종료된 경우에는 소의 이익이 없어 부적법하지만, 매각절차가 종료되었다고 하더라도 배당절차가 종료되지 아니한 이상 제3자이의의 소는 여전히 소의 이익이 있다.

✦ 제3취득자

담보물권이 설정된 부동산(예컨대 저당부동산)에 대하여 소유권(저당권의 목적으로 되어 있는 부동산을 그 저당권이 설정된 후에 양도받은 양수인) 또는 용익물권을 취득한 제3자를 말한다. 담보물권이 추급력을 가지는 경우(예컨대 저당권)에는 담보물권자에 대하여 물적 책임을 지지만, 이는 제3취득자이기 때문에 채무를 지는 것이 아니다. 저당부동산의 제3취득자는 저당권자에게 그 부동산으로 담보된 채권(피담보채권)을 변제하고 저당권의 소멸을 청구할 수 있으며(민법 제364조), 채무를 변제한 제3취득자는 구상권을 가지며 또한 경매에 직접 참여하여 매수할 수도 있다.

✦ 조세채권

국가나 지방자치단체가 통치권에 근거하여 그 경비에 충당하기 위한 재원조달의 목적으로, 국가존립의 재정적 기초이고 활동의 기본이 되는 특별한 반대급부 없이 과세권에 기하여 과세요건에 해당하는 국민에게, 조세부담의 능력에 따라 개별적·구체적·일방적·강제적으로 부과하는 공법상의 채권을 조세채권이라고 하고, 이에 응한 납세자(납세자와 체납자는 보통은 일치하지만 체납처분과 관련하여서는 제2차납세의무자 및 보증인도 예외적·보충적으로 납세자로 취급되어 강제징수 당하는 경우가 있다)의 의무를 조세채무라고 한다. 따라서 조세채권은 조세채권의 특유한 특성을 제외한다면 일반의 사채권과 유사한 점이 많아 과세의 합리성과 형평성이 보장되어야 할 필요성이 있으며, 또한 거래의 안전과 국가징수권의 확보라는 상반된 이익의 조화가 요구된다.

✦ 조세채권과 사채권의 우열(충돌)

조세채권과 사채권이 경합하는 경우에 사채권이 담보물권이면 조세채권의 법정기일과 담보물권설정일을 비교하여 그 우열을 정하며, 또 조세채권은 무담보채권(공과금 포함)에 항상 우선한다(국세기본법 제35조제1항, 지방세법 제31조, 관세법 제3조). 조세채권과 저당권·전세권의 피담보채권(확정일자 있는 임차인의 경우에 임차보증금반환채권도 같다) 사이의 우열은 조세채권의 법정기일과 담보물권설정일(확정일자를 갖춘 임차인의 경우 우선변제권의 발생일 포함)의 선후에 의하여 우열을 정한다.

조세채권의 법정기일이 저당권 등의 설정일, 주택임대차보호법 등에 의한 임차보증금의 우선변제청구권의 발생일과 같은 날인 경우의 우선순위에 대하여 조세채권우선설(다수설), 저당권부채권 또는 확정일자 있는 임차보증금우선설, 동순위로 안분한다는 설이 대립되지만, 조세채권우선설이 옳다고 본다. 즉 국세기본법 제35조제1항제3호, 지방세법 제31조제2항제3호는 조세채권우선원칙을 정하고, 그 예외로서 “법정기일 전”에 설정된 저당권 등과 조정을 하고 있으므로 엄격하게 동조를 해석하면, 법정기일 전에 설정된 저당권 등만이 예외적으로 우선하므로, 그에 해당되지 아니한 같은 날의 경우라면 조세채권이 우선한다고 볼 수밖에 없다.

저당권설정일이 법정기일 이전이지만, 저당권 등의 피담보채권이 조세채권의 법정기일 이후에 발생한 경우, 조세채권이 우선하는지에 대하여 판례는 피담보채권의 발생시기 여하를 불문하고 이에 대하여 국세를 선취하지 아니한다고 하여, 설정일을 기준으로 하여 담보물권의 피담보채권이 조세채권에 우선한다고 한다. 대위변제로 인한 근저당권의 일부이전이 있는 경우, 판례는 일부대위변제자에 대하여 이전하고 남은 금액의 범위 내에서 우선권을 가진다고 한다. 물론 당해세는 항상 사채권에 우선한다. 당해세의 최우선권에 대하여는 당해세(당해세의 우선원칙)의 설명을 참조.

✦ 조세채권의 우선권(우선원칙)

조세채권은 원칙적으로 납세자의 총재산에 대하여 다른 공과금 기타의 채권에 우선하여 징수한다(국세기본법 제35조제1항, 지방세법 제31조제1항). 조세는 국가재정의 중요한 원천이고, 국가활동의 기초가 되므로 징수의 확보를 위하고 또한 조세의 특수성(공익성·무선택성·무대가성)에 따라 징수와 관련하여 이러한 일반적인 우선원칙이 인정된다. 즉 국가 등은 조세채권을 안정적으로 확보하기 위하여 조세채권은 사채권 기타 공과금에 대하여 변제에 있어서 그 우선권이 보장되어야 하는 것은 불가피하고, 이러한 특징은 대부분의 외국에서의 조세채권의 경우에도 정도의 차이는 있지만 어떠한 형태로든 조세채권의 우선권이 인정되고 있다. 그러나 조세채권의 확보를 위한다고 하여도 일면 사경제에 대한 거래안전을 현저하게 해치는 것은 타당하지 아니하다는 이유에서 사채권과의 조정을 위하여 조세우선권에 대한 제한 내지는 예외를 인정하고 있다(국세기본법 제35조제1항 단서 등).

조세채권은 등기 없이 성립하며, 조세채권과 사채권(담보권의 피담보채권)의 우열기준은 조세채권의 법정기일(압류일이 아니다)과 담보권설정일을 비교하고, 같은 날이라면 조세채권이 저당권의 피담보채권에 우선한다. 다만 당해세의 경우에는 담보권설정일에도 불구하고 조세채권이 항상 우선한다. 당해세의 종류는 국세·지방세의 경우 각각의 법과 시행령에 열거하고 있고, 법정기일 역시 각 세목마다 다르다(국세기본법 등에 자세히 규정한다).

✦ 조세채권의 추급력(추급권)

납세의무자의 소유가 아닌 재산에 의해서 국세를 징수할 수 없음은 당연한 이치이므로 조세채권의 체납처분 등에 의하여 납세의무자의 재산이 압류되기 전에 제3자가 그 소유권을 취득하였다면 이 재산에 대하여는 원칙적으로 조세채권의 우선징수권은 이미 추급될 수 없다고 할 것이며, 다만 국세기본법 또는 국세징수법의 규정에 따라 제2차납세의무자로 지정되었을 때 그 예외가 인정될 따름이다(판례).

✦ 종물

물건의 소유자가 그 물건(주물)의 상용에 제공하기 위하여 자기 소유인 다른 물건을 이에 부속하게 한 때 그 물건을 주물이라고 하고, 주물에 부속된 다른 물건을 종물이라고 한다. 예컨대 주택과 주택에 부착된 창문의 경우 주택은 주물이며 창문은 종물이다. 종물이란 주물의 상용에 이바지하는 관계에 있어야 한다(물건의 소유자가 그 물건의 상용에 供(공)하기 위하여 자기 소유인 다른 물건을 이에 부속하게 한 때에는 그 부속물은 종물이다. 민법 제100조제1항). 주물의 상용에 이바지한다 함은 주물 그 자체의 경제적 효용을 다하게 하는 것을 말하는 것으로서 주물의 소유자나 이용자의 상용에 공여되고 있더라도 주물 그 자체의 효용과 직접 관계가 없는 물건은 종물이 아니다(즉 종물이란 주물의 경제적 효용을 보조하고 독립성이 인정되지 아니하는 것으로 화장실, 목욕탕, 창고 등과 같다). 종물은 주물의 처분에 따른다(민법 제100조제2항).

✦ 주물

종물에 상대되는 개념으로, 종물이란 물건의 소유자가 그 물건(주물)의 상용에 공하기 위하여 자기 소유인 다른 물건을 이에 부속하게 한 때 그 다른 물건을 의미하며, 종물이란 종물이 부속되는 물건을 의미한다. 예컨대 주택과 주택에 부착된 창문의 경우 주택은 주물이며, 창문은 종물이다. 종물의 해설을 참조.

✦ 집행관

민사집행법 제2조는 민사집행은 민사집행법에 특별한 규정이 없으면 집행관이 실시한다고 한다. 집행관은 법령이 정하는 바에 의하여 재판의 집행, 서류의 송달 그 밖의 법정의 사무를 담당하는 독립적인 단독제의 국가사법기관(법원조직법 제55조제2항, 집행관법 제2조)으로서 국가로부터 급여를 받지 아니하지만(수수료제에 의한다. 법원조직법 제55조제4항, 집행관법 제19조) 실질적 의미에 있어서는 국가공무원이다. 민사집행은 특별한 규정이 없으면 집행관이 실시하므로 원칙적인 집행기관이 된다(민사집행법 제2조). 그러나 광범위한 예외가 인정되므로 집행관은 실질적으로는 주로 사실행위가 필요한 집행에 한하여 그 권한이 있다.

집행관은 독립한 기관으로서 법원이나 법관의 보조기관이 아니다. 따라서 자기의 판단에 의하여 필요한 조사를 행하고 스스로 의사결정을 하여 독립하여 권한을 행사한다. 그 처분이 위법한 경우에는 사후적으로 이해관계인의 집행에 관한 이의신청에 의하여 시정되는 경우는 있지만(집행법 제16조), 그 고유의 직무권한에 속하는 행위에 대하여 사전에 소속법원으로부터 지휘명령을 받는 일은 없다. 다만 집행관은 다른 법원직원과 같이 법원공무원으로서 소속 지방법원장·지원장 등의 사법행정상 감독을 받는다(집행관법 제7조제1항, 제2항). 집행관이 소속 지방법원장으로부터 사법행정상 감독을 받는다고 하여 직무집행상 독립성이 저해되는 것은 아니다.

✦ 집행관의 손해배상책임

집행관은 채권자의 피용자가 아니므로 집행관의 행위로 타인에게 손해를 주어도 채권자는 그 선임·감독상 책임을 질 필요는 없다. 즉 집행관의 직무집행 중의 불법행위에 대하여는 특별한 사정이 없는 한 집행채권자는 손해배상책임이 없지만, 집행관이 직무상 불법행위(집행관의 법규위반의 집행으로 채무자 또는 제3자에 손해를 끼친 경우나 채권자의 위임의 취지에 벗어난 집행으로 위임자의 이익을 충분히 도모하지 못하고 손해를 가한 경우)로 타인에게 손해를 끼친 경우에는 그 선임·감독자인 국가가 배상책임을 지게 되고(헌법 제29조, 국가배상법 제2조제1항), 집행관의 위법행위가 고의 또는 중대한 과실로 인한 것일 때에는 집행관 개인도 배상책임이 있으며, 이 경우 국가가 먼저 배상책임을 진 경우에는 국가는 집행관에게 이를 구상할 수 있다. 이 경우에는 민법과 국가배상법의 일반규정에 의하며 민사집행법도 같은 입장을 취한다.

✦ 집행권원

일정한 사법상의 이행(급부)청구권의 존재와 범위를 표시함과 동시에 법률이 강제집행에 의하여 그 청구권을 실현할 수 있는 집행력을 인정한 공정의 증서(공증문서)이며, 어떠한 증서가 집행권원이 되는가는 민사집행법 기타 법률에 정하여져 있다. 집행권원은 강제경매의 불가결한 기초이며, 집행권원이 되는 문서는 주로 재판, 또는 이에 준하는 효력을 가진 조서나 기타, 당사자의 진술에 의하여 작성한 공정의 증서 등으로 민사집행법, 민사소송법, 다른 법률에 규정되어 있다. 집행권원은 강제집행의 기초가 되는 것이므로 일정한 이행청구권이 표시한 것이어야 한다. 따라서 이행판결만이 집행권원가 될 수 있으며, 단순한 소유권의 확인판결이나 형성판결은 집행권원이 될 수 없다. 구 민사소송법상 채무명의라고 하였다.

✦ 집행권원의 종류

① 민사집행법 또는 민사소송법에 의한 집행권원

* **판결** 확정된 종국판결, 가집행선고 있는 종국판결, 외국법원의 판결에 대한 집행판결(집행판결이란 외국판결 또는 중재판정에 관하여 이를 근거로 강제집행을 할 수 있음을 선언하는 판결이다. 따라서 당사자는 외국법원의 판결에 기초한 강제집행을 구하려면 집행판결을 구하는 소를 제기하여야 한다)

* **판결 이외의 집행권원** 집행증서, 판결 이외의 결정·명령(항고로만 불복할 수 있는 재판, 확정된 지급명령, 가압류·가처분명령, 재판상 화해조서, 확정된 화해권고결정, 청구의 인낙조서)

② 민사집행법 또는 민사소송법 이외의 법률에 의한 집행권원

중재판정에 대한 집행판결(중재법 제35조 등), 확정된 이행권고결정(소액사건심판법 제2조제1항, 동 규칙 제1조의2 등), 조정조서(민사조정법 제2조 등), 조정에 갈음하는 결정(민사조정법 제30조 등). 기타[파산채권자표(채무자회생및파산에관한법률 제460조, 제468조, 제300조)·회생채권자표·회생담보권자표(동법 제255조제1항, 제292조제1항)의 기재는 확정판결과 동일한 효력이 있으므로 집행권원이 되며, 중앙토지수용위원회의 보상금에 대한 재결이 확정되었을 때에는 확정판결이 있는 것으로 보며, 재결정본은 집행력 있는 판결정본과 같은 효력이 있다(공익사업을위한토지등의취득및보상에관한법률 제86조제1항)].

✦ 집행기관

국가의 민사집행권을 행사하는(강제집행을 실시하는) 국가의 사법기관으로서 민사집행법상 집행관(민사집행법 제2조), 집행법원(동법 제3조, 제79조, 제224조 등), 제1심 법원(동법 제260조, 제261조)의 세 종류가 있으며, 집행당사자와 함께 민사집행의 주체이다. 집행절차를 판결절차로부터 제도적으로 분리한 결과 제1심 법원은 예외적으로만 집행기관이 된다. 집행기관의 수권에 의하여 집행행위를 보조하는 제3자, 예컨대 집행관의 강제집행을 원조하기 위하여 출동하는 경찰 또는 국군(집행관의 강제력 사용. 민사집행법 제5조제2항), 경매신청의 기입등기를 하는 등기관(동법 제94조, 제268조), 대체집행에 있어서 수권결정에 의하여 대체집행을 하는 자(동법 제260조) 등은 집행기관에 종속하여 비독립적으로 집행기관의 집행을 보조하는 경우로서 집행기관이 아니다. 그러나 집행보조기관의 행위의 하자는 바로 집행기관의 행위의 하자로 된다.

✦ 집행기관과 재판기관의 분리

권리의 관념적 형성을 담당하는 재판기관과 사실적 형성을 담당하는 집행기관과는 그 담당사무의 성질이 다름에 따라(즉 별개의 기관이다) 그 사무의 처리에 요구되는 바가 다르다. 재판기관에는 보다 신중하고 정밀한 판단이 요구되고 집행기관은 신속·확실한 집행이 요구되므로 양 기관을 분리·별개로 하는 것이 재판절차나 집행절차를 위하여 적당하다. 즉 집행의 신속을 도모하기 위한 기술적 요청 때문에 집행기관을 재판기관으로부터 분리하여, 청구권의 존부 등 실체관계의 조사·판단은 집행기관의 권한에서 빼고, 집행기관은 적법한 집행권원의 제시가 있으면, 오직 이를 바탕으로 하여 그에 표시된 청구권을 실현하도록 하고 있다.

✦ 집행기관의 구분

집행기관은 재판기관에서 분리할 뿐만 아니라 집행기관을 3원화 하여 집행행위의 다양성에 따라 집행기관 자체를 여러 가지로 구분시킬 필요가 있다. 사실적 행동과 실력행사의 요소가 많고 비교적 간단한 절차의 집행은 이를 집행관의 직무관할로 하고, 독립한 법률적 판단이 요구되는 것은 법원이 담당하도록 하되 관념적인 명령행위(재판)로 족한 채권에 대한 집행이나 신중한 절차를 요하는 부동산에 대한 집행은 집행법원의 직무관할로, 집행할 청구권과 집행방법 사이에 상당한 재량판단을 요하는 행위는 제1심 법원의 직무관할로 하여, 법원이 담당하는 집행 중에도 다시 종류를 나누어 배분하였다. 즉 유체동산에 대한 집행(경매)과 동산 및 부동산의 인도집행은 집행관이(민사집행법 제2조, 제189조 내지 제222조, 제257조, 제258조), 부동산에 대한 강제경매와 강제관리 및 채권에 대한 강제집행은 집행법원이(집행법 제78조 내지 제171조, 제223조 내지 제256조), 작위나 부작위채무의 강제집행 즉 대체집행과 간접강제는 제1심 법원(집행법 제260조, 제261조)이 담당하도록 한다.

✦ 집행력

민사집행법상 협의로는 판결 또는 집행증서 등의 집행권원의 내용에 기초하여 집행채권자가 강제집행을 집행기관에 신청할 수 있음에 터잡아 집행기관은 이 신청을 토대로 하여 집행권원 내용인 일정의 급부를 실현시키기 위한 일종의 강제집행을 행할 수 있는 효력이고, 광의로는 넓게 강제집행 이외의 방법에 의하여 재판내용에 적합한 상태를 만들어 낼 수 있는 효력을 부여함을 말한다. 예컨대 혼인무효의 판결의 경우 그 확정판결에 기하여 호적을 정정할 수 있는 효력, 토지소유권확인판결의 경우 그 확정판결에 기하여 변경의 등기를 신청할 수 있는 효력(호적·상업등기·부동산등기 등을 신청하는 것) 등이다. 기판력의 설명을 참조.

✦ 집행문

강제집행을 해도 좋다는 공증된 집행의 허락문서이다. 즉 집행권원이 현재의 시점에서 집행력을 가진다는 점과 집행력의 내용(집행력이 미치는 주관적·객관적 범위. 집행당사자의 성명, 목적물, 집행의 범위 등)을 공증하기 위하여 집행기관이 아닌 다른 공증기관(제1심 법원의 법원사무관등. 국가의 공증공무원이다)이 집행권원의 정본 말미에 부기하는 공증문언을 말한다. 집행문부여가 필요한 이유는 재판기관과 집행기관이 분리되어 있기 때문이다. 현실로 집행의 기본이 되는 것은 집행권원이 아니라 이와 같이 집행문이 붙은 집행권원이고, 이를 민사집행법에서는 집행력 있는 정본(민사집행법 제28조, 제37조 등. 집행정본이라고 약칭한다)이라고 한다. 집행력 있는 정본의 효력은 전국 법원의 관할구역에 미친다(집행법 제37조).

이러한 집행문의 제도를 둔 목적은 집행권원의 취득과 실제 강제집행까지는 상당 시간이 경과하므로 그 사이에 권리관계 주체의 변경이나 조건부청구권의 성취 등의 사유가 생길 수 있고, 이러한 사항 등을 집행기관이 직권으로 조사를 하여야 한다면 신속한 집행은 기대할 수 없기 때문이다. 집행문이 붙은 집행권원 정본을 "집행력 있는 정본" 또는 "집행정본"이라 하고, 이에 의하여 집행기관은 강제집행을 개시한다.

✦ 집행문의 부여기관

집행문은 집행증서 외의 집행권원에 대하여는 사건의 기록이 있는 제1심 법원의 법원사무관등(민사집행법 제28조, 제57조)이 기명날인하여 부여한다. 그러나 소송기록이 상급심에 있는 경우에는 상급법원의 법원사무관등이 부여한다. 집행증서에 대하여는 그 원본을 보존하고 있는 공증인법에 의한 공증인, 변호사법에 의한 법무법인·유한법무법인과 공증인가법무조합(민사집행법 제59조제1항, 공증인법 제56조의2, 제56조의3, 변호사법 제49조제1항, 제58조제2항, 제58조의2 이하, 제58조의18 이하)이 기록 그 밖의 증서에 기하여 조사를 한 후 부여한다. 특허법·실용신안법 등에 의하여 집행권원으로 보는 결정은 특허심판원공무원(특허법 제166조, 실용신안법 제35조)이 부여한다. 국가배상법에 의한 배상결정에 있어서는 그 기록보관자가 사법사무담당자가 아니기 때문에 집행문을 당해 배상심의회의 소재지를 관할하는 지방법원이 부여하도록 하였다(국가배상법시행령 제26조).

✦ **집행문이 필요한 경우(원칙)**

가집행선고 있는 종국판결, 집행판결(민사집행법 제27조), 집행증서(동법 제56조제4호) 등과 같이 집행권원 자체에 집행할 수 있다는 취지가 명시되어 있는 경우라도 집행문이 필요하며, 집행문의 존재는 당사자의 합의에 의하여 배제할 수 없다(집행문에 관한 규정은 강행규정이다). 또한 집행문이 필요 없는 집행권원이라도 그 집행에 조건이 붙은 경우나 당사자 승계가 된 경우에는 집행문이 필요하다.

✦ **집행문이 필요 없는 경우(예외)**

① 법률에서 규정한 경우

법률에서 일정한 문서에 대하여 집행력 있는 집행권원과 동일한 효력을 가진다고 규정하는 경우에는 집행문이 필요 없다. 과태료 등에 관한 검사의 집행명령 등(민사집행법 제60조제2항, 비송사건절차법 제249조제1항 후단, 형사소송법 제477조제2항, 특허법 제166조, 디자인보호법 제72조, 상표법 제77조, 실용신안법 제56조, 공증인법 제87조, 변호사법 제90조제2항, 법무사법 제48조제3항 등), 당사자가 예납하지 아니한 소송비용의 수봉(收捧)결정, 소송상의 구조 및 구조의 취소에 의한 비용추심의 결정(민사소송비용법 제12조제1항 후단, 민소법 제131조, 제132조), 소송촉진등에관한특례법상 배상명령(동법 제34조제1항) 등이다. 이 경우에는 위 문서만으로 이미 집행문이 부여된 집행력 있는 집행권원과 동일한 효력이 있으므로 집행문을 받을 필요가 없다.

② 신속한 집행을 할 필요가 있어서 집행문이 필요 없는 경우

압류된 유체동산이 제3자의 점유 하에 들어갔을 때의 그 제3자에 대한 인도명령(민사집행법 제193조), 부동산강제경매에 있어서 채권자의 신청에 의한 침해행위방지를 위한 조치(민사집행법 제83조제3항, 민사집행규칙 제44조), 부동산강제경매에 있어서 매각허가결정 후의 관리명령(집행법 제136조제2항 내지 제6항), 선박집행신청 전의 선박국적증서 등의 인도명령(집행법 제175조제3항, 동 규칙 제195조제2항), 자동차와 건설기계집행신청 전의 자동차와 건설기계 인도명령(민사집행규칙 제113조, 제130조, 제197조제2항), 항공기집행신청 전의 등록증명서,

감항증명서 등의 인도명령(집행법 제175조, 제187조, 동 규칙 제106조, 항공법 제15조) 등의 집행은 보전처분에 준하여 이루어지므로(집행법 제175조제4항, 제292조제2항, 제3항, 동 규칙 제195조제2항, 제197조제2항) 집행문이 필요 없다고 해석된다.

③ 그 밖의 경우

가압류·가처분명령 등 보전처분(민사집행법 제292조제1항, 제301조), 채권압류명령에 기한 채권증서의 인도집행(동법 제234조), 확정된 지급명령(동법 제58조제1항), 확정된 이행권고결정(소액사건심판법 제5조의8 제1항)도 원칙으로는 집행문이 필요가 없다.[7] 그 밖의 의사의 진술을 명하는 판결(예컨대 소유권이전등기를 명하는 판결) 등은 집행문이 필요가 없다(판결이 확정되면 의사의 진술이 있는 것으로 간주되어 이로써 집행이 종료되기 때문).

✦ 집행법원

민사집행에 관하여 법원에 주어진 권한을 행사하는 법원을 말한다. 즉 민사집행에 관하여 집행행위의 실시(담당), 집행관의 집행에 대한 협력·감독 등을 직분으로 하는 법원을 말한다(민사집행법 제3조제1항). 민사집행은 원칙적으로 집행관이 실시하지만(집행법 제2조), 집행행위에 실력행위를 요하지 아니하고 법률상 판단이 요구되는 경우에 민사집행법은 그 집행기관을 법관과 사법보좌관으로 구성되는 법원으로 정한다. 집행에 관한 재판사무는 신속을 요하며 또 실체관계를 종국적으로 판정하지 아니하는 점에서 간이한 것이므로 법은 지방법원단독판사를 원칙적 집행법원으로 정하고 있다(민사집행법 제3조, 법원조직법 제7조제4항). 부동산과 채권에 대한 가압류·가처분명령의 집행은 특히 신속을 요하므로 가압류·가처분명령을 발한 본안법원이 집행법원이 되고(집행법 제293조제2항, 제296조제2항, 제301조), 항소심 법원이 가압류·가처분에 있어서 본안의 관할법원일 경우에는 그 자격으로 집행법원이 된다. 또 집행

7) 부동산인도명령의 집행(민사집행법 제136조제1항, 제3항)에 대하여는 집행문을 필요로 하는지에 대하여 견해의 대립이 있었으나, 민사집행법 제정 이후 실무는 인도명령은 즉시항고로 불복할 수 있는 재판으로서 독립된 집행권원이라는 이유로 집행문이 필요하다고 한다.

법 제224조제3항은 가압류에서 이전되는 채권압류의 경우에는 가압류를 명한 법원이 있는 곳을 관할하는 지방법원을 집행법원으로 규정한다.

✦ 집행증서

공증인이 그 권한 내에서 작성한 증서로서 법정의 요건(민사집행법 제56조제4호, 제57조, 공증인법 제56조의2 제1항)을 구비하여 집행력이 인정된 공정증서를 말한다. 그러나 집행증서에는 기판력은 없으므로 증서에 기재된 청구가 처음부터 불성립 또는 무효이면 청구에 관한 이의의 소를 제기할 수 있다(집행법 제59조제3항). 이와 같이 공증인이 작성한 공정증서 중 집행권원이 되는 것을 특히 집행증서(즉 집행력 있는 공정증서를 말한다)라고 부른다. 이는 주로 법원의 관여 없이 채권자가 소송에 따르는 시간과 비용절약을 하고, 자기의 권리를 신속하게 실현시킬 수 있는 장점이 있는 반면(특히 금전소비대차 등에 널리 이용된다), 채무자가 타인과 담합하여 가장채권에 대한 집행권원을 만들어 배당요구를 할 수 있으며(평등주의의 폐해), 우월적 지위를 이용한 사채업자의 집행권원을 만드는 수단이 된다는 문제점도 있다.

✦ 채무불이행

채무자가 채무의 내용에 따른 이행을 하지 않는 것을 말한다. 채무의 내용에 따른 이행을 하지 않는다는 것은 법률의 규정, 계약의 취지, 거래관행, 신의성실의 원칙 등에 비추어 적당한 이행을 하지 않는 것을 말한다. 채무불이행에는 이행지체, 이행불능, 불완전이행의 세 경우가 있다. 어느 경우에도 채무자의 책임이 발생하기 위하여서는 원칙적으로 채무자의 책임 있는 사유에 기할 것을 요한다. 채무불이행의 경우 채권자는 채무의 강제이행을 청구할 수 있으며(민법 제389조. 담보권실행을 할 수 있다), 손해배상을 청구하거나(민법 제390조), 계약을 해제할 수 있다(민법 제544조 내지 제546조). 금전채무에 대하여는 그 불이행은 언제나 이행지체만을 발생시키고, 특약 또는 법률에 특별한 규정이 없는 한 법정이율에 상당한 손해배상을 요하고, 약정이율이 법정이율을 초과할 때에는 그 약정이율에 따라 손해액을 계산하여야 한다(민법 제397조).

✦ 채무와 책임

채무란 채무자가 채권자에 대하여 일정한 급부를 하여야 할 의무를 말하고, 책임이란 채무자가 채무를 이행하지 아니한 경우에 자신의 재산으로 채권자의 강제집행(채권자의 공취력 내지 강제력)에 복종하여야 하는 의무, 즉 채권의 공취력인 채권자의 소구력과 집행력에 복종하는 것으로 원칙적으로 강제집행이나 담보권실행에 의하여 실현된다. 원칙적으로는 채무 없이는 책임이 없으나, 예외적으로 책임과 채무가 분리되는 경우가 있다. 예컨대 물상보증인, 저당부동산의 제3취득자의 책임은 채무는 없고 책임만 있는 예이다. 그러나 이는 강제집행의 면제특약이 있는 경우와 같이, 책임 없는 채무나 한정승인, 유한책임사원과 같이 책임이 제한되는 채무(유한책임)와는 구분을 요한다. 판례도 양자의 구별을 인정한다.

✦ 책임 없는 채무

강제집행을 하지 아니하겠다는 특약은 책임 없는 채무에 대한 특약으로 채권의 집행력을 포기한 것이며(다만 공권인 집행청구권은 포기할 수 없다), 책임 없는 채무를 제3자에 양도하는 경우 제3자에 대하여도 이 특약은 효력이 있고, 또 만일 채권자가 그 특약에 위반하여 강제집행을 하는 경우에는 집행에 관한 이의신청(민사집행법 제16조)을 할 수 있다.

✦ 청구에 관한 이의의 소

청구에 관한 이의의 소(민사집행법 제44조)란 채무자가 집행권원에 표시된 이행청구권에 대하여 생긴 이의(실체법적 사유)를 주장하여 그 집행권원이 가지는 집행력을 배제함으로써 실체상의 부당한 강제집행을 저지하여 줄 것을 청구(이의)하는 소이다. 이의의 원인은 집행권원에 표시된 청구권의 전부 또는 일부를 소멸하게 하고 영구적 또는 일시적으로 이를 실효하게 하는 사유 즉 채무의 변제, 대물변제, 상계, 경개, 면제, 혼동, 계약해제, 소멸시효완성 등을 말한다.

강제집행은 사법상 청구권의 강제적 실현을 목적으로 하고, 우리의 법제는 신속하고 능률적인 집행을 위하여 집행기관을 재판기관과 분리하는 제도를 취하고 있기 때문에 집행기관은 집행권원만 성립하면 성립 이후 그 집행권원에 표시된 이행청구권의 존부나 변경 등 실체적 사유의 변경을 묻지 아니하고 집행권원만을 유일한 기초로 하여 집행하도록 하므로(집행에 임하여 그 청구권이 실제로 존재하는지, 그 범위가 집행권원에 표시된 것과 동일한지의 여부는 조사하지도 아니하며, 조사할 권한과 의무도 없다), 집행권원에 표시된 이행청구권이 변제 등으로 소멸하거나 유예 또는 집행증서 같은 재판 이외의 집행권원에 있어서는 청구권 자체가 성립하지 아니하는 등의 경우에도 그러한 집행권원에 의한 강제집행은 절차상으로는 적법하지만 실체적으로는 위법한 것이 되어 부당한 집행이 될 수 있음에도 집행에 관한 이의나 항고로써는 이를 구제할 수는 없고, 별단의 사유가 없는 한 집행기관은 그 집행권원에 기한 강제집행을 실시·속행하여야 한다. 그러나 강제집행의 궁극의 목적은 사법상 청구권의 만족에 있는 것이므로 위와 같은 집행이 절차법상 형식적으로는 적법하다고 하더라도 실체법상 부당하기 때문에 이러한 부당한 집행을 저지하여 채무자를 구제하여야 할 필요가 있다. 즉 집행권원의 집행력을 배제하여 제도가 청구에 관한 이의의 소이다. 따라서 실체적 청구권이 없는데도 집행이 행하여지는 것은 부당하므로 부당한 집행을 방지하여 채무자를 구제하기 위하여 집행권원에 표시된 이행청구권의 존부·내용 및 행사나 예외적인 집행권원의 성립 등에 문제가 있는 경우에는 집행기관이 아닌 판결기관이 실질적인 심리를 하여 집행권원의 집행력을 배제시키는 제도를 두는 바, 집행권원에 표시된 실체법상의 청구를 다툰다는 의미에서 청구에 관한 이의의 소라고 부른다.

제3자이의의 소가 집행당사자 아닌 제3자의 이의라면, 청구에 관한 이의의 소는 채무자의 이의인 것이다. 즉 실체적 권리관계와 합치하지 아니하는 집행권원의 집행력을 사전에 배제하여 부당한 집행을 저지하기 위하여 마련된 제도가 청구에 관한 이의의 소이다. 청구에 관한 이의의 소는 집행권원의 내용이 금전집행이건 비금전집행이건 불문하며, 집행권원의 종류를 불문하지만, 다만 가집행선고 있는 판결과 같은 미확정의 집행권원은 상소 등에 의하여 그 취소변경을 구할 수 있으므로 확정된 후가 아니면 이 소를 제기할 수 없고, 가압류·가처분에 대하여는 별도의 이의신청(민사집행법 제283조, 제301조)이나 사정변경에 따른 취소신청(동법 제288조, 제301조)이 인정되므로 이 소로 다툴 수 없다. 또 판례는 의사의 진술을 명하는 판결은 확정과 동시에 집행이 종료되기 때문에 집행기관에 의한 별도의 집행절차가 필요한 것이 아니므로 특별한 사정이 없는 한 확정판결 이후에 집행절차가 계속됨을 전제로 하여 그 집행권원이 가지는 집행력의 배제를 구하는 청구에 관한 이의의 소는 허용될 수 없다고 한다.

✦ **체납처분**(체납처분절차)

조세채권의 강제집행절차를 말하며, 그 절차는 국세징수법(국세의 경우)에 규정하고 지방세법에 이를 준용하며(지방세의 경우), 각종 공과금 채권의 강제집행도 관련 특별법에 의하여 국세 또는 지방세체납처분 예에 의하므로 국세징수법은 공법상 금전채권의 강제집행에 관한 일반법이라는 의미를 가지며, 그 절차는 민사집행법상 압류, 환가(현금화), 배당(만족; 배분; 청산)의 3단계로 구성되지만, 집행권원을 필요로 하지 아니하고, 행정처분을 집행명의로 하여 세무공무원 등이 집행하는 점에서 민사집행에 비하여 간이·신속하다. 즉 행정상 강제집행으로서 체납처분절차는 조세채권의 강제적 만족을 위하여 國 등이 스스로 가지는 자력집행권에 의하여 체납자의 재산을 압류하고, 그 매각은 공매와 수의계약의 방법으로 매각을 하며, 공매의 경우에는 민사집행법상 강제집행(민사집행)에서와 동일하게 경매나 입찰의 방법에 의하므로(국세징수법 제61조, 제62조, 제67조) 강제집행에서의 강제관리의 방법은 택하지 아니한다. 즉 행정상 강제집행이란 행정상 급부의무의 이행확보를 위하여 행정권 스스로에게 자력집행권이 인정되는 통치권에서 나오는 행정권에 의한 강제집행을 말한다. 이러한 절차의 예에 따르는 각종 공과금채권 기타 행정상 징수청구권에 대한 강제집행 또한 동일하며, 이러한 강제집행은 민사집행과 집행대상 및 절차구조가 공통하다. 공법상 금전급부의무에 관한 일반법인 국세징수법에 의하여 행정기관 자신이 자력집행권의 행사로서 공법상 청구권에 기한 급부청구권에 대하여 강제적으로 실현하는 법률관계인 체납처분은 압류에 의하여 처분권이 국가에 이전되며, 이에 의하여 집행하므로 별도의 집행권원에 의하는 강제경매와 담보권실행을 위한 경매와도 그 성질이 다르다.

결국 민사집행과 행정상 강제집행을 압류의 본질의 측면에서 보면, 압류란 채무자나 소유자의 특정 집행목적 재산에 대하여 국가의 특별한 지배관계를 설정하는 의사표시로서, 국가는 그 특정재산의 처분권한을 취득하나 목적재산의 종류(부동산, 동산)에 따라 압류의 양태가 다르며, 민사집행은 경매개시결정에 의한 압류에 의하여, 체납처분 역시 압류에 의하여 절차가 개시되고 양 절차에 있어서 압류효력은 동일하다. 또 체납처분은 금전집행으로서 기능적으로 민사집행에 근접하는 제도이고, 집행기관과 집행요건의 측면에서는 민사집행과는 차이가 있으나 국가권력에 의한 청구권의 강제적 실현으로서는 본질이 같다. 따라서 체납처분도 일반의 금전집행절차와 많은 부분이 공통하므로 양 절차의 경합가능성이 많고 조정의 필요성이 있지만, 우리나라는 양 절차의 조정법이 없어 해석의 어려움을 내포하고 있다.

✦ 최협의의 강제집행(강제경매)

채권자의 신청에 의하여 국가의 집행기관이 채권자를 위하여 집행권원에 표시된 私法上의 이행청구권을 국가공권력에 기하여 강제적으로 실현하는 법적 절차(즉 집행기관의 강제력 행사)이며, 채무자의 개별재산을 그 대상으로 하는 채권자의 개별적 청구권만족을 목적으로 하는 개별집행이다. 즉 사법상 또는 행정법상의 의무를 이행하지 않는 자에 대하여 국가의 강제력으로 그 의무의 이행을 실현하는 작용이나 절차를 말한다. 사법상 청구권이 국가권력에 의한 강제적 실현절차로 판결절차와 더불어 2대 부문을 이룬다. 사법상 채무불이행자에 대하여 채권자의 자력구제는 허용되지 아니하고, 법원에 소송을 제기하여 확정판결을 받거나 집행증서(공증인 또는 합동법률사무소에서 작성한 공정증서로, 청구권을 증명함과 동시에 강제집행을 할 수 있는 뜻을 기재한 증서)에 의하여 집행기관에 강제집행을 신청하여야 한다. 즉 강제집행(강제경매)을 하려면 집행권원과 법원사무관등이 부여한 집행문 및 송달증명원 구비되어야한다.

✦ 추심명령

압류채권자가 채무자를 대위하는 절차를 거침이 없이 피압류채권의 목적인 급부를 제3채무자에게 청구하여 이를 수령하여 집행채권의 변제에 충당할 권한(추심의 권한)을 집행채권자에게 부여하는 집행법원의 재판을 말한다.

✦ 추심명령과 전부명령의 장단점

전부명령은 다른 채권자가 배당요구를 할 수 없어 압류채권자가 독점적 만족을 얻을 수 있는 반면, 제3채무자가 무자력인 경우에는 전혀 만족을 얻을 수 없게 되는 위험을 부담(추심명령은 이와 반대), 따라서 금융기관 등의 실무상은 제3채무자의 자력이 확실한 때에는 전부명령을 신청하나 불확실할 경우에는 채권자의 불이익 위험이 적은 추심명령을 신청한다.

✦ 추심명령과 전부명령의 차이점

구 분	추심명령	전부명령
압류범위	특별한 제한이 없으면 명령의 효력이 압류채권의 전부에 미친다.	전부의 범위는 압류채권자의 채권액과 집행비용을 초과 불가능
집행범위	금전 이외 유체물의 인도목적의 채권	금전채권에 대해서만 할 수 있다.
선 택	피압류채권에 제3자의 가압류 등이 경합하는 경우에 활용. 경합채권자는 추심된 금액을 배당받는다.	피압류채권에 제3자의 가압류 등이 없는 경우
신청방법	서면 또는 구술로 압류신청과 병합하거나 단독으로 신청가능하다.	좌동
권리이전	권리이전이 되지 아니하고 추심권만 이전된다.	전부명령으로 전부채권자에 이전. 결과적으로 우선배당의 효력
위험부담	제3채무자의 무자력에 따른 손실위험은 채무자에 귀속한다.	변제효력이 있으므로 제3채무자의 변제능력이 없으면, 다시 채무자에 변제를 청구할 수 없다.
배당요구	채권을 추심하여 집행법원에 신고할 때까지 다른 채권자가 압류·가압류·배당요구를 할 수 있다.	명령이 제3채무자에게 송달될 때까지 다른 채권자는 배당요구 등을 할 수 있지만 송달 후에는 배당요구가 불가능하다.
책 임	일정한 기간 내에 추심권을 행사할 책임이 있고, 이를 게을리 하면 손해배상의 책임이 있다.	전부채권자는 완전한 자기 채권이기 때문에 하등의 의무를 부담하지 아니한다.
소 멸	배당을 받거나 현실로 만족을 얻었을 때 소멸한다.	전부명령의 확정을 정지조건으로 전부명령 송달시로 소급하여 소멸
집행의 변경	추심할 가능성 적으면 추심권을 포기하고 다른 재산에 대하여 행사가능	압류한 채권이 부존재하지 않는 한 다른 재산에 행사불가능.
신고의무	채권을 추심하면 이를 집행법원에 신고하	신고의무가 없다.

	여야 한다.	
채무자의 불이행시	추심의 소를 제기하여야 한다. 채무자에게 소송고지를 하여야 하며 모든 채권자는 공동원고가 될 수 있고, 채무자는 이를 요구할 수 있다.	전부금청구의 소를 제기한다.

✦ 추심의 소

압류채권에 관하여 집행권원이 없는 경우에는 압류채권자는 자기의 이름으로 제3채무자에게 소로서 그 이행을 구할 수 있다(집행법 제249조). 이와 같이 압류채권자가 소로써 제3채무자에게 자기에게 직접 지급할 것을 청구하는 것을 추심의 소라고 부른다(추심권의 재판상 행사). 추심의 소에서 제3채무자는 집행채권의 부존재나 소멸을 주장하여 집행채무의 변제를 거절할 수 없다. 이는 집행채무자가 청구이의의 소에서 주장할 사유일 뿐이다.

✦ 판결의 확정

판결을 통상의 불복방법 즉 상소(항소, 상고, 이의신청)에 의하여 취소할 수 없게 된 상태를 말한다(민사소송법 제498조). 판결의 확정시기는 판결마다 다르지만 통상의 경우에는 상소기간의 만료(상소기간의 도과, 상소의 취하, 상소각하)시 이다(상소가 허용되지 아니한 판결은 그 판결의 선고시 확정된다). 즉 강제집행은 원칙적으로 판결이 확정된 경우 이지만, 확정되기 전이라면 판결에 가집행선고가 있어야 한다.

✦ 판결절차와 민사집행절차와의 관계

민사소송에 의하여 판결로 구체적 권리를 확정하는 절차(판결절차)는 추상적인 법규를 구체적 사건에 적용하여 권리의무의 존부 및 그 내용을 확정하는 것으로서 법규범의 관념적 형성이라고 할 수 있고, 강제집행절차는 이와 같이 확정된 권리의 사실적 실현을 도모하는 것으로서 법규범의 사실적 형성절차라고 할 수 있다. 양자는 별개의 독립된 기관이 하는 독립된 절차로서 전자가 후자의 속행도 그 일부도 아니다. 즉 판결절차는 소의 제기가 있으면 필요적 변론을 거쳐, 판결로써 청구의 당부를 판단하고, 사인 간의 분쟁을 해결하는 권리 또는 법률관계의 관념적 형성을 그 목적으로 한다. 그리고 권리의 실현은 권리의 존재를 전제로 하는 것이므로 논리적으로 전자는 후자에 선행한다고 할 수 있다. 그러나 논리적으로 전자가 후자에 선행한다고 하여 시간적으로도 반드시 선행한다고는 할 수 없다. 확정판결에 의하여 민사집행을 하는 전형적인 경우에는 시간적으로도 전자가 후자에 선행한다고 할 수 있으나 가집행선고 있는 미확정판결에 의한 강제집행의 경우에는 관념적 형성과 사실적 형성이 동시에 진행되는 것이고 공정증서의 경우에는 집행에 의한 권리의 실현의 정당성이 사후에 심사된다는 의미에서 사실적 형성이 관념적 형성에 선행한다고 할 수 있다.

즉 모든 강제집행에 판결절차가 선행하는 것은 아니고, 모든 소송이 강제집행을 수반하는 것도 아니며, 양 절차가 병행하는 경우(예컨대 가집행선고 있는 판결에 의하여 그 확정 전에 강제집행을 하는 경우)도 있다. 강제집행을 할 수 있는 판결은 이행판결에 한하며, 이행판결 중에도 성질상 강제집행에 부적당한 것(예컨대 동거청구)도 있고, 확인판결이나 형성판결은 집행력이 없으므로 강제집행을 할 수 없다.

민사집행절차는 사법상 청구권의 사실적 형성을 위한 절차로서 관념적 형성(권리관계의 존부를 심리판단)을 목적으로 하는 판결절차(집행권원의 형성단계)와는 성격이 다르며(담당기관의 분리), 확정된 권리를 사실적으로 실현하는 것이다. 따라서 민사집행절차(집행권원의 실현단계)는 능률적·합목적인 권리의 실현방법이 고려되어야 하므로 채권자의 채무자에 대한 우월적·능동적인 지위가 인정되고, 또 판결절차에서와 같은 당사자 사이에 무기의 평등이 관철되지 아니한다. 이와 같은 민사집행절차의 특징은 집행권원에 의하지 아니하고 자력집행권에 의하여 집행하는 체납처분절차(이 역시 행정상 강제집행절차이다) 역시 행정행위로서 특성상 능률과 합목적성이 중시되는 절차라는 점에서 공통의 분모를 가지고 있다. 즉 판결절차는 신중·공평이라는 이념이 지배하고, 집행절차는 합목적성의 추구라는 행정작용적 이념(능률성·신속성)이 우위에 있으므로 집행의 본질은 행정작용이라고 할 수도 있다.

민사(강제)집행은 권리를 표시하는 집행권원을 요구함으로써 어떠한 형태로든 권리의 존재를 확정하는 것이 논리적 전제로 되어 있으나 그렇다고 권리의 존재를 판정하는 국가기관(재판기관, 집행권원의 작성기관)과 권리실현을 담당하는 국가기관(집행기관)이 동일하다는 것을 의미하는 것은 아니다. 오히려 근대의 민사집행제도는 권리판정기관과 권리실현기관을 확실히 분리하여 그 성격을 전혀 다른 것으로 하여 놓고 한편으로는 그 상호간에 연관을 짓도록 하는 법 기술(집행권원, 집행문, 집행의 정지·취소 등)을 고안해 놓고 있다. 또 민사집행은 채무자의 재산권 내지 사생활에 권력적 개입을 하며, 채무자의 지위는 권리구제의 측면에서 채권자에 비하여 반드시 유리한 것만은 아니며, 채권자의 신청이 형식적으로 適式의 신청인 한 집행법원에 의하여 거부되지 아니하므로 가혹한 집행결과를 초래하여 채무자의 생활이 파괴될 수도 있어서 이를 조정할 필요가 있고 이는 행정행위의 공정력에 의하여 같은 결과가 될 수 있음도 집행행위로서 공통되는 문제이다.

위에서와 같이 판결절차와 민사집행절차는 분리·독립된 절차이므로(집행절차는 판결절차의 속행이나 그 일부가 아니다) 양자는 절차진행상 그 기본이념에 차이가 있다. 즉 판결절차는 심리의 정밀·정확·신속을 요구하지만, 민사집행절차에 있어서는 채권자의 신속·확실한 집행의 이익과 채무자에 대한 불필요하고 과대한 경제적 손해 및 개인적 자유에 대한 침해를 피하여야 하며, 채권자와 채무자의 이익을 공평하게 조화하여야 할 기본이념이 있다. 또 판결절차는 그 목적에 비추어 당사자는 대등한 지위에 서도록 하여야 하지만, 집행절차에 있어서는 이미 집행권원에 의하여 확인된 청구권의 실현을 목적으로 하기 때문에 채권자의 우월적·능동적 지위가 승인된다. 물론 임의경매의 경우에도 당사자 간의 약정에 의하여 같은 설명이 가능하다.

✦ 평등주의

금전집행에 있어서 채권자가 경합한 경우, 평등주의란 강제집행을 개시(압류)하였다고 하여 우선권을 주는 것이 아니며, 금전집행에의 가입한 전후나 순서를 불문하고 집행절차의 일정단계(가장 늦는 경우는 배당시)까지, 개별집행절차에 참여한 각 채권자(실체법상 우선변제청구권을 가지는 자는 제외한다)는 그 채권액에 안분·비례하여 평등하게 압류물 또는 매각대금에서 배당을 하는 입법주의이다. 즉 압류나 배당요구의 시간적 선후에 관계없이 각 채권액에 비례하여 분배를 한다.

✦ 확인판결

민사소송법상 확인의 소에 대하여 내리는 본안판결. 즉 실체법상의 권리나 법률관계의 존재·부존재의 확정을 요구하는 소이다. 소유권확인 등의 권리관계 존재의 확정을 목적으로 하는 소를 적극적 확인의 소, 채무부존재확인 등의 그 부존재의 확정을 목적으로 하는 소를 소극적 확인의 소라고 한다. 당사자 간에 다툼 있는 법률관계를 관념적으로 확정하여 법률적 불안을 제거하려는 데 그 주요목적이 있다. 확인판결에는 기판력이 발생할 뿐 집행력(협의)과 형성력은 발생하지 않는다.

✦ 확정된 이행권고결정

소가 2천만원을 초과하지 아니하는(소액사건심판법 제2조제1항, 동 규칙 제1조의2) 이행의 소의 경우, 특별한 사정이 없으면(동법 제5조의3 제1항 단서), 소가 제기된 경우에 결정으로 소장부본 등을 피고에게 보내 청구취지대로 이행할 것을 권고할 수 있다. 이 권고결정을 송달받은 날부터 2주일 내에 서면으로 이의신청을 하지 아니하면(동법 제5조의4), 결정은 확정되어 확정판결과 같은 효력이 있으며(동법 제5조의7 제1항), 집행문을 부여받음 없이 집행권원이 되어(동법 제5조의8) 강제집행을 할 수 있다.

✦ 확정된 지급명령

채권자에게 신속한 집행권원을 얻게 하기 위한 독촉절차로서 지급명령제도가 있다(민사소송법 제462조 이하). 채권자의 지급명령신청에 의하여 법원은 지급명령을 결정하고 채무자에게 송달을 하여야 하며(동법 제469조), 송달받은 날부터 2주 이내에 채무자가 이의신청을 하지 아니하면 지급명령은 확정되고, 확정된 지급명령은 확정판결과 같은 효력을 가지며(동법 제474조. 다만 기판력은 없다), 집행권원이 된다(민사집행법 제56조제3호, 제57조).

✦ 확정일자

민법 부칙 제3조제1항은 공증인 또는 법원서기의 확정일자인이 있는 사문서는 그 작성일자에 대한 공증력이 있고, 동 제4항은 공정증서에 기입한 일자 또는 공무소에서 사문서에 어느 사항을 증명하고 기입한 일자는 확정일자로 본다고 하므로, 결국 임대차계약증서에 확정일자를 갖추는 방법은 공증인사무소·법무법인 또는 공증인가합동법률사무소 등에서 임대차계약증서를 공정증서로 작성하는 방법, 사문서로 된 임대차계약증서에 위 공증기관이 확정일자인을 찍는 방법, 사문서로 된 임대차계약증서에 법원이나 등기소의 공무원이 확정일자인을 찍는 방법, 공무소에서 사문서인 임대차계약증서에 어느 사항을 증명하고 그 일자를 기입하는 방법 등 4가지가 있다. 확정일자를 받으면 주택임대차보호법, 상가건물임대차보호법상 매각대금에서 후순위권리자 기타 채권자보다 우선하여 보증금을 변제받을 권리가 있다.

✦ 확정일자가 필요한 경우

사문서의 확정일자는 채권양도통지서 및 채권양도승낙서(민법 제450조제2항), 채권자변경으로 갱개계약서(민법 제502조), 주택임대차계약증서(주택임대차보호법 제3조의2 제2항), 상가건물임대차계약서(상가건물임대차보호법 제5조제2항) 등에 필요하다. 예컨대 채권양도를 할 때 내용증명의 우편으로 보내는바, 이 경우 우체국장의 일부인이 확정일자에 해당되고, 채권양도의 대항력의 요건(민법 제450조제2항)이다. 채권양도통지를 하는 경우 채권양도통지서를 작성하여 공증인가 합동사무소에서 확정일자를 받고, 일부인을 날인 받아 이를 채무자에게 직접 그 자리에서 교부하여도 확정일 있는 증서에 의한 양도통지이다.

✦ 확정일자 받는 방법

누구라도 임대차계약증서를 소지하고 확정일자를 취급하는 곳에 가서 구술로 확정일자의 부여를 요구할 수 있다. 따라서 임대인 또는 임차인 및 이들의 대리인이 청구하여도 된다. 확정일자를 받는 방법으로는 임대차계약증서를 지참하고 전국의 지방법원 또는 지원의 등기과와 전국 각 등기소의 공무원으로부터 임대차계약증서를 제시하여 확정일자를 받거나, 공증인사무소·법무법인 또는 공증인가 합동법률사무소 등 공증기관에서 임대차계약증서를 제시하여 확정일자를 받거나(임대차계약증서를 공정증서로 작성할 수도 있다), 가장 손쉬운 방법으로 전국의 읍·면·동사무소에서 주민등록전입신고를 할 때 임대차계약증서를 제시하여 확정일자를 받는 방법이 있다.

주의할 점은 확정일자를 받을 계약서는 반드시 원본이어야 하고, 계약서를 분실하여 확정일자를 받은 사실을 증명하기 어렵게 되는 경우에는 우선변제청구권을 행사할 수 없게 될 수 있으므로 계약서를 잘 보관하여야 한다. 확정일자는 가능한 일찍 받는 것이 좋겠지만 압류가 된 후에 받은 확정일자도 경매절차에서 우선변제청구권을 주장할 수 있으나 그 날짜를 기준으로 우선변제청구권을 취득한다. 이 경우 물론 별도의 집행권원 없이 배당요구를 할 수 있고 후순위담보권자나 기타 채권자에 우선하여 배당받을 수 있다. 주택임대차에 있어서 임대차계약상 확정일자부여는 주민등록전입신고 및 주택인도와 함께 우선변제청구권의 취득의 절대요건(주택임대차보호법 제3조의2 제2항)이며, 임대보증금을 증액하는 경우에는 최초의 확정일자 있는 임대차계약증서 및 증액된 확정일자 있는 임대차계약증서를 소지하여야 한다. 임대차계약증서상의 확정일자는 보증금에 대한 우선변제의 요건이고, 임차권의 대항요건이지만 소액보증금의 경우에는 최우선변제요건은 아니다. 즉 소액보증금의 경우에 확정일자는 그 요건이 아니다.

✦ 확정일자제도와 물권인 전세권과의 차이점

확정일자제도는 법정담보물권으로 보증금반환청구소송의 확정판결 또는 이에 준하는 집행권원에 의하여 경매신청이 가능하나, 물권인 전세권은 약정담보물권으로 별도의 집행권원을 얻음이 없이 민법 제318조에 의하여 경매신청이 가능하다. 양자는 법원의 경매나 공매 양 절차에서 보호를 받는다는 점에서는 동일하지만 전세권이 더 광범위하게 보호를 받는다. 확정일자 제도는 채권이 물권화함으로써 한편에서는 채권자의 지위가 강화되는 효과도 있다.

✦ 확정판결

형식적 확정력을 갖춘 판결을 의미한다. 즉, 해당 판결이 상급법원에 의하여 취소될 가능성이 없게 된 상태의 판결을 의미한다. 형식적 확정력이 생기는 시기는 상소를 허용하지 않는 판결인 상고심판결 또는 당사자가 상소하지 않기로 합의한 때의 하급심판결은 선고와 동시에 확정된다. 상소할 수 있는 판결은 상소가 불가능하게 된 때에 형식적 확정력이 발생한다. 확정판결은 판결의 내용에 의한 효력으로서의 기판력과 집행력 및 형성력이 발생한다.

✦ 행정상 강제집행

행정상 강제집행이란 행정상 급부의무의 이행확보를 위하여 행정권 스스로에게 자력집행권이 인정되는 통치권에서 나오는 행정권에 의한 강제집행을 말한다. 이러한 절차의 예에 따르는 각종 공과금채권 기타 행정상 징수청구권에 대한 강제집행 또한 동일하며, 이러한 강제집행은 민사집행과 집행대상 및 절차구조가 공통하다.

조세채권 등과 같은 공법상(행정상) 청구권(의무)에 대한 실현은 징수법 또는 행정대집행법, 기타 규정에 의하여 집행되므로 민사집행절차와는 다르지만, 공법분야에서 가장 민사집행에 근접한 것으로는 행정대집행절차(민사절차에 있어 대체집행에 해당)와 국세 등의 체납처분절차(민사집행에 있어 금전채권의 강제집행에 해당)를 들 수 있다. 즉 공법상 금전급부의무에 관한 일반법인 징수법에 의하여 행정기관 자신이 자력집행권의 행사로서 공법상 청구권에 기한 급부청구권에 대하여 강제적으로 실현하는 법률관계인 체납처분은 압류에 의하여 처분권이 국가에 이전되며, 이에 의하여 집행하므로 별도의 집행권원에 의하는 강제집행과 다른 민사집행인 담보권실행을 위한 경매와도 그 성질이 다르다.

찾아보기

저 자 소 개

◈ **약 력**

✦ 대구대학교 법과대학 법학과 졸

✦ 경북대학교 대학원 석사과정 수료

✦ 경북대학교 대학원 박사과정 수료. 법학박사

◈ **경 력**

✦ 대진대학교 법학과 교수

✦ 대진대학교 법무행정대학원장

✦ 사법시험출제위원(전)

✦ 가맹사업분쟁조정협의회 공익대표위원(전)

✦ 공정거래위원회 경쟁정책자문위원(현)

✦ 공정거래위원회 규제개혁심의위원(현)

법률서류 작성의 이론과 실무

저 자 / 김 영 균
발행인 / 조 형 근
발행처 / 도서출판 동방문화사

2010. 9. 01 인쇄
2010. 9. 01 발행

서울시 서초구 방배동 980-32 방배오피스텔 107호
전화 : 02)3473-7294 팩스 : (02)587-7294
메일 : 34737294@hanmail.net 등록 : 서울 제22-1433호
표지디자인 / 서진아이디피 02)2264-8288

저자와의 합 의 에 의해 인지 생략

破本은 바꿔 드립니다.
정 가 : 25,000원

ISBN 978-89-91902-75-6 93360